Das prozesszentrierte Unternehmen

C(

»Nahezu alle Erkenntnisse über Unternehmen im 20. Jahrhundert bezogen sich nur auf die aufgabenzentrierte Organisation. In prozesszentrierten Unternehmen muss alles neu überdacht werden.«     *Michael Hammer*

1990 stellte Michael Hammer der Welt das Konzept des Business Reengineering vor und löste damit eine Folge von Ereignissen aus, durch die sich unsere Unternehmen so sehr verändert haben, dass sie kaum noch wiederzuerkennen sind. Was als Versuch der Leistungsverbesserung begann, führte zu einem Überdenken aller Aspekte im Unternehmen, von den Arbeitsplätzen bis hin zur Organisationsstruktur. In diesem Buch beschreibt Michael Hammer nun die langfristigen Konsequenzen der Reengineering-Revolution für Wirtschaft und Gesellschaft.

Das Buch ist mehr als eine Vorschau auf die Unternehmen von morgen. Es beschreibt auch, was wir alle tun müssen, um uns auf eine Wirtschaft vorzubereiten, in der alle bislang vertrauten Regeln keine Gültigkeit mehr besitzen. Es ist Pflichtlektüre für Führungskräfte wie auch für Mitarbeiter an der Basis.

*Dr. Michael Hammer* ist einer der weltweit führenden richtungweisenden Wirtschaftstheoretiker. Er ist der Begründer und führende Vertreter des Business Reengineering und der Prozesszentrierung. Seine bisherigen Werke, darunter *Business Reengineering* und *Die Reengineering Revolution*, wurden internationale Bestseller und beschrieben als »das spritzigste und überzeugendste Managementfachbuch seit ›Auf der Suche nach Spitzenleistungen‹« (*Business Week*), »höchst einflussreich und äußerst lesbar« (*Fortune*) und »klug... und spannend dazu« (Tom Peters). Dr. Hammer war früher Professor am MIT und ist heute President von Hammer and Company. Er ist im World Wide Web unter der Adresse http://www.hammerandco.com zu erreichen.

Michael Hammer

# Das prozesszentrierte Unternehmen

## Die Arbeitswelt nach dem Reengineering

Aus dem Englischen
von Patricia Künzel

Campus Verlag
Frankfurt / New York

Die Deutsche Bibliothek – CIP-Einheitsaufnahme

*Hammer, Michael:*
Das prozesszentrierte Unternehmen : die Arbeitswelt nach dem
reengineering / Michael Hammer. Aus dem Engl. von Patricia
Künzel. – Frankfurt/Main ; New York : Campus Verlag, 1997
Einheitssacht.: Beyond reengineering 〈dt.〉
ISBN 3-593-35659-7

Zum Gedenken an die unzähligen Mitglieder der Familien Hammer und Gartner, die dem Holocaust zum Opfer fielen, vor allem meinen Großeltern, die ich niemals kennengelernt habe, den Tanten, Onkeln, Cousinen und Cousins, die ich nie getroffen habe, und den übrigen Mitgliedern einer Großfamilie, in deren Mitte ich niemals lebte – deren Vermächtnis ich aber jeden Tag fühlen kann.

# Inhalt

## TEIL IV: GESELLSCHAFT

# Danksagung

Danksagungen sind der schwierigste Teil eines jeden Buches: Man weiß nicht so recht, wo man anfangen, und erst recht nicht, wo man aufhören soll. Mein Dank gebührt aber zumindest all den vielen Kollegen und Mitarbeitern, die mir bei der Entwicklung der in diesem Buch vorgestellten Ideen halfen, insbesondere Steve Stanton und Bob Morison. Meinen besonderen Dank verdient Donna Sammons Carpenter, nicht nur für ihre unschätzbare redaktionelle Unterstützung, sondern auch, weil sie mich immer wieder herausforderte, dieses Buch und die darin erörterten Gedanken zu verbessern, zu erweitern und zu verfeinern. Viele Menschen unterstützten mich in den Prozessen der Recherche, Bearbeitung und Produktion, darunter Tiffany Winne, Phil Bodrock, Erik Hansen, Susan Buchsbaum, Pat Wright, Cindy Sammons, Elyse Friedman, Martha Lawler, Richard Lourie, Sebastian Stuart und Maurice Coyle. Ohne Hannah Beal Wills ordnende Hand hätte dieses Buch niemals das Licht der Welt erblickt. Wie immer stand mir Bob Barnett mit seinen weisen Ratschlägen und seiner wirksamen Darstellung zur Seite. Im privaten Bereich danke ich meiner Frau Phyllis und meinen Kindern für ihre unerschöpfliche Geduld und Ermutigung: Sie haben für dieses Projekt zweifellos einen hohen Einsatz gebracht. Mein größter Dank gebührt aber selbstverständlich jenen fortschrittlichen Männern und Frauen, die in den Unternehmen an der Spitze der in diesem Buch beschriebenen Revolution stehen. Viele von ihnen werden im Buch namentlich erwähnt; viele andere bleiben jedoch ungenannt. Ihnen gelten sowohl mein Dank als auch meine Bewunderung.

# Vorwort

In diesem Buch geht es nicht um Business Reengineering, sondern um seine Konsequenzen, seine Nachwirkungen und seine bleibende Hinterlassenschaft.

In der zweiten Hälfte der 80er Jahre führte eine Handvoll amerikanischer Unternehmen, darunter die Ford Motor Company, Texas Instruments und Taco Bell, Verbesserungsprogramme ein, die so starke Veränderungen in der industriellen Landschaft zur Folge hatten, dass sie nicht wiederzuerkennen war. Angesichts eines unbarmherzigen globalen Wettbewerbs und immer mächtigerer und anspruchsvollerer Kunden kamen diese Firmen zu dem Schluss, dass ihre bisherige Ablauforganisation – ihre langjährigen Methoden für die Entwicklung, die Vermarktung, den Verkauf und die Reparatur von Produktion – nicht mehr zeitgemäß war. Sie entdeckten außerdem, dass ihre bestehenden Ansätze für die Verbesserung der operativen Abläufe bei hartnäckigen Problemen wie hohen Kosten, schlechter Qualität und miserablem Service nichts ausrichten konnten. Diese Probleme ließen sich nur mit Maßnahmen lösen, die radikaler waren als alles, was sie bislang unternommen hatten. Diese Unternehmen sahen sich vor die Wahl zwischen sicherem Misserfolg und radikalem Wandel gestellt und entschieden sich für letzteren. Sie schlugen den Weg des Business Reengineering ein. Sie warfen ihre alte Arbeitsweise über Bord und begannen mit einem leeren Blatt Papier ganz von vorne.

Die gute Nachricht ist, dass der Erfolg dieser aus der Verzweiflung geborenen Extremmaßnahmen innerhalb kürzester Zeit alle Erwartungen übertraf. Diesen Pionieren und vielen anderen, die in ihre Fußstapfen traten, gelangen Leistungsverbesserungen um Größenordnungen.

Als ihre Erfolgsstories bekannt wurden, verwandelte sich Business Reengineering in ein Massenphänomen, in eine beeindruckende, globale Managementbewegung. Der Erfolg des Business Reengineering in Unternehmen auf der ganzen Welt wird nur von jenen in Frage gestellt, die ihn vorsätzlich ignorieren wollen oder damit ganz bestimmte Eigeninteressen verfolgen.

Dennoch folgten auf diese guten auch einige schlechte Nachrichten. Nach ihren Reengineering-Projekten mussten die Manager an der Spitze der Unternehmen feststellen, dass sie nicht mehr wussten, wie sie ihre Firmen führen sollten. Business Reengineering hatte nicht nur ihre Arbeitsweise, sondern auch ihre Organisationen in solchem Maße verändert, dass sie mit den Strukturen der Vergangenheit nahezu nichts mehr gemein hatten.

Die Ursache für dieses Chaos steckt in einem ganz bescheidenen und unauffälligen Wort in der Definition des Begriffs »Business Reengineering«. Seit ich diesen Begriff in den späten 80er Jahren erstmals prägte, habe ich immer ganz konsequent mit der gleichen Definition gearbeitet: Business Reengineering ist fundamentales Überdenken und radikales Redesign von Unternehmensprozessen mit dem Ziel, Verbesserungen um Größenordnungen zu erreichen. Ursprünglich war ich der Meinung, das wichtigste Wort in dieser Definition sei »radikal«. Das leere Blatt Papier, mit dem man anfängt, das Zerschlagen von Annahmen, der völlige Neubeginn und die Befreiung von allen Vorgehensweisen der Vergangenheit – das unterschied meiner Ansicht nach Business Reengineering von anderen Verbesserungsprogrammen im Unternehmen. Wie sich herausstellte, war es auch genau dieser Aspekt des Business Reengineering, der den Einfallsreichtum und die Begeisterung von Managern auf der ganzen Welt inspirierte.

Inzwischen habe ich erkannt, dass ich mich damals irrte: Die Radikalität ist nicht der wichtigste Aspekt des Business Reengineering, so wichtig und spannend sie auch sein mag. Das Schlüsselwort in der Definition lautet »Prozess«: ein Bündel zusammengehöriger Aktivitäten, die in ihrer Gesamtheit für den Kunden ein Ergebnis von Wert erzeugen. In der Industriellen Revolution hatte man sich von den Prozessen abgewandt, sie in spezialisierte Arbeitsschritte zerlegt und sich dann voll und ganz auf diese Einzelaufgaben konzentriert. Diese Arbeitsgänge – und die daraus resultierenden Organisationsstrukturen – waren die Grundbausteine der Unternehmen des 20. Jahrhunderts. Die schier unlösbaren Probleme, mit denen Unternehmen gegen Ende des 20. Jahrhunderts konfrontiert waren, konnten jedoch nicht allein durch eine Optimierung einzelner Arbeitsschritte gelöst werden. Es handelte sich hier vielmehr um Prozessprobleme, die Unternehmen nur dann überwinden konnten, wenn sie ihre Prozesse in den Mittelpunkt ihres Interesses rückten. Mit diesem bedeutungsvollen Schritt gingen die Führungskräfte der Unternehmen jedoch über die reine Beseitigung ärgerlicher Leistungshindernisse hinaus. Sie zogen einen Schlussstrich unter 200 Jahre Industriegeschichte.

Indem Business Reengineering den Schwerpunkt auf die Prozesse verlagerte, löste es in der Organisationsstruktur eine Drehung um 90 Grad aus: Führungskräfte mussten ihre Unternehmen nicht mehr aus einer vertikalen, sondern aus einer horizontalen Perspektive betrachten. Durch diese Verlagerung wurden alle in den Managementfachbüchern angebotenen Gewissheiten und Rezepte beiseite gefegt. Nahezu alle Erkenntnisse über Unternehmen im 20. Jahrhundert bezogen sich nur auf die aufgabenorientierte Organisation. In prozessorientierten Unternehmen muss alles neu überdacht werden: die Arbeitsinhalte, die erforderlichen Fähigkeiten, die Leistungsmessungs- und Belohnungssysteme, die Karrierepfade, die Rolle der Führungskräfte und die strategischen Grundsätze, denen Unternehmen folgen. Prozessorientierte Organisationen erfordern völlig andere Systeme und Führungsdisziplinen. *Das prozesszentrierte Unternehmen* ist ein Bericht über die frühen Phasen dieser Entwicklung – sozusagen der erste Entwurf eines Unternehmensleitfadens für das 21. Jahrhundert.

Dieses Buch beschreibt den Übergang von der Gegenwart in die Zukunft. Es geht darin nicht um Spekulationen oder Wunschvorstellungen; vielmehr liegen diesem Buch Beobachtungen und Hochrechnungen zugrunde. Die Konzepte und Vorgehensweisen, die wir hier erforschen werden, sind heute bereits alle im Einsatz. Das Morgen befindet sich zwar noch nicht hinter der allernächsten Ecke, aber wir können es durchaus schon im Licht unserer Scheinwerfer erkennen.

Business Reengineering bildet zwar das Fundament dieses Buches, doch beschränken sich seine Lektionen nicht auf Firmen, die sich offiziell dieser Radikalkur verschrieben haben. Manche Unternehmen gelangen über die Autobahn des Business Reengineering zur Prozessorientierung; andere wiederum wählen den verschlungeneren Pfad des Total Quality Management. Alles, was dem Unternehmenserfolg im Weg steht oder ihn vorantreibt, hängt stets von Prozessfragen ab, und nur prozessorientierte Firmen werden in der Lage sein, sich diesen Fragen zu stellen. Jedes Unternehmen, das im 21. Jahrhundert prosperieren möchte, muss letztlich seinen Weg zur Prozessorientierung finden.

In gewisser Hinsicht könnte man dieses Buch sogar als Anregung für eine ganze Buchreihe sehen. Jedes der hier behandelten Themen – vom Arbeitsleben über die Strategie bis hin zu den Voraussetzungen für nachhaltigen Unternehmenserfolg – verdient einen eigenen Band bzw. vielleicht sogar mehrere. Ich habe versucht, die übergeordneten Themen zu umreißen, denen sich Wirtschaft und Gesellschaft in der prozesszentrierten Welt stellen müssen, aber zu jedem dieser Themen gäbe es noch viel zu erforschen und zu schreiben.

Im wesentlichen werden in diesem Buch vier Themenbereiche erörtert. Die Kapitel 1 bis 4 beschäftigen sich mit dem Komplex »Arbeit«: sie skizzieren die Charakteristika des prozessorientierten Arbeitsumfelds und die Implikationen, die sich daraus für die Menschen ergeben, die diese Arbeiten ausführen. Im Mittelpunkt von Kapitel 5 bis 9 steht das »Management«: die neue Rolle und die neuen Merkmale der Unternehmensführung. In den Kapiteln 10 bis 13 geht es um »Unternehmen«, mithin um die Fragen, die im 21. Jahrhundert auf der Tagesordnung der Wirtschaftskapitäne stehen müssen. In den letzten drei Kapiteln, die mit dem Stichwort »Gesellschaft« überschrieben sind, werden wir erörtern, welche Konsequenzen die Prozessorientierung in der Wirtschaft für die Menschen hat, die in einer von diesen Unternehmen geprägten Gesellschaft leben.

*Das prozesszentrierte Unternehmen* ist zwar ein Wirtschaftsbuch, doch richtet es sich im Grunde an jedermann. Wir alle sind Wirtschaftssubjekte. Calvin Coolidges häufig belächelter Ausspruch »Das Hauptgeschäft des amerikanischen Volkes ist Geschäftstätigkeit« war im Grunde sehr weise. Die Wirtschaft geht uns alle an, denn Geschäftstätigkeit ist nicht nur eine Frage von Gewinn und Verlust, von Kaufen und Verkaufen, von Aktien und Anleihen. In der Geschäftswelt geht es um produktive ökonomische Aktivitäten, um Tätigkeiten, die Dinge hervorbringen, die für andere einen Wert besitzen. Jeder, der arbeitet, ist Bestandteil der Wirtschaft bzw. der »Geschäftswelt«. Im Zentrum stehen dabei stets die anvisierten Ergebnisse. Die Wirtschafts- bzw. Geschäftswelt nimmt einen zentralen Platz in unser aller Leben ein.

Wirtschaftliche Aktivitäten durchziehen nicht nur unser Leben, sondern prägen auch unser Denken und unsere Sprache. Die Sprache der Wirtschaft ist nicht einfach nur ein von Experten verwendeter Fachjargon. Wir alle sprechen über Arbeit und Arbeitnehmer, über Management und Manager, über Stellen und Organisationen. »Geschäftstüchtigkeit« ist eine Eigenschaft, die wir gerne lobend hervorheben. Moderne Wirtschaftstheorien beeinflussen unsere Weltanschauung und das Bild, das wir von uns selbst haben. Dennoch sind die moderne Wirtschaftssprache und die Grundideen, auf denen die Geschäftstätigkeit der Unternehmen beruht, tiefgreifenden Änderungen unterworfen. In nicht allzu ferner Zukunft werden Wörter wie »Arbeiter«, »Manager« und »Stellen« seltsam altertümlich anmuten – so wie »Ritter«, »Knappen« und »Kreuzzüge« heutzutage. Die radikale Veränderung der Arbeitsorganisation in den Unternehmen hat Auswirkungen, die weit über die Mauern der Fabriken, Büros und Börsensäle hinausreichen. Die Wirtschaft bildet die Kristalle, aus denen sich unsere Gesellschaft zusammensetzt. Wenn sich diese Kristalle verändern, so verändert sich gleichzeitig auch das gesamte Gesellschaftsgebilde. Die prozesszentrierte Organisation führt zu einem neuen Wirtschaftssystem und einer neuen Welt.

Der Weg zur Prozesszentrierung steht allen Führungskräften in Unternehmen offen, die zu dieser Reise bereit sind. Dieses Buch wird, so hoffe ich, den Weg dorthin ausleuchten.

# Teil I

# Arbeit

# Kapitel 1
# Der Triumph der Prozesse

Am Anfang einer Revolution steht oft lediglich die Absicht, das System zu verbessern, das letztendlich zu Fall gebracht wird. Die amerikanische, französische und russische Revolution entsprangen alle zunächst dem Bestreben, die Herrschaft eines Monarchen erträglicher zu gestalten, nicht zu beenden. Reformen werden zu Revolten, wenn sich das alte System als so starr erweist, dass eine Anpassung unmöglich ist. Auch die Revolution, die der traditionellen Unternehmensorganisation ein Ende bereitet hat, begann mit dem Versuch, das Bestehende zu verbessern.

Seit ungefähr 20 Jahren versuchen die Unternehmensführer der Großkonzerne in der westlichen Welt unermüdlich, die wirtschaftliche Leistung ihrer Organisationen zu steigern. Unter dem Druck einer plötzlich erstarkten (vornehmlich japanischen) Konkurrenz und immer höherer Kundenansprüche starteten zahllose Unternehmen Kampagnen zur Kostensenkung, Produktivitätssteigerung, Erhöhung der Flexibilität, Verkürzung der Durchlaufzeiten sowie zur Qualitäts- und Serviceverbesserung. Sie nahmen ihre Abläufe ganz genau unter die Lupe, investierten pflichtschuldig in die neuesten technologischen Wunder, verschrieben sich den jüngsten Management- und Motivationsrezepten und schickten ihre Mitarbeiter zu allen gerade modernen Schulungskursen – ohne damit viel auszurichten. Ganz gleich, wie sehr sie sich abmühten und wie gewissenhaft sie die neuen Verfahren und Werkzeuge ihres Führungsschatzkästleins auch anwendeten, die Leistung der Unternehmen verbesserte sich dadurch nur minimal.

Die Probleme, die Manager zu diesem Initiativen trieben, waren alles andere als unbedeutend. Die operative Leistung der etablierten Konzerne ließ deutlich zu wünschen übrig – zumal im Vergleich zu aggressiven internationalen Konkurrenten oder erfolgshungrigen Newcomern. Hierzu einige Beispiele:

- Bei der Versicherung Aetna Life & Casualty dauerte die Bearbeitung von Hausratsversicherungsanträgen in der Regel 28 Tage. Die eigentliche produktive Arbeit nahm davon aber nur 26 Minuten in Anspruch.
- Chrysler wickelte alle Bestellungen – selbst Kleineinkäufe von Briefpapier im Wert von weniger als 10 Dollar – über die zentrale Konzerneinkaufsabteilung ab. Dadurch entstanden interne Kosten in Höhe von 300 Dollar für Revisionen, Abzeichnungsprozeduren und Genehmigungen.
- Die Halbleitersparte von Texas Instruments benötigte 180 Tage, um einen Auftrag über einen integrierten Schaltkreis auszuführen. Ein Konkurrent schaffte dies in nur 30 Tagen.
- Der Kundenservice von GTE konnte in weniger als 2 Prozent aller Fälle die Probleme seiner Kunden beim ersten Anruf lösen.
- Pepsi entdeckte, dass 44 Prozent der Rechnungen, die es an seine Einzelhändler verschickte, Fehler enthielten, was zu ungeheuren Abgleichungskosten und endlosen Auseinandersetzungen mit Kunden führte.

Diese Liste ließe sich endlos fortsetzen. Die Ineffizienz, Ungenauigkeit und Inflexibilität der Unternehmen waren schier unvorstellbar. Dieses Phänomen war keineswegs neu – nur begannen sich diese Probleme um 1980 herum allmählich negativ auf den Unternehmenserfolg auszuwirken. Als die Kunden noch wenig Auswahlmöglichkeiten hatten und alle Wettbewerber gleichermaßen schlecht arbeiteten, gab es für die Unternehmen wenig Anreize, ihre Leistungen zu verbessern. Als jedoch die anspruchsvolleren Kunden den Großkonzernen in Scharen davonzulaufen begannen, rückten derlei Probleme plötzlich an die Spitze der Prioritätenrangliste. Hartnäckige Leistungsdefizite trotz intensiver Lösungsbemühungen trieben die Führungskräfte dieser Unternehmen zur Verzweiflung.

Nach einer Weile wurde den Managern allmählich klar, warum ihre Anstrengungen keine Erfolge zeitigten: Sie versuchten, Prozessprobleme mit auf Einzelaufgaben zugeschnittenen Lösungen zu überwinden.

Der Unterschied zwischen dem Prozess und den einzelnen Aufgaben ist der gleiche wie zwischen einem Endprodukt und seinen Einzelteilen. Eine Aufgabe ist ein Arbeitsgang, eine Aktivität, die normalerweise von einer Person erledigt wird. Ein Prozess hingegen ist definiert als eine Gruppe verwandter Aufgaben, die zusammen für den Kunden ein Ergebnis von Wert ergeben. Die Auftragsabwicklung ist beispielsweise ein solcher Prozess; der für den Kunden hierbei entstehende Wert sind die ausgelieferten Waren. Dieser Prozess setzt sich aus zahlreichen Einzelaufgaben zusammen: Entgegennahme des Auftrags vom Kunden, Erfassung der Bestellung in einem Computer, Prüfung der Bonität des Kunden, Planung der Produktion, Zuweisung von Lagerbeständen, Auswahl der Versandart, Entnahme der Waren im Lager, Verpacken und Verladen sowie Transport zum Kunden. Für sich genommen erzeugt keine dieser Aufgaben einen Wert für den Kunden. Die Auslieferung kann erst erfolgen, wenn die Waren verladen sind; die Erzeugnisse können erst verpackt werden, wenn sie aus dem Lager entnommen wurden. Die Prüfung der Kreditwürdigkeit eines Kunden ist ohne die anderen Prozessschritte einfach nur eine finanztechnische Übung. Nur wenn diese Einzelaktivitäten miteinander kombiniert werden, findet eine Wertschöpfung statt.

Die Probleme, unter denen Organisationen von heute leiden, betreffen nicht die einzelnen Aufgaben, sondern vielmehr die Prozesse. Wir sind nicht etwa deswegen so langsam, weil unsere Mitarbeiter die einzelnen Arbeitsschritte so träge und ineffizient ausführen. Das verhindern schon fünfzig Jahre Bewegungs-Zeit-Studien und Automatisierung. Unser Schneckentempo ist darauf zurückzuführen, dass unsere Beschäftigten Aufgaben erledigen, die gar nicht ausgeführt werden müssen, um das gewünschte Ergebnis zu erreichen, und mit schier unerträglichen Verzögerungen bei der Übergabe der Arbeit von einem Aufgabenerfüller zur nächsten zu kämpfen haben. Unsere Ergebnisse sind nicht etwa deshalb voller Fehler, weil unsere Mitarbeiter ihre Aufgaben schlampig verrichten, sondern weil sie die Anweisungen ihrer Vorgesetzten missverstehen und daher das Falsche machen oder weil sie Informationen, die sie von ihren Kollegen erhalten, falsch interpretieren. Wir sind nicht etwa deshalb so inflexibel, weil unsere Beschäftigten so beharrlich an einer bestimmten Arbeitsweise festhalten, sondern weil niemand versteht, wie sich diese Einzelaufgaben zu einem Ergebnis zusammenfügen – was eine unerlässliche Voraussetzung für den Weg zu den gewünschten Resultaten wäre. Wir leisten nicht etwa deshalb unbefriedigenden Service, weil unsere Mitarbeiter den Kunden gegenüber feindselig eingestellt sind, sondern weil keiner von ihnen die Informationen und den Überblick besitzt, die nötig wären, um den Kunden den Fortgang des Prozesses zu erläutern, auf dessen Ergebnis sie warten. Wir leiden nicht etwa deswegen unter hohen Kostenbelastungen, weil unsere Einzelaufgaben so teuer sind, sondern weil wir viele Menschen beschäftigen, die sicherstellen sollen, dass die einzelnen Arbeitsgänge in einer Art und Weise miteinander kombiniert werden, die ein für den Kunden brauchbares Ergebnis ergibt. Kurzum: Unsere Leistungsprobleme wurzeln nicht etwa in den einzelnen Aufgaben und Aktivitäten, in den einzelnen Arbeitsgängen, sondern beziehen sich auf die Prozesse, auf die Art und Weise, wie die Einzelschritte zu einem kohärenten Ganzen zusammengefügt werden. Jahrzehntelang haben Unternehmen mit allen Mitteln versucht, aufgabenbezogene Probleme zu lösen, während sie gleichzeitig die Prozesse nur mit Samthandschuhen anfassten.

Es überrascht nicht, dass die Manager diesen Fehler so lange nicht erkannten. Schließlich waren die Prozesse auf den Radarschirmen der Unternehmen gar nicht zu finden. Obwohl sie eine zentrale Rolle in der Geschäftstätigkeit spielen, waren sich die meisten Führungskräfte ihrer Existenz gar nicht bewusst; sie verschwendeten keinen Gedanken an sie, prüften sie nie und dachten niemals darüber nach, wie sie sie verbessern könnten. Warum war das so? Weil unsere Organisationsstrukturen in den letzten 200 Jahren aufgabenorientiert waren. Der Grundbaustein der Unternehmensorganisation war die Fachabteilung, also im Grunde eine Gruppe von Menschen, die eine gemeinsame Aufgabe verrichteten. Diese Aufgaben wurden gemessen und verbessert, die Menschen, die sie erledigten, wurden aus- und weitergebildet, Managern wurden die Kontrolle von Abteilungen oder Abteilungsgruppen anheimgestellt – während die ganze Zeit über die Prozesse außer Kontrolle gerieten.

Nur zögerlich und bisweilen sogar unwillig begannen sich die Unternehmen in den 80er Jahren auf neue Methoden der Leistungsverbesserung einzustellen, bei denen Prozesse im Mittelpunkt standen. Die bekanntesten davon waren Total Quality Management (TQM) und Business Reengineering. Durch intensiven Einsatz dieser Vorgehensweisen haben viele Unternehmen enorme Fortschritte bei der Überwindung ihrer Prozessprobleme erzielt. Unnötige Arbeitsschritte wurden ausgesiebt, Aufgaben wurden zusammengefasst oder neu strukturiert und Informationen allen Prozessbeteiligten zugänglich gemacht. Dies alles führte zu Leistungsverbesserungen um Größenordnungen in den Bereichen Zeit, Zuverlässigkeit, Flexibilität, Qualität, Service und Kosten – nur weil endlich der Blick auf die Prozesse verlagert wurde. Prozessorientierte Verbesserungsprogramme spielten eine wesentliche Rolle für das Comeback amerikanischer Unternehmen im Wettbewerb und die Wiederbelebung der US-Wirtschaft in den 90er Jahren.

So weit, so gut. Lassen Sie mich in diesem Zusammenhang aber einen berüchtigten Ausspruch aus der Ära des Vietnamkrieges paraphrasieren: Prozessorientierte Verbesserungsansätze retteten Unternehmen, indem sie sie zerstörten. Die Betonung der Prozesse untergrub das Fundament, auf das Organisationen herkömmlichen Zuschnitts gebaut waren. Die Missachtung der Prozesse war ein integraler Bestandteil der Unternehmensstruktur und -kultur des Industriezeitalters. Die Grundprämisse der modernen Unternehmen war die von Adam Smith postulierte Arbeitsteilung, die im Grunde genommen mit einer Absage an den Prozess gleichzusetzen war. Smith argumentierte, dass die Zerlegung der Prozesse in ihre einzelnen Bestandteile sowie die konsequente Konzentration auf diese Aufgaben Voraussetzungen für den Erfolg seien. Durch die Hinwendung zu den Prozessen riefen die neuen Verbesserungsansätze Spannungen hervor, die nicht ignoriert werden konnten.

Wer sollte diese neu entdeckten und plötzlich geschätzten Prozesse steuern? Da sie verschiedene Aufgaben umfassten, überschritten diese Prozesse bestehende organisatorische Grenzen und brachten somit die Hausmachten der Funktionsmanager in Gefahr. Die neue Arbeitsweise passte nicht zur klassischen Organisation. Sie erforderte oftmals den Einsatz von Teams, in denen Menschen mit unterschiedlichen Fähigkeiten vertreten waren, die noch dazu aus verschiedenen Fachabteilungen stammten. Für solche Teams war aber auf dem alten Organigramm kein Platz. Wer sollte die Verantwortung für sie tragen? Die neuen Prozesse verlangten häufig die Bevollmächtigung der Mitarbeiter an der Basis, denen entsprechende Informationen zur Verfügung gestellt werden mussten, so dass sie ihre eigenen Entscheidungen treffen konnten. In

Unternehmen, in denen die Arbeitnehmer als zu einfältig für die Entscheidungsfindung und die Kontrolle durch die Vorgesetzten als Naturgesetz galten, grenzte dieser Vorschlag an Ketzerei. Um es kurz zu machen: Es wurde bald deutlich, dass die neue Arbeitsweise, die zu so sensationellen Leistungssteigerungen führte, nicht mit den Unternehmen in ihrer bisherigen Form vereinbar war: Sie passte nicht zu ihren Organisationsstrukturen, ihrer Personalpolitik, ihrem Führungsstil, ihren Firmenkulturen, ihren Belohnungs- und Leistungsmessungssystemen.

Es gab nur zwei Alternativen: Entweder konnten die neuen Prozesse, die das Unternehmen gerettet hatten, wieder in der Schublade verschwinden, oder das Unternehmen passte sich an die neue Arbeitsweise an. Die Entscheidung war eindeutig, wenn auch schwierig und in manchen Fällen alles andere als willkommen: Den traditionellen Großkonzernen musste der Todesstoß versetzt werden. An ihre Stelle musste eine neue Unternehmensform treten, in der Prozesse eine zentrale Rolle für Ablauf und Führung spielen: sogenannte »prozessorientierte Organisationen«.

Kein Unternehmen betrieb Prozesszentrierung als Selbstzweck oder weil seine Manager glaubten, so etwas könnte interessant, spannend und schick sein. Die Unternehmen schlugen diesen Weg ein, weil sie keine andere Wahl hatten, weil ihre neuen Hochleistungsprozesse nicht innerhalb der alten Organisation hätten funktionieren können. Dieser Übergang begann ganz allmählich in den frühen 90er Jahren bei einer Handvoll amerikanischer Firmen, darunter Texas Instruments, Xerox und Progressive Insurance. Inzwischen ist dieser Strom zu einer Sturmflut angewachsen. Dutzende von Unternehmen haben den Sprung ins kalte Wasser gewagt, und noch viele weitere werden ihnen bald folgen. Firmen wie American Standard, Ford, GTE, Delco, Chrysler, Shell Chemical, Ingersoll-Rand und Levi Strauss – um nur einige wenige zu nennen – haben den Prozess in den Mittelpunkt ihres Denkens und Handels gestellt.

Der Übergang zur Prozessorientierung ist nicht in erster Linie eine strukturelle Veränderung (wenngleich er, wie wir noch sehen werden, tiefgreifende und nachhaltige strukturelle Auswirkungen hat). Es genügt nicht, ein paar neue Organigramme zu zeichnen und einige neue Managementpositionen zu schaffen. Prozesszentrierung ist zunächst eine Verlagerung der Sichtweise, eine Eschersche Umkehrung von Vordergrund und Hintergrund, bei der die Primär- und die Sekundärebene (Einzelaufgaben bzw. Prozesse) ausgetauscht werden. Vor allem aber bedeutet Prozesszentrierung, dass *alle* Mitarbeiter im Unternehmen die Prozesse kennen und in den Mittelpunkt stellen. Diese scheinbar bescheidene und einfache Verlagerung hat unzählige Konsequenzen für die operativen Systeme von Unternehmen sowie für das Leben der Menschen, die bei ihnen beschäftigt sind. Bevor wir genauer auf diese Konsequenzen eingehen, lassen Sie uns zunächst der Frage nachgehen, warum die Konzentration auf Prozesse eine derartige Abkehr von den Grundannahmen des Industriezeitalters darstellt.

Wir können uns einen Prozess als einen »schwarzen Kasten« vorstellen, in dem eine Verwandlung stattfindet: Aus einem bestimmten Input wird ein wertvollerer Output. So macht etwa die Auftragsabwicklung aus einer Bestellung ausgelieferte Waren. Am Anfang steht der Auftrag des Kunden, in dem ein Bedarf beschrieben wird. Am Ende befinden sich die gewünschten Erzeugnisse in den Händen des Kunden. Eigentlich könnte man sogar sagen, dass der Auftragsabwicklungsprozess drei Ergebnisse hat: die ausgelieferten Waren, den zufriedenen Kunden und die bezahlte Rechnung. Das sicherste Anzeichen für die Zufriedenheit des Kunden ist die Begleichung der Rechnung. Diese Aussage, die auf den ersten Blick so selbstverständlich erscheinen mag, ist in Wahrheit revolutionär. Sie besagt nämlich, dass sich der Auftragsabwicklungsprozess nicht auf die reine Bereitstellung der gelagerten Waren und ihre Auslieferung beschränkt, sondern auch die Fakturierung, die Verwaltung der Forderungen und das Inkasso umfasst – all jene Aktivitäten, die erforderlich sind, um die Zahlung tatsächlich zu bekommen. Sie galten bislang als Heiligtümer der Finanzabteilung. Wer behauptet, dass sie mit operativen Aktivitäten zu einem gemeinsamen Prozess verknüpft werden sollten und infolgedessen die Grenze zwischen Produktion und Finanzen verschwinden sollte, widerspricht hundert Jahren »Managementreligion«.

Die Produktentwicklung ist ein weiterer Prozess, der in vielen Unternehmen anzutreffen ist. Der Input ist hier eine Idee, ein Konzept oder ein Bedürfnis; am Ende kommt dann ein Entwurf oder ein funktionsfähiger Prototyp eines neuen Produktes heraus. An diesem Prozess wirken viele unterschiedliche Menschen mit. Mitarbeiter aus der Forschung und Entwicklung (F+E) steuern ihre technischen Fachkenntnisse bei, Marketing-Experten bieten ihr Wissen in bezug auf die Kundenbedürfnisse an, Fertigungsfachleute beschreiben, was effizient und wirtschaftlich hergestellt werden kann, und Finanzexperten geben Schätzungen dazu ab, ob ein Produkt mit Gewinn produziert und verkauft werden kann. Der Unterschied zwischen der Produktentwicklung einerseits und der F+E-Abteilung andererseits ist hier von entscheidender Bedeutung: Erstere ist ein Prozess, während es sich bei letzterer um eine organisatorische Einheit handelt, eine Abteilung, die sich aus technischen und wissenschaftlichen Mitarbeitern zusammensetzt.

F+E-Mitarbeiter werden nicht nur in der Produktentwicklung, sondern auch in anderen Prozessen benötigt. In vielen Branchen – von der Elektronik- bis zur Chemieindustrie – spielen F+E-Mitarbeiter auch im Kundenserviceprozess eine wichtige Rolle. Wenn Kunden mit schwierigen Fragen zu hochkomplexen Technologien anrufen, sind nur technische Experten in der Lage, ihnen zu antworten. Die Führungskräfte von Xerox entdeckten dies mit Hilfe eines simplen Matrixdiagramms. In der Waagrechte schrieben sie die Namen ihrer Prozesse auf; in der Senkrechte wurden die einzelnen Abteilungen aufgelistet. Wenn eine Abteilung einen Beitrag zu einem bestimmten Prozess beisteuerte, kreuzten sie jeweils die entsprechenden Kästchen in der Matrix an. Als die Übersicht fertig war, mussten sie zu ihrer Überraschung feststellen, dass sie beinahe alle Kästchen der Matrix mit einem Kreuz gefüllt hatten. Fast alle Abteilungen wirkten praktisch an allen Prozessen mit. Aus moraltheoretischer Sicht würde das bedeuten, dass niemand für irgend etwas verantwortlich war. Anders ausgedrückt: Alle hatten zwar ihre Hände im Spiel, konzentrierten sich aber ausschließlich auf die Aktivitäten der eigenen Abteilung, sodass niemand die Verantwortung für den Gesamtprozess trug.

Wichtig ist in diesem Zusammenhang, dass Unternehmen, die sich für die Prozessorientierung entscheiden, ihre Prozesse weder aus dem Nichts aufbauen noch erfinden. Diese Prozesse gab es die ganze Zeit über – sie produzierten den Output des Unternehmens. Bislang waren sich jedoch die Mitarbeiter ihrer Existenz nicht bewusst. Die Beschäftigten an der vordersten Front und ihre unmittelbaren Vorgesetzten konzentrierten sich derart auf ihre spezifischen Aufgaben bzw. Arbeitsschritte, dass sie nicht sehen konnten, zu welchen Prozessen sie einen Beitrag leisteten. Im Gegensatz dazu waren die meisten Spitzenmanager zu weit vom Tagesgeschäft entfernt, um die Bedeutung der Prozesse beurteilen zu können. Prozesse gab es also immer, allerdings nur in einer fragmentierten, unsichtbaren, namenlosen und unkontrollierten Form. Dank der Prozesszentrierung wird ihnen nun endlich die gebührende Aufmerksamkeit und Achtung zuteil.

Die meisten Führungskräfte hatten keine Vorstellung von der Leistung ihrer Prozesse. Ich stelle Managern gerne ganz einfache Fragen: Wie lange dauert es in Ihrem Unternehmen, diesen oder jenen Prozess durchzuführen? Wie zuverlässig wird dabei gearbeitet? Wie zufrieden sind die Kunden damit? Wie viel kostet er? In nahezu allen Fällen reagieren sie darauf nur mit einem hoffnungslosen Achselzucken. Führungskräfte können mit ungeheuren Mengen an Leistungsdaten zu Aufgaben und Abteilungen aufwarten, wissen aber rein gar nichts über die Prozesse, die doch das Herzstück des ganzen Unternehmens bilden. Alle wachen über die Leistung in den Einzelaufgaben, aber niemand prüft, ob diese Aufgaben in der Summe die gewünschten Ergebnisse für den Kunden produzieren. Letztendlich lautet die Frage immer: »Haben Sie Ihre Aufgaben erfüllt?« Daher konzentriert sich das Lager auf die Maximierung des Lagerumschlags, der Versand auf die Verringerung der Versandkosten und die Kreditabteilung auf die Einhaltung der Kreditvergabestandards. Niemand fragt aber: »Wurde dem Kunden das geliefert, was er bestellt hat – und zwar zum versprochenen Zeitpunkt und am gewünschten Ort?« Solange die Arbeitnehmer nur ihre jeweiligen Aufgaben erfüllten, würde sich, so nahm man an, das für den Kunden relevante Ergebnis von selbst einstellen. Diese Annahme war natürlich grundverkehrt.

Die Prozesszentrierung verändert das alles, indem sie die Sichtweise einer Organisation verlagert. Wie immer spielt auch hier die Sprache eine Schlüsselrolle für die Weltanschauung. Wir haben einen Prozess als eine Gruppe verwandter Aufgaben definiert, die zusammen für den Kunden ein Ergebnis von Wert ergeben. Die Schlüsselworte in dieser Definition sind »Gruppe«, »zusammen«, »Ergebnis« und »Kunde«.

Aus der Prozessperspektive werden einzelne Aufgaben nicht gesondert betrachtet, sondern als ein Bündel von Schritten, die zu einem gewünschten Ergebnis beitragen. In einem solchen Prozesskontext machen engstirnige Sichtweisen keinen Sinn. Es genügt einfach nicht, wenn jeder sich nur um seinen begrenzten Verantwortungsbereich kümmert, ganz gleich, wie gut der oder die Betreffende die ihm oder ihr übertragenen Aufgaben erfüllt. Wenn das geschieht, werden sich alle unweigerlich gegenseitig in die Quere kommen. Missverständnisse sind unvermeidlich, und die Optimierung der Teile erfolgt auf Kosten des Ganzen. Prozessarbeit verlangt, dass alle Beteiligten sich auf ein gemeinsames Ziel zubewegen. Andernfalls werden solche Bemühungen durch einander widersprechende Ziele und beschränkte Horizonte vereitelt.

Bei Prozessen stehen die Ergebnisse im Vordergrund, nicht die zur Zielerreichung erforderlichen Arbeitsschritte. Wesentlich an einem Prozess sind der Input am Anfang und das Ergebnis am Schluss. Alles andere ist Nebensache.

Diesen Aspekt verdeutlicht ein weiterer Prozess, den man in vielen Unternehmen antrifft: die Auftragsakquisition. Auf den ersten Blick könnte man meinen, dass es sich hier um einen Begriff aus dem Fachjargon der Unternehmensberater handelt. Es müsste doch ein klares, zweisilbiges urdeutsches Wort für diesen Prozess geben, nämlich »Vertrieb«. Tatsache aber ist, dass dieses Wort völlig ungeeignet ist. In den meisten Unternehmen ist der »Vertrieb« nämlich die Abteilung, der die Mitarbeiter im Außendienst zugeordnet sind; dieses Wort beschreibt meistens eine Organisationseinheit. Problematischer ist jedoch die Tatsache, dass hier nur eine der vielen Aktivitäten herausgegriffen wird, die zum Prozess der Akquisition von Kundenaufträgen gehören. Im Gegensatz dazu schwingt in dem Begriff »Auftragsakquisition« bereits das gewünschte Ergebnis, der Daseinszweck des Prozesses mit – nämlich einen Auftrag an Land zu ziehen. Der Unterschied zwischen diesen beiden Begriffen ist der gleiche wie zwischen Mechanismus und Ergebnis, zwischen Mittel und Zweck.

Das allerwichtigste Wort in unserer Prozessdefinition ist »Kunde«. Wer Prozesse in den Vordergrund rückt, betrachtet sein Unternehmen aus der Sicht der Kunden. Für Kunden sind Prozesse das Kernstück des Unternehmens. Organisationsstrukturen oder Führungsphilosophien sind ihnen einerlei. Kunden sehen nur die Produkte oder Dienstleistungen eines Unternehmens, die alle von seinen Prozessen hervorgebracht werden. In herkömmlichen Organisationen spielen Kunden nur eine untergeordnete Rolle. Es gilt die Maxime: »Wir arbeiten einfach wie üblich weiter und versuchen dann, die Früchte unserer Arbeit an die Kunden zu verkaufen.« Bei einer auf Prozesse ausgerichteten Sichtweise stehen jedoch die Kunden und ihre Wünsche an erster Stelle; das Pferd wird sozusagen von hinten aufgezäumt.

Prozesszentrierung im Unternehmen ist heute besonders sinnvoll, da wir im Zeitalter der Kunden leben. Über weite Strecken der Industriegeschichte hinweg überstieg die Zahl der potentiellen Käufer das Produktangebot. Den Unternehmen wurden nicht durch die Nachfrage, sondern durch ihre Fertigungskapazitäten Grenzen auferlegt. In vielen Branchen hatten die Marktteilnehmer zwar aus rein technischer Sicht keine Monopolstellung inne, verhielten sich aber dennoch so, als hätten sie ihre Kunden für sich gepachtet. Das ist nicht mehr der Fall. Heute stehen den Kunden mehr Alternativen denn je offen, und sie sind sich dessen auch durchaus bewusst. Ein Unternehmen, das nicht konsequent seinen Blick auf seine Kunden und auf die Prozesse richtet, die einen Wert für diese Kunden erzeugen, wird über kurz oder lang seine Pforten schließen müssen.

Das Zeitalter der Prozesse ist angebrochen. Prozesse können nicht mehr die Stiefkinder der Unternehmen sein, denen keinerlei Beachtung, Anerkennung und Respekt geschenkt wird. Sie müssen vielmehr in den Mittelpunkt der Unternehmensorganisation und des Führungsinteresses rücken und dürfen nicht länger an den Rand gedrängt werden. Sie müssen sowohl Strukturen als auch Systeme beeinflussen. Sie müssen die Denkmuster und Einstellungen der Beschäftigten prägen.

Manche Unternehmen lassen sich einen aufsehenerregenden Übergang zur Prozesszentrierung einfallen. So wurde zum Beispiel American Standard, ein Hersteller von Sanitärsystemen, Heiz- und Klimaanlagen und LKW-Bremsen, am 1. Januar 1995 mit einem Schlag zu einem glühenden Verfechter der Philosophie der Prozesszentrierung. Es schaffte die alten Titel ab, übertrug seinen Führungskräften neue Aufgaben, führte neue Mess- und Vergütungssysteme ein und setzte eine Vielzahl weiterer Veränderungen durch, die zur neuen Prozesssichtweise des Unternehmens passten.

Solche Fälle sind vergleichsweise selten. Wenn sich ein Unternehmen seinen Prozessen zuwendet und »prozesszentriert« werden möchte, sind dazu keine offiziellen Verlautbarungen nötig – ebenso wenig wie ein neues Organigramm oder die Verwendung des Begriffs »prozesszentriert«. Es muss sich einfach nur anders verhalten. Die meisten Unternehmen schließen sich der Prozessrevolution relativ unauffällig durch evolutionäre Weiterentwicklung an. Ihre Manager und Mitarbeiter richten schlicht und einfach ihr Hauptaugenmerk auf ihre Prozesse, und letztlich werden alle Aspekte im Unternehmen auf diese neue Sichtweise abgestimmt.

Ein Unternehmen, das seine Prozesse ernst nehmen und sich auf den Weg zur Prozesszentrierung begeben möchte, muss vier Dinge tun. Erstens muss es seine Prozesse identifizieren und ihnen Namen geben. Jedes Unternehmen hat eigene, spezielle Geschäftsprozesse. Wir haben bereits Auftragsabwicklung, Produktentwicklung und Auftragsakquisition als Beispiele für repräsentative Prozesse genannt, die in vielen verschiedenen Unternehmen anzutreffen sind. Aber es gibt sie beileibe nicht in allen Firmen – und es sind auch nicht die einzigen Prozesse in den Unternehmen. Die meisten Firmen stellen fest, dass es bei ihnen eine relativ geringe Zahl von Schlüsselprozessen gibt – in der Regel zwischen fünf und fünfzehn. Welche das sind, hängt von der jeweiligen Branche und den wesentlichen Ergebnissen ab, die das betreffende Unternehmen für seine Kunden produziert. »Marktauswahl«, »Unterstützung nach dem Kauf« und »Entwicklung von Fertigungskompetenzen« sind Beispiele für weitere Prozesse, auf die ich gestoßen bin. Natürlich lässt sich die Geschäftstätigkeit eines Unternehmens nicht mit einer Handvoll von Prozessen erschöpfend beschreiben. Firmen unterteilen in vielen Fällen ihre primären Prozesse auch in eine geringe Zahl sekundärer Unterprozesse, die dann anhand der grundlegenden Aufgaben oder Aktivitäten beschrieben werden.

Die Identifizierung und die Wahl eines Namens für die Prozesse eines Unternehmens sind ein wichtiger erster Schritt, bei dem sich Leichtfertigkeit nicht auszahlt. Das Unternehmen muss hier strenge Maßstäbe anlegen, um sicherzustellen, dass auch ja die richtigen Prozesse identifiziert werden. Das ist schwierig, denn Prozesse überschreiten die bestehenden organisatorischen Grenzen. Als Faustregel könnte man sagen, dass ein Prozess mindestens drei Menschen verärgern muss – ansonsten ist es kein Prozess. Viele Unternehmen machen sich selbst etwas vor und kleben einfach auf ihre bestehenden Funktionsabteilungen das Etikett »Prozess«. Die Prozessidentifizierung erfordert aber einen ganz anderen Denkansatz, nämlich die Fähigkeit, das ganze Unternehmen nicht von der Spitze der Hierarchie nach unten, sondern aus einer horizontalen Perspektive zu betrachten – wie ein Außenstehender.

Der zweite wichtige Schritt besteht darin sicherzustellen, dass alle Mitarbeiter im Unternehmen sich dieser Prozesse und ihrer Bedeutung für den Unternehmenserfolg bewusst sind. Das Schlüsselwort lautet in diesem Fall »alle«. Von der Vorstandsetage bis zur Fabrikhalle, von der Zentrale bis zum entlegensten Verkaufsbüro müssen sich alle darüber im klaren sein, aus welchen Prozessen sich das Unternehmen zusammensetzt, müssen sie namentlich nennen können und genau wissen, welche Inputs und Outputs sie jeweils haben und welche Beziehungen zwischen ihnen bestehen. Der Übergang zur Prozesszentrierung führt zwar anfangs nicht unbedingt dazu, dass die Mitarbeiter andere Aufgaben als bisher verrichten, ändert aber sehr wohl ihre Denkweise. Prozessarbeit erfordert einen Gesamtüberblick.

Eine Firma, die ihre Prozesse klar herausgearbeitet hat, ist Hill's Pet Nutrition, ein Unternehmen der Colgate-Palmolive-Gruppe, das unter Markennamen wie »Science Diet« Tierfutter herstellt. Wenn früher ein Mitarbeiter in der Fertigung von Hill's nach seinen Aufgaben gefragt wurde, hätte er wohl geantwortet, dass er eine Maschine bediene. Wenn seine Maschine lief und der Arbeiter sein Tagessoll erfüllte, glaubte er, dass er seine Sache gut machte. Wenn der Ausstoß seiner Maschine sich nach seiner Station zu hohen Zwischenbeständen auftürmte, so kümmerte ihn das nicht. Wenn das Produkt nicht ausgeliefert wurde, sah er das auch nicht als sein Problem an.

Würde man heute jedoch die gleiche Frage stellen, so würde der Mitarbeiter sagen, dass er in einem Fertigungsunterprozess des Auftragsabwicklungsprozesses arbeite. Ist das nicht einfach nur eine besonders hochgestochene Formulierung für das gleiche? Keineswegs. Diese Beschreibung symbolisiert eine Neuorientierung des einzelnen Mitarbeiters und seiner Tätigkeit von der Detailebene zum übergeordneten Gesamtbild.

Heute erkennt der Mitarbeiter, dass er nicht einfach nur dafür da ist, seine eigene Aufgabe zu erfüllen, nämlich die Bedienung der Maschine. Er muss einen Beitrag zur kollektiven Mission leisten, nämlich zur Durchführung eines Prozesses, der im Endeffekt zur Auslieferung der Waren führt. Wenn sich heute hinter seiner Maschine die Teile häufen, wird er unaufgefordert nachsehen, was an den nachgelagerten Stationen am Band passiert ist. Er wird dies nicht aus Loyalität dem Unternehmen gegenüber tun, sondern weil sein Selbstverständnis und seine Handlungsweise sich dank der Verlagerung von der Aufgaben- zur Prozessorientierung verändert haben.

Wir haben bereits unterstrichen, welche Bedeutung Sprache bei jeder fundamentalen Einstellungsänderung hat. Die Industrielle Revolution hat nicht nur Bauern und Handwerker in Fabrikarbeiter verwandelt, sondern praktisch erst das Wort »Arbeiter« zur Beschreibung dieser Personengruppe geprägt. Heute ist dieser Begriff mit seiner engen Aufgabenkonnotation in Misskredit geraten; nach dem Übergang zum prozesszentrierten Unternehmen erscheint er nicht mehr passend. Anstelle von Arbeitern (die Aufgaben erledigen) müssen wir von Prozessprofis sprechen – Menschen, die wissen, dass sie mit ihrer Tätigkeit zur Prozessleistung beitragen.

Der dritte Schritt auf dem Weg zur Prozessorientierung ist die Prozessmessung. Wer es mit seinen Prozessen ernst meint, muss wissen, wie gut die Prozessleistung ist, und das bedeutet wiederum, dass er einen entsprechenden Maßstab finden muss. Unternehmen müssen ihre wesentlichen Messgrößen definieren, anhand derer jedes ihrer Produkte beurteilt wird. Einige dieser Messgrößen müssen sich auf für Kunden relevante Aspekte beziehen. Durch die Analyse der Kunden und ihrer Anforderungen an das Prozessergebnis kann ein Unternehmen feststellen, ob es eher die Durchlaufzeit, die Prozessgenauigkeit oder andere Aspekte der Prozessleistung messen sollte. Eine weitere Kategorie von Messgrößen muss die internen Bedürfnisse des Unternehmens widerspiegeln: Prozesskosten, Auslastungsgrad der Sachanlagen und andere typische Finanzkennzahlen. Messgrößen spielen nicht nur bei der Beurteilung der gegenwärtigen Prozessleistung eine Rolle, sondern auch bei der Untersuchung möglicher Verbesserungsansätze. Die Umkehrung der alten Maxime »Was gemessen wird, verbessert sich« lautet: »Was nicht gemessen wird, ist mit Sicherheit katastrophal.«

Ganz gleich, welche Messgrößen gewählt werden, sie müssen auf jeden Fall den Gesamtprozess widerspiegeln und allen Prozessbeteiligten nahe gebracht werden, sodass sie auch tatsächlich damit arbeiten. Messungen sind ungemein wichtige Werkzeuge für die Beeinflussung der Einstellungen und Verhaltensweisen der Mitarbeiter; sie spielen eine zentrale Rolle bei der Umwandlung widerspenstiger Gruppen in disziplinierte Teams. Der Begriff »Team« ist in einem prozesszentrierten Unternehmen ebenfalls von zentraler Bedeutung. Bedauerlicherweise wurde er in letzter Zeit geradezu inflationär und noch dazu häufig falsch gebraucht. Ein Team ist nicht etwa eine Gruppe von Menschen, die zusammenarbeiten oder sich mögen oder die gleichen Meinungen vertreten. Ein Team ist vielmehr eine Gruppe von Menschen, die ein gemeinsames Ziel verfolgen. Wenn an alle Prozessmitwirkenden die gleichen Maßstäbe angelegt werden, ganz gleich, wo sie sich befinden und wie sehr sie sich voneinander unterscheiden mögen, wird aus ihnen ein einheitliches Team. Manche Prozesse können von Anfang bis Ende von einem einzigen Mitarbeiter durchgeführt werden. In den meisten Fällen sind dafür aber Teams erforderlich.

Die vierte Voraussetzung für ernst zu nehmende Prozesszentrierung ist das Prozessmanagement. Wir haben bereits gesehen, wie der Anstoß zur Prozessfokussierung durch Unternehmen erfolgte, die prozessorientierte Verbesserungsmethoden auf hartnäckige Leistungsprobleme anwendeten. Diese Bemühungen brachten die Revolution der Prozesszentrierung ins Rollen – eine Revolution, die, wie die von Trotzki, dauerhaft angelegt sein muss. Ein Unternehmen muss seinen Blick kontinuierlich auf seine Prozesse richten, damit sie auch in Zukunft auf ein sich wandelndes Geschäftsumfeld eingestellt werden können. Einmalige Verbesserungen – und mögen sie auch noch so drastisch sein – sind praktisch nutzlos. Ein prozesszentriertes Unternehmen muss kontinuierlich Prozessverbesserungen anstreben. Um dies zu erreichen, muss es seine Prozesse aktiv steuern. Mittlerweile wird sogar deutlich, dass Prozessmanagement im Zentrum der Unternehmensführung stehen muss: Unternehmen müssen das volle Potential ihrer Prozesse ausschöpfen, nach weiteren Möglichkeiten zur Verbesserung der Prozessleistung suchen und diese dann in die Tat umsetzen. Das ist keine Teilzeit- oder Gelegenheitsbeschäftigung. Prozessführung ist eine der Hauptaufgaben des Managements. Prozesszentrierung ist kein Projekt, sondern eine Lebensweise.

Diese vier Schritte führen ein Unternehmen auf den Weg der Prozesszentrierung. Ans Ziel gelangt man damit aber noch nicht. Prozesszentrierung ist eine fundamental neue Definition des Unternehmenszwecks. Sie beeinflusst alle Aspekte im Unternehmen: wie Mitarbeiter sich selbst und ihre Aufgaben sehen, wie sie beurteilt und bezahlt werden, was Führungskräfte tun, wie die Geschäftstätigkeit definiert wird und wie letztlich die Gesellschaft aussieht, die von diesen Organisationen abhängt. In den folgenden Kapiteln werden wir jedes dieser Themen erörtern. Lassen Sie uns aber mit dem zentralen Element des neuen Systems beginnen: mit den Mitarbeitern in prozesszentrierten Organisationen und der Arbeit, die sie verrichten.

# Kapitel 2
# Frontberichte (I)

Der Übergang zur Prozesszentrierung findet nicht in der dünnen Luft der Vorstandsetage statt. Der eigentliche Wandel spielt sich vielmehr an der Basis ab, wo Mitarbeiter, die für die alltägliche Arbeit zuständig sind, ihr Denken und ihr Verhaltern verändern. Jedes Unternehmen wählt seinen eigenen Weg zur Prozesszentrierung, und jeder einzelne Mitarbeiter ist davon anders betroffen. Dennoch gibt es Gemeinsamkeiten in bezug auf die Einstellung der Mitarbeiter zur Prozesszentrierung, auch in deutlich unterschiedlichen Umfeldern. In diesem Kapitel werden drei Menschen zu Wort kommen, die diesen Übergang erlebt haben. Diese Mitarbeiter arbeiten an der vordersten Front in Unternehmen, die sich im Rahmen der Prozesszentrierung für den Weg des Business Reengineering entschieden haben. Sie werden uns nicht von der Theorie und dem konzeptuellen Rahmen der Prozesszentrierung berichten. Sie werden uns erzählen, was diese völlig neue Arbeits- und Lebensweise in der Praxis für sie bedeutet – und zwar nicht nur auf intellektueller, sondern auch auf emotionaler Ebene.

## Deborah Phelps von Showtime

1991 kam der Kabelsender Showtime Networks zu dem Schluss, dass sein Fakturierungs- und Inkassoverfahren auf eine völlig neue Grundlage gestellt werden musste. Das alte System kostete Viacom Inc., die Muttergesellschaft von Movie Channel, Showtime und anderen Pay-

TV-Anbietern, jährlich 10 Millionen Dollar an direkten Abschreibungen und noch weitaus mehr in Form von Umsatzausfällen.

In dieser Branche kaufen die lokalen Kabelgesellschaften Sendungen von Unternehmen wie Showtime. Ihre Verträge sehen vor, dass der Kabelbetreiber für jeden Kunden, der einen bestimmten Dienst in Anspruch nimmt, eine Gebühr an den Programmanbieter entrichtet. Die Kabelgesellschaft zählt die Teilnehmer und berechnet die monatlichen Zahlungen. Die Revisionsabteilung von Showtime überprüfte diese Zahlen, konnte aber jedes Jahr nur ein Drittel ihrer Kunden abdecken. Daher wurden Fehler manchmal bis zu drei Jahre lang mitgeschleppt und verschlimmerten sich dadurch immer mehr. Über einen Zeitraum von 36 Monaten hinweg konnte sich ein Fehler, der ursprünglich Kosten in Höhe von 15 000 Dollar verursacht hatte, zu einer Größenordnung von einer halben Million auswachsen. Daher rief die Finanzabteilung von Showtime nicht selten bei Kunden an, um ihnen mitzuteilen, dass sie Gebührennachzahlungen in Höhe von mehreren hunderttausend Dollar zu leisten hätten. Das führte natürlich zu Auseinandersetzungen, die Showtime häufig durch teilweise Abschreibung der Forderungen beilegte. Diese lagen bei ungefähr 10 Millionen Dollar jährlich – was 2 Prozent des Umsatzes von Showtime entsprach.

Diese 10 Millionen Dollar pro Jahr machten jedoch nur einen kleinen Bruchteil der wahren Kosten aus, die sich aus Showtimes schlechter Fakturierungspolitik ergaben. Da die verärgerten Kunden nicht gerade darauf erpicht waren, von diesem Anbieter weitere Leistungen zu kaufen, verschwendeten die Außendienstmitarbeiter ihre Zeit damit, den Kunden beruhigend zuzureden und Missverständnisse aus dem Weg zu räumen, anstatt sich ihrer eigentlichen Aufgabe, nämlich dem Verkauf weiterer Dienste, zu widmen. Es musste etwas geschehen.

Vor der Radikalkur bei Showtime arbeitete Deborah Phelps im Inkassobüro der Kundenkreditabteilung. Heute leitet sie als »Finanzdienstleistungsrepräsentantin« ein Prozessteam, das für alle Aufgaben vom Vertragsentwurf über das Inkasso bis hin zur Beantwortung der Kundenfragen zuständig ist.

Früher war ich für die Kunden in einer bestimmten Region zuständig. Ich prüfte nach, ob unsere Kunden ihre Rechnungen pünktlich bezahlten. Wenn Probleme auftraten, rief ich bei den

Kunden an. Wenn sie mir dann aber sagten, dass sie uns nichts
schuldeten, musste ich den Papierkram erledigen und die Akte
von meinen Vorgesetzten abzeichnen lassen, der sie dann dem Geschäftsführer vorlegen musste, der seinerseits eine Unterschrift des
Vizepräsidenten benötigte.

Wenn der Betrag nicht stimmte, brauchte mich das nicht zu
bekümmern. Meine Aufgabe bestand lediglich darin feststellen,
ob die Zahlung pünktlich erfolgte. Ich wusste nicht einmal, ob
der Rechnungsbetrag richtig war; die dafür erforderlichen Informationen lagen mir nicht vor. Ich wusste nur, ob wir einen Scheck
über die Lizenzgebühren für den Monat Januar erhalten hatten
oder nicht. Das war alles.

Die Debitorenbuchhaltung musste nachprüfen, ob der Betrag
stimmte. Das wurde bei der Erfassung des Zahlung durch die
Dateneingabemitarbeiter festgestellt. Wenn auf dem Bildschirm
eine irgendwie abweichende Zahl erschien, gingen die für die
Eingabe zuständigen Mitarbeiter zu ihren Vorgesetzten, die die
Angelegenheit an den Abteilungsleiter weiterleiteten, der damit
dann zum Geschäftsführer lief etc. Es gab keine Arbeitsgruppe,
die wirklich mit den Einzelheiten der Vertragsbeziehungen vertraut war oder durch Gespräche mit den angeschlossenen Kabelgesellschaften die Probleme aus der Welt hätte schaffen können.

Es war ein extrem hierarchisches System – sehr starr und traditionell. Ich hatte einen Vorgesetzten, dem ich berichtete. Er
berichtete an den Geschäftsführer, und der wiederum war dem
Vizepräsidenten unterstellt. Jeder sprach immer nur mit seinem
unmittelbaren Vorgesetzten. Man musste den Dienstweg immer
peinlichst genau einhalten. Im ersten Jahr meiner Tätigkeit wusste
mein Abteilungsleiter vermutlich gar nicht, wer ich war, denn wir
sprachen niemals miteinander. Es war eine Organisation im klassischen Sinne, in der niemals Grenzen überschritten werden durften
und man nur mit der Person sprach, der man direkt unterstellt war.

Andere Mitarbeiter in meinem Bereich waren ebenfalls für das
Inkasso zuständig, doch hatten wir keinerlei Kontakt zueinander.
Sie arbeiteten nicht mit meinen Kunden, und ich nicht mit den
ihren. Ich konnte mich zwar an einen dieser Kollegen wenden,
wenn ich herausfinden wollte, wie man ein bestimmtes Formular

bearbeiten musste. Über die Einzelheiten zu meinen Kunden-
konten wussten sie jedoch nichts. Darüber waren nur ich und
mein Chef informiert.

Dann hielten der Finanzleiter von Showtime, Jerry Cooper, und
der CEO Tony Cox im Juni 1992 eine Betriebsversammlung ab, auf
der sie beschrieben, wie sich das Unternehmen mit gewissen
Geschäftspraktiken selbst Schaden zufügte. Schwerpunkt ihrer
Ausführungen war die Frage, wieso unser Prüfsystem immer wieder zu Auseinandersetzungen mit den Kunden und Vergleichen
führte, bei denen im Grunde Geld zum Fenster hinausgeworfen
wurde. Cooper und Cox wiesen auch darauf hin, dass wir Kunden,
die bei uns anriefen, verärgerten, indem wir sie stundenlang hin-
und herverbanden. Das stimmte. Ich war nur für eine einzige Aufgabe zuständig. Wenn also jemand auf meinen Namen gestoßen
war, weil ich ihm einmal geholfen hatte, konnte ich deswegen noch
lange nicht irgendwelche anderen Fragen beantworten, da ich vom
Gesamtzusammenhang keine Ahnung hatte.

Die Topmanager beschrieben diese Probleme und machten
deutlich, dass die Beziehungen zwischen der Finanzabteilung
und dem Außendienst verbessert werden müssten, damit unsere
Firma kundenorientierter würde. An dieser Stelle sprachen sie
zum ersten Mal vom Business Reengineering. Ich hatte für ein
anderes Unternehmen gearbeitet, in dem Teams im Vordergrund
standen, und ich erinnerte mich daran, wie befriedigend die
Arbeit dort gewesen war. Ich dachte für mich, wie wunderbar es
doch sei, dass mein jetziger Arbeitgeber ebenfalls diesen Weg einschlagen wollte. Dann hatte ich das Glück, als Mitarbeiterin für
das Pilotprojekt ausgewählt zu werden.

Für mich hätte das zu keinem günstigeren Zeitpunkt kommen
können. Zuvor langweilte ich mich ziemlich und hatte bereits mit
dem Gedanken gespielt, bei Showtime zu kündigen. Es ist wirklich ein kreatives Unternehmen – aber die Hierarchie war so starr.
Ich kam mir geradezu eingesperrt vor.

Mein Team bestand aus mir selbst, einem Vertreter der Debitorenbuchhaltung und einer Handvoll Revisoren. Wir übersiedel-
ten von der Buchhaltung in einen anderen Teil des Gebäudes. Es
entwickelte sich echter Teamgeist. Die Einstellung »Das ist meine

Aufgabe, und mit anderen arbeite ich nicht zusammen« gab es bei
uns nicht. Wenn ich an meine ganze berufliche Erfahrung bei
Showtime zurückdenke, war das für mich wahrscheinlich die
spannendste Zeit.

Zuallererst brachten wir uns gegenseitig unsere jeweiligen Aufgaben bei. Ich musste lernen, wie unsere Verträge ausgelegt werden, wie wir den Kunden Rechnungen stellten und wie der Zah-
lungsprozess vonstatten ging. Ich erfuhr, dass es nicht genügte,
wenn uns ein Kunde einen Scheck zusandte. Ich musste auch verstehen, warum die Zahlung korrekt war. Das war ganz schön
schwierig. Bis dahin hatte ich keine Ahnung von den Einzelheiten
der Vertragsbedingungen gehabt. Außerdem musste ich mich ein
klein wenig mit der Arbeit unserer Revisoren vertraut machen.
Und ich musste einen besseren Überblick über unser Unternehmen bekommen – etwas, was mir bis dahin gefehlt hatte.

Wir hatten auch Verbindungen zu Außendienstmitarbeitern.
Sie trafen sich mit uns und sprachen über die Verträge und ihre
Arbeit.

Unsere wichtigste Aufgabe bestand darin herauszufinden, was
sich in unseren verschiedenen Arbeitsbereichen abspielte, und sich
dann zu überlegen, wie man es besser machen könnte. Wir be-
trachteten den gesamten Buchprüfungsprozess – Debitorenbuchhaltung, Inkasso, Kreditgewährung und Rechnungsstellung – und
versuchten, uns vorzustellen, wie ein Team von vier oder fünf Mitarbeitern all diese Aufgaben erledigen könnte, sodass die Übergabeprozeduren wegfielen. Unser Ziel war es, eine einzige Anlaufstelle für unseren Außendienst und für unsere Kunden zu schaffen.

Im Pilotteam ging es sehr demokratisch zu – ganz anders als im
alten hierarchischen System. Ich hatte das Gefühl, dass meine
Meinung zählte und dass unser Teamleiter alles tat, um effektiv
mit uns zusammenzuarbeiten. In einer Hierarchie erfährt man
von vielen Ereignissen gar nichts, weil sie sich hinter den Kulissen
abspielen. In diesem Umfeld wurden praktisch alle Karten offen
auf den Tisch gelegt.

Es dauerte eine Weile, bis wir Teammitglieder uns auf eine interne Arbeitsweise einigten. Man sagte uns, dass es keine Regeln
gebe, dass wir »außerhalb der gewohnten Bahnen« denken und

möglichst viel Kreativität an den Tag legen sollten. Während der ersten ein oder zwei Wochen dachte ich bei mir: »Meinen die das auch wirklich so?« Dann ging ich, ebenso wie auch einige andere Kollegen im Team, einfach einmal davon aus. Ich sah das Ganze als eine phantastische Chance. Einige andere Teammitglieder blieben jedoch weiterhin lieber reserviert.

Nach ungefähr sechs Monaten weiteten wir das Pilotprojekt auf die Abteilungsebene aus. Der Finanzleiter und der neue Chef der Finanzdienstleistungsabteilung, Tom Hayden, organisierten eine Mitarbeiterversammlung. In dieser Sitzung beantwortete Tom Fragen nach der Zukunft der jeweiligen Arbeitsplätze. Darüber hinaus vereinbarte er Termine für halbstündige Gespräche mit jedem einzelnen Beschäftigten der Abteilung, in denen individuelle Sorgen und Einsatzmöglichkeiten im Unternehmen besprochen wurden.

Als wir den neuen Plan vorstellten, hielten ihn manche für eine wirklich aufregende Herausforderung. Andere verstanden ihn aber nie so recht und widersetzten sich. Die Umsetzungsphase war für viele Mitarbeiter schwierig. Manche konnten sich nicht an die neuen Gegebenheiten anpassen und mussten das Unternehmen verlassen.

Als das Programm erstmals unternehmensweit eingeführt wurde, bewarb ich mich als Teamleiterin. Ich wurde jedoch nicht gewählt, sondern statt dessen als Finanzbuchhalterin einem vierköpfigen Team zugeteilt, das in New York angesiedelt war. Der Teamleiter saß in Denver. Weil er nicht im gleichen Büro arbeitete wie wir, mussten die Teammitglieder eine gehörige Portion Eigeninitiative an den Tag legen. Schließlich übernahm ich immer mehr Führungsaufgaben, weil ich mehr Eigeninitiative zeigte als alle anderen Teammitglieder.

Wenn ein Problem auftrat, schlug ich vor, dass sich das ganze Team zusammensetzen und einen Lösungsvorschlag erarbeiten sollte, anstatt einfach in Denver anzurufen und um Hilfe zu bitten. Ich glaube, ich habe eine ziemlich maßgebliche Rolle für die Einführung regelmäßiger Teamsitzungen gespielt. Auch das Führungsteam – alle Teamleiter – traf sich häufig. Da unser Leiter sich in Denver befand, wurde ich immer als Vertreterin unseres Teams entsandt. Dadurch erhielt ich viele Informationen aus erster Hand, die ich dann an meine übrigen Teamkollegen weitergeben konnte. Ich versuchte, so oft wie möglich alle um ihre Vorschläge und Meinungen zu bitten.

Seit der anfänglichen Zusammenstellung der Teams gab es viele Umbesetzungen. Schließlich wurde beschlossen, dass die Teamleiter sich am gleichen Ort befinden mussten wie die Teams. Ich wurde zur Teamleiterin befördert und zog nach Chicago um – dem von uns bearbeiteten Gebiet. Normalerweise ist das Team für die Aufnahme neuer Mitglieder zuständig. Aber in diesem Fall war ich die einzige verbleibende ursprüngliche Mitarbeiterin, also stellte ich eigentlich selbstständig zwei neue Teamkollegen ein. Ich suchte dabei nach Menschen mit Branchenerfahrung und viel Elan. Die beiden Kollegen, die ich letztendlich einstellte, waren vom Chicagoer Büro wärmstens empfohlen worden. Ich dachte, dass es ein großer Vorteil sein könnte, wenn ich mit Kollegen zusammenarbeiten würde, die bereits Kontakte in Chicago geknüpft und sich in dieser Region bewährt hatten.

Vor kurzem nahm ich in New York an einer Schulung teil, in der wir Übungen zur Teambildung durchspielten und über unsere Ziele sprachen. Wir sahen uns die Visionserklärung unserer Abteilung an und schrieben dann eine eigene Variante für unsere Teams. Ich glaube, dass die Beschäftigten mittlerweile die Ziele des Unternehmens als ihre eigenen sehen und nicht als von oben aufgezwungene Vorgaben. Wir haben auch Bereiche untersucht, die noch deutlich verbesserungsfähig sind.

Ein Problem, mit dem mein Team letztes Jahr zu kämpfen hatten, bestand darin, die Initiative zu ergreifen und die volle Verantwortung für unsere Arbeit zu übernehmen. Als wir unsere Organisation umstrukturierten, wurde einer Reihe von Mitarbeitern gekündigt. Die meisten von ihnen waren schon lange bei diesem Unternehmen. Ich glaube, dass sie sich auf ihren Lorbeeren ausruhten und nicht gewohnt waren, besondere Anstrengungen zu unternehmen. Sie wurden aufgefordert, mehr Eigeninitiative und Engagement zu zeigen. In unserem jetzigen Team ist das kein Problem; Eigeninitiative und Risikofreudigkeit sind bei uns an der Tagesordnung.

Ein weiterer wichtiger Aspekt im Team ist die Tatsache, dass sich die eigene Arbeit unmittelbar auf die der Kollegen auswirkt. Wir mussten also lernen, anderen Feedback zu geben und miteinander zu kommunizieren. Verhaltensänderungen sind alles andere als einfach, aber sie sind durchaus möglich. Eine Mitarbeiterin in unserem Team änderte sich erst, als ihre Teamkollegen begannen, ihr direktes Feedback zu geben. Die Anweisungen ihres Chefs hatte sie nicht weiter beachtet, weil sie der Meinung war, dass der Vorgesetzte »von meiner Arbeit sowieso keinen Schimmer hat«. Als sie das Gleiche aber aus dem Munde von vier Teamkollegen hörte, nahm sie es sich tatsächlich zu Herzen. Die anderen boten ihr Hilfestellung an, und sie akzeptierte dieses Angebot. Ihre Kollegen fragten sie: »Was brauchen Sie? Was steht Ihrem Erfolg im Wege?« Im Gegenzug bemühte sie sich, ihre Kenntnisse zu erweitern.

Beispielsweise kannte sie sich nicht besonders gut in der Debitorenbuchhaltung aus. Unser DB-Spezialist setzte sich also mit ihr zusammen und ging das ganze System Schritt für Schritt mit ihr durch, während sie sich Notizen machte und Fragen stellte. Meiner Meinung nach hat diese Kollegin so große Fortschritte gemacht, weil sie unbedingt weiter für dieses Unternehmen arbeiten wollte, und obwohl es ihr schwerfiel, erkannte sie doch auch die Vorteile der neuen Arbeitsweise. Es gab wohl auch andere im Unternehmen, denen alles egal war. Die sahen dann auch keinen Nutzen in Verhaltensänderungen.

Wenn man in einem Team arbeitet, kann man sich nirgendwo verstecken. Irgendwann kommt alles ans Licht. In New York gab es diesen netten Kollegen, der bei allen beliebt war. Aber dann stießen wir auf all diese Fehler. Nach einiger Zeit waren andere Teammitglieder frustriert, weil die Arbeit nicht richtig gemacht wurde und ihr eigener Zeitaufwand deswegen größer war. Seine Fehler holten unseren freundlichen Kollegen ein. Bei einer Neubewertung der Organisation sagte man uns, wir sollten die Leistungen der Kollegen beurteilen, nicht ihre Persönlichkeit. Wir waren also ehrlich: Er war den Anforderungen einfach nicht gewachsen.

Noch etwas hat sich in unserer neueren, flacheren Organisation geändert: Das gesamte Beförderungssystem muss aus einer völlig neuen Warte gesehen werden. Es geht nicht mehr darum, auf die nächste Hierarchieebene aufzusteigen. Wichtiger ist es, die eigenen Fähigkeiten zu erweitern und dafür dann entsprechend entlohnt zu werden. In meiner derzeitigen Position möchte ich lernen, wie man anderen etwas verkauft, damit ich besser mit unseren Vertragsunternehmen umgehen kann. Wir bieten ihnen nicht nur eine Dienstleistung, sondern verkaufen auch eine Idee. Die regionalen Verkaufsleiter haben bestimmte Fähigkeiten, die mir fehlen. Beispielsweise wissen sie, wie man Vertragsverhandlungen führt. Es gibt viel Raum für Selbstentfaltung und neue Herausforderungen. So könnte ich zum Beispiel erst als Leiterin eines regionalen Teams arbeiten und dann an der Spitze eines Teams stehen, das für eine nationale Kundengruppe zuständig ist. Dieses Team wäre dann für eine größere Anzahl von Kunden, mehr Teilnehmer und ein größeres Umsatzvolumen zuständig.

Wenn man früher einmal in der Rolle des Erbsenzählers gelandet war, blieb man für immer und ewig ein Erbsenzähler. Heute wechseln bei uns Mitarbeiter von Finanzdienstleistungen in den Außendienst und umgekehrt. Innerhalb der Organisation sind die Grenzen nicht mehr so undurchlässig wie früher.

Einer der angenehmsten Punkte ist die Tatsache, dass sich seit dem Business Reengineering meine Beziehungen zu den Kunden verändert haben. Seit es das Team gibt, wissen alle Kunden in unserer Region, wer wir sind. Wir stehen in regelmäßigem Kontakt zu unseren Kunden. Wir rufen nicht einfach nur an, wenn sie ihre Rechnung nicht bezahlt haben oder uns Geld schulden. Manchmal melden wir uns auch einfach nur so, um zu hören, wie die Geschäfte denn so laufen.

Wir besuchen die Kunden auch vor Ort. Dabei versuchen wir herauszufinden, wie wir ihnen einen besseren Service bieten können. Solche Kontakte gab es früher nicht bei uns. Daher macht mir meine Arbeit heute sehr viel mehr Spaß.

Innerhalb des Unternehmens konnte ich mehr zum Gesamterfolg beitragen und mehr lernen. Ich habe von Teamkollegen und anderen Teamleitern gelernt, und sie haben umgekehrt von meinem Wissen und meinen Erfahrungen profitiert. Ich glaube, dass wir einander alle mehr respektieren als früher.

Auch das Management ist uns gegenüber viel zugänglicher geworden. Das ist ganz besonders wichtig. Jetzt erfahren wir sofort von neuen Entwicklungen. Heute habe ich mit der Hauspost eine Kopie des Budgets für mein Team erhalten mit der Prognose vom letzten Jahr, den bisherigen Ist-Zahlen für das laufende Geschäftsjahr und der Angabe, inwieweit wir die Vorgaben über- oder unterschritten haben. Früher hatte man uns niemals die tatsächlichen Zahlen in die Hand gegeben.

Ich weiß nicht, ob ich mein Lebtag bei Showtime arbeiten werde. Doch ganz gleich, wohin mich meine Karriere noch führen wird, ich könnte niemals zu einer traditionellen Organisation zurückkehren. Meine Arbeit ist für mich ein echter Ansporn und eine Herausforderung.

## Bob Rankin von GTE

Die in Florida ansässige Telefongesellschaft GTE Corporation hatte erkannt, dass sie schneller und effizienter reagieren musste. Dies führte zum Business Reengineering des Prozesses, in dem Kundenanfragen nach Reparaturleistungen und Telefonneuanschlüssen behandelt wurden. Im Kundendienst wurde eine Reihe von Führungspositionen abgeschafft. Die Fernmeldetechniker wurden kleinen Teams zugeordnet, die jeweils für bestimmte geographische Bereiche zuständig sind und dabei Terminplanung und Berichtswesen eigenverantwortlich übernehmen. Die Techniker wurden mit Handys und Laptop-Computern ausgestattet und verwalten nun ihre Arbeit selbst.

Die neue Prozesszentrierung hat den Verantwortungsbereich des einzelnen Mitarbeiters erweitert und viele Veränderungen in der täglichen Arbeit erforderlich gemacht. Manche Mitarbeiter akzeptieren diese Veränderungen nur schwer; sie sind der Meinung, dass ihre Arbeit dadurch viel anstrengender geworden sei. Viele andere – darunter Bob Rankin, der GTE-Telefonsysteme in Sarasota repariert und wartet – sind jedoch von den Neuerungen begeistert.

In unserem Bereich arbeitet eine Gruppe von fünf Technikern. Ein junger Mann ist für die Neuanschlüsse zuständig. Die anderen vier sind erfahrene Wartungstechniker. Seit der Einführung des neuen Systems macht uns unsere Arbeit sehr viel mehr Spaß. Man hat uns die Freiheit gegeben, selbstständig zu arbeiten. Das gefällt uns sehr.

Ich selbst bin seit 23 Jahren bei GTE, und ich war immer der Meinung, dass es bei uns zu viel Management, Kontrolle und Aufsicht gab. Ein Vorgesetzter für acht oder zehn Mitarbeiter ist einfach viel zu viel.

Früher haben uns die Vorgesetzten zu verstehen gegeben, dass wir uns mit jedem Pipifax an sie wenden sollten. »Wenn Sie eine Frage haben oder sich nicht ganz sicher sind, rufen Sie uns jederzeit an. Wir springen dann sofort in unseren Lastwagen und diskutieren das Problem mit dem Kunden und Ihnen.« Sie behandelten uns wie kleine Kinder.

Manchmal konnten die Vorgesetzten helfen, aber in der Regel war ihr Eingreifen gar nicht nötig. Wenn sich beispielsweise ein Fernsprechteilnehmer wegen irgend etwas aufregte, riefen wir unseren Chef an, der dann kam und den Kunden beruhigte. »Anzug und Krawatte und Firmenwagen«, so hieß es, würden beim Kunden Eindruck schinden. Eine Krawatte tragen wir zwar nicht, doch wissen wir, wie man mit den Leuten umgeht. Wir arbeiten seit vielen, vielen Jahren tagein, tagaus direkt vor Ort in den Häusern der Kunden.

Wir bauen auch langfristige Beziehungen zu den Kunden auf. Wenn vier oder fünf Techniker für ein bestimmtes Gebiet zuständig sind, bedeutet dies, dass wir persönlich mit den Anlagen und Problemen der Kunden vertraut sind. Neben unserer täglichen Arbeit können wir auch einige Schwierigkeiten durch vorbeugende Maßnahmen verhindern.

Die Qualität der Reparaturen interessiert uns heute also mehr als früher. Das liegt in der Natur der Menschen. Früher gab es bei uns ein ganzes Heer von Technikern, die nicht für ihre Tätigkeit verantwortlich waren. Mit anderen Worten: Es konnte schon vorkommen, dass sie der Versuchung erlagen, eine schnelle Notlösung zu suchen, aber nicht unbedingt auf Anhieb alles richtig in

Ordnung zu bringen. Wenn das Team aber nur aus vier oder fünf Technikern besteht und der Kunde sie alle persönlich kennt, wissen wir, dass er uns auf die Zehen steigen wird, wenn wir die Reparatur nicht beim ersten Mal gleich richtig machen. Heute erfüllt uns unsere Arbeit eher mit Stolz. Unter anderem ist dadurch auch unsere Selbstachtung gestiegen.

Unsere Arbeit ist auch befriedigender als jemals zuvor. Früher gingen wir in die Arbeit, taten, was wir tun mussten, und gingen dann wieder nach Hause. Reine Fließbandarbeit! So sahen die meisten von uns damals ihren Job.

Manche von uns sagen, die neue Freiheit und Verantwortung seien stressiger. Dieser Meinung bin ich nicht. Ich fand, dass die alte Form der Arbeitsorganisation anstrengender war, weil man uns viel weniger Vertrauen und Respekt entgegenbrachte als heute. Wir haben heute einen Großteil der Aufgaben übernommen, die früher allein den Managern vorbehalten waren. Wir sind für unser eigenes Handeln verantwortlich und für uns selbst rechenschaftspflichtig.

Dieser Vorstoß ist das Klügste, was das Unternehmen seit Jahren gemacht hat. Dieser Meinung sind wir im Grunde alle. Unsere Arbeit macht uns Spaß. Es ist schön, wenn man sein eigener Herr ist und nicht wegen jedes kleinen Problems seinen Chef anrufen muss. Das ist gar nicht nötig – und es war auch niemals nötig. Jedes größere Unternehmen sollte darüber nachdenken, ob es nicht seinen Mitarbeitern mehr Entscheidungsbefugnisse geben sollte. Die Antwort ist ein klares Ja. Diese Veränderung ist seit langem überfällig.

## Diane Griffith von Aetna

In ihrer früheren Form hätte die Versicherungsgesellschaft Aetna Life & Casualty Company möglicherweise einen Preis für besonders aberwitzige Aufgaben und verwinkelte Prozesse bei der Bearbeitung von Versicherungsanträgen verdient. Im Durchschnitt nahm dieser Vorgang 28 Tage in Anspruch – bei 26 Minuten produktiver Arbeitszeit. Jeder winzige Arbeitsgang wurde von einem anderen Angestellten ausgeführt. Die einzelnen Schritte dauerten jeweils nicht lange – Eingabe des Antrags, Bewertung, Antwort an den Kunden –, aber die Übergangsprozeduren führten zu gewaltigen Verzögerungen. An jeder Station musste der Antrag erst einmal im Eingangskorb warten, bis er an der Reihe war.

Inzwischen hat Aetna seinen Prozess so gestaltet, dass es nur noch »eine Anlaufstelle« gibt. Jeder Antrag wird nun von einem einzigen »Kundenmanager« bearbeitet. Fast zwölf Jahre lang beschränkte sich Diane Griffith auf eine eng begrenzte, stumpfsinnige Tätigkeit im Aetna-Büro in Tampa, Florida. Als Kundenmanagerin ist sie heute jedoch für den gesamten Prozess zuständig.

Früher wurde jeder Versicherungsantrag, den unsere Abteilung erhielt, von vielen verschiedenen Mitarbeitern bearbeitet. Ein Sachbearbeiter füllte das interne Formular aus, eine Schätzerin berechnete die Prämie, ein Datentypist gab die Daten ins EDV-System ein. In einer anderen Abteilung wurde die Police getippt; für den Versand war eine dritte Abteilung zuständig. Jetzt haben wir all diese Funktionen gebündelt. Ein Antrag trifft im Büro ein und wird sofort einem Kundenmanager vorgelegt. Wir bearbeiten ihn, rechnen die Prämie aus und geben die Daten ins System ein. Dann wird die Police von unserer Abteilung aus versandt. Jetzt gibt es nur noch »eine Anlaufstelle« – eine Person ist für alle Aufgaben zuständig.

Unsere Arbeitsweise und unsere Einstellung zur Arbeit haben sich dadurch grundlegend geändert. Jetzt können wir die Kunden als Individuen sehen. Kategorien wie »wir« und »sie« gibt es nicht mehr; der neue Ansatz hat uns gezeigt, dass es »uns« ohne »sie« nicht geben würde. Das hat unsere Beziehung verbessert.

Als wir für unsere neuen Aufgaben geschult wurden, fielen zunächst viele Überstunden an. Darüber beklagten sich zahlreiche Kollegen. Je mehr uns aber klar wurde, wie sehr das neue System den Prozess beschleunigte, desto mehr gefiel es uns. Da all die Aufgaben, die man als reine »Beschäftigungstherapie« sehen konnte, heute wegfallen, können wir uns besser auf die Anforderungen der Kunden und auf eine möglichst präzise Arbeit konzentrieren.

Wir arbeiten jetzt auch in Teams. Früher wurde uns die Arbeit hingelegt, und wir achteten gar nicht darauf, was die anderen Angestellten machten. Wer gute Arbeit leistete, erhielt zum Jahresende eine Gehaltserhöhung. Jetzt bekommen wir Prämien für unsere persönliche und für die kollektive Teamleistung. Als Teammitglied will jeder von uns eine Prämie bekommen. Also stellen wir sicher, dass das Team gut arbeitet. Dadurch wird der Teamgeist gefördert.

Das Beste an den Neuerungen ist, dass sich die Mitarbeiter jetzt engagieren und den Eindruck haben, dass ihre Arbeit geschätzt wird. Früher dachten wir: »Die Führungsspitze wird niemals die Macht und die Zügel aus der Hand geben.« Im Laufe der Zeit wurden wir aber immer besser ausgebildet, und die Manager haben jetzt wirklich ein offenes Ohr für uns. Wir treffen uns einmal in der Woche zu einem Meinungsaustausch, und wenn einer von uns der Ansicht ist, dass etwas im Team besser gemacht werden könnte, darf er das auch offen ansprechen und diskutieren. Früher waren wir beispielsweise in zwei Gruppen unterteilt, die jeweils bestimmte Versicherungsvertreter bedienten. Das bedeutete aber, dass eine Sachbearbeiterin vielleicht an einem Tag mehr Telefonanrufe erhielt als eine andere. Also beschlossen wir im Team, dass ein hereinkommender Anruf von jedem verfügbaren Mitarbeiter entgegengenommen werden sollte. Dadurch wird die Arbeit gleichmäßig verteilt, und wir tragen die Last alle gemeinsam. Es ist nicht mehr so, dass einer nicht mehr weiß, wo ihm der Kopf steht, während die anderen Däumchen drehen.

In den meisten Teams gibt es Teamleiter, die das letzte Wort zu den Richtlinien und Bestimmungen haben. Die Teamleiter sorgen auch dafür, dass alle Teammitglieder gut ausgebildet werden und die Standards erfüllen. Ansonsten aber verwalten wir uns selbst. Sogar die Schulung ist Aufgabe der Teamkollegen. Jeder unterrichtet die anderen in dem Bereich, in dem er oder sie besonders gut ist.

Wenn Probleme im Team auftreten, suchen wir selbst nach einer Lösung. Wenn jemand einen Fehler macht, schimpfen wir nicht hinter dem Rücken des Betreffenden, sondern sagen ihm, was Sache ist. In unserer Kundenserviceausbildung haben wir gelernt, dass es besser ist, jemandem auf einen Fehler aufmerksam zu machen, weil der oder die Betreffende ansonsten den gleichen Fehler immer wieder und wieder macht. Und wenn jemandem die Arbeit besonders schwer fällt, finden wir einen Partner für ihn, der in dem betreffenden Bereich ausnehmend gut ist und ihm zeigen kann, wie man das richtig macht. Man muss sich dabei bewusst sein, dass zwar der eine langsamer und der andere schneller begreift – aber gelernt hat es letztlich noch jeder. Das Wichtigste ist die Einstellung, mit der man an eine Sache herangeht.

Wir treffen uns übrigens auch einmal in der Woche zu einem Teammeeting. Dort sprechen wir dann darüber, wie wir Probleme sehen und mit welchen Maßnahmen man sie unserer Meinung nach an der Wurzel packen könnte. Dreh- und Angelpunkt ist hier einfach die gute Kommunikation.

Außerdem lernen wir dadurch. Ich weiß jetzt sehr viel mehr über das Lebensversicherungsgeschäft und die Grunde dafür, warum wir bestimmte Dinge machen. Ich bin seit zwölf Jahren bei Aetna und hoffe, noch weitere zwölf Jahre hier arbeiten zu können.

Vor allem aber ist die Arbeit viel befriedigender, weil man sich auf die Kunden konzentrieren kann und ihnen helfen möchte. Ich gehe heute gerne zur Arbeit.

Das Unternehmen lässt mich meine Sache so gut wie nur möglich machen. Das Management bringt uns Vertrauen entgegen. Ich weiß, dass ich geschätzt werde und nicht mehr nur eine kleine Nummer bin.

Einige Themen ziehen sich offensichtlich wie ein roter Faden durch diese Berichte. Deborah Phelps, Bob Rankin und Diane Griffith erledigten früher ganz eng begrenzte Aufgaben und sind heute für einen ganzen Prozess zuständig. Sie werden nicht mehr an der Quantität ihrer Arbeitslast, sondern an der Qualität ihrer Ergebnisse gemessen. Ihre neuen Arbeitsbereiche sind komplexer, aber sie haben dafür auch größeren Freiraum bei der Organisation ihrer eigenen Arbeit und der Einteilung ihres Tagespensums. Ihre neuen Stellen beinhalten nicht nur mehr Verantwortung und Autonomie, sondern sind auch gekennzeichnet von weiterreichenden Veränderungen, Lernen und mehr Intensität.

Sie müssen Risiken eingehen, wenn sie etwas gewinnen wollen. Vor allem aber schaut ihnen nicht mehr ständig ein Vorgesetzter über die Schulter, um jede einzelne Entscheidung und Handlung zu kontrollieren. Zur Beschreibung der Menschen, die eine solche Arbeit verrichten, muss in unsere Wirtschaftslexika ein neues Wort aufgenommen werden.

# Kapitel 3

# Vom Handlanger zum Berufsprofi

Frühe politische Ökonomen, von Adam Smith bis hin zu Karl Marx, haben erkannt, dass die Produktion psychologische Auswirkungen hat und das Wesen der Menschen durch ihre Arbeitsweise geprägt wird. An der Schwelle zum 21. Jahrhundert ist diese Erkenntnis nach wie vor bedeutsam: Wenn sich das Arbeitsumfeld verändert, verändern sich die Stellen und demzufolge auch die Menschen, die in diesen Stellen arbeiten.

Während der Industriellen Revolution strömten Handwerker und Tagelöhner zu Tausenden von den Werkstätten und Bauernhöfen in die wachsende Armee der Fabrikarbeiter. Dabei tauschten sie die Risiken und Unsicherheiten ihres früheren Lebens gegen die relative Sicherheit der Lohnarbeit ein. Gleichzeitig gaben sie aber ihre Autonomie zugunsten einer Abhängigkeit von ihren Arbeitgebern auf. Heute, am Ende der industriellen Revolution, verändert sich das Wesen der Arbeit erneut; der einstige Kompromiss wird rückgängig gemacht. Da die Prozesszentrierung Kunden und Prozesse in den Mittelpunkt stellt, werden sowohl der industrielle Arbeitsplatz im herkömmlichen Sinne als auch »Industriearbeiter« an sich entbehrlich. An ihre Stelle treten umfassende, prozessorientierte Arbeitsstellen, die mit einer neuen Spezies, nämlich »professionellen« Mitarbeitern, besetzt werden müssen. Diese neuen »Profis« erobern sich die Autonomie des Handwerkers der vorindustriellen Ära zurück – diesmal aber in einem marktorientierten, unternehmerischen Umfeld. Dieser neue Kompromiss ist nicht besser oder schlechter als der alte, sondern einfach nur anders. Allerdings hat er weitreichende Konsequenzen.

Wenn wir diesen Übergang vom Arbeiter zum Profi verstehen und

wissen wollen, warum er unvermeidlich ist, müssen wir uns zunächst
überlegen, was mit Prozessen geschieht, wenn sie endlich die ihnen
gebührende Aufmerksamkeit erhalten. Wenn Prozesse in das Bewusstsein einer Organisation rücken, treten ihre Mängel klar zutage und werden in Angriff genommen. Zur Einschätzung dieser Prozessdefizite
benötigen wir einige Begriffe, mit denen wir die Einzelaktivitäten eines
jeden Prozesses beschreiben könnten.

Alle Prozesstätigkeiten lassen sich in drei Kategorien unterteilen:

• Wertschöpfende Arbeiten bzw. Aktivitäten, für die der Kunde zu
  zahlen bereit ist.
• Nicht wertschöpfende Arbeiten, die zwar keinen Wert für den Kunden erzeugen, aber eine unerlässliche Voraussetzung für die Erledigung der wertschöpfenden Aktivitäten sind.
• Unnütze Arbeiten, die weder einen Wert für den Kunden erzeugen
  noch die Wertschöpfung unterstützen.

Wertschöpfende Tätigkeiten sind leicht zu erkennen. Es handelt sich
dabei um alle Aktivitäten, die von den Kunden gewünschte Produkte
und Dienstleistungen hervorbringen. Wenn ein Kunden möchte, dass
sein Auftrag ausgeführt wird, umfassen die wertschöpfenden Tätigkeiten die Zuweisung von Beständen, die Lagerentnahme, die Verpackung,
die Planung der Liefertour und die Auslieferung selbst. Wertschöpfende
Arbeiten können kaum je aus einem Prozess herausgenommen werden,
obwohl sie durchaus verbesserungsfähig sind.

Unnütze Arbeiten sind jene sinnlose Tätigkeiten, deren Fehlen die
Kunden *per definitionem* gar nicht bemerken würden. Wenn beispielsweise Berichte geschrieben werden, die niemand liest, wenn Arbeiten so
schlampig ausgeführt werden, dass sie wiederholt werden müssen,
wenn überflüssige Mehrfachkontrollen durchgeführt werden, sind das
unnütze Arbeiten. Sie müssen mit Stumpf und Stiel ausgerottet werden.

Die meisten Unternehmen verdienen beim Umgang mit diesen beiden Arbeitskategorien schon recht gute Noten. Nach fünfzig Jahren
Automatisierung, Mechanisierung, Industrial Engineering und Bewegungs-Zeit-Studien können die meisten Firmen produktive Arbeiten
vergleichsweise effizient erledigen. Ebenso gelingt es den meisten dank
ihrer Qualitätsverbesserungsprogramme, die sie bereits seit zehn oder
mehr Jahren verfolgen, relativ gut, viele der unnützen Arbeiten zu iden-

tifizieren und abzuschaffen. Von den nicht wertschöpfenden Arbeiten kann man das jedoch nicht behaupten.

Nicht wertschöpfende Tätigkeiten sind das Bindemittel, das in konventionellen Prozessen die wertschöpfenden Arbeiten zusammenhält. Darunter fallen alle Verwaltungsgemeinkosten – Berichtswesen, Prüfungsprogramme, Beaufsichtigung, Controlling, Revisionen oder Aufrechterhaltung von Verbindungen. Diese Arbeiten sorgen dafür, dass die herkömmlichen Prozesse funktionieren, sind gleichzeitig aber auch eine Quelle von Fehlern, Verzögerungen, Inflexibilität und Starrheit. Durch sie werden Prozesse teurer und komplexer, anfälliger für Fehler, schwer zu verstehen oder zu verändern.

Im Laufe der Jahre beanspruchten die nicht wertschöpfenden Arbeiten in Großunternehmen so viel Raum, dass sie häufig die wertschöpfenden Tätigkeiten dominieren oder übersteigen. Nicht selten tragen weniger als 10 Prozent der Aktivitäten in einem Prozess direkt zur Wertschöpfung bei, während der Rest in erster Linie auf nicht wertschöpfende Gemeinkosten entfällt. Aber dieser Ballast kann nicht so ohne weiteres über Bord geworfen werden. Würde man alle nicht wertschöpfenden Tätigkeiten aus einem traditionellen Prozess entfernen, würde er wie ein Kartenhaus in sich zusammenfallen. Statt dessen müssen durch Neuordnung der Wertschöpfungsarbeiten in einem neuen, effizienten Prozess die nicht wertschöpfenden Tätigkeiten »herausgeplant« werden. Sobald eine Organisation ihr Hauptaugenmerk auf die Prozesse richtet, wird deutlich, welche Belastung nicht wertschöpfende Gemeinkosten darstellen. Dann werden Initiativen gestartet, um die Prozesse von diesem Joch zu befreien. (Solche Projekte werden häufig, aber nicht immer, als »Business Reengineering« bezeichnet.)

Diese Neugestaltung der Prozesse mit dem Ziel des Abbaus nicht wertschöpfender Arbeiten hat viele weitreichende Folgen. Erstens werden die Arbeitsgebiete der Mitarbeiter umfangreicher und komplexer. Diese Tatsache spiegelt unter anderem das Bild von der Eierschale wider. Im Industriezeitalter wurden die Prozesse in eine Sequenz eng begrenzter Arbeitsgänge zerlegt. Stellen Sie sich diese als Myriaden von Bruchstücken einer Eierschale vor. Wenn man diese Fragmente wieder zu einem ganzen Ei zusammensetzen möchte, benötigt man ungeheure Mengen an Klebstoff – und das fertige Gebilde ist zerbrechlich, instabil und hässlich. Jeder unsaubere Rand stellt eine potentielle Problemzone dar. Außerdem ist der Klebstoff teurer als die Eierschale, sodass das wieder zusammengesetzte Ei noch dazu relativ viel kostet. Ebenso verhält es sich mit der Teilung der Arbeit in begrenzte, einfache Einzelaufgaben. Auch hier haben wir es mit komplexen Prozessen zu tun, die nur mit einer Unmenge von nicht wertschöpfendem »Klebstoff« (Revisionen, Kontrolle durch Führungskräfte, Tests, Genehmigungsverfahren etc.) wieder zu einem Gesamtgebilde zusammengesetzt werden können. Diese unzähligen Interaktionen führen auf individueller Ebene sowie zwischen Abteilungen zu Missverständnissen, Fehlermeldungen, Streits, Versöhnungen, Telefonanrufen und zahlreichen anderen Problemen – so vielen, dass man sie gar nicht alle auflisten kann. Außerdem entstehen dadurch Übergabeprozeduren, Risse und dunkle Ecken, in denen Fehler lauern und Gemeinkosten ihre Schatten werfen.

Der einzige Weg, wie man mit weniger »Klebstoff« auskommen kann, sind größere »Puzzlesteine« – oder, mit anderen Worten, umfassendere Stellen. Genau darum geht es im Business Reengineering. Hier werden die Grenzen herkömmlicher Stellen verändert, ihr Umfang und ihre Tiefe ausgeweitet, sodass weniger nicht wertschöpfende Tätigkeiten als Bindemittel benötigt werden.

Am häufigsten wird dies dadurch erreicht, dass einfach eine größere Anzahl von wertschöpfenden Arbeiten in einer einzigen Stelle zusammengefasst werden. So beinhaltet beispielsweise die Beantwortung einer Kundenstörungsmeldung bei GTE drei wertschöpfende Tätigkeiten: Aufnahme der Informationen des Kunden, Prüfung der internen Anlagen und Leitungen von GTE und – falls nötig – Entsendung eines Wartungstechnikers. Früher wurden diese Aufgaben von drei verschiedenen Spezialisten ausgeführt; heute obliegen sie einer einzigen Person – dem »Kundenbetreuer«. Wenn drei Personen an diesem Prozess mitwirken, entsteht Koordinations-, Kommunikations- und Prüfbedarf. Wenn alles in den Händen eines einzigen Mitarbeiters liegt, ist das nicht der Fall.

Selbst wenn eine Person einen ganzen Prozess nicht allein bewältigen kann, können dennoch alle Beteiligten den gesamten Prozess verstehen und sich auf sein Endergebnis konzentrieren. Mitarbeiter, die wissen, wie sich ihre Arbeit in den Gesamtzusammenhang einfügt, werden nicht gegen andere arbeiten, die am gleichen Prozess mitwirken. Wenn alle den gleichen Maßstab anlegen, fällt der Abgleich widersprüchlicher

Aktivitäten weg. Wenn alle auf der gleichen Seite sind, fließt ihre Energie nicht mehr in Schuldzuweisungen, sondern in die Vermeidung von Fehlern. Kurzum: Prozesszentrierung führt zum Abbau nicht wertschöpfender Tätigkeiten durch breiter definierte Stellen für diejenigen Mitarbeiter, die wertschöpfende Tätigkeiten verrichten.

Der Ausgangspunkt der Unternehmen im Industriezeitalter – einfache Stellen für einfache Menschen – führte zwangsweise zu komplexen Prozessen, deren Leistung folglich zu wünschen übrig ließ. Heute streben Unternehmen einfache, schlanke Prozesse an. Die zugehörigen Stellen müssen also komplexer sein. Wir ersetzen einfache Stellen und komplexe Prozesse durch einfache Prozesse und komplexe Stellen.

Sehen wir uns diese »umfassenden Stellen«, die durch die Prozesszentrierung entstehen, einmal genauer an. Beginnen wir mit den Kundenbetreuern von GTE. Sie sind nicht mehr nur für einen einzelnen Arbeitsgang zuständig, sondern decken die gesamte Palette von Tätigkeiten ab, die zur Lösung eines Problems beim Kunden verrichtet werden müssen. Ziel dieser Kundenbetreuer, die ergebnisorientiert und nicht auf eine Einzelaufgabe fixiert sind, ist nicht einfach nur, ihre Aufgabe bzw. Aufgabenkombinationen ordnungsgemäß auszuführen, sondern ein bestimmtes Resultat zu erreichen. Ohne entsprechendes Ergebnis kann ein Kundenbetreuer nicht von sich behaupten, dass er seine Arbeit getan habe und dass es nicht sein Fehler sei, wenn etwas schief läuft.

GTE muss nach wie vor die Informationen der Kunden entgegennehmen, die eigenen Anlagen testen und Wartungsarbeiten disponieren. Der Unterschied besteht darin, dass jetzt eine einzige Person all diese Aufgaben mit einem einzigen Ziel vor Augen erfüllt: Das Problem des Kunden muss gelöst werden. Dazu müssen die Kundenbetreuer sich in mehreren unterschiedlichen Aktivitäten auskennen und Kenntnisse in verschiedenen Fachgebieten vorweisen können. Sie müssen wissen, wie man mit Kunden umgeht, und anspruchsvolle Softwareprogramme bedienen können. Sie müssen die Grundlagen der Diagnose fehlerhafter Telefonleitungen kennen und ein Gespür für die Kunst und die Wissenschaft der Terminplanung mitbringen. Kundenbetreuer müssen unbedingt in der Lage sein zu beurteilen, welche Priorität sie einem bestimmten Kunden einräumen sollen, zumal wenn es hart auf hart geht – beispielsweise, wenn nach einem Sturm viele Telefone ausgefallen sind.

Die »interpersonellen« Fähigkeiten der Kundenberater müssen so weit entwickelt sein, dass sie erkennen können, welchen Wartungstechniker sie wohl am besten zu einem bestimmten Kunden oder Problem entsenden sollten. Kundenbetreuer müssen des weiteren über die Produkte und Dienstleistungen von GTE Bescheid wissen, damit sie den Kunden Empfehlungen geben können, die den von ihnen wahrgenommenen Bedürfnissen der Kunden gerecht werden. Auf diese Weise wird eine Störung zu einer Verkaufschance. Die Anforderungen an die Kundenbetreuer sind in der Tat hoch.

Wichtig ist in diesem Zusammenhang, dass Kundenbetreuer nicht einfach nur »Meister des schnellen Kostümwechsels« sind, die blitzschnell den Anzug des Kundenservicemitarbeiters gegen den Overall des Leitungsprüfers und anschließend gegen das Kleid der Disponentin eintauschen. Kundenbetreuer müssen ihre Arbeit stets aus einer übergeordneten Warte betrachten, um sicherzustellen, dass sich die einzelnen Teile zu einem kohärenten Ganzen zusammenfügen. In der ersten Phase müssen sie genügend Informationen sammeln, um ihre Arbeit in der zweiten Phase erledigen zu können und den richtigen Wartungstechniker auszuwählen, wenn sich die dritte Phase als notwendig erweist. Alle ihre Handlungen greifen ineinander. Kurz gesagt: Die Stelle eines Kundenbetreuers ist nicht nur umfassend (weil sie viele verschiedene Tätigkeiten beinhaltet), sondern auch komplex (weil all diese Aktivitäten sich wechselseitig beeinflussen).

Dieses Phänomen ist nicht nur bei den GTE-Kundenbetreuern zu beobachten. Es ist ein integraler Bestandteil einer jeden prozesszentrierten Stelle. Bei der in Cleveland ansässigen Versicherung Progressive Insurance sind die Schadenregulierer nahezu für den gesamten Prozess der Schadenbearbeitung nach einem Autounfall zuständig. Sie prüfen die Gültigkeit der Versicherung, vereinbaren ihre eigenen Termine, reichen nach der Inspektion der beschädigten Fahrzeuge Schadenmeldungen ein und beschließen direkt vor Ort, wie man den Schaden am besten regulieren soll. Beim Chemieriesen Monsanto beschränkt sich die Tätigkeit der Fertigungsmitarbeiter im Bereich Polymerfasern nicht mehr auf einen einzigen Prozessschritt: Sie stellen das Polymer her, drehen es zu einer Faser, bedampfen diese, um die richtige Art von Fäden herzustellen, und schneiden den Faden schließlich auch auf die richtige Länge zu. Als Fertigungsprofis kennen sie den ganzen Prozess und verlieren das Endprodukt niemals aus den Augen. Sie besuchen Kunden, um mit eigenen Augen zu sehen, wie ihre Produkte verwendet werden und welche Anforderungen die Kunden stellen. Sie kümmern sich in Eigenregie um eine breite Palette von Variablen: Faserfestigkeit, Betriebstemperaturen und Farben. Sie treffen sowohl individuelle als auch kollektive Entscheidungen über den Prozessbetrieb und eventuelle Verbesserungsmöglichkeiten. Bei Federal Mogul, einem Hersteller und Händler von Kfz-Bauteilen, beschränkt sich die Tätigkeit der Ingenieure, die Neuproduktmuster entwickeln und dann den Kunden zur Bewertung vorlegen, nicht mehr auf die Teilekonstruktion. Gemeinsam mit Kunden und Außendienstlern definierten sie Kundenanforderungen, stellen in Zusammenarbeit mit der Werkzeugbau- und Fertigungsabteilung sicher, dass das Muster pünktlich gefertigt werden kann, und teilen sich mit anderen Prozessbeteiligten die Verantwortung für einen reibungslosen Ablauf.

Die »kleinen Rädchen im Getriebe«, die nur eine winzige Aufgabe ausführten, gehen den gleichen Weg wie die Telefone mit Wählscheibe. Menschen, die in Hochleistungsprozessen arbeiten, müssen viele Aufgaben übernehmen und sich auch darum kümmern, wie sich diese zu einem Ganzen zusammenfügen und zur Erfüllung der Kundenbedürfnisse führen. Dazu benötigen sie einen Gesamtüberblick. Sie müssen wissen, wie die Einzelteile ihres Prozesses – und anderer Prozesse – zusammen einen Wert für den Kunden ergeben. Das ist nicht einfach nur ein abstrakter Wunsch, sondern eine unabdingbare Voraussetzung. Früher war ein Konstrukteur einfach nur ein Konstrukteur, ein Vertreter im Außendienst einfach nur ein Vertreter im Außendienst und ein Fließbandarbeiter nur ein Fließbandarbeiter – und sonst nichts. Diese Situation gründete sich auf die Annahme, dass sich das Ergebnis schon von selbst einstellen würde, wenn sich nur jeder um seine eigene Aufgabe kümmerte. Wir haben gelernt, dass diese Annahme gefährlich falsch ist, da sich in Wahrheit dann niemand für das Endergebnis verantwortlich fühlt. In einem prozesszentrierten Unternehmen *müssen* alle Beteiligten Ergebnisverantwortung tragen. Der Ingenieur in der Produktentwicklung muss zwar nach wie vor Konstruktionsaufgaben erledigen, muss darüber hinaus aber auch etwas vom Marketing, von der Produktion, vom Kundenservice und allen anderen Aspekten verstehen, die mit der Entwicklung eines Produktes verbunden sind – und muss wissen, wie diese Bestandteile sich im Endeffekt zusammenfügen.

Der Abbau nicht wertschöpfender Tätigkeiten hat ebenfalls Konsequenzen für die Arbeitsinhalte und Zielrichtungen der Beschäftigten. Nehmen wir als Beispiel wieder den Konstrukteur. Die meisten frisch gebackenen Ingenieure, die von herkömmlichen Unternehmen eingestellt werden, freuen sich darauf, ihre neu erworbenen Fähigkeiten in der Praxis einsetzen zu können. Bald müssen sie aber feststellen, dass die eigentliche Konstruktionsarbeit nur einen geringen Teil ihrer Arbeit ausmacht. Einen Großteil des Tages sind sie damit beschäftigt, Formulare auszufüllen, Budgetpläne aufzustellen, Sitzungen mit Kollegen aus anderen Abteilungen zu besuchen und auf die Beurteilung ihrer Arbeit durch andere Menschen zu antworten. All diese Aktivitäten spielen sich unter vielfältigen Kontrollebenen ab – und mit dem Ziel, interne Anforderungen und nicht Kundenbedürfnisse zu befriedigen. Mit anderen Worten: Die Ingenieure müssen eine breite Palette nicht wertschöpfender Arbeiten auf sich nehmen, die kaum einen Bezug zu dem haben, was sie für die Quintessenz ihres Berufs hielten. Frustration, Langeweile und Erstarrung sind die Folge – zumeist in dieser Reihenfolge. Die Folgen für die Unternehmensleistung sind vorhersehbar.

Der Wandel zur prozesszentrierten Organisation bereitet alldem ein Ende. Nicht wertschöpfende Tätigkeiten treten besonders häufig an den vertikalen und horizontalen Schnittstellen auf, und die Betonung des Prozesses löst diese Grenzen auf. Dadurch nimmt auch das Übergewicht der sogenannten »Arbeitsbeschaffungsmaßnahmen« ab.

Die Schadensregulierer von Progressive Insurance verschwenden keine Zeit mit Verhandlungen mit Vorgesetzten, Koordination mit Disponenten oder Einholen von Genehmigungen von Managern. Sie verbringen ihre Zeit mit der *Schadensregulierung*. Die Produktionsarbeiter von Monsanto stehen nicht mehr untätig herum, weil sie auf die Anweisungen oder Zustimmung des Vorarbeiters warten. Sie nehmen einfach im Team ihre Arbeit in Angriff. Ein Produktentwickler in einem prozesszentrierten Unternehmen konstruiert Teile und leistet keine Verwaltungsarbeit. Da es praktisch kaum noch Tätigkeiten gibt, die nichts zur Wertschöpfung beitragen, können die Beschäftigten sich der eigentlichen Arbeit widmen und müssen keine Zeit mehr auf Nebensächlichkeiten verschwenden. Sie werden nicht mehr von der eigentlich wichtigen Arbeit abgelenkt, und sie müssen sich nicht einmal mehr mit anderen Mitarbeitern herumschlagen, die nicht wertschöpfende Arbeiten zu verrichten haben. Sie können sich auf die *wahre* Arbeit konzentrieren.

Diese Veränderung bringt mehr als nur Zeitersparnis: Sie führt zu einer neuen Arbeitseinstellung. In traditionellen Organisationen beschrieben viele ehemals idealistische, ehrgeizige Berufsanfänger ihre Tätigkeit bald als routinemäßig und langweilig. In einem prozesszentrierten Umfeld können sich die Beschäftigten jedoch den wesentlichen Arbeiten widmen, die ihre Phantasie und ihren Einfallsreichtum anregen. Menschen sind zu wichtig, zu wertvoll und zu begabt für die wichtige Arbeit, um ihre Zeit mit repetitiven Routineaufgaben zu vergeuden.

Der neue Grundsatz im betrieblichen Ablauf lautet: »Wenn ich Ihnen genau sagen kann, was Sie machen müssen, dann brauche ich Sie für diese Aufgabe gar nicht. Ich kann dafür dann auch eine Maschine einsetzen, und eine Maschine ist billiger und braucht keinen Urlaub.« Die einzige Arbeit, die noch für die Menschen übrig bleibt, ist diejenige, die wahrhaft menschliche Fähigkeiten erfordert.

Einerseits befreit die Prozesszentrierung die Mitarbeiter zwar von der Bürde der Verwaltungsarbeit und stumpfsinniger Plackerei; andererseits stellt sie sie aber auch vor neue Herausforderungen. In vielen Fällen wird ein rationaler und effizienter Prozess einer Marathonstaffel gleichen. Aus intellektueller Sicht mag die Erhöhung des Anteils der eigentlich wichtigen Tätigkeiten ein wahrer Segen sein. Gleichzeitig kann sie aber eine große physische Belastung darstellen. Wer einen Großteil des Tages essentiellen Beschäftigungen nachgeht, verbraucht ungeheure Mengen an Energie und spürt, wie die Arbeit unerbittlich an der Nervenkraft zehrt. Der Ingenieur, der Besprechungen mit Finanz- und Marketingfachleuten für öde hält, mag auch insgeheim froh sein über die Gelegenheit, sich ein wenig zurückzulehnen. Wenn ein gut konzipierter Prozess diesem Leerlauf ein Ende bereitet – wenn beispielsweise die nötige Kommunikation zwischen Ingenieuren, Marketing-Experten und Finanzfachleuten mit einem Mal auf eine hocheffiziente elektronische Ebene verlagert wird –, dienen diese Besprechungen plötzlich der intensiven Arbeit an Problemlösungen. Zeit wird damit nicht mehr totgeschlagen. Der Ingenieur arbeitet dann womöglich den ganzen Tag, die ganze Woche, das ganze Jahr über mit voller Kraft. Das ist eine großartige Herausforderung für viele 24jährige. Die meisten 44jährigen finden das wohl eher strapaziös.

Prozesszentrierte Messungen verstärken dieses Gefühl der Dringlichkeit und Intensität. Da sie den Schwerpunkt eher auf Ergebnisse und weniger auf Tätigkeiten richten, handelt es sich um nüchterne, unanfechtbare Maßstäbe. Im herkömmlichen Umfeld ist es praktisch unmöglich, die genauen Auswirkungen der eigenen Arbeit auf das Endergebnis zu bestimmen. Aus diesem Grund greifen alle Führungskräfte auf Ersatzmessgrößen zurück, bei denen die Produktivität in der Aufgabenerfüllung im Vordergrund steht.

Daher wurden beispielsweise die Kundenservicemitarbeiter bei GTE anhand der Anzahl der pro Stunde abgewickelten Gespräche beurteilt. Es wurde angenommen, dass diese Zahl mit der Kundenzufriedenheit korrelierte. Wenn man aber darüber nachdenkt, dann ist diese Annahme nicht sonderlich plausibel. Ein Servicemitarbeiter konnte Meister darin werden, einfach nur zu sagen: »Guten Tag. Ich weiß nicht. Auf Wiederhören.« Dadurch würden zwar die offiziellen Leistungsmessgrößen in die Höhe getrieben, doch den Kunden würde kaum geholfen. Sollte sich dann eines Tages doch herausstellen, dass die Kunden nicht sonderlich zufrieden sind, dann konnten die Kundenservicemitarbeiter immer noch ihre Hände in Unschuld waschen und behaupten, *sie* hätten schließlich ihre Aufgaben erfüllt. Im Gegensatz dazu wird die Leistung eines Kundenbetreuers am Ergebnis gemessen – nämlich an der Kundenzufriedenheit. Die spezifischen Messgrößen, die GTE hier heranzieht, sind die für die Problemlösung benötigte Zeit und der Prozentsatz der Lösungen beim ersten Kundenanruf (der jetzt bereits 33 Prozent übersteigt).

Diese Zahlen kann der Kundenbetreuer nicht anfechten. Es spielt überhaupt keine Rolle, wie hart ein Kundenbetreuer arbeitet und wie viele Anrufe er entgegennimmt: Was zählt, ist ausschließlich die Prozessleistung.

Diese Verlagerung in der Leistungsbeurteilung setzt die Beschäftigten stärker unter Druck. In einer fragmentierten Organisation macht ein schwaches Glied in der Kette häufig nicht viel aus. Unter Umständen fällt das angesichts der Ineffizienz des Gesamtsystems auch gar nicht weiter auf. In einem prozesszentrierten Unternehmen steht jeder am Pranger, wenn das Ergebnis zu wünschen übrig lässt. Unterdurchschnittliche oder halbherzige Beiträge lassen sich sofort am Prozessergebnis ablesen. Alle müssen stets, wie ein Firmenchef es formulierte, »Höchstleistungen, Bestleistungen, Spitzenleistungen« erbringen. Verstecken kann sich keiner, und Pfusch fällt ebenfalls sofort auf.

Die Eliminierung bedeutungsloser Tätigkeiten, die nichts zur Wertschöpfung beitragen, erhöht auch den Druck, sich mehr wesentliche Arbeiten aufzuladen. In der Volkswirtschaft besagt das Greshamsche Gesetz, dass »schlechtes Geld gutes verdrängt«: Die Menschen werden wertloses Geld ausgeben und immer wieder in Umlauf bringen, während sie gleichzeitig inhärent wertvolle Zahlungsmittel horten. Eine entsprechende Maxime für die betriebswirtschaftliche Ebene würde lauten: »Unmittelbare Aufgaben verdrängen übergeordnete.« Wie oft haben Sie Ihrem Vorgesetzten – oder sich selbst – schon gesagt, dass die Budgetprüfung, der Ausschussbericht oder eine dringende persönliche Angelegenheit Ihnen bei der eigentlich wichtigen Arbeit in die Quere kommt? Wenn aber die meisten ergänzenden Tätigkeiten aus der Welt geschafft wurden, müssen Sie sich wohl oder übel Ihrer essentiellen Arbeit widmen.

Nicht wertschöpfende Tätigkeiten mögen zwar negative psychische Folgen haben, doch boten sie zumindest eine Entschuldigung dafür, weshalb man sich nicht an die eigentliche Arbeit machte. Heute geht das nicht mehr so einfach. Der Druck ist enorm, alle stehen im Rampenlicht, und niemand darf in seinem Tempo nachlassen.

Außerdem ist es den Arbeitnehmern nicht mehr möglich, sich vor der Verantwortung zu drücken, indem sie behaupten, dass der »Chef« für das Ergebnis verantwortlich sei. Welcher Chef? Für Vorgesetzte konventionellen Zuschnitts ist im prozesszentrierten Unternehmen kein Platz mehr. »Kontrolle« ist nur dann ein sinnvolles Wort, wenn ihm der Begriff »Aufgaben« vorausgeht.

Eng definierte und einfache Aufgaben können von einem Vorgesetzten überwacht werden, der letztlich die Verantwortung für die Leistung trägt. Aber kein Außenstehender oder »Aufseher« kann einen Mitarbeiter oder ein Team kontrollieren, das eine breite Palette von Aufgaben erfüllt, die in ihrer Summe einen Prozess ergeben. In einer prozesszentrierten Organisation gibt es keine der bislang üblichen Übergabeprozeduren mehr, bei denen Vorgesetzte Ergebnisse einzelner Arbeitsgänge kontrollieren und Zwischenprodukte inspizieren können. Die

Arbeit ist ein Kontinuum, keine Abfolge separater Schritte, und eine Aussage über ihre Qualität ist erst nach Abschluss des gesamten Prozesses möglich. Die »Übergaben« finden jetzt informell oder ganz und gar intern statt – in den Köpfen der Beteiligten. Für traditionelle »Aufpasser« ist da kein Platz, und deswegen bleiben den Mitarbeitern an der vordersten Front auch keine Ausflüchte mehr. Der Vorgesetzte trägt nicht mehr die Verantwortung; die muss der Mitarbeiter jetzt schon selbst übernehmen.

Autonomie und Verantwortung sind integrale Bestandteile prozesszentrierter Stellen. Mitarbeiter, die nur ihre Aufgaben erledigen, und Führungskräfte, die nur managen, machen aus Unternehmen dysfunktionale Organisationen, in denen es nur so wimmelt von Managern, die nichts zur eigentlichen Arbeit beitragen, und Mitarbeitern, die nicht genug Verantwortung oder Know-how besitzen, um ihre Arbeit richtig auszuführen. Solche Organisationen sind einfach zu teuer, verschwenderisch und konflikt- und fehleranfällig, um überleben zu können. Sie erfordern zu viele Schichten nicht wertschöpfender Gemeinkosten, und sie sind zur Inflexibilität verurteilt, weil sie die Beschäftigten ihrer Autonomie und der Möglichkeit zur Eigeninitiative berauben.

In prozesszentrierten Unternehmen sind selbstgesteuerte Mitarbeiter sowohl für die Durchführung als auch für die Qualität ihrer Arbeit verantwortlich. Es gibt keine große Kluft mehr zwischen »Ausführenden« und »Befehlsgebern«. Management ist keine diffuse, unzugängliche Fähigkeit mehr, die einer distanzierten, privilegierten Elite vorbehalten bleibt. Es ist Teil der Aufgaben aller Beschäftigten geworden.

Selbst in einer Fast-Food-Kette wie Taco Bell übernehmen die Mitarbeiter an der Basis mehr Führungsaufgaben oder besser gesagt Aufgaben, die früher als Vorrecht der Manager galten. Sie bezahlen Rechnungen, kümmern sich um Notfälle und reagieren sofort auf Reklamationen der Kunden. Taco Bells Endziel – Einsatz derart gut geschulter und kundenorientierter Teams, dass keine Aufsicht mehr nötig ist – mag etwas utopisch erscheinen, aber nur ein wenig. Ein Schichtarbeiter in einem Taco-Bell-Restaurant sagt, dass er und seine Kollegen bereits das Gefühl hätten, »dass wir unseren eigenen Laden führen. Und wer möchte das nicht?«

Lassen wir die Merkmale von Stellen in prozesszentrierten Unternehmen nochmals Revue passieren. Wenn der Prozess von der Last nicht wertschöpfender Tätigkeiten befreit werden soll, müssen die Stellen umfassend und komplex sein, eine ganze Palette von Aufgaben abdecken und von den Stelleninhabern verlangen, dass sie einen Gesamtüberblick besitzen: über Geschäftsziele, Kundenanforderungen und Prozessstrukturen. Daneben tragen die betreffenden Mitarbeiter aber auch die Verantwortung für die Ergebnisse, können autonom handeln und haben Entscheidungsbefugnisse. Kurzum: Prozesszentrierte Stellen unterscheiden sich grundlegend von den herkömmlichen Stellen des Industriezeitalters, ob nun auf der Angestellten- oder Arbeiterebene. Allerdings sind starke Parallelen zur Arbeit zu beobachten, die gemeinhin von Menschen verrichtet wird, die besondere Professionalität in einem bestimmten Beruf vorweisen können. Unvermeidliche Konsequenz der Betonung der Prozesse im Unternehmen ist somit die Professionalisierung der Arbeit.

Als professionell galten bislang zumeist die Angehörigen der sogenannten »freien Berufe«, von Ärzten über Rechtsanwälte und Architekten bis hin zu Wirtschaftsprüfern etc. Wer einen solchen »freien Beruf« ausüben wollte, hatte bislang stets eine höhere akademische Ausbildung absolviert, doch ist das keine notwendige Grundvoraussetzung. Ein professionell arbeitender Angehöriger der freien Berufe ist vielmehr ein Mensch, der dafür verantwortlich ist, ein bestimmtes Ergebnis zu erreichen – und nicht einfach eine Aufgabe ausführt. Man geht nicht zum Arzt, weil man möchte, dass einem in den Hals geschaut, der Blutdruck gemessen und die Herzleistung überprüft wird. Man geht zum Arzt, weil man gesund werden möchte. Der Schwerpunkt der Mediziner liegt somit nicht auf den Einzelaktivitäten, sondern auf dem Ergebnis. Ziel eines guten Arztes ist nicht, möglichst vielen Patienten den Puls zu messen und in möglichst viele Rachen zu schauen, sondern viele Patienten zu heilen. Die Mandanten eines Rechtsanwalts kümmern sich keinen Deut um die Häufigkeit oder gar Qualität der Vorlagen und Plädoyers ihres Rechtsvertreters. Sie interessiert lediglich, ob ihr Fall gewonnen oder verloren wird. Die Aufgabe eines Architekten besteht darin, ein Haus zu entwerfen, und nicht darin, Pläne zu zeichnen oder Spannungsverhältnisse zu berechnen. Diese Schritte werden natürlich alle durchlaufen, aber das Ergebnis – das aus einem Prozess hervorgeht – bestimmt in Wahrheit die Arbeit eines »Berufsprofis«.

In diesem Sinne sind auch alle Prozessbeteiligten wie die Kundenbetreuer von GTE, die Schadensregulierer von Progressive und die Produktionsmitarbeiter von Monsanto »Berufsprofis«. Sie haben vielleicht keinen klingenden akademischen Titel – obwohl sie, wie wir später noch sehen können, vermutlich einen großen Teil ihrer Zeit mit Weiterbildung und Schulungen verbringen können –, aber sie können ebenso professionell arbeiten wie jeder Arzt.

Drei Begriffe umschreiben die Weltanschauung eines jeden Berufsprofis: Kunden, Ergebnis und Prozess. Professionell arbeitende Menschen sehen sich als verantwortlich dem *Kunden* gegenüber; ihre Aufgabe ist, ein Problem für den Kunden zu lösen und den Wert zu liefern, den der Kunde benötigt. Wenn dieser Wert nicht geschaffen wird, wenn das Problem nicht gelöst wird, ist der Berufsprofi seiner Pflicht nicht nachgekommen. Nur wenn der oder die Betreffende das vom Kunden verlangte *Ergebnis* vorweisen kann – nachdem der gesamte *Prozess* durchlaufen wurde, der zu diesem Ergebnis führt –, erfüllen autonom handelnde Profis ihre vertraglichen Pflichten. Bei »Handlangern«, wie sie die meisten Arbeitnehmer bislang waren, stehen hingegen drei andere Worte im Vordergrund: Vorgesetzter, Aktivität und Arbeitsschritt. Endziel des Handlangers ist, seinen Chef zufrieden zu stimmen, da dieser über den Lohn und die Zukunft seiner Untergebenen bestimmt. Also versucht ein Handlanger, sich den Anstrich der Geschäftigkeit zu geben und bei der Erfüllung der vom Vorgesetzten übertragenen Aufgaben ein hohes Maß an hektischer Aktivität an den Tag zu legen. Mitarbeiter im Außendienst sind begierig darauf, Kundenaufträge zu schreiben; Mitarbeiter im Kundenservice hören sich die Reklamationen der Kunden an; Bürogehilfen machen die Ablage – aber keiner kümmert sich um die Gesamtheit all dieser Tätigkeiten.

Berufsprofis sind eine Kreuzung aus Arbeitnehmer und Manager. Sie sind sowohl für die Durchführung der Arbeit als auch für den erfolgreichen Abschluss ihres Projekts verantwortlich. Professionell arbeitende Menschen sagen niemals »Das ist nicht meine Aufgabe« oder »Sie können mir mal den Buckel hinunterrutschen«, und sie behaupten auch nicht, dass ihr Leben erst mit dem Feierabend beginne. Am besten beschreibt wohl folgender Satz den Berufsprofi: »Ein Mensch, der alles macht, was erforderlich ist.« Im Gegensatz dazu könnte man Handlanger so definieren: »Menschen, die tun, was man ihnen befiehlt.« Ganz gleich, ob Berufsprofis allein oder im Team arbeiten, ihre Aufgabe besteht darin, ein Ziel zu erreichen. Sie erhalten zwar möglicherweise Richtlinien, Werkzeuge und Ratschläge zu den empfohlenen Vorgehensweisen, doch letztlich müssen sie die erforderlichen Ergebnisse erzielen und nicht Aufgaben erfüllen oder Anweisungen befolgen.

Die Unterscheidung zwischen Handlangern und Berufsprofis ersetzt andere, nicht mehr zeitgemäße Gegensatzpaare wie Arbeiter und Angestellte, Lohn- und Gehaltsempfänger, manuelle und geistige Arbeit. Wir alle müssen heute mit dem Kopf arbeiten, nicht einfach nur mit unseren Händen. Arbeit in der Produktion ist nicht mit geistloser Plakkerei gleichzusetzen. Die heutigen Mitarbeiter in den Werken des Tierfutterherstellers Hill's Pet Nutrition oder des Chemieproduzenten Monsanto haben wenig mit einem Fließbandarbeiter in Henry Fords alter Fabrik in River Rouge gemein. Die Mitarbeiter von Monsanto und Hill's sind »Berufsprofis«.

Diese Unterscheidung ist nicht einfach nur terminologische Haarspalterei. Handlanger und Berufsprofis arbeiten ganz anders, verhalten sich anders und müssen unterschiedliche Anforderungen erfüllen. Handlanger erfüllen genau beschriebene Vorgaben und arbeiten unter strenger Aufsicht; Berufsprofis hingegen unterwerfen sich solchen Zwängen nicht. Da sie sich in erster Linie auf Kunden und Ergebnisse konzentrieren, können sie sich nicht durch viele Regeln einengen lassen; ihr Ziel besteht nicht darin, Regeln zu befolgen, sondern ihren Auftrag zu erledigen. Ein Handlanger ist eine Art lebendiger, von einem Manager ferngesteuerter Roboter. Ein Berufsprofi ist ein unabhängiges menschliches Wesen. Sobald ein Berufsprofi über die nötigen Kenntnisse verfügt und eine klare Vorstellung vom anvisierten Ziel hat, kann man ihn getrost sich selbst überlassen. Die Warenhauskette Nordstrom sieht ihre Mitarbeiter im Verkauf als Berufsprofis und erwartet von ihnen, dass sie sich nur an eine Grundregel halten: Entscheiden Sie in allen Situationen stets auf der Grundlage Ihres eigenen Urteilsvermögens. Bei Nordstrom sind die Verkäufer keine Roboter, die im voraus für die Abarbeitung eng umrissener Aufgaben programmiert wurden. In einem sich ständig wandelnden Umfeld gibt es keine Befehle und keine Richtlinienbibliothek, die umfassend genug wären, um alle Eventualitäten abzudecken. Wenn sich das Ziel immer wieder verlagert und der Weg dorthin Improvisationsgeschick erfordert, muss an die Stelle des Gehorsams und der Vorhersehbarkeit eines Handlangers die Intelligenz und Autonomie eines Berufsprofis treten.

Auf die Frage, welchen Platz sie ihrer Meinung nach im Gesamtgefüge einnehme, sagte mir eine Mitarbeiterin der Bank of Bermuda ihr Motto, das ich hier als ethischen Grundsatz des prozesszentrierten Unternehmens anbieten möchte. »Es liegt an mir«, sagte sie, »ob etwas klappt oder nicht.« Keiner lädt die Verantwortung mehr auf seine Kollegen ab; alle nehmen sie selbst auf sich.

In einem herkömmlichen Unternehmen haben überhaupt nur Mitarbeiter an der unmittelbaren Kundenfront direkt mit den Abnehmern zu tun. Berufsprofis hingegen müssen stets, ungeachtet der Rolle, die sie in der Organisation spielen, die Kunden verstehen, damit sie wissen, welchen Beitrag ihre eigene Arbeit zur Erfüllung der Kundenbedürfnisse leistet. Commerce Clearing House (CCH) ist ein angesehener, auf Steuer- und Wirtschaftsrecht spezialisierter Fachverlag mit Sitz in Riverwoods, Illinois. Früher saßen die Redakteure von CCH jahrzehntelang in ihrem Elfenbeinturm, ohne jemals Kunden aus Fleisch und Blut zu Gesicht zu bekommen. Heute erfahren jeder Redakteur und alle anderen professionellen Mitarbeiter, wie die Produkte des Unternehmen in der Praxis verwendet werden. Dazu verbringen alle Beschäftigten Zeit vor Ort bei den Kunden. Die Mitarbeiter im Monsanto-Werk in Decatur, Alabama, wo Akrylfasern für Polsterungen hergestellt werden, besuchen heute Kunden, um mit eigenen Augen zu sehen, was dort mit ihren Produkten geschieht. Dieses Kundenbewusstsein erlaubt ihnen, sich selbst eher als Hersteller von Produkten und Erbringer von Dienstleistungen zu sehen und nicht einfach nur als Stelleninhaber. Peter Clark, der Werksleiter in Decatur, meint, dass Mitarbeiter, die früher nur auf eine einzige Aufgabe getrimmt waren, inzwischen erkannt haben, dass sie ein ganzes Produkt herstellen, und auch fest entschlossen sind, gute Waren zu produzieren, weil sie wissen, was mit diesen Erzeugnissen geschieht, wenn sie die Fabrik verlassen haben. Seine Mitarbeiter streiten manchmal sogar mit ihm, wenn sie mit einer Entscheidung nicht einverstanden sind, weil diese ihrer Ansicht nach beim Kunden Probleme hervorrufen würde. Von aufgabenorientierten Handlangern könnte man ein solches Engagement niemals erwarten.

Die Sorge um das Produkt und um die Reaktion des Kunden darauf treibt sogar jene um, die Aufgaben erfüllen, die einst als »Stabsverantwortung« galten. Bruce Carswell, der unlängst in Ruhestand gegangene, für Personalangelegenheiten zuständige Vice President von GTE, erinnert sich, dass vor zehn Jahren Personalfachleute wie er sich nur um ihre eigenen spezialisierten Tätigkeiten kümmerten. Heute dagegen könne er seiner Arbeit nicht mehr nachgehen, ohne 70 Prozent seiner Zeit vor Ort bei den Kunden zu verbringen. Er meint, dass er sowohl die Geschäftsbereiche, die er unterstützen möchte, als auch ihre Kunden ebenso gut kennen muss wie sein eigenes Fachgebiet. Andernfalls »würde ich die schönsten gedanklichen Luftschlösser bauen, die niemandem etwas helfen«.

Berufsprofis benötigen neben einer beruflichen Ausbildung auch eine gute Allgemeinbildung. Die Annahme, dass Arbeitnehmer nur einfache Aufgaben verrichten, erlaubte den Unternehmen, sie als leere Gefäße zu betrachten, die mit Arbeitsanweisungen gefüllt werden können. Berufsprofis hingegen arbeiten nicht nach expliziten Instruktionen. Sie arbeiten zielgerichtet und mit einem beträchtlichen Handlungsspielraum, und daher müssen sie wissen, wie man Probleme löst, und in der Lage sein, mit unerwarteten und ungewohnten Situationen fertig zu werden, ohne sich gleich hilfesuchend an einen Manager zu wenden. Das erfordert ein Wissensreservoir, eine fundierte Grundlage im jeweiligen Fachgebiet, aber auch einen Sinn dafür, wie dieses Knowhow in verschiedenen Situationen angewandt werden kann.

Donald Schon, Wissenschaftler am Massachusetts Institute of Technology (MIT), beschreibt eine weitere Anforderung, die an professionell arbeitende Menschen gestellt wird: »Reflexion«. Seiner Meinung nach führt ein effektiver Berufsprofi nicht nur seine Arbeit aus, sondern *denkt auch darüber nach*. Ein wahrer Berufsprofi strebt stets nach neuen Erkenntnissen und einem neuen Verständnis seiner Tätigkeit. Professionell arbeitende Menschen überlegen sich, welche Vorgehensweise wirksam ist und welche nicht, versuchen, erfolgreiche und erfolglose Ansätze voneinander zu unterscheiden, und stellen Theorien über die zukünftige Entwicklung auf. Profis erweitern ihre Kenntnisse pausenlos – nicht nur auf theoretischer, sondern auch auf praktischer Ebene. Handlanger werden angelernt; Profis lernen selbstständig.

Wahre Professionalität überwindet auch kleinliche Differenzen und Unterscheidungen in einer Organisation. Wenn wir uns alle auf die Kunden und Ergebnisse konzentrieren, verliert die Trennung zwischen meiner Arbeit und der Arbeit der Kollegen an Bedeutung. Wahre Berufsprofis sind in einer von Teamarbeit geprägten Umgebung in ihrem Element, weil dort die Durchführung des Projekts die vordringlichste Aufgabe ist. Das bedeutet jedoch nicht, dass Persönlichkeiten und Spezialkenntnisse in einem prozesszentrierten Unternehmen verkümmern. Vielmehr wird der Wettbewerbsgeist vom internen auf den externen Schauplatz verlagert. Statt mit anderen Mitarbeitern um die Aufmerksamkeit und Anerkennung ihrer Vorgesetzten zu wetteifern, arbeiten Berufsprofis mit ihren Kollegen zusammen an einem Ergebnis, das dann allen als Verdienst angerechnet wird. Ganz gleich, wie stark die daran beteiligten Persönlichkeiten auch sein mögen, ein gemeinsames Ziel – kollektives Hinarbeiten auf ein von allen Teamkollegen gewünschtes Resultat – fördert unweigerlich die Kooperation.

Berufsprofis sehen eine Verbindung zwischen sich selbst und den Ergebnissen ihrer Arbeit. Eine der schwerwiegendsten, wenn auch unbeabsichtigten Folgen der Industriellen Revolution war die Trennung der Arbeiter von den Produkten und den Kunden, die von ihrer Arbeit profitierten. Zur Beschreibung der mangelhaften Integration, der Entfremdung, der mangelnden Verwurzelung und Isolation, die so typisch für das Industriezeitalter sind, verwenden die Soziologen den Begriff »Anomie«. Die Ursprünge dieses Phänomens lassen sich zurückverfolgen bis zum Übergang von der handwerklich und bäuerlich orientierten Gesellschaft zum Fabrikarbeitertum im frühen 19. Jahrhundert. Auf ihren Bauernhöfen und in ihren Werkstätten sahen die Menschen auch unter noch so elenden Bedingungen stets die Früchte ihrer Arbeit und wussten, welchem Zweck sie diente. Das half ihnen, ihre Identität zu definieren. Sie kannten den gesamten Ablauf und wussten, welchen Beitrag sie selbst zum Endresultat leisteten.

Verrichtet man eine isolierte Einzelaufgabe, bleibt einem das Gefühl der Befriedigung verwehrt, das sich aus dem Abschluss eines Projekts und dem Bewusstsein des eigenen Beitrags dazu ergibt. Wer das Produkt seiner Arbeit mit eigenen Augen sehen kann, fühlt sich eng mit ihr verbunden. Wenn Sie eine Wand streichen, werden Sie danach einen Schritt zurücktreten und Ihr Werk begutachten – nicht nur um zu überprüfen, ob Sie vielleicht irgendwelche Stellen ausgelassen haben, sondern auch, um die Befriedigung zu erleben, die einem das Arbeitsergebnis verleiht – das Ergebnis, und nicht das Mischen der Farbe oder das

Reinigen der Pinsel. Prozesszentrierte Arbeit befriedigt die Beteiligten, weil sie wissen, dass sie ein Produkt geschaffen oder einen Service für den Kunden erbracht haben. Professionelle, prozesszentrierte Arbeitsstellen sind ganzheitliche Stellen.

Wenn ich gefragt werde, wie ich meinen Lebensunterhalt verdiene, antworte ich bisweilen (halb im Scherz): »Ich mache die Industrielle Revolution rückgängig.« In der Industriellen Revolution wurden Prozesse in Aufgaben zerlegt. Die Verlagerung zur Prozesszentrierung fügt diese Teile wieder zu einem Ganzen zusammen. Diese Rückkehr zum Prozess gibt der Arbeit teilweise wieder die Bedeutung zurück, die sie in der vorindustriellen Ära besaß. Verglichen mit der Geschichte der Menschheit ist die Zeitspanne, in der die Arbeit zu einer rein kommerziellen Transaktion wurde, in der Zeit und Arbeit gegen Geld an einen Arbeitgeber verkauft werden, relativ kurz. Zuvor war die Arbeit gleichbedeutend mit der Identität der Menschen, ihrer Berufung und ihrem täglichen Brot. Trotz der Veränderungen, die sich aus der Industriellen Revolution ergaben, befinden sich einige wenige auserwählte oder besonders hartnäckige Menschen nach wie vor in dieser glücklichen Lage. Fragen Sie doch einmal Ärzte oder Rechtsanwälte nach ihrer Arbeit. Ihre Antwort spiegelt ihr Selbstverständnis wider. Ein Mediziner wird sagen: »Ich bin Arzt« und nicht »Ich untersuche Patienten« oder »Ich behandle Diabetes«. Sie haben nach der Tätigkeit gefragt; die Antwort umschreibt jedoch die Identität der Betreffenden – weil die Angehörigen der freien Berufe wie alle anderen professionell denkenden Menschen in ihrer Arbeit aufgehen. Professionelle Arbeit ist keine Aktivität, die man eine gewisse Anzahl von Stunden am Tag verrichtet, sondern gleichzusetzen mit der Persönlichkeit, mit dem Wesen der Menschen, die sie verrichten.

Der Bedarf nach einer neuen Sprache beschränkt sich nicht auf Bezeichnungen wie »Prozessbeteiligte« oder »Berufsprofis« statt »Arbeitnehmer« oder »Handlanger«. Auch die Bezeichnung »Arbeitsplatz« muss ersetzt werden. Handlanger haben einen Arbeitsplatz; Berufsprofis schlagen eine Karriere ein. Ein Arbeitsplatz ist ein vordefiniertes Loch, in das ein geeigneter Pflock eingepasst wird. Eine Karriere wird um einen Menschen herum aufgebaut. Wenn der Pflock wächst und seine Form verändert, wird in diesem Fall ein neues Loch für ihn gebohrt. Ein Arbeitsplatz ist Eigentum des Unternehmens. »Mein Ar-

beitsplatz« ist ein Widerspruch in sich, da das Unternehmen ihn jederzeit einsparen oder mir wegnehmen kann. Meine Karriere jedoch
gehört wirklich und wahrhaftig mir. Ich kann beschließen, einen Gross-
teil oder alles davon bei einem einzigen Unternehmen zu verbringen,
aber dennoch existiert meine Karriere unabhängig vom diesem Unternehmen. Und die Verantwortung für die Planung meiner Karriere liegt
bei mir.

Der Heimwerkermarkt Home Depot, der sensationelle Erfolge vorweisen kann, sagt seinen Mitarbeitern geradeheraus, dass andere Ein-
zelhandelsfirmen Arbeitsplätze besetzen, Home Depot seinen Beschäftigten jedoch eine Karriere bietet. Bei Home Depot arbeiten Schreiner
und Installateure, die ihre Aufgabe weniger im Verkauf von Heimwer-
kerbedarf als vielmehr in der Unterstützung ihrer Kunden bei der
Lösung von Problemen sehen. Solche Menschen arbeiten tatsächlich
selbstständig, beziehen ein höheres Gehalt als Verkaufsangestellte und
sind der Schlüssel zum Erfolg von Home Depot.

Eine Karriere ist mehr als eine Folge von Arbeitsplätzen. Besser
beschreiben sie Formulierungen wie »individuelles Lernen« und »persönliche Entwicklung«. Professionell arbeitende Menschen sind nicht
auf einen »Aufstieg« aus; ihr Ziel besteht darin, noch professioneller zu
werden und auf diese Weise die Vorzüge einer besseren Leistung zu
genießen. Für die freien Berufe gilt das schon seit langem, und es trifft
auch auf die neuen Berufsprofis zu. So hat etwa Bob Roberts, Vice President bei Aetna, beobachtet, dass die »Kundenbetreuer«, die für alle
Schritte der Bearbeitung eines Versicherungsantrags, von Anfang bis
Ende, zuständig sind, ähnliche Karriereerwartungen hegen wie Ärzte.
Mediziner erwarten, dass sie sich verbessern können, indem sie mehr
lernen und ihren Patienten bessere Dienste anbieten können.

Aetnas Kundenbetreuer folgen dem gleichen Muster. Im Laufe der
Zeit lernen sie, mehr Kunden und komplexere Beziehungen zu betreuen.
Die daraus resultierende Zunahme des Geschäftsvolumens steigert
sowohl den Umsatz von Aetna als auch das Einkommen der betreffenden Mitarbeiter. Ihr Einkommenszuwachs ergibt sich aus der Weiterentwicklung ihrer beruflichen Fähigkeiten, nicht aus der Dauer ihrer
Betriebszugehörigkeit oder einem Aufstieg auf eine höhere Sprosse
der Hierarchieleiter. Diese persönliche Erweiterung des Wissens, der
Fähigkeiten und des Könnens verbessert nicht nur das Einkommen,

sondern auch den Status der Betreffenden. Die angesehensten Angehörigen einer Berufsgruppe sind nicht diejenigen mit der größten Macht, sondern diejenigen mit den umfassendsten Kenntnissen. Die besten Rechtsanwälte, die besten Architekten, die besten Ärzte sind diejenigen, die am meisten Bewunderung ernten und denen andere nacheifern – nicht diejenigen mit dem größten Mitarbeiterstab. In einer solchen professionellen Karriere stehen nicht Position und Macht im Vordergrund, sondern Wissen, Fähigkeiten und Einfluss.

Ein prozesszentrierter Mitarbeiter kann am besten als »selbstständiger Freiberufler« beschrieben werden – als eine Mischung aus »Berufsprofi« und Unternehmer. Die Abwicklung eines Prozesses ähnelt in vielerlei Hinsicht der Leitung einer eigenen Firma. Ein Prozess hat – wie ja auch ein Unternehmen – Kunden und Messgrößen für die Gesamtleistung. Erfolgreiche Geschäftsmänner und -frauen sind vor allem äußerst kundenorientiert. Sie definieren ihre Firma nicht als Bündel bestimmter Produkte oder Dienstleistungen, sondern fragen sich, inwieweit sie die Bedürfnisse ihrer Kunden erfüllen. Selbstständige verzichten auf Bürokratie und Formalitäten, um den Kunden einen Nutzwert zu bieten. Sie wollen in erster Linie das Richtige anbieten. Menschen, die in einem unternehmerisch geprägten Umfeld arbeiten, können es sich nicht leisten, über organisatorisches Beiwerk und Abteilungsgrenzen nachzudenken. Zwar hat jeder von ihnen einen eigenen, primären Verantwortungsbereich, doch besitzen sie alle einen Überblick über das Gesamtunternehmen und wissen instinktiv, wie ihre Leistung und ihre Zukunft in die ihres Unternehmens eingebettet sind. Alle diese Motive treten auch in einer prozesszentrierten Umgebung zutage. Alle Prozessbeteiligten stellen den Kunden in den Mittelpunkt, setzen die Anforderungen des Gesamtprozesses an die Spitze ihrer Prioritätenliste und werden alles in ihrer Macht Stehende tun, um ihre Sache gut zum Abschluss zu bringen.

Der Übergang vom Handlanger zum Berufsprofi stellt eine Gezeitenwende im Arbeitsleben dar. Er umfasst viele Veränderungen: Der Erweiterung des Handlungsspielraums steht ein Verlust an Arbeitsplatzsicherheit gegenüber. Einerseits wird die Entfremdung überwunden, andererseits laufen die Mitarbeiter Gefahr, sich völlig zu verausgaben. Der Gewinn, den man aus einer befriedigenderen Arbeit zieht, hat ebenfalls seinen Preis: Er wird mit mehr Hektik und Stress erkauft. Die

Veränderungen sind unvermeidlich und ergeben sich samt und sonders aus der Renaissance der Prozesse und den daraus resultierenden Umbrüchen in der Arbeitsorganisation. Prozesse führen zu Professionalität.

# Kapitel 4

# Schön und gut, aber was bedeutet das für mich persönlich?

Zwischen dem verstandesmäßigen Erfassen einer Idee und der emotionalen Erkenntnis, was sie tatsächlich in der Praxis bedeutet, klafft eine große Lücke. Ersteres läuft auf rein intellektueller Ebene ab; letzteres ist das Ergebnis persönlicher Erfahrungen. Es ist zwar nicht besonders schwierig, sich auf der abstrakten Ebene vorzustellen, wie der aufgabenorientierte Handlanger durch den prozesszentrierten Berufsprofi ersetzt wird, doch ist es etwas ganz anderes, wenn man die Auswirkungen dieses Wandels am eigenen Leib zu spüren bekommt. Wie wir gesehen haben, führt Prozesszentrierung in den Unternehmen zu Veränderungen in allen möglichen Fronten: bei Stellenanforderungen, Beurteilungs- und Vergütungssystemen. Dadurch wird unsere Arbeitswelt eine gänzlich andere. Für die meisten Menschen wird sie befriedigender und lohnender sein – aber sie ist mit Sicherheit völlig anders als das, was wir bisher gekannt haben.

Wenn Menschen sich das Leben in einer solchen Umgebung auszumalen versuchen, stellen sie im allgemeinen vier zentrale Fragen:

- Werde ich in dieser neuen Arbeitswelt Erfolg haben?
- Wie werde ich bezahlt, und wie viel werde ich verdienen?
- Welchen Titel werde ich tragen?
- Wie wird meine Zukunft aussehen?

Es wurde einmal gesagt, dass jede großartige Idee letzten Endes in harte Arbeit ausartet. Ebenso entscheiden unter dem Strich Eigeninteressen über Erfolg und Misserfolg jedes großen Konzepts. Die meisten Menschen beschäftigen sich in erster Linie mit persönlichen Fragen und weniger mit abstrakten. Betrachten wir diese vier Fragenkomplexe der Reihe nach.

## Werde ich in dieser neuen Arbeitswelt Erfolg haben?

Es scheint auf der Hand zu liegen, dass in einer von Professionalität geprägten Welt der Schlüssel zum persönlichen Erfolg darin besteht, selbst ein professionell denkender Mensch zu werden. Das bedeutet nun natürlich nicht, dass dieser Weg nur Menschen mit akademischer Ausbildung offen steht. Es bedeutet jedoch, dass wir uns in Menschen verwandeln müssen, die wie Berufsprofis arbeiten können. Einige der neuen Berufe in prozessorientieren Unternehmen haben ganz klar umrissene Auswahlkriterien: Experten für Verkauf, Marketing, Produktentwicklung, Finanzwesen etc. müssen entsprechendes Fachwissen vorweisen können. Aber Kundenservice- und Produktionsmitarbeiter und alle anderen Beschäftigten im Unternehmen müssen auf ihre jeweils eigene Weise ebenfalls zu Berufsprofis werden. Servicemitarbeiter müssen anfangen, wie professionelle Problemlöser zu denken, und sich entsprechend verhalten – nicht wie jemand, der nur bereit ist, einen vorhersehbaren Katalog von Kundenfragen zu beantworten. Produktionsmitarbeiter müssen zu Fertigungsprofis werden, sich Kenntnisse über den Fertigungsprozess aneignen und wissen, von welchen Faktoren sein reibungsloser Verlauf abhängt. Alle im Unternehmen müssen sich einem professionellen Denken verschreiben.

In jedem Beruf hängt der Erfolg von drei Voraussetzungen ab: Wissen, Perspektive und Einstellung. Kein Berufsprofi kann reüssieren, ohne in seiner Arbeit ein fundiertes Grundwissen über sein jeweiliges Fachgebiet anzuwenden. Selbstverständlich muss jeder Profi sich mit ganzer Kraft dafür einsetzen, die besonderen Fertigkeiten zu erwerben, die sein Beruf von ihm verlangt. Aber das berufliche Wissen geht über grundlegende Fertigkeiten hinaus. Wer professionell arbeitet, muss die Grundsätze und Ideen seiner Disziplin kennen, die sehr viel länger Gültigkeit besitzen als die Fakten und Verfahren, die sich andauernd ändern. Professionalität erfordert auch kontinuierliche Weiterbildung – viele Berufsverbände verlangen das von ihren freiberuflich tätigen Mitgliedern sogar als Zulassungsvoraussetzung. Wir alle wissen, dass in zehn Jahren Chirurgen Operationen durchführen und Wirtschaftsberater Steuergesetze anwenden werden, von denen 1996 noch niemand etwas gehört hatte. Ebenso werden Mitarbeiter in

der Produktion neue Verfahren einsetzen und Mitarbeiter im Kundenservice neue Probleme lösen. Wenn sie ihre Kenntnisse nicht auf dem
aktuellsten Stand halten, werden sie irgendwann ehemalige Produk-
tions- oder Kundenservicemitarbeiter sein.

Zur Professionalität gehört jedoch mehr als nur die Anpassung und
Aktualisierung der Kenntnisse in einem bestimmten Fachgebiet. Sie
erfordert auch eine besondere Perspektive, eine charakteristische Denkweise. Profis arbeiten nicht einfach nur nach Schema F. Wie wir in Kapitel 3 gesehen haben, werden in den Stellen von heute die Routinetätigkeiten einen immer geringeren Teil ausmachen. Routinearbeit kann
abgeschafft, automatisiert oder von Kunden selbst erledigt werden. Im
Zentrum der Wertschöpfung steht der Einsatz von Wissen und Kreativität in neuartigen Situationen. Diese Problemlösungen werden durch
Anwendung von Fachkenntnissen auf der Grundlage einer bestimmen
Art der Analyse und Synthese erreicht. Eine wirklich professionelle
Ausbildung beinhaltet entsprechende Analyse- und Problemlösungsverfahren. Juristische Fakultäten sind stolz darauf, dass sie ihren Studenten nicht nur den Inhalt der Gesetzeswerke, sondern auch die für die
Rechtswissenschaft typische Denkweise beibringen; Mediziner müssen
sich in Diagnoseverfahren ebenso gut auskennen wie in der Anatomie
und Physiologie. Kurzum: Wer als Berufsprofi Erfolg haben möchte,
muss denken können. Das ist keine geringe Herausforderung. In herkömmlichen Unternehmen war Denken für viele Positionen weder eine
notwendige Voraussetzung noch eine geschätzte Fähigkeit. Daher sind
die meisten Menschen nicht dafür gerüstet, Arbeiten zu übernehmen,
die von ihnen selbstständiges Denken verlangen, und viele Firmen wissen auch nicht, wie sie ihre Beschäftigten auf diese neue Situation vorbereiten können. Allgemeinbildung spielt bei dieser Vorbereitung eine
wesentlichere Rolle als Einübung bestimmter beruflicher Fertigkeiten.
Letzteres ist die Spezialität konventioneller Unternehmen: Sie verstehen es hervorragend, ihre Mitarbeiter anzulernen und für spezielle Aufgaben zu programmieren, die sie zu verrichten haben. Jetzt müssen die
Unternehmen lernen, die Allgemeinbildung ihrer Mitarbeiter zu vervollkommnen: Sie müssen ihren angehenden Prozessprofis beibringen,
wie sie ihren eigenen Kopf gebrauchen und selbsttätig Probleme lösen
können. Das ist kein einfaches Unterfangen, weder für den Arbeitgeber
noch für die Arbeitnehmer. Nichts ist schwerer, als zu denken oder

anderen das Denken beizubringen. Menschen, die lernen, werden jedoch niemals zum alten Eisen gehören.

Professionell arbeiten können zudem auch nur Menschen mit der richtigen Persönlichkeit oder Einstellung. Ein Mediziner, dem seine Patienten gleichgültig sind, der sich nicht mit vollem Engagement für die Heilung einer Krankheit einsetzt, ist kein guter Arzt, ganz gleich, wie fundiert sein medizinisches Fachwissen ist oder wie geschickt seine Diagnosefähigkeiten sind.

Im Grunde wird von allen Profis ungeachtet ihres jeweils gewählten Berufes die gleiche Einstellung gefordert. Erstens müssen sie sich selbst motivieren und diszipliniert arbeiten können. Ein Berufsprofi wird vielleicht von einem Unternehmen bezahlt, doch ist er letztlich seinem Beruf und seinem Gewissen verpflichtet. Professionell arbeitende Menschen machen ihre Arbeit nicht deshalb richtig, weil ihnen jemand dabei über die Schulter schaut, sondern weil sie ihnen am Herzen liegt. Ein zweiter Bestandteil der von Profis geforderten Einstellung sind Aufrichtigkeit und Enthusiasmus. Profis wissen ihre Arbeit zu schätzen und sind von ihrer Bedeutung überzeugt. Kennzeichen wahrer Professionalität ist die Tatsache, dass jemand nicht nur arbeitet, um seinen Lebensunterhalt zu verdienen, sondern seinen Beruf im Sinne einer Berufung versteht. Zynismus ist keine Eigenschaft, die wir bei den Experten sehen möchten, denen wir uns anvertrauen. Profis zeichnen sich darüber hinaus auch durch Hartnäckigkeit aus; sie werden alles Erforderliche tun, um zum gewünschten Ergebnis zu gelangen. Solche persönlichen Eigenschaften, die den Charakter eines Menschen ausmachen, sind eine ebenso wichtige Voraussetzung für professionelles Arbeiten wie Intelligenz oder Bildung. Franklin D. Roosevelt war ohne Zweifel der erfolgreichste amerikanische Präsident des 20. Jahrhunderts. Dennoch wurde er von Oliver Wendell Holmes (vermutlich zutreffend) als zweitklassiger Geist mit erstklassigem Naturell beschrieben. Ernsthaftigkeit, Zielstrebigkeit, Aufrichtigkeit und Fähigkeit zu selbstständigem Handeln mögen zwar zu den klassischen Tugenden gehören, doch sind sie gleichzeitig auch zentrale Anforderungen in unserem neuen, ganz gewiss nicht an klassischen Maßstäben zu messendem Umfeld.

## Wie werde ich bezahlt, und wie viel werde ich verdienen?

Diese Frage liegt den meisten Menschen ganz besonders am Herzen, und die Antwort darauf ist auch ganz besonders beängstigend: Sie werden so viel erhalten, wie Sie wert sind. In einem Prozessumfeld richtet sich Ihre Vergütung nach den von Ihnen produzierten Ergebnissen. Auf den ersten Blick mag dies vielleicht nicht sonderlich radikal erscheinen – bis man sich überlegt, wie die meisten Beschäftigten bislang bezahlt wurden.

Herkömmliche Vergütungssysteme bezahlten die Mitarbeiter für die Dauer der Betriebszugehörigkeit, für die Anwesenheit, für die Einhaltung von Regeln, für ihre freundliche Haltung dem Chef gegenüber oder vielleicht sogar für die Erledigung bestimmter Aufgaben. Sie wurden jedoch nicht für die *Ergebnisse* bezahlt – obwohl diese letztlich doch das Einzige sind, worauf es wirklich ankommt.

Ein relativ offensichtlicher Grundsatz in der Vergütung lautet, dass ein Arbeitgeber die Leistung seiner Beschäftigten so honorieren sollte, dass die vom Unternehmen gewünschten Verhaltensweisen gefördert werden. Brutal paraphrasiert könnte man dieses folgendermaßen formulieren: »Man bekommt das, wofür man bezahlt.« Traditionelle Unternehmen bezahlten ihre Beschäftigten für den Alltagstrott, für mechanisches Arbeiten und starres Festhalten an Regeln. Es nimmt daher nicht Wunder, dass sie von den Mitarbeitern genau dies erhalten haben.

Ein Vergütungssystem in prozesszentrierten Unternehmen, das die gewünschten Verhaltensweisen zu verstärken sucht, wird die Mitarbeiter entsprechend den erreichten *Ergebnissen* bezahlen. Im Prozess der Auftragsabwicklung wird sich die Vergütung danach richten, ob die Aufträge präzise, pünktlich und kostengünstig ausgeführt wurden. Wenn das Ziel die Produktentwicklung ist, werden die Beschäftigten dafür bezahlt, dass sie schnell vom Kunden gewünschte Produkte entwickeln. Und im Kundenservice wird das Unternehmen die rasche Lösung von Kundenproblemen honorieren.

Dieses Konzept der ergebnisorientierten Bezahlung ist weder revolutionär noch vollkommen neu. In vielerlei Hinsicht wurden Unternehmer stets nach diesem Grundsatz bezahlt. Wenn ihr Unternehmen prosperiert, nimmt auch ihr persönlicher Wohlstand zu; wenn aber die Geschäfte schlecht gehen, gibt es keine wundersame Quelle, aus der sie ihr persönliches Einkommen beziehen können. Ebenso werden alle Angehörigen der freien Berufe nach ihren Ergebnissen bezahlt. Ärzte, deren Patienten nicht gesund werden, oder Rechtsanwälte, die ihre Fälle immer wieder verlieren, werden bald keine Einkommen mehr haben. Dieser Ansatz ist auch im Vertrieb die Norm. Es ist völlig gleichgültig, ob ein Außendienstmitarbeiter 100 Kunden besucht oder 1000 Produktdemonstrationen durchführt oder sich peinlich genau an das Verkaufshandbuch hält – wichtig ist nur, ob er tatsächlich etwas verkauft oder nicht. Verkaufsvertreter wissen etwas, was die Beschäftigten in Tausenden anderer Berufszweige erst noch lernen müssen: Das Geld, das jeder von uns Monat für Monat nach Hause trägt, stammt nicht vom Geschäftsführer, von den Aktionären oder vom Vorgesetzten. Es stammt von den Kunden, und man erhält es auch nur dafür, dass man das versprochene Ergebnis liefert.

In fragmentierten Organisationen ist es nahezu unmöglich festzustellen, wie viel Einfluss die Arbeit des Einzelnen auf die Prozessergebnisse hat. Der Prozess ist unsichtbar, und daher stützen sich die Mess- und Vergütungssysteme auf Ersatzgrößen: die abgearbeitete Stundenzahl, die Meinung der Vorgesetzten, die Aufgabenproduktivität usw. Wenn aber der Prozess in den Vordergrund tritt, steht die Arbeit jedes Mitarbeiters in direktem Bezug zum Prozessergebnis. Es wird möglich, das zu messen und zu honorieren, worauf es wirklich ankommt, nämlich die Resultate.

Dieser nüchterne Ansatz der ergebnisorientierten Bezahlung mag grausam klingen, und er schützt auch tatsächlich nicht mehr gegen das Auf und Ab im Wirtschaftsleben – ein Schutz, den Großkonzerne lange Zeit gewährten. Er ist aber gleichzeitig auch objektiver und daher weitaus gerechter als das alte Vergütungssystem. Ihr Gehalt richtet sich nicht mehr nach der subjektiven Beurteilung Ihrer Leistung durch den Vorgesetzten. Jetzt wird es durch andere Faktoren bestimmt: Erstens durch die Ergebnisse, die Sie und Ihre Teamkollegen vorweisen können (ein relativ eindeutiger Gradmesser), zweitens durch die (ebenso eindeutig bestimmbare) Leistung des Gesamtunternehmens, und drittens durch Ihren Beitrag zum Erfolg des Teams nach der Einschätzung Ihrer Teamkollegen. Hier ist ein gewisses Maß an Subjektivität gegeben, aber weniger, als man vielleicht erwarten würde. Es liegt im Interesse Ihrer Teamkollegen, Sie fair zu beurteilen, so wie sie selbst von Ihnen beurteilt werden möchten, und einzelne voreingenommene Meinungen werden wahrscheinlich von der Mehrheit ausgeglichen.

Ein derart objektiver Ansatz in der Vergütungspolitik macht Schluss mit einem Großteil der unangenehmeren Seiten herkömmlicher Unternehmen. Es ist eigentlich zutiefst erniedrigend, wenn die Entlohnung eines Menschen von der *Meinung* eines anderen abhängt. In einem prozesszentrieren Unternehmen müssen Sie Ihrem Vorgesetzten nicht mehr für Ihr Gehalt dankbar sein, da Sie ja de facto nicht von ihm *bezahlt* werden. Sie haben Ihr Geld *verdient*, und das ist etwas völlig anderes.

Es gibt kein allgemein gültiges Schema für die Vergütung im prozesszentrierten Unternehmen. Jede Organisation muss ihr eigenes System entwickeln, und es wird viele unterschiedliche Variationen eines Themas geben. Ein Grundprinzip steht jedoch fest: Sie werden für das bezahlt, was Sie leisten, und nicht für das, was Sie sind. Ihre Persönlichkeit – gemessen an Ihrer Professionalität, Ihren Fähigkeiten und Ihrer Einstellung – wird Ihre Leistung beeinflussen, aber sie wird sich nicht direkt in Ihrer Bezahlung niederschlagen.

Ergebnisorientierte Vergütung bedeutet, dass ein Teil Ihres Gehaltschecks »variabel« oder »mit Risiko behaftet« sein wird. Theoretisch sollten zwar Ihre *gesamten* Bezüge von Ihrer Leistung abhängen. Kurzfristig erscheint jedoch ein Anteil von 20 bis 40 Prozent realistisch. Wenn das Verhalten merklich beeinflusst werden soll, sind 20 Prozent die Mindestvoraussetzung, aber es wird sich in nächster Zukunft als schwierig erweisen, den leistungsabhängigen Gehaltsanteil auf mehr als 40 oder 50 Prozent anzuheben. Auf kurze Sicht würde nämlich die Steigerung auf ein höheres Niveau die finanzielle Situation der meisten Menschen allzu sehr durcheinanderwirbeln. Es sind ohnedies schon weitreichende Anpassungen erforderlich. Beispielsweise wird es nicht mehr so einfach wie früher sein, in einem Hypothekenantrag sein »Einkommen« anzugeben, da ein Großteil dieses Einkommens nicht mehr als gesichert betrachtet werden kann. Die »Gehaltsempfänger« müssen dann die gleichen Fragen beantworten, die Freiberuflern seit jeher gestellt wurden, und anstelle eines Fixums für das nächste Jahr ihre Einkommensentwicklung der letzten fünf Jahre nachweisen.

Die Unsicherheiten und Ängste, die unweigerlich mit einem solchen Vergütungssystem einhergehen, werden zum Teil von einer anderen Antwort gemildert, die wir auf die Frage »Wie werde ich bezahlt, und wie viel werde ich verdienen?« geben können. Sie lautet: »Eine ganze

Menge, wenn Sie gute Leistungen erbringen.« Prozesszentriere Unternehmen erzielen bei niedrigeren Kosten eine höhere Wertschöpfung als ihre herkömmlichen Konkurrenten. Für diejenigen, die zu dieser Wertschöpfung beitragen, steht somit ein größerer Einkommenstopf zur Verfügung. Ebensowenig können sich prozesszentrierte Unternehmen eine Unterbezahlung ihrer Mitarbeiter leisten, da das Prozessergebnis nicht nur von der Ablaufgestaltung abhängt, sondern auch von der Qualität der Prozessbeteiligten. Die Unternehmen werden also einen echten Anreiz dafür haben, den Menschen das zu bezahlten, was sie wert sind. Nur dann können sie nämlich die Mitarbeiter anwerben und halten, die sie benötigen. Damit wird glücklicherweise dem rückläufigen Einkommenstrend, der in den letzten Jahrzehnten in den Industrienationen zu beobachten war, ein Ende bereitet. Arbeitnehmer im herkömmlichen Sinn sind fungible Massenware. Nahezu jeder, ganz gleich an welchem Ort, kann lernen, eine einfache Aufgabe zu verrichten, und wenn die Menschen in den Entwicklungsländern so angelernt werden, sind die Konsequenzen unausweichlich: Arbeitsplätze werden ins Ausland verlagert, und die Einkommen der Beschäftigten in den Industrienationen sinken. Profis lassen sich jedoch nicht so ohne weiteres ersetzen. Die Investitionen, die der Einzelne (und sein Arbeitgeber) in eine professionelle Ausbildung gesteckt hat, sind ein Vorteil, der nicht so leicht irrelevant gemacht werden kann.

Dieses höhere Einkommensniveau wird nicht einfach nur nach dem Gießkannenprinzip verteilt; man muss es sich verdienen. In prozesszentrierten Unternehmen kristallisiert sich mittlerweile folgendes Muster heraus: Das Grundgehalt der Beschäftigten liegt häufig unter ihrer bisherigen Vergütung, aber die ergebnisabhängigen Prämien ermöglichen erhebliche potentielle Einkommenssteigerungen. Anders ausgedrückt: Sie müssen bereits etwas leisten, wenn Sie das vorher erreichte Niveau halten wollen. Erbringen Sie jedoch gute Leistungen, können Sie damit auch finanziell extrem gut fahren.

Interessanterweise werden in konventionell geführten Unternehmen nur Topmanager nach den erzielten Ergebnissen bezahlt. Nur an der Spitze dieser Organisationen laufen alle Fäden zusammen, und nur dort können die Ergebnisse beurteilt werden (in der Regel anhand einer Gewinn-und-Verlust-Rechnung). In einem prozesszentrieren Unternehmen lassen sich die Ergebnisse jedoch in allen Teilen der Organisation ermitteln (indem das Resultat der Prozesse gemessen wird), sodass jeder nach der gleichen Manier bezahlt werden kann wie früher nur die Führungskräfte an der Spitze.

Dies ist nur eine der Möglichkeiten, wie die Konzentration auf den Prozess zu einer Demokratisierung der traditionellen Organisation führen kann. Unternehmen herkömmlichen Zuschnitts sind Klassengesellschaften mit einem Proletariat (den Arbeitnehmern an der Basis), einem Bürgertum (dem mittleren Management) und einer Aristokratie (der Führungsspitze). Nicht nur die Nebenleistungen, die Reisen im Firmenflugzeug und die Aktienbezugsrechte sind den oberen Klassen vorbehalten. Sie werden sogar als eine ganz andere Kategorie von Menschen betrachtet. Sie erhalten einen Gesamtüberblick; sie dürfen Entscheidungen fällen; ihre Handlungen bestimmen die zukünftigen Unternehmensgeschicke. All diese Möglichkeiten stehen den »niederen Chargen« nicht offen. Die Prozesszentrierung macht Schluss mit diesen Relikten des Feudalismus.

Ein prozesszentriertes Unternehmen ist aber keine egalitäre Gesellschaft. Nicht jeder bringt die gleiche Leistung. Doch zählen in einem prozesszentrierten Unternehmen die Ergebnisse und nicht der Status. »Mitarbeiter« können mehr verdienen als »Manager« (und diese Unterscheidung bedeutet ohnehin nicht mehr viel). Alle müssen einen Gesamtüberblick besitzen, um ihre Arbeit erledigen zu können; Entscheidungen werden möglichst nahe am Ort des Geschehens getroffen; die wichtigsten Mitarbeiter sind jene, die den größten Beitrag zur Wertschöpfung leisten. Das geht erheblich weiter als die ach so moderne Umkehrung des Organigramms, bei der die Kunden und die Mitarbeiter an der Kundenfront plötzlich an der Spitze stehen. Vielmehr wird die Vorstellung abgelehnt, dass es überhaupt eine Spitze gibt, und es wird betont, dass die Arbeit und nicht die Position zählt.

## Welchen Titel werde ich tragen?

In Firmen, in denen professionell denkende Menschen arbeiten, gibt es sehr wenige Titel. Ein Arzt ist ein Arzt. Ein Jurist in einer Kanzlei ist entweder ein Rechtsanwalt oder ein Partner. Prozesszentrierte Unter-

nehmen bilden da keine Ausnahme: Die Menschen, die in ihnen arbeiten, werden ihre ganze Karriere hindurch nicht mehr als einen oder
höchstens vielleicht zwei Titel tragen. Außerdem beschreiben diese
Titel eher den Beruf des oder der Betreffenden, und nicht ihren Rang in
irgendeiner Hackordnung. Dafür gibt es nun einmal Berufsbezeich-
nungen. Wenn auf Ihrem Gesicht die Akne blüht, wollen Sie zum Haut-
arzt gehen und nicht zum Herzchirurgen. Ebenso ist es bei der Zusammenstellung eines Prozessteams hilfreich zu wissen, ob jemand ein
Finanzanalyst oder ein Ingenieur ist. Darüber hinaus enthält das Etikett, das einem das Unternehmen aufklebt, aber nur wenig wertvolle
Informationen. Manche prozesszentrierte Unternehmen haben Titel
sogar völlig abgeschafft.

Es ist zwar sinnvoll, sich unnötiger Titel zu entledigen, doch können
wir sie auch nicht in Bausch und Bogen als unwichtig verdammen. Tatsache ist, dass Titel eine ungemein wichtige Rolle für die psychische
Befriedigung der Menschen spielen. Das ist überhaupt der Grund, weshalb die meisten Menschen so viel Wert auf Titel legen.

Wir Menschen müssen das Gefühl haben, dass unser Beitrag geschätzt wird. Titel stellen eine Möglichkeit dar, wie dieses Bedürfnis erfüllt werden kann. Sie sind äußere Anzeichen und Bestätigungen für die
Bedeutung eines Menschen. Sie sind ein Symbol für die individuelle
Leistung. Allerdings ist der Preis, den wir für diese Titel in Form von
falschen Unterscheidungen und dysfunktionalen Barrieren zahlen, einfach zu hoch. Dieser Bereich ist eine der großen Herausforderungen,
die Unternehmen auf dem Weg zur Prozesszentrierung meistern müssen. Wenn sie Führungsebenen abbauen, wie können sie dann öffentlich
die Leistung herausragender Mitarbeiter honorieren? Hier gibt es Prä-
zedenzfälle aus unterschiedlichen Bereichen, vom Militär bis zum Sport.
Nicht der geringe wirtschaftliche Wert des Bandes oder des Metallplätt-
chens macht einen Soldaten so stolz auf einen Orden oder ein Ehren-
abzeichen. Ein Football-Spieler, der sich in einem Spiel besonders her-
vorgetan hat, erhält dafür einen Aufkleber, mit dem er seinen Helm
schmücken kann – ein »Etikett«, das zwar keinen materiellen Wert
besitzt, aber für den Spieler ein Vermögen wert ist. Auch Unternehmen
müssen lernen, solche immateriellen Belohnungen einzuführen.

## Wie wird meine Zukunft aussehen?

Wenn Titel und die damit verbundenen Beförderungen abgeschafft werden, welchen Verlauf wird dann eine Karriere nehmen? Dies lässt sich wohl am einfachsten mit einem Bild beschreiben: Die Karriereleiter wird einer Reihe von konzentrischen Kreisen weichen. Anstatt von einer Position in eine »höherrangige« aufzusteigen, wird es in Ihrer Karriere um die persönliche Weiterentwicklung gehen: Sie werden mehr Aufgaben übernehmen und diese besser erledigen können. Wenn Sie Kundenbetreuer bei GTE sind, wird Ihr Karriereziel darin bestehen, ein besserer, versierterer Kundenbetreuer zu werden, der immer wieder neue, immer komplexere und immer mehr Kundenprobleme löst und stets neue Mittel und Wege findet, wie die Beziehung zu den Kunden verbessert werden kann. Wenn Sie Fertigungsmitarbeiter bei Monsanto sind, besteht Ihr Ziel nicht darin, Vorarbeiter zu werden. Vielmehr wollen Sie ein besserer Fertigungsmitarbeiter sein. Und je besser Sie sind, desto mehr werden Sie produzieren – und desto mehr werden Sie auch verdienen.

Das heißt aber nicht, dass Sie Ihr Leben lang im gleichen Prozess arbeiten werden. Ein Ingenieur beginnt seine Laufbahn vielleicht in der Produktentwicklung, verbringt eine gewisse Zeit im Kundenservice und wechselt dann möglicherweise zur Auftragsabwicklung. Dennoch bleibt er stets ein Ingenieur. Die Abwechslung ist nötig, um zu verhindern, dass der oder die Betreffende in den Trott der Routine verfällt, hat aber wenig mit dem konventionellen Weg zu tun, bei dem gute Ingenieure irgendwann ihren Beruf hinter sich ließen und ins Management befördert wurden.

Anfangs mag eine solche Zukunft nicht besonders aufregend oder interessant erscheinen. Aber sie bietet in vielerlei Hinsicht mehr Hoffnung und Erfüllung als die bislang üblichen Karrierepfade. Trotz allem jugendlichen Optimismus ist es nun einmal eine Tatsache, dass nur einige wenige Menschen an die Spitze einer Organisation aufsteigen können. Wenn der Erfolg als Aufstieg an die Spitze definiert wird, sind alle anderen zum Scheitern und zur Frustration verurteilt. Wenn der Erfolg aber nicht an der Anzahl der Untergebenen gemessen wird, sondern daran, ob jemand ein Höchstmaß an beruflicher Expertise und persönlicher Leistungssteigerung erreichen kann, steht er allen offen.

Das Lied, mit dem die US Army um neue Rekruten wirbt, beschreibt das prozesszentrierte Karrieremodell recht treffend: »Be all that you can« (»Schöpfe dein ganzes Potential aus«).

Ein Unternehmen, in dem die Hierarchieleiter nicht mehr den einzigen Weg zum persönlichen Erfolg darstellt, ist der Verlag Commerce Clearing House. CCH hat drei verschiedene Karrierepfade eingerichtet: einen für Redakteure, einen für Produktspezialisten und Technologieexperten und einen für Führungskräfte. Daher sind Redakteure und Ingenieure nicht mehr gezwungen, den Sprung ins Management zu machen, wenn sie eine Gehaltserhöhung anstreben. Sie können eine Laufbahn einschlagen, in der ihre finanziellen Ambitionen erfüllt werden, und dabei gleichzeitig in dem Fachgebiet bleiben, in dem sie besonders gut sind. Der Weg ins Management ist für jene (vergleichsweise wenigen) Menschen gedacht, deren Begabung darin besteht, andere zu führen und zu unterstützen. Der Verlag betont, dass Führungskräfte in keiner Weise bevorzugt oder mehr geschätzt werden als andere Mitarbeiter, und er hat seine Vergütungsstrukturen entsprechend angepasst.

Alle drei Karrierepfade sind im wesentlichen gleichwertig, und alle führen sie zu hochdotierten Positionen. Da ein hervorragender Techniker genauso viel verdienen kann wie eine grossartige Führungskraft oder ein ausgezeichneter Redakteur, werden die Beschäftigten ermutigt, ihre Karriereentscheidungen auf der Grundlage ihrer persönlichen Vorlieben und Begabungen und nicht nach den Gehaltsperspektiven zu treffen. »Wir möchten, dass unsere Mitarbeiter am Morgen mit dem Gefühl zur Arbeit gehen, dass sie etwas Sinnvolles tun werden, das ihnen noch dazu Spaß macht«, meint Hugh Yarrington, Leiter der Knowledge Organization von CCH. Yarrington ermutigt die Beschäftigten dazu, mehrere Optionen auszuprobieren und vielleicht sogar eine Zeitlang eine Rolle im Management zu übernehmen, um herauszufinden, ob ihnen so etwas gefallen würde. »Falls nicht, ist das aber auch nicht das Ende ihrer Karriere.«

Zusammenfassend kam man sagen, dass in der prozesszentrierten Arbeitswelt Profis mit fundierter beruflicher Bildung und einer professionellen Einstellung gefragt sein werden. Sie werden nach dem Produkt Ihrer Arbeit bezahlt. Sie werden vielleicht niemals einen prestigeträchtigen Titel erhalten, weil Ihre Karriere eher horizontal in Richtung auf kontinuierliche Weiterentwicklung verläuft und keinen Aufstieg auf einer Hierarchieleiter zum Ziel hat. Es wird aber eine spannende, befriedigende und lohnende Arbeit für jene sein, denen der Sprung zum Profi gelingt. Sie sollten sich selbst also folgende Frage stellen: Sind Sie zu diesem Sprung bereit?

Unter anderem können Sie das herausfinden, indem Sie sich überlegen, welche Fragen Sie stellen würden, wenn Sie morgen einen Termin für ein Vorstellungsgespräch für eine solche Position hätten. Würden Sie fragen, wie hoch Ihr Gehalt wäre? Würden Sie sich nach Aufstiegsmöglichkeiten erkundigen? Die Fragen, die Sie stellen, sagen sehr viel über Sie selbst aus, und sie können auf eine problematische Sichtweise hindeuten.

In einem prozesszentrierten Umfeld ist ein *Arbeitsplatz* nicht mit einem bestimmten Gehalt verbunden. Mitarbeiter, die gute Ergebnisse erzielen, *verdienen sich* ihre Gegenleistungen. Das ist nicht nur Wortklauberei: Diese beiden Formulierungen beschreiben zwei Wertschöpfungs- und Entlohnungsansätze, die sich gegenseitig ausschließen. Allein schon die Vorstellung, dass man ein Gehalt vom seinem Arbeitgeber erhält, ist unzutreffend. Sie suggeriert nämlich, dass ein Arbeitsplatz dem Stelleninhaber ein Anrecht auf ein bestimmtes Einkommensniveau gibt. Früher mag das ja auch so gewesen sein. Heute ist das jedoch nicht mehr der Fall. »Gehaltsempfänger« kann man nur dann sein, wenn man an einen wundersamen Haufen Banknoten glaubt, von dem man einen Anteil in die Hand gedrückt bekommt. In Wahrheit stammt aber der Verdienst von den Kunden, und die bezahlen einem nur dann etwas, wenn man ihnen den gewünschten Wert liefert.

Die Frage »Welche Beförderungen stehen mir offen?« ist ebenfalls nicht mehr zeitgemäß. Sie impliziert, dass man in der Hierarchie wie von selbst nach oben »befördert« wird. Arbeitnehmer in herkömmlichen Unternehmen leiden unter dieser »Rolltreppenmentalität«, die auf der Prämisse beruht, dass man, wenn man sich nichts Außergewöhnliches zuschulden kommen lässt, ganz automatisch nach oben getragen wird, wenn man einfach stehen bleibt. In prozesszentrierten Unternehmen wurde diese Rolltreppe durch eine Strickleiter ersetzt. Fortschritt, Weiterentwicklung, neue Möglichkeiten und höherer Verdienst sind das Ergebnis einer besseren Leistung, die nur durch stetiges Lernen und harte Arbeit erreicht werden kann. Ein professionell denkender Mensch spricht nicht von Beförderungen. Er fragt stattdessen: »Was sind die Voraussetzungen für den Erfolg?«

Profis fragen potentielle Arbeitgeber nach den Zielen und Einstellungen des Unternehmens und nicht nach seinem Pensions- und Urlaubsplan. »Welche Strategie verfolgen Sie?« »Warum sind Sie besser als die Konkurrenz?« Derlei Fragen zeigen, dass Sie sich bewusst sind, dass Ihr Erfolg vom Wohlergehen des Unternehmens abhängen und dass es in einer Mannschaft, die verliert, keine Gewinner geben kann. Eine solche Einstellung ist eines Menschen würdig, der für die prozesszentrierte Welt gerüstet ist.

Es gibt Menschen, denen professionelle Arbeit in einem prozesszentrierten Unternehmen großen Spaß machen wird. Sie mag zwar sehr anspruchsvoll sein, doch ist sie gleichzeitig auch äußerst lohnend. Nach Jahren stumpfsinniger »Beschäftigungstherapie« haben viele den Eindruck, dass solche Veränderungen ihnen endlich ein Leben auf der Überholspur ermöglichen werden. Es gibt aber auch Menschen, denen der Gedanke an diese Freiheit einen richtiggehenden Schrecken einjagt und die ihre neue Verantwortung als gefährlich empfinden. Für sie ist das kein Leben auf der Überholspur – für sie ist es, als würde man mitten auf einer verkehrsreichen Straße spielen.

In den letzten Jahren habe ich Tausende von Teilnehmern an meinen Seminaren gefragt, wie sie sich bei der Arbeit in einem prozesszentrierten Umfeld fühlen. Das Überraschende an ihren Antworten war ihre Polarität.

Viele antworten wie aus der Pistole geschossen: »Es ist so aufregend!« Sie sagen, dass sie es kaum erwarten können, am Montag in die Arbeit zu gehen. »Wir kommen uns vor wie im Himmel«, meinte eine der Befragten im Namen ihrer Teamkollegen. Diese Menschen beschreiben ihre Prozessarbeit als beste Erfahrung ihres bisherigen Arbeitslebens. Die Arbeit ist für sie zum befriedigendsten Teil ihres Lebens geworden. Sie ist spannend, weil sie keine zwei Tage nacheinander genau das Gleiche tun. Die breite Palette von Situationen, die sie erleben, und die Kreativität, die sie zur Lösung dieser Herausforderungen aufbringen müssen, machen ihre Arbeit zu einem sich ständig verändernden Kaleidoskop. »Mir ist nie langweilig«, sagt Anna Wilson, eine Kundenbetreuerin bei GTE. »Jeden Tag stehe ich vor neuen Herausforderungen und neuen Lernchancen.« Ein anderer Seminarteilnehmer formulierte es so: »Früher machte ich vieles, weil ich musste; heute mache ich es, weil ich das will.«

Der neu gestaltete Antragsbearbeitungsprozess bei Aetna Life & Casualty hat die Einstellung der Prozessbeteiligten grundlegend verändert. Am engagiertesten und begeistertsten reagieren die Mitarbeiter, die früher am untersten Ende der Hierarchie angesiedelt waren: die Sachbearbeiter. Während sie sich einst als reine »Bürohengste« sahen, haben sie heute die Befriedigung zu wissen, dass sie mit ihrer Arbeit wirklich etwas bewegen können. Sie glauben, dass ihre Tätigkeit respektiert wird – und mit gutem Grund. Sie selbst und ihre Arbeit spielen tatsächlich eine zentrale Rolle für das Unternehmen.

Was die einen als Befreiung von einem Joch empfinden, gibt jedoch anderen das Gefühl, von zu vielen Wahlmöglichkeiten erdrückt zu werden. Manchen Menschen ist es lieber, wenn man ihnen genau sagt, was sie zu tun haben, und wenn andere dafür dann die Verantwortung und den Leistungsdruck auf sich nehmen. Für sie wurden in der prozesszentrierten Welt Klarheit und Ordnung durch Angst und Unsicherheit ersetzt.

Ein Unternehmen fragte eine Gruppe seiner Beschäftigten nach ihrer Meinung zum neuen Prozessumfeld, in dem alle jetzt arbeiten. Viele waren begeistert von den Neuerungen – aber nicht alle. »Es gibt nicht mehr genug Meister«, meinte einer. »Ich treffe nicht gerne meine eigenen Entscheidungen. Dafür zahlen sie mir hier nicht genug.«

Jeder, der einmal beim Militär war, weiß, dass trotz der Privilegien und der Entscheidungsfreiheit, die Offiziere genießen, viele Gefreite die Chance ausschlagen, die Ausbildung eines Offiziersanwärters zu durchlaufen. Bei einigen ist just diese größere Freiheit der Grund für ihre Ablehnung. Freiheit geht mit Ungewissheit einher, und für manche Menschen ist sie das einfach nicht wert.

Anders formuliert: In einem prozesszentrierten Umfeld werden sich manche über die erweiterte Entscheidungsbefugnis und das größere Ansehen freuen, während andere sich in ihrer risikoreicheren Rolle sehr unwohl und überlastet fühlen. Wenn Ihre Leistung objektiv gemessen wird und Sie unmittelbar für das Ergebnis haften, können Sie den schwarzen Peter nicht an andere weitergeben oder sich aus der Verantwortung stehlen. Sie selbst und Ihre Arbeit stehen im Rampenlicht – ob Ihnen das nun passt oder nicht. Es gibt keine Anonymität mehr, und man kann sich auch nirgends mehr verstecken.

Profis, Freiberufler und Unternehmer verbringen ihr ganzes Leben am Rande der Klippe. Das ist weitaus anstrengender, als nur Routineaufgaben zu verrichten und Regeln zu befolgen. Daher überrascht es nicht, dass viele Menschen die neue Arbeitswelt *sowohl* für aufregend *als auch* für kräftezehrend halten. Professionell arbeitende Menschen fühlen sich weitaus häufiger überarbeitet und ausgebrannt als Lohn- und Gehaltsempfänger, die eng definierte Aufgaben im herkömmlichen Sinn verrichten, weil in ihre Arbeit keine Grenzen eingebaut sind. Profis lassen nicht Schlag fünf Uhr ihre Werkzeuge fallen. Die Arbeit ist für sie nicht einfach nur ein Job, sondern Teil ihres Lebens. Ingenieure, die bis über beide Ohren in Problemen stecken, die es zu lösen gilt, sind wahrscheinlich glücklich darüber, dass sie die Chance haben, sich in dem von ihnen gewählten Beruf beweisen zu können. Gleichzeitig empfinden sie es aber auch als strapaziös, dass ihr Geist Tag für Tag von morgens bis abends auf Hochtouren laufen muss. Ein Ingenieur beschrieb seine prozesszentrierte Arbeit so: »Die Arbeit macht mir mehr Spaß als alles andere bisher in meinem Leben, aber nachdem ich zwei Jahre lang jede Woche sechzig Stunden gearbeitet habe, bin ich einfach fix und fertig.«

William Faulkner bemerkte einmal, dass man nicht den ganzen Tag essen, trinken oder mit jemandem schlafen könne; das einzige, was man den ganzen Tag tun könne, sei arbeiten. In einem prozesszentrierten Umfeld wird dies auf die Spitze getrieben. Sinnvolle und interessante Arbeit packt einen und lässt einen vielleicht niemals wieder los. In dem Wissen, dass härtere Arbeit zu einem höheren Verdienst führt, kann sich bei vielen auch der letztlich zerstörerische Gedanke einschleichen, dass sie vielleicht noch besser dastünden, wenn sie überhaupt nicht mehr nach Hause gehen. Es ist kein Zufall, dass die Scheidungsrate bei Unternehmern besonders hoch liegt.

Bruce Marlow von Progressive Insurance berichtet, dass die Schadenregulierer seiner Versicherung früher von sich behaupten konnten, dass sie gehobene Angestellte waren, die in einem ansprechenden Firmengebäude an Werktagen von neun bis fünf Uhr arbeiten. »Nach den Veränderungen ist es jedoch nicht mehr möglich, die Arbeit im voraus genau zu planen und von neun bis fünf im Büro zu sein. Wir haben verschiedene Schichten, und wenn ein Schaden gemeldet wird, müssen unsere Sachbearbeiter an die Unfallstelle fahren. Das erfordert von ihnen sehr viel mehr Engagement.« Es ist auch ein härteres Leben.

Wenn die Grenzen für die individuelle Leistung aus dem Weg geräumt werden, kann dies auch eine fatale Einladung sein, sich völlig zu verausgaben. Wenn man bis an seine Grenzen geht, kann einen das in Hochstimmung versetzen, doch nach einer Weile muss man sich eine Pause gönnen, weil man sonst zusammenbricht. Stimulation rund um die Uhr an sieben Tagen die Woche kann zu einer ähnlichen Überlastung des Nervensystems führen wie eine zu hohe Spannung in einem Stromnetz. Und wenn die Arbeit die hauptsächliche Quelle der persönlichen Erfüllung ist, was geschieht dann mit dem Rest des Lebens? Woher nehmen Sie dann die Energie für Ihre Familie, Ihre Hobbys und Ihr soziales Umfeld? Im prozesszentrierten Umfeld müssen wir stets den alten Spruch im Hinterkopf behalten, dass sich nur wenige Menschen auf ihrem Sterbebett wünschen, sie hätten mehr Zeit im Büro verbracht.

Unternehmer sind zwar – zumal in Amerika – die Volkshelden schlechthin, doch ist ihr Leben auch von Hektik geprägt. Wir bewundern ihren Einfallsreichtum, ihre Kreativität und ihren schieren Durchhaltewillen. Ein unternehmerischer Geist verleiht einer Fabrik oder einem Büro das Gefühl, dass nichts unmöglich sei, und ist geradezu von dem Gedanken besessen, einen Wert für den Kunden zu schaffen. Aber im Grunde wurzelt dieses unternehmerische Denken in der Furcht. Wenn man hinter die Fassade blickt, wird man feststellen, dass den meisten Unternehmern mindestens ein Hauch von Panik im Blut liegt. Sie leben in der ständigen Angst, von mächtigeren Konkurrenten überrollt oder von neuen Marktteilnehmern verdrängt zu werden. Prozessprofis vollführen einen ähnlichen Balanceakt zwischen Begeisterung und Panik, zwischen Erfüllung und Furcht.

Die meisten Aspekte des prozesszentrierten Arbeitsumfelds lassen sich nur aus subjektiver Warte beurteilen. Die Einschätzung spiegelt stets das Wertesystem und die Einstellungen des Befragten wider. Eine objektive Tatsache aber bleibt: In der prozesszentrierten Welt gibt es keine Arbeitsplatzsicherheit.

Fred Musone ist President bei Morton International, einem Hersteller von Kfz-Sicherheitsprodukten. Er sagt seinen Mitarbeitern, dass er ihnen weder einen sicheren Arbeitsplatz noch einen gewerkschaftlich abgesegneten Tarifvertrag garantieren könne. Dies könnten nur die Kunden, und diese seien berüchtigt wegen ihrer hohen Ansprüche und

Wankelmütigkeit. Kunden halten nur dem Nutzwert die Treue, und ihre Erwartungen steigen ständig – und deshalb schlafen viele Unternehmer so schlecht.

Das neue Angebot, das ein Unternehmen seinen Prozessprofis unterbreitet, lautet: Wir bieten Ihnen die *Chance*, durch die Wertschöpfung für den Kunden gute Leistungen zu erbringen. Dadurch können Sie Ihre Karriere aufbauen und viel Geld verdienen. Ansonsten haben aber das Unternehmen und der einzelne Mitarbeiter nur wenige gegenseitige Verpflichtungen. Das Unternehmen verspricht dem Prozessprofi nichts für den Fall, dass sich die geschäftlichen Rahmenbedingungen ändern. Umgekehrt ist auch der Prozessprofi nicht verpflichtet, bei seinem derzeitigen Arbeitgeber zu bleiben, wenn ihm persönlich woanders eine bessere Chance geboten wird. Die Firma Apple Computer weist ihre Beschäftigten bereits darauf hin, dass sie nicht darauf bauen können, ihre gesamte Laufbahn in dieser speziellen Oase zu verbringen. Das kann natürlich vorkommen, doch sollten sie sich nicht unbedingt darauf verlassen.

Wenn sich prozesszentrierte Organisationen Denkmuster und Verhaltensweisen aneignen, die gemeinhin für Jungunternehmen typisch sind, führt dies zu sensationellen Verbesserungen in der Flexibilität und der Leistung. Aber dieser Gewinn wird mit größeren Ängsten und einem höheren Maß an Stress erkauft – den unausgesprochenen Begleiterscheinungen des unternehmerischen Erfolgs.

Um es kurz zu machen: Ein sicheres Merkmal Ihrer Zukunft und Ihrer Mitmenschen wird ... die Unsicherheit sein. Die Arbeit, die Sie heute verrichten, gibt es unter Umständen nächstes Jahr gar nicht mehr; Ihr heutiger Arbeitgeber ist in fünf Jahren möglicherweise auch von der Bildfläche verschwunden.

Prozesszentrierte Arbeit macht aus Arbeitnehmern Profis – mit allen zugehörigen Vor- und Nachteilen. Aber diese Veränderungen in der Arbeitswelt und bei den Mitarbeitern verlangen auch einen Wandel auf Seiten der Manager. Das ist unser nächstes Thema.

# Teil II

# Management

# Kapitel 5

# Vom Manager zum Prozessverantwortlichen

Im Mittelpunkt der bisherigen Erörterungen stand der Wandel, der sich durch die Hinwendung der Unternehmen zu Prozessen für die Arbeit und die Mitarbeiter ergibt. Wir haben gesehen, wie sich die Arbeitsinhalte von Aufgaben auf Prozesse verlagern und die Beschäftigten dabei zu Prozessprofis wurden. Was aber geschieht mit den Managern? Wir haben uns noch nicht näher mit den Charakteristika und der Rolle der Führungsaufgaben in prozesszentrierten Unternehmen befasst.

Das ist zwar unüblich (die meisten Wirtschaftsfachbücher befassen sich von Anfang bis zum Ende ausschließlich mit dem Management), aber auch logisch. Schließlich brechen wir ja mit der Tradition der managementorientieren Unternehmen, in denen die Mitarbeiter im Grossen und Ganzen als »Arbeitsbienen« betrachtet werden, die angehalten sind, die Anweisungen ihrer (mutmaßlich) überlegenen Vorgesetzten zu befolgen. In einem solchen Unternehmen werden Arbeitnehmer für ebenso austauschbar gehalten wie die Teile, die sie montieren; Erfolg und Misserfolg werden somit unweigerlich dem Führungskader zugeschrieben. Ganz anders in prozesszentrierten Unternehmen: Hier spielen die Mitarbeiter, die unmittelbar an der Wertschöpfung für den Kunden mitwirken, die wichtigste Rolle. Sie haben höchste Priorität, und daher standen sie auch in unserer Diskussion an erster Stelle. Arbeit ist wichtiger als Management, also muss sie Vorrang vor den Führungsfragen haben. Daher wenden wir erst jetzt unsere Aufmerksamkeit den Managern zu.

Überlegungen zu den Charakteristika des neuen Managements sollten zwei grundlegende Fragen an den Anfang stellen. Erstens: »*Was* managen Manager?«, und zweitens: »*Warum* managen Manager?« Auf beide Fragen werden allmählich neue Antworten gefunden.

Beginnen wir mit der Frage nach dem »Warum«. Im Allgemeinen ist ein Manager ein Mensch, der Aufgaben übernimmt, die die Mitarbeiter selbst nicht erfüllen können. Da nach herkömmlicher Doktrin Arbeitnehmer für einfältig, unzuverlässig und relativ wenig bildungsfähig gehalten wurden, kam dem Management tatsächlich eine bedeutsame Rolle zu. Wenn den Beschäftigten die geistige Fähigkeit zu allen Tätigkeiten fehlt, die über reine Routinearbeit hinausgehen, und wenn sie sich selbst überlassen weder fleißig noch zuverlässig arbeiten, dann spielen Manager, Meister und Aufseher eine Schlüsselrolle im Unternehmen: Sie stellen sicher, dass die Arbeiter auch das Richtige tun.

Ganz gleich, ob diese Annahmen über die Arbeitnehmerschaft überhaupt jemals zutreffend waren oder nicht, die Organisation wurzelte auf jeden Fall auf dieser Annahme. Daher entstanden sich selbst erfüllende Prophezeiungen. Wenn man die Menschen wie unverantwortliche Arbeitstiere behandelt, werden sie sich irgendwann auch so benehmen. Aber derlei Annahmen stehen den Grundsätzen der prozesszentrierten Organisation diametral entgegen. Wenn wir davon ausgehen, dass Mitarbeiter schlichte Gemüter sind, führt das unweigerlich zu kleinen, eng definierten Arbeitsschritten, die von den aufsichtsführenden Managern streng überwacht werden müssen. Die zwangsläufige Folge davon sind hoch komplizierte Prozessgebilde, die sich aus unzähligen winzigen Arbeitsschritten zusammensetzen und von einer aufgeblähten Aufpasserstruktur überlagert werden. Natürlich sind diese komplexen Prozesse auch teuer, unbeweglich und fehleranfällig.

Heute müssen wir am anderen Ende der Argumentationskette beginnen. Wir benötigen Hochleistungsprozesse, die einfach, schlank, kostengünstig und flexibel sind. Solche Prozesse müssen auf breit definierten, umfassenden Stellen beruhen. In dieser neuen Organisation ist folglich kein Platz mehr für die mutmaßlichen »Hohlköpfe«, die die alten Industrieunternehmen bevölkerten. Wir müssen unbedingt Mitarbeiter finden, die in der Lage sind, Prozessarbeit zu verrichten und Stellen zu besetzen, in denen von ihnen das verstandesmäßige Erfassen der Vorgänge, selbstständiges Handeln, Verantwortungsbewusstsein und Entscheidungen verlangt werden. Solche Mitarbeiter müssen nicht beaufsichtigt werden, und daher werden Manager im traditionellen Sinn nicht mehr benötigt.

Wir erleben auch, wie sich der *Gegenstand* verändert, mit dem Manager sich auseinandersetzen. Fragte man traditionelle Führungskräfte, was sie eigentlich managten, so nannten sie in der Regel den Namen einer Abteilung – einer Gruppe von Menschen, die einer bestimmten Tätigkeit nachgingen. Aufgabe der Manager war die Kontrolle der Arbeit dieser Abteilung; sie mussten sicherstellen, dass sie richtig ausgeführt wurde. Sie beschafften die (personellen und finanziellen) Ressourcen für die Abteilung, bestimmten über ihre Verwendung und kümmerten sich um alle persönlichen und beruflichen Belange ihrer Mitarbeiter. Teils Controller, teils Aufpasser und teils Babysitter: so könnte man die Rolle der traditionellen Führungskraft umschreiben. Die Abteilung war der grundlegende Baustein der Organisation und der Schwerpunkt der Aufmerksamkeit der Manager. Alle anderen Führungsrollen bauten auf der des Abteilungsleiters auf.

Dieses Modell ist im Zeitalter der Kunden und Prozesse nicht mehr haltbar. Heute müssen Unternehmen so organisiert und fokussiert sein, dass sie ihren Kunden einen Nutzen bieten, und daher müssen jetzt die Mechanismen zur Wertschöpfung und zur Bereitstellung dieses Kundennutzens die organisatorischen Grundbausteine darstellen und folglich auch für die Manager im Zentrum ihrer Aufmerksamkeit stehen. Diese Grundelemente sind natürlich die Prozesse des Unternehmens. Der Abteilungsleiter muss somit dem Prozessverantwortlichen weichen – einem Menschen, dessen Aufgabe nicht darin besteht sicherzustellen, dass die in einer Abteilung erledigten Arbeitsgänge einem bestimmten Leistungsstand entsprechen, sondern in der erfolgreichen Durchführung eines ganzen Prozesses.

Der Begriff »Prozessverantwortlicher« hat seine Vorläufer in der Qualitätsbewegung und wird mittlerweile schon in einer ganzen Reihe von Unternehmen verwendet. Aus diesem Grund benutzen wir ihn auch an dieser Stelle. Aber er hat zwei Nachteile. Erstens verwechseln ihn manche mit einer Bezeichnung für einen temporären Projektmanager, dessen kurzfristige Verantwortung die Überwindung eines Leistungsdefizits in einem Prozess ist. Unsere Definition des »Prozessverantwortlichen« schließt diese Pflichten mit ein, geht jedoch auch weit darüber hinaus; sie ist dauerhaft und von zentraler Bedeutung. Zweitens könnte die Verwendung der Bezeichnung »Verantwortlicher« den Eindruck erwecken, dass sich alle anderen ungestraft aus der Prozessverantwortung stehlen können. Wie wir gesehen haben, tragen aber in

Wahrheit alle Prozessbeteiligten die Mitverantwortung für den Prozess und seine erfolgreichen Ergebnisse. An der Person des Prozessverantwortlichen lässt sich diese Verantwortung jedoch am deutlichsten festmachen. Er ist tatsächlich der Empfänger des von US-Präsident Harry Truman zum geflügelten Wort gemachten Schwarzen Peter. Vielleicht sind es diese Gründe, die eine Reihe von Unternehmen zur Wahl anderer Bezeichnungen bewogen haben, wie zum Beispiel »Prozess-Leader«, »Prozessmanager« oder gar »Prozessmärtyrer« (eine Bezeichnung, die ich nicht empfehlen würde). Charles Dunagan, Vice President bei der Shell Chemical Company, ist dort verantwortlich für den Kundenauftrags- und Anfrageprozess. Er beschreibt seine Rolle so: »Ich bin jemand, der die ganze Zeit über Arbeit und Prozesse nachdenkt. Ich bin dafür zuständig, einzelne Aufgaben in einen Gesamtzusammenhang einzupassen und sicherzustellen, dass der komplette Prozess hinterher reibungslos abläuft.«

Was aber beinhaltet das alles? Warum können denn die anderen Prozessbeteiligten trotz all ihrer Intelligenz das nicht selbst machen? Die Antwort auf diese Frage wird sich im Laufe der Zeit ändern, wenn die Prozessprofis ihre Fähigkeiten immer weiter ausbauen. Beim Übergang zur Prozesszentrierung im Unternehmen werden die Prozessbeteiligten anfangs noch immer unter den Einschränkungen zu leiden haben, die sich in der alten Ordnung entwickelten. Je mehr Fähigkeiten und neue Einstellungen sie sich aber aneignen, desto mehr wird der Verantwortungsumfang des Prozessverantwortlichen zurückgehen. Faktisch können Prozessbeteiligte mit zunehmender Weiterbildung einen größeren Teil der Rolle des Prozessverantwortlichen selbst übernehmen. Im allgemeinen können wir jedoch die Zuständigkeit des Prozessverantwortlichen in drei Hauptbereiche untergliedern: Prozessdesign, Coaching und Fürsprache.

## Prozessdesign

Nehmen wir einmal an, ein Unternehmen stellt ein Team zusammen, das einen Produktentwicklungsprozess durchführen soll: Es wählt vielleicht einige Ingenieure aus, eine Marketingexpertin, einen Spezialisten mit Fertigungshintergrund, ein paar Leute aus dem Finanzwesen etc. Alle stehen aufgeregt in den Startlöchern. Jeder bringt Know-how aus seinem jeweiligen Fachgebiet mit. Wie aber soll das Team den Gesamtprozess abwickeln? Was müssen seine Mitglieder tun, um ein Produkt zu entwickeln? Zwar müssen sie genügend Freiraum für autonomes Handeln erhalten und ohne die Restriktionen einer lähmenden Bürokratie arbeiten können, doch muss ihnen dennoch jemand sagen, wie man überhaupt Produkte entwickelt und welche Schritte dabei in welcher Reihenfolge zu durchlaufen sind. Weitreichender Entscheidungsspielraum für Mitarbeiter bzw. »Empowerment« ist nicht gleichzusetzen mit Anarchie; nicht jedes Prozessteam kann einfach nach eigenem Gutdünken handeln. Es widerspräche der Vernunft, von einem Prozessteam zu erwarten, den Prozess durch Improvisation während der praktischen Umsetzung zu gestalten. Der Prozessverantwortliche ist dafür zuständig, das Team mit so viel Prozesswissen zu versorgen, dass es mit der Arbeit beginnen kann. Prozessverantwortliche sind zwar nicht »Eigentümer« der Prozessleistung, doch »gehört« ihnen das Prozessdesign, und sie vermitteln die entsprechenden Kenntnisse allen, die an dem Prozess mitwirken sollen. Daher sind Prozessverantwortliche auch für die Prozessgestaltung, ihre schriftliche Fixierung und die Schulung der Prozessbeteiligten in Struktur und Ablauf zuständig.

Bevor der Prozessverantwortliche die Beteiligten aber über das Design und die Struktur des Prozesses informieren kann, muss es diese Gestaltungselemente erst einmal geben. Die Gestaltung und Aktualisierung des Prozesses ist somit die erste Aufgabe des Prozessverantwortlichen. Der oder die Betreffende muss den besten Ansatz für die Auftragsabwicklung, die Produktentwicklung oder die Reaktion auf Kundenreklamationen suchen und dokumentieren und dann sicherstellen, dass dieser Ansatz auch in der Praxis zum Einsatz kommt.

Es gibt zwar auch in herkömmlichen Unternehmen Prozesse, doch wurden sie nur selten bewusst gestaltet. In der Regel handelt es sich dabei um die Summe unzähliger Ad-hoc-Entscheidungen, mit denen im Laufe der Zeit den sich wandelnden Umständen Rechnung getragen werden sollte. Daher funktioniert der Prozess zumeist miserabel. Einer der Hauptgründe, weshalb Unternehmen Prozesse in den Mittelpunkt rücken wollen, ist der Wunsch, sie unter Kontrolle zu bringen, indem sichergestellt wird, dass sie tatsächlich gut durchdacht und dokumentiert werden. Obwohl Prozessdesign kein Vorhaben ist, das eine Person allein bewältigen könnte, ruht die Gesamtverantwortung dafür doch auf den Schultern des Prozessverantwortlichen.

Früher wurde der Begriff »Design« nur im Zusammenhang mit Produkten gebraucht. Heute spielt er auch für Prozesse eine zentrale Rolle. Prozessdesign ist zwar bislang noch keine anerkannte wissenschaftliche Disziplin, doch kann man es durchaus dem Fachbereich Technik zuordnen. Wie alle Ingenieurwissenschaften erfordert es die Kenntnis bestimmter Grundsätze und -verfahren sowie ein Gespür für Gestaltung, für den Aufbau gut konzipierter Strukturen und die Erkenntnis der Vor- und Nachteile verschiedener Alternativen. Wenn wir die Prozessverantwortung als ernst zu nehmenden technischen Bereich betrachten, müssen wir notwendigerweise auch das Management von Prozessen als ehrbare Disziplin sehen, in der eine umfassende Ausbildung von entscheidender Bedeutung ist. Wir würden ja auch nicht jeden x-beliebigen Menschen von der Straße einen Computer oder ein Auto konstruieren lassen. Warum sollte es sich dann mit dem Prozessdesign anders verhalten?

Prozessdesign muss in einem konzeptuellen Prinzipienrahmen wurzeln, und der erste Grundsatz lautet hierbei, dass jegliche Prozessgestaltung von den Bedürfnissen des Kunden ausgehen muss. Wenn Prozesse für den Kunden ein Ergebnis von Wert hervorbringen sollen, folgt daraus, dass dieses Ergebnis in der vom Kunden gewünschten Weise erbracht werden muss. Also müssen am Anfang des Prozessdesigns die Leistungsanforderungen des Prozesses aus Kundensicht, also aus einer unternehmensexternen Sichtweise, erarbeitet werden. Welches Resultat sollte der Prozess seinen Kunden tatsächlich liefern? Wieviel würden die Kunden bereitwillig für das Prozessergebnis bezahlen? Wie rasch benötigen sie es? Wieviel Flexibilität verlangen die Kunden? Welches Maß an Präzision ist erforderlich? Es ist Aufgabe des Prozessverantwortlichen, bei bestehenden und potentiellen Kunden Antworten auf diese Fragen zu finden.

Wenn der Prozess gut funktionieren soll, muss in einer messbaren, eindeutigen, von allen Beteiligten nachvollziehbaren und arbeitsrelevanten Weise genau definiert werden, was »gut« in diesem Zusammenhang bedeuten soll. Eine Messgröße für den Auftragsabwicklungsprozess könnte beispielsweise der »Anteil der vollkommen richtig ausgeführten

Aufträge« sein, das heißt der Prozentsatz der Bestellungen, die absolut korrekt und vollständig und exakt zum richtigen Zeitpunkt ausgeliefert wurden. Wenn der Prozessverantwortliche die Kundenbedürfnisse kennt, wird er dies als zentralen Maßstab für den Gesamtprozess anlegen, zugleich aber auch einzelne Leistungsziele (mithin genaue Prozentsätze) vorgeben, die der Prozess erfüllen muss. Prozessverantwortliche untergliedern diese aggregierte Messgröße dann in eine »Messarchitektur« – einen Satz verwandter, aber enger gefasster Messgrößen, die eine direkte Beziehung zur Arbeit der einzelnen Prozessbeteiligten haben. Die Mitarbeiterin, die den Auftrag in das Computersystem eingibt, der Lagerarbeiter, der Artikel nachbestellt, die Disponentin, die die beste Versandart auswählt – sie alle beeinflussen die Prozessgesamtleistung. Doch obwohl sie die Verantwortung für das Leistungsniveau tragen, sind sie mehr oder weniger weit vom Gesamtgeschehen entfernt. Der Lagerarbeiter benötigt eine Messgröße, die er selbst besser steuern kann, mit der er sich identifiziert und die sein persönliches Verhalten unmittelbar beeinflusst. Der Prozessverantwortliche könnte daher feststellen, dass Bestandslücken zu einer verspäteten Auftragsauslieferung führen und daher die Leistungsmessgröße für den Lagerarbeiter mit solchen Fehlmengen verknüpfen und spezifische Zielvorgaben festlegen.

Neben der Erfüllung der Kundenanforderungen muss der Prozessverantwortliche auch dafür sorgen, dass Messgrößen eingeführt werden, die den Bedürfnissen des *Unternehmens* Rechnung tragen: Rentabilität, Kapitalrendite (RoI), Wachstum und Ähnliches. Wenn ein Unternehmen sich zwar überschlägt, um seine Kunden zufriedenzustellen, aber gleichzeitig in den Konkurs schlittert, kann man das wohl kaum als tragfähige Strategie bezeichnen. Der Prozessverantwortliche muss also einen Kompromiss zwischen den Kundenanforderungen einerseits und den Bedürfnissen des Unternehmens andererseits finden und im Prozessdesign beiden Aspekten gerecht werden.

Die Gestaltung eines Prozesses und die Festlegung von Leistungszielen sind für Prozessverantwortliche keine einmalige, sondern eine kontinuierliche, dynamische Aufgabe. Im Laufe der Zeit können sich sowohl die Kundenanforderungen als auch die technologischen Möglichkeiten ändern. Prozessverantwortliche sind daher stets aufgefordert sicherzustellen, dass der Prozess mit eventuellen Änderungen in den Kundenbedürfnissen Schritt hält und vom technologischen Fortschritt profitiert. Dazu muss der oder die Betreffende die Ohren offen halten, um zu erkennen, wenn das bestehende Prozessdesign verbessert werden muss, damit seine Wettbewerbsfähigkeit erhalten bleibt. Laufende Kommunikation mit den Kunden, Benchmarking-Vergleiche mit Konkurrenten und Unternehmen aus anderen Branchen sowie ein Dialog mit den Prozessbeteiligten über ihre Probleme und Eindrücke sind nur einige der Instrumente, die Prozessverantwortliche in diesem Zusammenhang einsetzen.

Wenn der Prozessverantwortliche erkannt hat, dass es an der Zeit ist, das Prozessdesign zu aktualisieren, muss ein Redesign-Team einberufen werden. Solche Vorhaben fallen in zwei Kategorien: schrittweise und radikale Verbesserungen. Unter schrittweisem Redesign ist eine Modifizierung des Prozesses mit dem Ziel zu verstehen, Probleme aus dem Weg zu räumen, die der gewünschten Prozessleistung im Wege stehen. Die Einstellung unproduktiver Aktivitäten oder die Änderungen der Mittel, mit denen eine Aufgabe durchgeführt wird, sind typische schrittweise Prozessänderungen, die zu geringfügigen Leistungsverbesserungen führen. In der Regel reichen diese aus, um die Wettbewerbsfähigkeit des Prozesses zu erhalten. Ab und zu sind jedoch drastischere Veränderungen nötig: Das alte Prozessdesign veraltet plötzlich, eine völlig neue Messgröße gewinnt an Bedeutung, oder in einer bestehenden Messgröße wird auf einmal ein Quantensprung erforderlich. Unter solchen Umständen genügt eine schrittweise Modifizierung des Prozessdesigns nicht mehr, und der Prozessverantwortliche muss die bestehende Struktur durch eine völlig neue ersetzen. Abbildung 1 zeigt diesen kontinuierlichen, endlosen Kreislauf der Prozessverbesserung, der zu den Aufgaben der Prozessverantwortlichen gehört. (Kenner der Qualitätsbewegung werden erkennen, dass dieser Kreislauf eindeutig von dem Qualitätsregelkreis nach Shewhart und Deming mit seinen Phasen Planen, Durchführen, Überprüfen und Handeln abgeleitet wurde.)

In prozesszentrierten Unternehmen ist dieser Kreislauf der Prozessverbesserung nicht einfach nur eine nachrangige oder nebensächliche Tätigkeit. Er ist vielmehr der Dreh- und Angelpunkt der Unternehmensführung. Eine prozesszentrierte Organisation hat das Ideal verinnerlicht, dass ein Unternehmen nicht durch Steuerung der Budgets oder die Führung von Abteilungen oder Mitarbeitern gelenkt wird, sondern

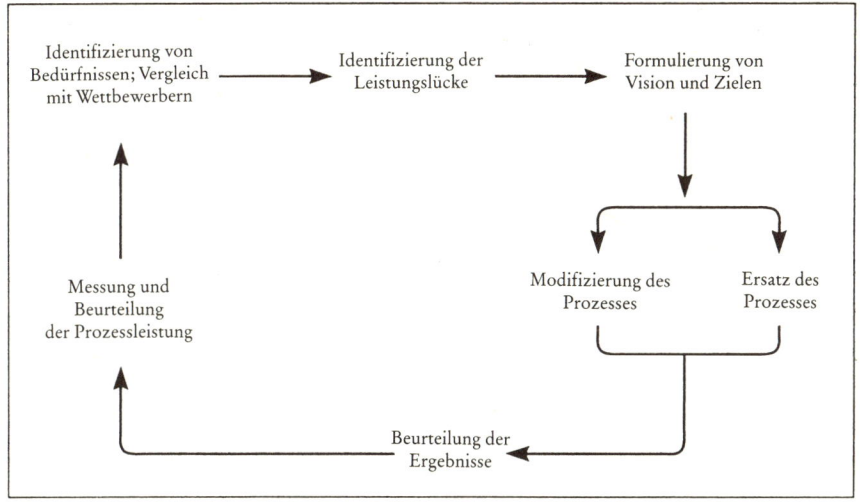

*Abbildung 1*

durch das Management der Prozesse. Ich möchte an dieser Stelle sogar die Behauptung wagen, dass die Meinung, man könne und müsse Mitarbeiter führen, eine feudale Vorstellung ist, die von mangelndem Respekt gegenüber dem Individuum zeugt. Menschen müssen wie die verantwortungsbewussten und eigenständig handelnden Wesen behandelt werden, die sie sind. Wenn sie die für ihre Leistung erforderlichen Informationen und Werkzeuge erhalten, wenn sie eine Vorstellung von den Kundenanforderungen und einen Gesamtüberblick über den Prozess vermittelt bekommen, wenn sie von klaren Messsystemen geleitet und mit gebührendem Respekt behandelt werden, dann werden sie alles Erforderliche tun, auch ohne »Personalführung«. Manager müssen die Prozesse, die passive Ablauforganisation, lenken und überwachen – nicht die Mitarbeiter.

Die von uns verwendeten Bezeichnungen – schrittweises und radikales Redesign – sind eher unter den Etiketten »Total Quality Management« und »Business Reengineering« bekannt. In den letzten fünf Jahren waren diese beiden Schulen der Prozessverbesserung Gegenstand einer Diskussion, deren Heftigkeit oftmals an einen Religionskrieg grenzte. Bisweilen hörte man das Argument, dass es sich in beiden Fällen im Grunde um das Gleiche handele, dass Business Reengineering einfach alter Qualitätswein in neuen Schläuchen sei. Andere vertraten die Ansicht, dass Business Reengineering mit seinem Top-Down-Ansatz und seiner Radikalität unvereinbar mit dem TQM-Konzept sei, das von unten nach oben umgesetzt wird und einen weniger bilderstürmerischen Charakter hat. Wieder andere meinten, dass es sich hier um miteinander konkurrierende Ansätze handele und Unternehmen entweder den einen oder den anderen Weg einschlagen könnten.

All diese Meinungen sind durchaus verständlich, aber dennoch durch die Bank verkehrt. Business Reengineering und Total Quality Management sind einfach verschiedene Bänke in der Kirche der Prozessverbesserung. Gemeinsam sind den beiden die Prozessorientierung, das Engagement für Verbesserungen und der Glaubenssatz, dass der Kunde an erster Stelle steht. In allem anderen unterscheiden sich diese beiden Ansätze jedoch. TQM ist in erster Linie ein Problemlösungsansatz. Es verwendet eine Vielzahl von Verfahren mit klangvollen Namen (Pareto-Diagramme, Ursache-Wirkungs-Diagramm nach Ishikawa), die im wesentlichen auf die Isolation von Prozessproblemen abzielen und in einem ansonsten gesunden Prozess Leistungsschwächen ausmerzen sollen. Vielleicht hat ein Datenfeld auf einer Bildschirmmaske eine andere Einheit als ein anderes, was zu Verwirrungen und Missverständnissen führt. Oder der letzte Benutzer deponiert seinen Gabelstapler am falschen Ort, sodass ihn derjenige, der ihn als nächsten benötigt, nicht finden kann. Vielleicht ist irgendein Gerät falsch geeicht, oder ein Mitarbeiter wurde unzureichend geschult. TQM verfolgt all diese Symptome ungenügender Prozessleistung rigoros bis an die »Wurzel des Übels« und wirft ein Schlaglicht auf das zugrunde liegende Problem, sodass dieses in Angriff genommen werden kann. Bei einer geringen »Leistungslücke« zwischen dem Soll- und Ist-Zustand eines Prozesses sind solche Problemlösungsverfahren genau der richtige Ansatz. Eine größere Lücke kann durch solche Modifikationen jedoch nicht mehr überbrückt werden. TQM geht davon aus, dass das Design des Prozesses im Grundsatz in Ordnung ist und lediglich einer geringfügigen Verbesserung bedarf. Wenn sich aber die Welt seit der ersten (oder jüngsten) Gestaltung des Prozesses grundlegend verändert hat, kann das derzeitige Design grundsätzlich fehlerhaft und daher gar nicht in der Lage sein, das geforderte Leistungsniveau zu erbringen. In einer solchen Situation ist Business Reengineering das Mittel der Wahl. Es verbessert nämlich nicht einfach nur die einzelnen Schritte des Prozesses, sondern beinhaltet ein Überdenken des Gesamtdesigns.

Die nachstehende Abbildung veranschaulicht, wie sich TQM und Business Reengineering über den Prozesslebenszyklus hinweg ergänzen. Zunächst wird der Prozess so lange verbessert, bis seine Nutzungsdauer abgelaufen ist. An dieser Stelle wird er nach den Grundsätzen des Business Reengineering völlig neu gestaltet. Dann wird er wieder Schritt für Schritt verbessert, und der ganze Kreislauf beginnt von neuem. Wichtig dabei ist, dass Business Reengineering nicht ein Vorhaben ist, auf das man sich nur einmal und nie wieder einlassen muss. Wie wir bereits gesehen haben, wird die Reengineering-Revolution von zwei Kardinalthemen bestimmt: Erstens geht es darum, Prozesse zum Bestimmungsfaktor der Organisationsstruktur zu machen, und zweitens müssen die gegenwärtigen Prozessdesigns durch bessere ersetzt werden. Der erste Schritt ist tatsächlich eine nur einmal stattfindende Verlagerung in der Philosophie und Selbstwahrnehmung eines Unternehmens; der zweite hingegen ist notgedrungen ein niemals endender Kampf. Bei jeder größeren Verlagerung im wirtschaftlichen Umfeld müssen auch die Prozesse völlig neu gestaltet werden.

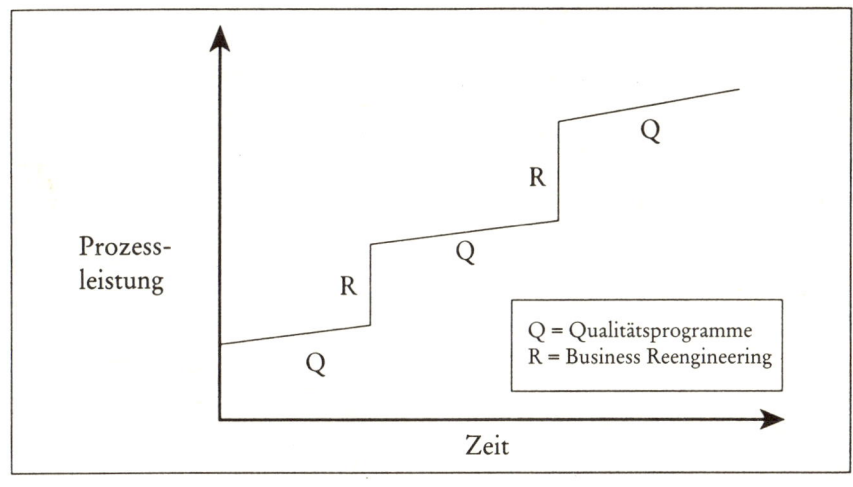

*Abbildung 2*

Zur Designaufgabe des Prozessverantwortlichen gehört auch die Steuerung der Automatisierungsvorhaben, die den Prozess unterstützen sollen. Bislang war die Computerisierung ebenso fragmentiert wie die Organisation, die sie unterstützen sollte. Es wurden Systeme konzipiert, um die Anforderungen der Marketingabteilung, des Lagers oder der Auftragseingabegruppe zu erfüllen – aber niemals ein durchgängiges System für den ganzen Auftragsabwicklungsprozess. Der einfachste Grund dafür war die Tatsache, dass es keinen Fürsprecher für den Prozess gab. Diese Rolle muss nun der Prozessverantwortliche übernehmen. Er bestimmt über die Finanzierung und Umsetzung der technologischen Unterstützung für den Prozess.

## Coaching

Sobald die Prozessbeteiligten das Prozessdesign kennengelernt haben, steht ihnen der Prozessverantwortliche in schwierigen Situationen zur Seite. Jeder einzelne Prozessbeteiligte mag zwar Experte für einen bestimmten Teilaspekt sein, doch kennt der Prozessverantwortliche den Prozess in seiner Gesamtheit. Wenn Ingenieure in einer technischen Frage nicht weiterkommen oder Marketingexperten in einer Fokusgruppe auf Schwierigkeiten stoßen, werden sie die Prozessverantwortlichen *nicht* um Hilfe bitten. (Auf die Frage, an wen sie sich in diesen Fällen wenden sollen, werden wir in Kapitel 9 noch zurückkommen.) Die Prozessverantwortlichen sind aber sehr wohl ihre Ansprechpartner, wenn es ihnen schwer fällt, die einzelnen Teile zu einem kohärenten Ganzen zusammenzufügen: wenn sie bei ihren Bemühungen nicht weiterkommen, weil sie nicht den nötigen Input von den Kunden erhalten, wenn Finanz- und Leistungsziele unvereinbar erscheinen, wenn das Prozessergebnis schneller benötigt wird, als dies beim normalen Gang der Dinge der Fall wäre. Mit anderen Worten: Das Team wendet sich dann an den Prozessverantwortlichen, wenn das Prozessdesign in einer spezifischen Situation nicht richtig funktioniert und wenn die Teammitglieder Unterstützung bei der Anpassung an außergewöhnliche Umstände benötigen. Die besondere Aufgabe des Prozessverantwortlichen besteht also, um nochmals auf Charles Dunagan zurückzukommen, darin, »einzelne Aufgaben in einen Gesamtzusammenhang einzupassen und sicherzustellen, dass der komplette Prozess hinterher reibungslos abläuft«. Selbst wenn alle Prozessbeteiligten über einen Gesamtüberblick verfügen, kennt doch niemand den Prozess so in- und auswendig wie der Prozessverantwortliche.

Konflikte innerhalb des Teams sind eine besonders häufige Ursache für Leistungsdefizite, die Prozessverantwortliche angehen müssen. Da Prozessarbeit häufig im Team stattfindet, muss der Prozessverantwortliche den Teamzusammenhalt fördern. Obwohl der Teamansatz derzeit so hoch im Kurs steht, können die meisten Menschen in den heutigen Organisationen praktisch keinerlei Erfahrungen in der Zusammenarbeit mit Teamkollegen vorweisen (wenngleich viele von ihnen schon im Sport in einem Team – nämlich in einer Mannschaft – gespielt haben). Eine Gruppe von Individuen wird nicht über Nacht plötzlich zum Team, bloß weil man sie als solches bezeichnet. Teamarbeit setzt entsprechende Schulung und Lernen voraus, und selbst dann ist der Weg zur Zusammenarbeit steinig. Zwischen den Teammitgliedern wird es unweigerlich zu Reibereien und Konflikten kommen, selbst wenn sich alle über die Endziele des Prozesses einig sind und mit dem gleichen Maßstab gemessen werden. Persönliche Differenzen, legitime Meinungsunterschiede, Spannungen und Belastungen sind nur einige der Probleme, die in der Praxis ein Team ins Straucheln geraten lassen. Es wäre schön, wenn erwachsene Menschen in der Lage wären, über kleinliche Problem hinwegzusehen und sie ohne externes Zutun zu lösen. Doch ebenso wie Freud uns gelehrt hat, dass es schlechterdings unmöglich ist, eine Psychoanalyse an sich selbst vorzunehmen (wobei Freud selbst die Ausnahme darstellte, die die Regel bestätigt), ist es für ein Team schwierig, seine Differenzen ganz allein ohne Hilfe von außen beizulegen. Der Prozessverantwortliche muss hier in die Bresche springen und den Teammitgliedern helfen. Das Schlüsselwort ist hier »helfen«. Es bringt wenig, wenn Prozessverantwortliche sofort intervenieren, um das Problem zu »lösen«. Diese Option sollte man stets nur dann wählen, wenn alles andere nichts mehr fruchtet, da sie einer extremen »Entmündigung« gleichkommt. Prozessverantwortliche sollten vielmehr den Weg weisen und die Diskussion im Team leiten – anstatt den »Chef« herauszukehren. Nur im äußersten Notfall sollten sie die Lösung selbst in die Hand nehmen.

Zyniker mögen behaupten, dass diese Coaching-Rolle des Prozessverantwortlichen nichts weiter als trickreiche Wortklauberei sei, um die alte Überwachungsfunktion des Vorgesetzten mit einem neuen Etikett zu beschönigen. Das ist jedoch grundfalsch. Erstens wachen Prozessverantwortliche nicht mit Argusaugen über das Team, um seine Leistung zu kontrollieren. Sie sehen sich zwar die Ergebnisse an und fragen lediglich dann nach, wenn es Probleme gibt. Läuft jedoch alles wie am Schnürchen, werden Prozessverantwortliche nur tätig, wenn die Teammitglieder sie darum bitten. Prozessverantwortliche sind keine Revisoren oder Aufpasser, sondern eine Ressource, auf die man nötigenfalls zurückgreifen kann. Zweitens unterscheidet sich die Beziehung zwischen dem Prozessverantwortlichen und den Prozessbeteiligten grundlegend von der zwischen Vorgesetzten und Untergebenen. Abteilungsleiter stiegen in der Regel in ihre Führungsposition auf, weil sie die eigentliche Aufgabe der Abteilung am besten beherrschten: der beste Verkaufsvertreter wurde Verkaufsleiter, der Star unter den Ingenieuren wurde Chefingenieur. Das passte auch zu den Pflichten dieser Vorgesetzten: Sie sollten nämlich die korrekte Ausführung der Arbeitsschritte in der Abteilung sicherstellen. Mit genügend Zeit hätten die Manager sogar die gesamte Arbeit der Abteilung allein erledigen können. Leider mussten sie aber Mitarbeiter beaufsichtigen, die die Arbeit verrichteten, die eigentlich dem Vorgesetzten selbst zukam. Die Mitarbeiter waren die Arme und Beine oder sogar Finger und Zehen ihres Vorgesetzten, aber der Verstand blieb allein dem Manager vorbehalten.

Die Rolle des Prozessverantwortlichen hat mit diesem Modell nichts gemein. Die für den Produktentwicklungsprozess verantwortliche Person könnte *keinesfalls* ohne fremde Hilfe Produkte entwickeln. Es kann sogar vorkommen, dass die Verantwortlichen für den Prozess der Produktentwicklung nur mit Mühe ihre Qualifikation für *eine einzige* der spezifischen Aufgaben in der Produktentwicklung nachweisen könnten. Prozessverantwortliche sind Verbindungsleute, Moderatoren, Befähiger für diejenigen, die die eigentliche Arbeit erledigen. Genauer gesagt sind sie den Prozessbeteiligten mehr verpflichtet als umgekehrt – schließlich stehen sie ihnen auf Abruf zur Verfügung. Es wäre also auf gar keinen Fall richtig zu behaupten, dass die Teammitglieder für den Prozessverantwortlichen arbeiten.

Wenn die alte Managementstruktur das »Bindemittel« war, die das fragmentierte Unternehmen zusammenhielt, so könnte man die Prozessverantwortlichen in ihrer Coaching-Rolle mit einem »Schmiermittel« vergleichen, das den Prozessbeteiligten zu einer effektiven Leistung verhilft. Indem sie den Teammitgliedern in außergewöhnlichen Situationen helfen, ihnen das nötige Wissen und die erforderlichen Werkzeuge zur Verfügung stellen, ihnen in der Lösung von Konflikten beistehen und nötigenfalls Ressourcen umlenken, sorgen Prozessverantwortliche dafür, dass die einzelnen Prozessbeteiligten ungestört ihre Fähigkeiten für einen reibungslosen Ablauf des Gesamtprozesses einsetzen können.

## Fürsprache

Während die Prozessbeteiligten den Prozess durchführen, vertritt der Prozessverantwortliche die Prozessinteressen gegenüber Dritten. Es ist Aufgabe der Prozessverantwortlichen, die finanziellen Mittel zu beschaffen, die für die Durchführung des Prozesses benötigt werden. Diese Ressourcen dienen dann zur Vergütung der Prozessprofis sowie zur Finanzierung der benötigten Werkzeuge und Einrichtungen. Noch elementarer ist die Tatsache, dass der Prozessverantwortliche einen Sitz in einem Gremium hat, für das sich in vielen Firmen allmählich die Bezeichnung »Prozessrat« durchsetzt. Diese Gruppe, die in der Regel aus dem Unternehmensleiter, den Prozessverantwortlichen und den Leitern der wichtigsten Unterstützungsgruppen besteht, bildet das Forum für Diskussionen, die über die Ebene einzelner Prozesse hinausgehen und Fragen ansprechen, die das Unternehmen als Ganzes betreffen. Es wäre fatal, wenn die funktionalen Silos einfach nur durch Prozesstunnel ersetzt würden, wenn die alte Zersplitterung in Abteilungsfürstentümer lediglich einer Reihe von Prozessprotektoraten weichen würde, die ebenso eifersüchtig verteidigt werden. Ein Unternehmen oder Geschäftsbereich ist nicht nur ein Bündel von Prozessen, sondern ein *System*, das sich aus Prozessen zusammensetzt, durch deren Interaktion alle vom Kunden benötigten Ergebnisse erzeugt werden. Ohne die Produktentwicklung könnte die Auftragsabwicklung nichts ausliefern, und ohne die Auftragsabwicklung würde der Output des Produktentwicklungsprozesses in irgendeiner Ecke verstauben. Die einzelnen Prozesse müssen daher unbedingt integriert werden; ihre Grenzen müssen nahtlos ineinander greifen; sie müssen auf Kooperation und nicht auf Konkurrenz setzen. Dies wird über den »Prozessrat« erreicht.

Die wohl maßgeblichste Anforderung, die an diesen Rat gestellt werden muss, ist die Zusammenarbeit als Team. Es ist eine bedauerliche Tatsache, dass in der Praxis viele Manager nach ganz anderen Regeln leben, als sie ihren Mitarbeitern vorschreiben. Das ist einer der Hauptgründe für Zynismus im Unternehmen. Wenn für Prozessbeteiligte Teamarbeit die Norm sein soll, so muss das auch für das Gremium gelten, in dem sich die Prozessverantwortlichen treffen. Es ist nur natürlich (und sogar wünschenswert), dass jeder Prozessverantwortliche versucht, möglichst viel Unterstützung für seinen Prozess zu erhalten, und eher die anderen zu Kompromissen bewegen will, als sich selbst auf die Forderungen anderer einzustellen. Aber diese enge Sichtweise muss relativiert werden durch die Sorge für das Gesamtunternehmen, durch von allen getragene anstatt individueller Ziele. Es genügt nicht, wenn jeder Prozess für sich genommen funktioniert; alle Prozesse zusammen müssen die gewünschte Leistung erbringen. Dazu müssen alle Kompromisse eingehen. Der Prozessrat kann dies nur durch echte Teamarbeit durchsetzen. Damit hat er dann auch eine nützliche Vorbildfunktion für alle anderen im Unternehmen. Um Albert Schweitzer zu zitieren: »Wenn es darum geht, Werte zu lehren, ist Vorleben nicht der beste Weg – es ist der einzige Weg.«

Prozessverantwortliche werden gewiss alle Hände voll zu tun haben, wenn sie das Prozessdesign gestalten, modifizieren und erneuern, wenn sie als Coach die Prozessteams unterstützen und die Interessen des Prozesses in den Schaltzentralen der Macht vertreten. Prozessverantwortung ist somit wahrscheinlich keine Aufgabe, die ein Einzelner allein bewältigen kann. Zumindest benötigt der Prozessverantwortliche die Unterstützung der Prozessbeteiligten bei der kontinuierlichen Verbesserung. Trotz all ihrer Begabungen leiden Prozessverantwortliche unter einem schwerwiegenden Manko: Sie führen den Prozess nicht an der vordersten Front durch. Prozessverantwortliche haben zwar den Gesamtüberblick, verfügen aber nicht über eine unmittelbare Erfahrung im Prozessalltag. Daher müssen sie eine enge Kommunikation mit den Prozessbeteiligten aufrechterhalten, um zu wissen, was sich im Tagesgeschäft abspielt, was funktioniert und was nicht und wann die Zeit für eine Veränderung gekommen ist. So bildet GTE beispielsweise für jeden Prozess einen Ausschuss, der sich aus Prozessbeteiligten zusammensetzt. Seine Mitglieder verbringen 85 bis 90 Prozent ihrer Zeit mit der Prozessarbeit, kümmern sich aber während der restlichen 10 bis 15 Prozent um die Identifizierung verbesserungsbedürftiger Bereiche und um die Erarbeitung möglicher Lösungsansätze. Prozessverantwortliche stützen sich vermutlich auch auf Fachleute, die ihnen bei der Ausbildung und Leistungsmessung der Prozessbeteiligten sowie beim Prozessredesign zur Hand gehen können. Wenn viele Teams einen Prozess durchführen, genügt ein Coach allein möglicherweise nicht, um die Bedürfnisse aller zu befriedigen. Dann sind die Prozessverantwortlichen auch hier auf die Unterstützung Dritter angewiesen. Wenn es sich um einen umfangreichen, komplexen Prozess handelt, ist es unter Umständen erforderlich, das Gesamtgefüge in Unterprozesse zu unterteilen, die dann jeweils einem Prozessverantwortlichen zugeordnet werden. Das ist jedoch nicht zu verwechseln mit einer hierarchischen Organisation herkömmlichen Zuschnitts. Prozessverantwortung ist an und für sich schon ein Prozess. Wenn die Arbeit die Möglichkeiten eines Einzelnen übersteigt, muss ein Team eingesetzt werden. Eines der Teammitglieder kann zwar offiziell »die Leitung« übernehmen, doch ist die Arbeit die kollektive Pflicht aller Prozessverantwortlichen im Team – so wie das ja auch bei jedem anderen Prozessteam der Fall ist.

Prozessverantwortung ist keine Zukunftsmusik; diese Rolle existiert bereits in vielen Unternehmen. 1995 führten wir eine Umfrage bei 50 multinationalen Großkonzernen durch, die unser Phoenix-Forschungskonsortium sponsern. Von diesen Konzernen hatten 39 bereits Prozessverantwortliche ernannt, und die übrigen standen kurz davor. Wie immer in der Anfangsphase eines neuen Konzepts war die verwendete Terminologie alles andere als einheitlich, und es gab auch deutliche Unterschiede zwischen einzelnen Varianten. Aber Konzerne von Delco und Ford bis hin zu Bell Atlantic und AT&T (um nur einige Beispiele zu nennen) betrachten Prozessverantwortung als ein zentrales Thema in der Organisation und Führung ihrer Unternehmen.

In der Regel gelangten Unternehmen nicht plötzlich über Nacht zu der Erkenntnis, dass Prozessverantwortung die Lösung ihrer Probleme darstellt. Vielmehr erkennt das Topmanagement zumeist als erstes, dass die bestehenden Prozesse schlecht funktionieren und dass aufgrund ihres abteilungsüberschreitenden Charakters niemand für die Prozessverbesserung zuständig ist. Die erste Inkarnation eines Prozessverantwortlichen ist somit oft der Leiter eines Prozessverbesserungsprojekts, das sich entweder auf die Prinzipien des Total Quality Management oder die Grundsätze des Business Reengineering stützt. In der Anfangsphase übt der Prozessverantwortliche ähnliche Funktionen aus wie ein Markenmanager bei einem Konsumgüterhersteller. Ohne direkten Zugriff auf die Unternehmensressourcen muss er viele verschiedenartige Aspekte des Unternehmens miteinander in Einklang bringen, um ein bestimmtes Ziel zu erreichen. In dieser Phase wird der Prozessverantwortliche de facto der bestehenden (funktionalen) Organisationsstruktur übergestülpt. Er erreicht seine Ziele nicht durch seine Weisungsbefugnisse, sondern indem er seinen Einfluss geltend macht. Die herkömmliche Managementhierarchie hält nach wie vor die Zügel in der Hand.

Binnen kurzem erkennt das Unternehmen jedoch, dass die Vorteile des Verbesserungsprogramms nicht von Dauer sein werden, wenn keine kontinuierlichen Fähigkeiten zum Erhalt und zur Verbesserung der Prozesse aufgebaut werden. Das wiederum bedeutet, dass die Rolle der Prozessverantwortlichen institutionalisiert werden muss. Eine Führungskraft formulierte es so: »Wir erkannten, dass wir die neuen Prozesse nicht in der alten Organisationsstruktur umsetzen konnten.« An diesem Punkt beginnt sich das Pendel der Macht auf die Prozessverantwortlichen zuzubewegen; sie werden von Stabskoordinatoren zu Entscheidungsträgern mit »Linienverantwortung«. Je mehr Anklang die zentrale Rolle der Prozesse im Unternehmen findet, desto mehr verblasst die Vormachtstellung der früheren Organisationsstruktur. Die Prozesse treten in den Vordergrund, und Prozessverantwortliche erhalten allmählich die primäre Managementrolle.

Es dürfte inzwischen klar geworden sein, dass die Beziehung zwischen Prozessverantwortlichen und -beteiligten nichts mit der zwischen Managern und Mitarbeitern oder Meistern und Monteuren gemein hat. Prozessverantwortliche sind Lichtjahre von jenen Vorarbeitern und Führungskräften im mittleren Management entfernt, an deren Stelle sie treten. Sie spielen eine tragende Unterstützungsrolle und sind keinesfalls Chefs oder Marionetten höherrangiger Manager. Man könnte sagen, dass Prozessbeteiligte für den Kunden arbeiten oder vielleicht auch für sich selbst, aber gewiss nicht für die Prozessverantwortlichen. Deren Rolle ist weder heldenhaft noch prosaisch, sondern schlicht und einfach essentiell. Prozessverantwortliche versorgen die Prozessbeteiligten mit den Werkzeugen, die diese für die Erfüllung ihrer Mission benötigen. In prozesszentrierten Unternehmen gebührt der Ruhm eher jenen, die die eigentliche Arbeit erledigen – nicht jenen, die sie dabei unterstützen. An diejenigen Leser, die sich jetzt noch den Kopf darüber zerbrechen, wie sie am besten in die Position des Prozessverantwortlichen aufsteigen können, möchte ich folgende Frage richten: »Sind Sie sicher, dass Sie das wirklich wollen?« In herkömmlichen Unternehmen sind die Manager die Gewinner mit den höchsten Bezügen und dem meisten Ansehen. In prozesszentrierten Unternehmen sind die Mitarbeiter, die den größten Beitrag zur Wertschöpfung leisten, die Gewinner. Selbstverständlich können auch Prozessverantwortliche zu den Gewinnern gehören – aber sie sind beileibe nicht die einzigen im Unternehmen, die in diesen Kreis aufgenommen werden.

Die Abschaffung des Statusmonopols der Manager wird durch die neue Möglichkeit der Prozessverantwortlichen, wirklich auf ihre eigene Arbeit stolz zu sein, mehr als wettgemacht. Ist es denn wirklich so ruhmreich, zur Garde der »Manager« zu gehören, deren höchste Qualifikation ein Diplombetriebswirt oder ein M. B. A. ist? M. B. A. steht schließlich für Master of Business *Administration*. Und die Bezeichnung Administrator ist ja geradezu ein schlimmes Schimpfwort. Sie beschwört das Bild des verknöcherten Bürokraten herauf: ein Bürohengst, der jeglichen Bezug zu den eigentlichen wesentlichen Aspekten der Arbeit und des Tagesgeschäfts verloren hat. Ist das eine Quelle, aus der man ein klares Selbstbild und Stolz auf seine Tätigkeit beziehen sollte? Die Rolle des Prozessverantwortlichen stützt sich auf sein Handeln, nicht auf seine Position in einem Organigramm. Es ist doch viel besser, wenn man seinen Kindern sagen kann: »Ich sorge dafür, dass die Aufträge unserer Kunden richtig und pünktlich ausgeliefert werden«, als wenn man seinen Job so beschreiben muss: »Ich kontrolliere Menschen, um sicherzugehen, dass sie nichts verpatzen.«

Die Rolle des Prozessverantwortlichen ist einfach zu beschreiben, aber äußerst schwierig zu erfüllen. Für eine solche Aufgabe werden Menschen benötigt, die über ungemein vielfältige Begabungen und

Fähigkeiten verfügen. Voraussetzungen sind ein fundiertes Wissen über den Prozess, ein intuitives Gespür für die Kundenanforderungen, eine ganzheitliche Perspektive, die dem oder der Betreffenden erlaubt, den Gesamtprozess im Auge zu behalten, anstatt sich zu sehr um die Belange einzelner Interessengruppen zu kümmern. Prozessverantwortliche müssen das technische Know-how besitzen, das sie zur Messung, Diagnose und Gestaltung des Prozesses benötigen; ihre Coaching-Rolle setzt Geschick im Umgang mit Menschen voraus; als Prozessfürsprecher benötigen sie dazu noch politisches Gespür. Ein Unternehmen formulierte es so: »Das ist ein Mensch, der weiß, wie man andere ausbildet, berät und unterstützt, der Mittel und Wege kennt, wie man Ressourcen beschafft und Hindernisse aus dem Weg räumt, und der in der Lage ist, Loyalität und Arbeitswillen zu wecken.«

Wer Prozessverantwortlicher werden möchte, muss jedoch noch über den Erwerb neuer Fähigkeiten und Sichtweisen hinausgehen. Der oder die Betreffende muss sich von dem alten Führungsstil verabschieden. Für die traditionelle Führungskaste, die in einer Kultur der Kontrolle und Aufsicht herangewachsen ist, bedeutet dies, dass sie genau die Praktiken ablegen muss, die ihr bislang zum Erfolg verholfen haben. Unter anderem müssen sie lernen, anderen die Möglichkeit von Fehlern zuzugestehen, damit diese daraus lernen können, anstatt sofort zu intervenieren in dem Bestreben, das richtige Ergebnis sicherzustellen. Sie müssen lernen, die Bitte um Anweisungen abzulenken, indem sie den Antragsteller fragen, was denn seiner Meinung nach getan werden sollte. Sie müssen lernen, stolz darauf zu sein, andere durch Wissen und Respekt zu beeinflussen, anstatt sie über das Berichtswesen zu steuern. Für die herkömmlichen Manager, die gerne die Zügel fest in der Hand halten und von ihren eigenen Fähigkeiten überzeugt sind, ist das alles völliges Neuland.

In gewisser Weise ist es ein Glück, dass die Anforderungen an die Prozessverantwortlichen so hoch gesteckt sind, denn wir benötigen nur einige wenige Exemplare dieser Gattung. Selbst in den größten Konzernen wird es nur eine geringe Anzahl von Prozessen geben – selbst wenn man alle Unterprozesse mitzählt. In einem Unternehmen mit einem Jahresumsatz von mehreren Milliarden wird es alles in allem so zwischen 50 und 100 Prozesse geben. Also werden für die heutigen Manager nicht viele Stühle zur Verfügung stehen, wenn die Musik zu spielen aufhört. Selbst umfangreiche Prozesse, an denen viele Teams mitwirken und für die daher auch viele Coaches benötigt werden, sind auf Dauer keine Zuflucht für die Manager von heute. Je vertrauter die Teams mit dem Prozess werden, je mehr sie ihre Fähigkeiten zur Lösung ihrer eigenen Problem ausbauen, desto weniger Eingriffe von Seiten der Prozessverantwortlichen werden erforderlich sein, und desto weniger Menschen werden für diese Interventionen benötigt.

Für das Unternehmen bringt die Verringerung der Zahl der Manager lauter Vorteile. Manager – sogar Prozessverantwortliche – tragen *per definitionem* nichts zur Wertschöpfung bei; ihre Arbeit mag wichtig und notwendig sein, doch ist sie keine Tätigkeit, für die der Kunde zu zahlen bereit ist. Management ist ein notwendiges Übel, und je weniger Manager wir benötigen, desto besser. Dem einzelnen Manager sei jedoch vergeben, wenn er diese optimistische Perspektive nicht teilt. Für die Rolle des Prozessverantwortlichen ist er vermutlich nicht geschult und emotional ungeeignet. Manchen Managern wird es gelingen, sich auf die neuen Aufgaben einzustellen, die ihnen prozesszentriere Unternehmen bieten. Andere werden dies aber nicht können. Denjenigen, die umdenken können, winken beträchtliche Vorzüge. Prozessverantwortliche sind das Bindeglied der Organisation; sie halten alle Elemente des Prozesses zusammen und stellen sicher, dass die gewünschten Ergebnisse erreicht werden. Diese Aufgaben sind wirklich befriedigend, wertvoll und lohnend.

Prozesszentrierung beginnt als Kettenreaktion, die sich auf alle, von den Prozessbeteiligten an der vordersten Front bis hin zum Firmenchef, auswirkt. Nicht nur werden alte Rollen entweder abgeschafft oder so verändert, dass sie nicht mehr wieder zu erkennen sind – es werden auch völlige neuartige Rollen geschaffen – wie die des Prozessverantwortlichen. In Abwandlung der Schumpeterschen »kreativen Zerstörung« könnte man sagen, dass alte Denkweisen von neuen, besseren verdrängt werden. Gäbe es im Washingtoner Smithsonian-Museum eine Abteilung für antiquierte Artefakte der amerikanischen Wirtschaft, so fände man dort bestimmt einen konventionellen Manager in einem großen Schaukasten.

Der Prozess hat über die Aufgabe triumphiert, die Vision über die Kontrolle. In diesem und den vorhergehenden Kapiteln haben wir viele Aspekte des Untergangs der alten und des Aufstiegs der neuen Ordnung

beleuchtet. Aber diese Detailbetrachtung reicht nicht aus. Die vorgestellten Ideen müssen zu einem kohärenten Ganzen zusammengefügt
werden; ohne den Gesamtüberblick passen die einzelnen Puzzlesteine
nicht zusammen. Im nächsten Kapitel werden wir uns mit einem solchen konzeptuellen Rahmen beschäftigen.

Dennoch sagen auch Theorien nicht alles. So klar und einleuchtend
sie sein mögen, ihnen fehlt der praktische Touch, der Geschmack der
Erfahrung. Letzten Endes möchten wir das Unbekannte doch immer
mit etwas Vertrautem in Bezug setzen. Nachdem wir also einige Zeit in
der dünnen Luft der Theorie verbracht haben, werden wir in Kapitel 7
also wieder auf den Boden der Tatsachen zurückkehren – und zwar zu
einem der »handfestesten« Rasenstücke der Welt: zu einem Football-
feld.

# Kapitel 6

# Was ist ein Unternehmen eigentlich?

Als der Zweite Weltkrieg zu Ende ging, entfielen auf die Pan American World Airways 100 Prozent der Flugstrecken zwischen den USA und dem pazifischen Raum, 90 Prozent der Verbindungen zur Karibik und ein Drittel des transatlantischen Verkehrs. Bis zum Jahr 1991 war der Marktanteil dieser Fluggesellschaft auf Null geschrumpft: Pan Am gab es nicht mehr.

1981 war Wang Laboratories, ein angesehener Pionier auf dem Gebiet der elektronischen Rechner und Textautomaten, das elftgrößte Computerunternehmen in den Vereinigten Staaten. Zehn Jahre später stand es am Rande des Abgrunds.

Zwischen 1987 und 1993 musste International Business Maschines (IBM), der einstige Branchenprimus unter den amerikanischen Computerherstellern, zusehen, wie seine Kunden in Scharen zu kleineren Konkurrenten überliefen und der Börsenwert seiner Aktien um 27 Milliarden Dollar zurückging.

Die Liste der Unternehmen, die an die Spitze aufstiegen, nur um dann um so tiefer zu stürzen, ließe sich praktisch endlos fortsetzen: Bethlehem Steel, Eastern Airlines, Lockheed und so weiter, und so fort. Was geschah mit ihnen? Wieso konnten sie erst solche Erfolge einheimsen und dann plötzlich vom Weg abkommen? Tatsache ist, dass die meisten von ihnen von vornherein gar nicht wussten, welchen Weg sie eingeschlagen hatten.

Abgesehen von einigen wenigen Ausnahmen (wie zum Beispiel Alfred Sloans General Motors) waren die gigantischen Konzerne, die das beispiellose Wirtschaftswachstum in diesem Jahrhundert anführten, nicht bewusst geplant und aufgebaut worden. Sie glichen Booten, die das Glück hatten, von der hereinströmenden Flut in die Höhe gehoben zu werden, und sie waren gerade beweglich genug, um nicht zu kentern. Eines schönen Tages hatte ein Unternehmer – ob nun ein Henry Ford oder ein Bill Gates – eine kluge Idee, die genau dem Zeitgeist entsprach – und am nächsten Tag saß er rittlings auf einem Koloss wie der Ford Motor Company oder Microsoft. Statt Managementfachwissen führten das Genie und das Glück eines visionären Gründers – in Verbindung mit einer exponentiell ansteigenden Nachfrage – zum wirtschaftlichen Erfolg. Die Manager an der Spitze dieser Unternehmen hielten sich vielleicht für clever, aber in Wirklichkeit hatten sie einfach nur Glück. Sie ähnelten einem Mann, der in Disney World das Boot für die Fahrt durch den Dschungel betritt, eine Kapitänsjacke und –mütze trägt, das Steuerrad hin- und herdreht und sich dabei vorstellt, dass er seine eigene Jacht lenkt. In Wahrheit wird das Boot von einem Kabel gezogen; er nimmt bloß an einer Vergnügungsfahrt teil. Für viele erfolgreiche Unternehmen war das Kabel der rasche Anstieg der Kundennachfrage, und die Industriekapitäne waren einfach die Vergnügungsparkbesucher mit Kapitänsmütze. Hätten diese Manager wirklich gewusst, wohin die Reise ging, wäre der Unternehmenserfolg ein weitaus weniger zufälliges Phänomen gewesen.

Der Niedergang von Wirtschaftsunternehmen in dem Umfang und der Häufigkeit, wie wir sie aus der jüngeren Vergangenheit kennen, kann nicht einfach nur spezifischen, situationsbedingten Umständen zugeschrieben werden. Pan Am, Wang und IBM hatten alles, was sie zu ihrem Glück benötigten: genügend Finanzmittel, treue Kunden, hohe Marktanteile, bekannte Marken und vieles mehr. Ihre Topmanager und Stabsexperten waren weder inkompetent noch Dummköpfe. Warum gerieten diese Unternehmen dann ins Straucheln? Weil die hochqualifizierten Manager, die sie leiteten, nicht darin geschult waren, die richtigen Dinge aus dem richtigen Blickwinkel zu betrachten. All ihr vielgepriesenes Fachwissen und Know-how zeigte bei der Sicherung und Erhaltung des Unternehmenserfolgs nicht viel mehr Wirkung als blindes Losglück.

Ich selbst durchlief in drei Fachgebieten eine offiziell anerkannte Ausbildung. Ich erwarb den akademischen Grad des »Bachelor« in Mathematik, studierte dann Elektrotechnik bis zum »Master« und promovierte schließlich in Informatik. Als Forscher und Universitätsmitarbeiter arbeitete ich in einer ganzen Reihe von unterschiedlichen technischen Fachgebieten. Jedesmal, wenn ich mich in ein neues Fachgebiet einarbeitete, suchte ich nach dem, was Naturwissenschaftler die »ersten Lehrsätze« nennen: die Konzepte oder Theorien, die den Grundstein für eine Fachdisziplin legen. Identifizierung und Kenntnis dieser Prinzipien stecken den Rahmen für Erforschung, Auslegung, Vorhersage und sogar Steuerung von Ereignissen oder Handlungen innerhalb eines Fachgebiets ab. Kirchhoffs Gesetze beschreiben das Verhalten des elektrischen Stroms; Newtons Lehrsätze von der Schwerkraft sagen das physikalische Verhalten von Gegenständen voraus. Als ich jedoch zum ersten Mal Bekanntschaft mit der Wirtschaft machte, musste ich feststellen, dass es dort keine »ersten Lehrsätze« gab. Ich suchte nach der zugrunde liegenden Theorie, die mir Interpretation und Verständnis der Unternehmensführung erleichtern könnte. Zu meiner Bestürzung musste ich feststellen, dass es eine solche Theorie nicht gab.

Die Experten der Betriebswirtschaftslehre waren sich nicht einmal darüber einig, wie eigentlich ein Unternehmen zu definieren sei. Sie ähnelten den sprichwörtlichen Blinden, die einen Elefanten beschreiben. Finanzexperten behaupteten, ein Unternehmen sei mit seiner Bilanz, seiner Kapitalstruktur und seinem Cash-Flow gleichzusetzen. Fertigungsspezialisten beschreiben es als Ansammlung von Fabriken, Sachanlagen und Produktionstätigkeiten. Für Forschungs- und Entwicklungsingenieure war ein Unternehmen gleichbedeutend mit seinen Technologien; für Marketingexperten symbolisierten die Produkte das Unternehmen. Viele Topmanager definierten ihre Unternehmen über die Geschäftsstrategie.

All diese Experten, von den Technologen bis zu den Vorständen, schlugen sich mit der gleichen grundlegenden Frage herum: Was ist ein Unternehmen eigentlich? Schließlich kam ich zu dem Schluss, dass eine sinnvolle Unternehmenstheorie – sozusagen die »ersten Lehrsätze« der Wirtschaft – sich eher aus einer anderen Frage ableiten ließ.

Diese Frage hat ihren Ursprung in John Ciardis Buch *How Does a Poem Mean?* (Wie bedeutet ein Gedicht?) Der Autor erklärt seinen Titel so: Die Bedeutung eines Gedichts ist nicht nur an dem abzulesen, *was* geschrieben wurde, sondern auch daran, *wie* es geschrieben wurde – das heißt in der Ausdrucksform. Nach Ansicht von Ciardi, der selbst Dichter ist, sind der Inhalt eines Gedichts und seine literarischen Aus-

drucksformen untrennbar miteinander verbunden: »Jedes ist des anderen Nahrung.« Wählt man einem Unternehmen gegenüber einen ähnlichen Ansatz, so wird aus der Frage »Wie bedeutet ein Unternehmen?«
die Formulierung »Welchem Zweck dient ein Unternehmen?« oder
»Warum gibt es Unternehmen?«. Anders ausgedrückt: Nur wenn wir
den schlussendlichen Unternehmenszweck bzw. den Sinn seiner Existenz erkannt haben, können wir allmählich eine Identität und eine
Struktur aufbauen, die diesem Zweck entsprechen. Lassen Sie mich
dazu eine simple Behauptung aufstellen.

## Lehrsatz 1: Aufgabe eines Unternehmens ist die Wertschöpfung für den Kunden

Warum gibt es Unternehmen? Welchem Zweck dienen sie? Meiner
Ansicht nach lautet die einzig sinnvolle Antwort auf diese Frage heute:
Ein Unternehmen dient dazu, einen Wert für den Kunden zu erzeugen.
Alle Tätigkeiten des Unternehmens müssen auf dieses Ziel ausgerichtet
sein.

Wer sind aber die Kunden eines Unternehmens? Traditionell wurden
sie definiert als diejenigen Menschen, die kaufen, was das Unternehmen
verkauft. Diese Beschreibung ist jedoch ungenau und unvollständig.
Eine bessere Definition wäre: »Kunden sind Menschen, deren Verhalten das Unternehmen beeinflussen möchte, indem es ihnen einen Nutzwert zur Verfügung stellt.« (Unter »beeinflussen« verstehe ich übrigens
nicht »manipulieren« oder »täuschen«: Vorspiegelung falscher Tatsachen ist kein sinnvolles Geschäftsgebaren, sondern ein kriminelles
Delikt, den man auch als »Betrug« bezeichnet.) Diese weitaus breiter
gefasste Definition ist im heutigen, zunehmend komplexen Wirtschaftsleben, in dem es viele verschiedene Arten von Kunden gibt, sehr
viel zweckdienlicher.

Konsumgüterhersteller haben beispielsweise mindestens zwei Arten
von Kunden: Verbraucher (die Endabnehmer und Verwender der Erzeugnisse des Unternehmens) und Einzelhändler. Die Konsumenten
möchte das Unternehmen dazu bewegen, seine Produkte auszuwählen
und zu benutzen; den Handel möchte es dahingehend beeinflussen,

dass er seine Produkte ins Sortiment aufnimmt, ihnen möglichst viel Regalfläche zugesteht und ihren Verkauf mit entsprechenden Werbemaßnahmen fördert.

Die Kunden-Lieferanten-Beziehung kann sehr komplexe Züge annehmen. Wer von den nachstehend aufgeführten Personen bzw. Gesellschaften ist Kunde eines Pharmaunternehmens?

A. Der Patient, der eine Medizin einnimmt.
B. Der Arzt, der sie verschreibt.
C. Der Apotheker, der sie abgibt.
D. Der Großhändler, der sie vertreibt.
E. Die Wissenschaftler und Beamten des Bundesinstituts für Arzneimittel und Medizinprodukte (BfArM), die über die Zulassung eines Medikaments entscheiden.
F. Die Krankenversicherung, die das Medikament bezahlt.

Die Antwort lautet: Alle sind Kunden. Pharmahersteller müssen jede dieser Personen und Gesellschaften beeinflussen.

Wie können Unternehmen denn nun das Verhalten der Kunden beeinflussen? Indem sie ihnen etwas bieten, das für sie einen Wert hat. Auf den ersten Blick könnte man den Eindruck gewinnen, dass die primäre Beziehung zwischen Unternehmen und Kunden auf dem Austausch von Gütern und Dienstleistungen gegen Geld beruht. In Wahrheit geht sie jedoch weit darüber hinaus. Sie basiert auf dem Angebot eines Nutzens oder Werts, der das Kundenverhalten beeinflussen und formen soll.

Und was ist dieser Nutzen oder Wert? Er ist nicht mit dem Produkt oder der Dienstleistung an sich gleichzusetzen, obwohl eines davon oder beide häufig eine Rolle spielen. Vielmehr ist Nutzen oder Wert im wirtschaftlichen Zusammenhang definiert als Lösung eines Kundenproblems. Er umfasst alles, was nötig ist, um ein Kundenbedürfnis zu erfüllen, um ein Verlangen des Kunden zu stillen. Jeder der Kunden unseres Pharmaunternehmens fordert einen anderen Nutzen oder Wert: Der Patient wünscht sich eine Medizin, die sein Leiden lindert; der Arzt will Informationen über die Indikationen eines Arzneimittels; der Apotheker möchte das Medikament zum Verkauf bereitgestellt bekommen; das BfArM verlangt Unterlagen, die ihm erlauben, die Wirksamkeit und Sicherheit der chemischen Verbindung zu beurteilen.

Jeder Kunde muss ein anderes Problem lösen, und der Pharmahersteller muss jeder einzelnen Kundengruppe bei der Lösung ihres spezifischen Problems helfen.

Vielleicht sollten wir an dieser Stelle noch eine weitere Bemerkung einflechten: Kunden können nicht immer von vornherein klar artikulieren, welchen Wert sie sich von einem Unternehmen wünschen (obwohl sie zumeist recht gut in der Lage sind, ihn zu erkennen, wenn sie ihn sehen). Wahre Innovation beinhaltet auch die Fähigkeit, Chancen für die Erfüllung latenter Bedürfnisse vorwegzunehmen – also für die Lösung von Problemen, von denen die Kunden noch nicht einmal wissen, dass sie sie haben. Vor der Einführung des Personalcomputers – oder des Walkmans oder der Rave-Partys – verlangte niemand nach einem solchen Produkt oder einer solchen Dienstleistung. In all diesen Fällen handelte es sich um Lösungen für zuvor unerkannte Probleme, Antworten auf bislang noch nicht gestellte Fragen. Sobald aber die Lösung oder Antwort verfügbar war, folgte ihr die Frage auf dem Fuße.

Eine kundenorientierte Definition des Unternehmenszwecks entspricht unserem Zeitgeist. Da im globalen Wettbewerb Kunden und nicht Unternehmen die Oberhand haben, können sich die Hersteller keine Nabelschau leisten. Alle Aktivitäten und Energien eines Unternehmens müssen auf den Kunden ausgerichtet sein, denn schließlich stellt dieser ja die Einkommensquelle für die Firma dar. Doch obwohl dieses Prinzip so »selbstverständlich« und unstrittig erscheinen mag, wird es in der Praxis nur sporadisch anerkannt und noch seltener befolgt.

Mindestens drei weitere Bewerber konkurrieren um den Rang des »ersten Lehrsatzes« für Wirtschaftsunternehmen. Einer davon – so scheint es – hat faktisch den Kampf bereits gewonnen. Wenn Sie Manager, Vorstände und Ökonomen heute fragen »Was ist der Daseinszweck eines Unternehmens?«, würden die meisten von ihnen höchstwahrscheinlich antworten: Sinn und Zweck eines Unternehmens ist es, einen Wert für die Aktionäre bzw. »*Shareholder Value*« zu erzeugen.

Diese Antwort ist weder irrational noch unvernünftig, aber dennoch falsch. In gewisser Weise ist es leicht und verlockend, ein Unternehmen als einen Mechanismus zu betrachten, der investiertes Kapital in einen Einkommensstrom verwandelt, sodass die Sorge um die Anteilseigner, die dieses Kapital zur Verfügung stellen, im Zentrum der Firmenpolitik stehen muss. Bedauerlicherweise trat diese Sorge nicht immer zutage. So führten etwa in den 60er und 70er Jahren viele Firmenchefs ihr Unternehmen, als würde es sich um ihr persönliches Imperium handeln, und verfolgten Geschäftsstrategien, deren Hauptzweck die Darstellung ihres eigenen Egos und die Steigerung ihres persönlichen Einkommens war. Ob diese Strategien aus wirtschaflicher Sicht sinnvoll waren und die Unternehmensgewinne und den Shareholder Value mehrten, spielte für sie gar keine Rolle. Für sie zählte lediglich, dass mit dem Wachstum ihrer Firmen auch ihr eigener Status und ihre Bezüge in die Höhe schnellten. Viele dieser Topmanager erlebten in der Übernahmewelle der 80er Jahre eine böse Überraschung, aber alte Gewohnheiten lassen sich nur schwer ablegen. Der Kult, der heute mit dem Shareholder Value getrieben wird, korrigiert diese Auswüchse – mehr aber auch nicht.

Eine ausschließliche Fixierung auf das Kapital und die Kapitalgeber kann jedoch die Aufmerksamkeit des Unternehmens vom eigentlich Wichtigen ablenken. Ich habe einmal erlebt, wie ein geschäftsführender Partner einer Investmentbank eine Rede mit einem vielversprechenden Satz begann. »Jedes Unternehmen«, so verkündete er, »hat im Grunde den gleichen Geschäftszweck.« Wie recht Sie haben, dachte ich bei mir, nämlich Identifizierung und Erfüllung von Kundenbedürfnissen. Er aber fuhr fort: »Und zwar ist sein Zweck die Beschaffung und Verteilung knapper Kapitalressourcen.« Falsch. Kapital ist zwar tatsächlich eine nötige Voraussetzung für den Erfolg eines Unternehmens, ebenso wie es auch Platz für seine Mitarbeiter benötigt. Aber das Wesentliche an einem Unternehmen oder sein Daseinszweck ist nicht Gewinnerzielung zur Rückzahlung dieses Kapitals. Das ist nur eine der Anforderungen, die an ein Unternehmen gestellt werden. Natürlich müssen die Anteilseigner zufriedengestellt werden, aber sie sind nicht der Grund, weshalb es das Unternehmen gibt.

Die Aussage, dass der Daseinszweck eines Unternehmens die Mehrung des Werts für die Aktionäre sei, ist letztlich nutzlos, da sie keine Handlungsrichtlinien anbietet. Sie umgeht einfach nur die Frage nach den nächsten Maßnahmen, die zu treffen sind. Ganz gleich, ob Sie der Firmenchef, eine Führungskraft oder ein Linienmitarbeiter sind – wenn ich Ihnen sage, Ihr Ziel sei es, den Wohlstand der Anteilseigner zu mehren, dann habe ich Ihnen damit keinerlei sinnvolle Richtlinien an die

Hand gegeben. Wenn wir uns jedoch darüber einig sind, dass unsere Mission die Kundenzufriedenheit ist, können Sie damit tatsächlich etwas anfangen. Sie können sich dann nach Menschen umsehen, die etwas wünschen (selbst wenn diese noch nicht genau wissen, was es ist), und dann Mittel und Wege finden, um diesen Wunsch zu erfüllen. Kurzum: Wertschöpfung für den Kunden ist ein Zweck, aus dem sich Handlungsvorgaben ableiten lassen. Im Gegensatz dazu wirft die Steigerung des Shareholder Value immer nur weitere Fragen auf.

Darüber hinaus kann die Mehrung des Shareholder Value auch kein Unternehmenszweck sein, weil sie in ganz entscheidender Hinsicht demotivierend wirkt. Niemand – von Vermögensverwaltern einmal abgesehen – geht am Morgen zur Arbeit, weil er versessen darauf ist, die Aktionäre reich zu machen. Andererseits ist die Wertschöpfung für den Kunden – der Dienst am Nächsten – eine geistige Bereicherung.

Wenn wir Arbeit als Dienst am Nächsten definieren, erheben wir sie damit über das rein egoistische Streben nach dem eigenen Vorteil hinaus. Die Definition des Unternehmenszwecks als Mission zur Erzeugung eines Wertes, zum Dienst am Kunden und zur Veränderung der Welt kann einen wirkungsvollen Anreiz zu außergewöhnlichen Leistungen darstellen und alle Beteiligten im Unternehmen stark motivieren.

Manche würden auch argumentieren, dass ein Unternehmen dazu da sei, seinen Beschäftigten Arbeit zu geben. In neuerer Zeit ist eine breiter gefasste Variante der gleichen Idee in Mode gekommen. Ihr zufolge besteht der Unternehmenszweck darin, die Bedürfnisse aller *interessierten Gruppen* (*stakeholders*) zu erfüllen: Mitarbeiter, Führungskräfte, Aktionäre, Kunden, Lieferanten, Kommunen, Länder, Welt. Die Kunden sind dabei nur eine Interessengruppe unter vielen. Die Meinung wird in weiten Teilen der japanischen und deutschen Öffentlichkeit vertreten. In den Vereinigten Staaten ist sie bei der politischen Linken beliebt.

Dieser Standpunkt verwechselt den Zweck mit den Mitteln. Zwar sind Gewinne, Arbeitsplätze und so weiter wünschenswerte und löbliche Ziele, doch können sie nicht direkt angestrebt werden. Der Weg zu all diesen Zielen führt über den Kundennutzen.

Dieser erste Lehrsatz ist also unser erster Schritt auf dem Weg zur Identifizierung der Erfolgsfaktoren eines Unternehmens, aber er bringt uns noch nicht zum Ziel. Dazu muss ich noch drei weitere Prinzipien vorstellen.

# Lehrsatz 2: Die Wertschöpfung für den Kunden erfolgt in den Prozessen eines Unternehmens

Bei diesem Lehrsatz handelt es sich de facto um eine Umformulierung unserer Definition eines Prozesses als Bündel zusammengehöriger Aktivitäten, die für den Kunden ein Ergebnis von Wert erzeugen. Die Aufgaben sind die einzelnen Arbeitsschritte, die tatsächlich von den Mitarbeitern durchgeführt werden, aber weder sie noch die daran beteiligten Menschen schaffen für sich genommen einen Wert. Nur der Gesamtprozess, die Summe aller Aktivitäten, führt zur Wertschöpfung für den Kunden.

# Lehrsatz 3: Unternehmenserfolg ergibt sich aus überlegener Leistung

Dieser Lehrsatz folgt aus den ersten beiden: Wenn unser Zweck die Wertschöpfung für den Kunden ist und dies über Prozesse erreicht wird, dann werden bessere Prozesse zu einem höheren Wert führen. Allerdings steht dieses Prinzip im Widerspruch zu den Überzeugungen der meisten Manager. So glauben zum Beispiel viele, dass der Schlüssel zum Erfolg in überlegeneren Produkten und/oder Dienstleistungen zu finden sei. Andere vertreten die Ansicht, dass »Menschen« den besten Erfolgsgaranten darstellen – womit sie eine leistungsmäßig überlegene Belegschaft meinen. Eine dritte Gruppe hält eine überlegene Strategie für den Königsweg zum Erfolg. Lassen Sie uns all diese Meinungen der Reihe nach betrachten.

Ihre Produkte und Dienstleistungen mögen noch so überlegen sein – es ist leider eine traurige Wahrheit, dass der rasche Wandel der Marktbedingungen heute geradezu garantiert, dass sie ihre Überlegenheit nicht lange behaupten werden. Ein besseres Produkt mag ein Unternehmen heute auf der Erfolgsleiter nach oben katapultieren, doch wird sein langfristiger Erfolg davon abhängen, ob es ihm gelingt, auch morgen und übermorgen noch mit überlegenen Produkten aufzuwarten. Woher wird dieser Strom neuer Produkte kommen? Aus Prozessen. Konsequent überlegene Produktangebote über einen längeren Zeitraum hinweg setzen durchgängig überlegene Prozesse voraus – für die Entwicklung von Produkten, die Herstellung, die Auftragsabwicklung, den Kundenservice etc. Nicht ein einzelnes Produkt, sondern die Prozesse sichern einem Unternehmen seinen entscheidenden Wettbewerbsvorteil.

Wie verhält es sich mit überlegenen Mitarbeitern? Tatsache ist, dass selbst die besten Fachkräfte die Mängel minderwertiger Prozesse nicht wettmachen können. Ein Unternehmen, das seinen Erfolg auf die Leistungen seiner Belegschaft gründen möchte – selbst wenn es sich um eine kleine Firma handelt –, schaufelt sich sein eigenes Grab. Es kann nämlich von zwei Arten von Menschen abhängig werden: erstens von »Helden«, und zweitens von »Stars« – und beide sind in gewisser Weise trojanische Pferde.

Ein Held ist ein Mensch, der großartige Taten vollbringt, um Prozessdefizite zu überwinden; ein Star ist ein Mensch mit außerordentlichen Begabungen und Fähigkeiten. Ein Unternehmen voller Helden und Stars ist nicht zwangsläufig erfolgreich, ebenso wie eine Mannschaft, die nur aus Spitzenspielern besteht, nicht immer glanzvoll abschneidet. Im Gegenteil: Die Existenz von Helden im Unternehmen ist ein Zeichen dafür, dass die Prozesse Mängel aufweisen, und wenn sich eine Firma zu sehr auf Stars verlässt, so verrät dies mangelnde Wertschätzung für Prozesse und ihre Bedeutung.

Bei meinen Firmenbesuchen treffe ich häufig Helden. Joe wird mir beispielsweise vorgestellt als der Mann, der einen wichtigen Kundenauftrag rettete, als dieser in der Kreditabteilung hängen blieb und der Kunde mit Stornierung drohte. Offenbar sprang Joe in die Bresche, klärte die Angelegenheit mit der Kreditabteilung, trug die Bestellung eigenhändig ins Lager, sorgte dafür, dass sie verladen wurde, und fuhr sie höchstpersönlich aus. »Was für ein Held!« ruft sein Vorgesetzter und schenkt Joe ein stolzes Lächeln. Aber Joes Bravourstücke stellen dem Unternehmen ein Armutszeugnis aus. Ein Held ist ein Mensch, der Prozessdefizite ausgleicht und überwindet. Gut konzipierte, reibungslos funktionierende und sorgsam geleitete Prozesse kommen auch ohne Helden aus. Diese werden nur für fehlerhafte Prozesse benötigt. Solche heroischen Anstrengungen mögen zwar die Mängel des Prozesses ausgleichen, täuschen aber gleichzeitig auch über gravierende Probleme hinweg. Langfristig wird das Unternehmen von einer Verbesserung seiner Prozesse mehr profitieren als von der Suche nach potentiellen Helden. Helden kommen und gehen, aber ein gesunder Prozess wird – wie jedes Prachtstück – dem Unternehmen immer Freude bereiten.

Auch wer sich auf Stars verlässt, kann sich Ärger einhandeln, da selbst makellos durchgeführte Einzelaufgaben die Mängel eines schlecht konzipierten Prozesses nicht aufwiegen können. Der Bonitätsprüfer, die Lagerdisponentin, der Lagerarbeiter, die Packerin und der Versandfahrer mögen alle ihre Aufgaben effizient oder sogar brillant erledigen, aber die Leistung des Gesamtprozesses kann dennoch stark zu wünschen übrig lassen. Wenn es im Design des Prozesses von Übergabeprozeduren, Prüfungen, Kontrollen oder anderen nicht wertschöpfenden Aktivitäten nur so wimmelt, wird er trotz aller Begabungen und Geniestreiche einzelner Mitarbeiter langsam, inflexibel und fehleranfällig bleiben. Gute Mitarbeiter, die in einem großartigen Prozessdesign arbeiten, werden stets phantastischen Talenten überlegen sein, die sich mit einem miserablen Prozessdesign herumschlagen müssen.

Wie verhält es sich aber mit einer überlegenen Unternehmensstrategie als Grundlage für den Erfolg? Was ist mit Unternehmen, die gewinnen wollen, indem sie den richtigen Geschäftszweig für sich auswählen? So maßgeblich die Strategie für den Erfolg eines Unternehmens sein kann, man muss leider einräumen, dass ein strategischer Plan ohne die für seine Umsetzung erforderlichen Prozesse nicht mehr ist als eine Litanei schöner Worte bzw. ein Haufen nutzloser (wenn auch genial durchdachter) Dokumente. Außerdem sind Strategien zunehmend zu einer Art virtueller Massenware geworden, die sich leicht verbreiten und nachahmen lässt. Die Umsetzung (der Prozess) ist heute der Schlüssel zum Erfolg, nicht der Plan selbst (die Strategie).

## Lehrsatz 4: Überlegene Prozessleistung wird erreicht durch überlegenes Prozessdesign, die richtigen Prozessbeteiligten und das richtige Arbeitsumfeld

An erster Stelle steht das Prozessdesign. Struktur, Gestaltung und Organisation der Prozesse – wie die einzelnen Aktivitäten durchgeführt und miteinander verwoben werden – sind maßgebliche Determinanten für die Qualität der Prozessleistung. Ein Prozessdesign, das vor Übergabeprozeduren strotzt, erlaubt keine schnelle und präzise Arbeit; ein Prozess mit unzähligen Doppelarbeiten kann nicht kostengünstig sein; ein Prozess mit endlosen Kontrollschlaufen kann nicht flexibel sein. Prozesse können immer nur so gut sein wie das Design, das ihnen zugrunde liegt. Es ist vielleicht präziser, wenn man sagt, dass das Prozessdesign die Grenzen der Prozessleistung bestimmt – also wie gut das Ergebnis unter optimalen Bedingungen maximal sein kann, wenn alle Beteiligten das tun, was von ihnen erwartet wird.

An nächster Stelle steht die personelle Besetzung. Um in einer Welt der sich wandelnden Kundenpräferenzen und raschen technologischen Fortschritte konkurrenzfähig bleiben zu können, haben sich viele Firmen für einen Produktentwicklungsprozess entschieden, der als »Simultaneous Engineering« bezeichnet wird. Dieser Prozess sieht die Zusammenarbeit von Gruppen vor, in denen verschiedene Fachleute vertreten sind – zum Beispiel Mitarbeiter aus der Fertigung, der Konstruktion, dem Finanzwesen und dem Marketing. Sie alle arbeiten an der Entwicklung neuer Produkte, um auf diese Weise sicherzustellen, dass nicht nur alle Elemente des neuen Produkts funktionieren, sondern dass sie auch einen gemeinsamen Nenner finden.

Dieser Produktentwicklungsprozess mag jedoch noch so geschickt angelegt sein – richtig umgesetzt werden kann er nur mit den richtigen Personen. Es werden Ingenieure benötigt, die willens sind, sich die Meinung der Marketingexperten anzuhören und sie zu respektieren. Es sind Marketingspezialisten nötig, die die Sorgen der Konstrukteure begreifen können, und es müssen Fertigungsexperten gefunden werden, die in der Lage sind, bei der Gestaltung ihrer operativen Abläufe die Kundenbedürfnisse zu berücksichtigen. Ohne diese Menschen kann der bestkonzipierte Produktentwicklungsprozess nicht zu phantastischen Neuprodukten führen.

Beachten Sie dabei bitte, dass die *richtigen* Personen nicht unbedingt gleichzusetzen sind mit den besten Mitarbeitern oder gar den Überfliegern. Wer ist besser geeignet: ein Ingenieur, der zwar über herausragende technische Fachkenntnisse verfügt, aber nicht im Team arbeiten kann, oder ein Techniker mit angemessenem Wissensstand, der besonderes Geschick in der Teamarbeit mitbringt? Die Antwort hängt vom Design des Prozesses ab, in dem der oder die Betreffende als Konstrukteur arbeiten soll. In manchen Prozessen wird ein technischer Experte benötigt, in anderen ein Mitarbeiter mit gutem Teamgeist. Eine überlegene Prozessleistung ist nur möglich, wenn das Prozessdesign exzellent ist und die als Prozessbeteiligte ausgewählten Personen gut zu diesem Design passen. Die vielen Unternehmen, die sich selbst das schier unerreichbare Ziel gesetzt haben, immer nur die »Besten« zu rekrutieren, können also ein wenig aufatmen. Wer immer nur die Besten haben möchte, müsste schon in der Lotterie gewinnen. Für die Suche nach den »richtigen« Mitarbeitern sind einfach nur klare Fokussierung und Disziplin vonnöten.

Schließlich muss das richtige Arbeitsumfeld geschaffen werden. Selbst die richtigen Prozessbeteiligten können kein überlegenes Leistungsniveau erreichen, wenn ihnen ihre Arbeit nicht ganz besonders am Herzen liegt. Ohne Motivation wird das Prozessdesign ein Stück Papier und das Know-how der Mitarbeiter eine Auflistung von Qualifikationen im Lebenslauf bleiben. Unmotivierte Mitarbeiter tun nur das, was sie unbedingt müssen. Nur Unternehmen mit entsprechendem Geist und entsprechender Seele können ihre Beschäftigten dazu ermutigen, ihr Potential auszuschöpfen und einen Prozess in Schwung zu halten.

Woher stammt diese Motivation? Sie ergibt sich nicht aus einem isolierten Faktor – der Rede eines Topmanagers, der Einstellung der Kollegen oder dem Beurteilungs- und Belohnungssystem des Unternehmens –, sondern aus dem Zusammenspiel einer Vielzahl von Faktoren, die ich in ihrer Summe als *Arbeitsumfeld* bezeichne. Dieses Umfeld prägt die Einstellungen und Emotionen der Beteiligten. Das richtige Arbeitsumfeld wird die Mitarbeiter ermutigen, motivieren und leistungssteigernde Kräfte freisetzen. Das falsche Umfeld wird die Beschäftigten entmutigen und demotivieren.

Lassen Sie uns unsere Lehrsätze noch einmal zusammenfassen:

- Aufgabe eines Unternehmens ist die Wertschöpfung für den Kunden.
- Die Wertschöpfung für den Kunden erfolgt in den Prozessen eines Unternehmens.
- Unternehmenserfolg ergibt sich aus überlegener Leistung.
- Überlegene Prozessleistung wird erreicht durch:
  – überlegenes Prozessdesign,
  – die richtigen Prozessbeteiligten und
  – das richtige Arbeitsumfeld.

Der wirtschaftliche Erfolg ist nichts Geheimnisumwobenes; er beruht auf sehr handfesten, konkreten Voraussetzungen. Aber er stellt sich auch nicht automatisch ein. Wenn wir unser Rezept für den Unternehmenserfolg umsetzen wollen, müssen wir die Rolle des Managements neu überdenken.

Nach herkömmlicher Definition lag der Schwerpunkt des Managements auf Kontroll- und Entscheidungsaktivitäten. Die wahre, breiter gefasste Aufgabe unserer Führungskräfte besteht aber darin, all die Elemente zusammenzuführen, die für den Unternehmenserfolg benötigt werden. Das bedeutet, dass Manager überlegene Prozesse gestalten und umsetzen und sie überwachen müssen, um sicherzustellen, dass sich keine Mängel ins Design einschleichen. Führungskräfte müssen entscheiden, welche Menschen für diese Prozesse benötigt werden, müssen geeignete Kandidaten finden, sie für das Unternehmen gewinnen und sicherstellen, dass sie die erforderlichen Fähigkeiten erwerben und erhalten. Manager müssen ein Arbeitsumfeld schaffen, das die Verhaltensweisen und Einstellungen fördert und verstärkt, die Voraussetzungen für ein reibungsloses Funktionieren der Prozesse sind. Danach ist es Aufgabe der Führungskräfte, zur Seite zu treten und die Beteiligten in Ruhe in ihren Prozessen arbeiten zu lassen.

Heroische Anstrengungen von Führungskräften sichern einem Unternehmen ebenso wenig den Erfolg wie die Heldentaten einzelner Mitarbeiter. Sorgfältig konzipierte und gemessene Prozesse, klug ausgewählte und geförderte Mitarbeiter und ein sorgsam aufgebautes und gepflegtes Arbeitsumfeld werden auch ohne weitere Interventionen durch das Management zum Erfolg führen. Diese drei grundlegenden Managementaufgaben schlagen sich in der Praxis in drei spezifischen Rollen für Führungskräfte nieder.

Der Architekt Louis Sullivan hat einmal gesagt, dass sich die Form aus der Funktion ergebe. Für die prozesszentrierte Welt gilt dieser Ausspruch in abgewandelter Form: »Die *Rolle* ergibt sich aus der Funktion.« Die erste Rolle, die Manager spielen können, ist die des Prozessverantwortlichen: ein Mensch, dessen Aufgabe darin besteht sicherzustellen, dass wir eine qualitativ hohe Prozessleistung erreichen. Die zweite ist die Rolle des Coach: ein Mensch, dessen Anliegen es ist, dem Unternehmen die Menschen zur Verfügung zu stellen, die es für seine Prozesse benötigt. Die dritte ist die des Unternehmensführers: ein

Mensch, dessen Aufgabe darin besteht, das gesamte Arbeitsumfeld zu gestalten und zu prägen, in dem sich alles andere abspielt.

Mit diesem Rahmen und einer relativ genauen Definition der Anforderungen an Unternehmen und Manager können wir uns jetzt der Frage zuwenden, wie das alles denn in der Praxis aussieht. Das kann man wohl nirgends besser beobachten als auf einem richtigen Spielfeld, auf dem Prozessteams, die sich aus hochmotivierten Individuen zusammensetzen, auf hartem Boden unter den Beifalls- und Unmutsbezeigungen zahlender Zuschauer bzw. Kunden aufeinanderprallen.

# Kapitel 7
# Was hat Football damit zu tun?

Die Spieltheorie ist ein Zweig der Mathematik, der dazu dient, Wettbewerbsverhalten in Modellen abzubilden und zu analysieren. Ich möchte an dieser Stelle nun meine eigene Variante einer Spieltheorie vorstellen. Sie lautet: Den besten Eindruck von einer prozesszentrierten Organisation in Aktion bekommt man, wenn man sich ein Spiel der Profiliga im American Football ansieht. Das soll nun aber beileibe nicht wieder eine dieser bemühenden Tiraden werden, in denen sich jemand darüber ergeht, dass Sport eine Metapher für die Wirtschaft und sogar für das Leben im allgemeinen sei. Vielmehr möchte ich damit sagen, dass eine Footballmannschaft im Grunde eine prozesszentrierte Organisation darstellt und wir von ihrer Managementstruktur viel lernen können.

In seinem bahnbrechenden Artikel »The Coming of the New Organization« schlug Peter F. Drucker 1988 in der *Harvard Business Review* als geeignetes Modell für das moderne Unternehmen ein Sinfonieorchester vor: eine Gruppe hochqualifizierter Spezialisten, die genau aufeinander abgestimmt und harmonisch unter der Gesamtleitung eines Dirigenten miteinander arbeiten. Wie üblich fand Drucker eine elegante, lehrreiche Metapher. In einigen entscheidenden Aspekten ist sie allerdings nicht ganz zutreffend.

Ein Orchester führt seinen Plan – ein Musikstück nach einer Partitur zu spielen – unter statischen Bedingungen aus, die sich aller Wahrscheinlichkeit nicht ändern werden: Die Partitur wird nicht mitten in der Vorstellung neu geschrieben, der zweite Fagottist wird aller Wahrscheinlichkeit nach nicht Hals über Kopf für einen ausgefallenen ersten Cellisten einspringen müssen, und der Orchestergraben wird sich nicht plötzlich in ein flammendes Inferno verwandeln. Außerdem mögen zwar die Orchestermitglieder allesamt hochqualifizierte Musiker sein, doch spielen sie unter der strengen Disziplin des Dirigenten. Sie folgen dem von ihm vorgegebenen Tempo und seiner Interpretation, und sie spielen und pausieren, wenn er es ihnen vorgibt. Schließlich ist jedes Orchestermitglied ein Spezialist mit eng begrenzten Fähigkeiten; für das Gesamtergebnis ist der Dirigent zuständig. Ein Orchester mag ein Ensemble sein, aber es wäre doch wohl etwas verwegen, es als Team zu bezeichnen.

Eine moderne Footballmannschaft gibt ein besseres Modell ab. American Football ist ein Spiel, das ständig im Fluss ist – wie sich auch ein Unternehmen stets wandelnden Bedingungen anpassen muss. Eine Unternehmensstrategie ähnelt den Spielzügen beim Football weitaus mehr als einer Partitur. Außerdem haben die Organisation und Managementstruktur einer Footballmannschaft eine geradezu unheimliche Ähnlichkeit mit ihren Pendants im prozesszentrierten Unternehmen. Daher lohnt es sich, die Rollen und Beziehungen der Mitglieder einer Footballmannschaft näher zu beleuchten. Auf diese Weise können wir einige neue Konzepte erforschen und bleiben dabei doch gewissermaßen auf festem Boden.

Zunächst einmal sollten wir festhalten, dass es für eine Footballmannschaft zwei Kernprozesse gibt: Angriff und Verteidigung bzw. Offense und Defense. Jeder dieser beiden Prozesse umfasst ein Bündel von Aktivitäten, die in ihrer Summe zu einem Ergebnis führen. Der Offenseprozess umfasst Aktivitäten wie Blocken, Rennen, Passen, Fangen, Huddling (Spielerbesprechung vor dem Anspiel) und Formation an der Linie. Für sich genommen bewirkt keines dieser Manöver auch nur das Geringste. Wenn sie aber in einer Gesamtchoreographie – dem Spielzug bzw. dem Prozessdesign – zusammengeführt werden, ebnen sie für die Offensemannschaft den Weg zur gegnerischen Endzone und helfen ihr, Punkte zu sammeln. Die einzelnen Spieler, die an diesem Prozess mitwirken, sind ein echtes Team. Gutes Blocken ohne starke Läufer oder meisterhafte Pässe ohne zuverlässige Passempfänger bzw. Receiver verpuffen wirkungslos. Das einzige Ziel der Offense besteht darin, die Null-Meter-Linie zu überschreiten (wobei die hinzugewonnenen Meter und die Dauer des Ballbesitzes Indikatoren für den Fortschritt in dieser Richtung darstellen).

In einer Footballmannschaft gibt es zwei Menschen, die für die Kernprozesse verantwortlich sind und sozusagen die Rolle des Prozessverantwortlichen spielen: den Offensekoordinator und den Defensekoordinator. Welche Aufgaben übernimmt der Koordinator für die Mannschaft? Zunächst einmal *gestaltet* er den Prozess. Die Spielmuster der Offense und der Defense ergeben sich nicht von selbst; insbesondere die Choreographie der Offensespielzüge ist eine hochkomplexe Aufgabe. Der Offensekoordinator denkt sich diese Spielzüge aus. Er gibt die Reihenfolge der geplanten Aktivitäten vor; er bestimmt, wer was macht und wie die einzelnen Handlungen zusammenpassen. Kurzum: Er konzipiert das, was wir in unserer Terminologie der Prozesszentrierung als »Prozessdesign« bezeichnen würden.

Sobald die Mannschaft aber auf dem Spielfeld steht, ist sie weitgehend sich selbst überlassen. Wenn im Laufe des Spiels Probleme auftreten, laufen die Runningbacks nicht etwa an den Spielfeldrand, um den Offensekoordinator zu befragen, ob sie vielleicht vom geplanten Spielzug abweichen sollen, um sich gegen einen Defensespieler zu wehren, der sie tackelt. Ebensowenig bitten Wide Receiver um die Erlaubnis, sich nach rechts anstatt nach links zu drehen, um dem Verteidiger zu entkommen. Die Aufgabe des Offenseteams besteht darin, einem bestimmten Design bzw. Spielzug so gut wie möglich zu folgen und ihn an die sich extrem rasch verändernde reale Situation anzupassen. Der Offensekoordinator – der Prozessverantwortliche – hat zwar die Spielzüge zusammengestellt, doch betritt er selbst niemals das Spielfeld. Ausgeführt wird die Strategie von den Spielern.

Der Koordinator zeichnet nicht nur Spielzüge vor, sondern erweckt sie auch zum Leben. Er stellt die Mannschaft zusammen und wählt dabei aus den verfügbaren Spielern diejenigen aus, die sich am besten für einen bestimmten Spielzug eignen. Er macht die Spieler mit der Spielstrategie vertraut und trainiert mit ihnen die Umsetzung. Er ist die Person, an die sich die Spieler wenden, wenn Fragen zu einem Spielzug oder Probleme bei der Umsetzung im Training auftreten. Der Offensekoordinator entscheidet in der Regel auch, welcher Spielzug (welches Prozessdesign) sich am besten für eine bestimmte Situation eignet.

Damit sind die Aufgaben des Koordinators aber noch nicht erschöpft. Er trägt auch die Verantwortung dafür, seine Spielzüge laufend zu verbessern. Er überlegt sich ständig neue Möglichkeiten, um die Wirksamkeit der Offense zu steigern, und prüft dabei, wie gut verschiedene Spielzüge bei bestimmten Defenseformationen funktionieren, und modifiziert sie dann entsprechend (manchmal sogar während des Spiels), damit seine Mannschaft noch besser punkten kann.

Kurzum: Der Offensekoordinator ist dafür zuständig, dass alle Einzelelemente der Offense zu einem kohärenten Prozess zusammengefügt werden. Das geht eigentlich bereits aus der Bezeichnung »Koordinator« hervor: Die eigentliche Arbeit obliegt den Spielern, die einen »Manager« lediglich zur Koordination ihrer Positionen und Handlungen benötigen.

Zwar denkt sich der Koordinator die Spielzüge aus, doch leistet eine weitere wichtige Gruppe im Managementteam einen ebenso essentiellen Beitrag: die Spieler, die sie umsetzen. So werden beispielsweise in der Offensemannschaft viele unterschiedliche Talente benötigt. Große, stämmige Männer, die an der Offense-Line geschickt blocken können. Schnelle Wide Receiver, mit unglaublicher Koordination zwischen Hand und Augen. Die Offensespieler im Backfield zeichnen sich durch ein hervorragendes peripheres Sehvermögen und schnelle Reflexe aus und können so schnell laufen wie der Wind. Der Quarterback und seine Reservebesetzung müssen die Pläne der Defense auf den ersten Blick durchschauen, Pässe werfen, auf der Suche nach einem Receiver im Backfield manövrieren und rennen können. All diese speziellen Talente müssen verfügbar sein – und dafür hat der »Position Coach« zu sorgen.

Der Position Coach spielt eine ganz andere Rolle als der Koordinator. Er ist für Training und Entwicklung der Sportler zuständig, die später die vom Koordinator vorgegebenen Aufgaben erfüllen. Der Line Coach zeigt seinen Schützlingen, wie man niedrig blockt, wie man einen laufenden Backfieldspieler angreift und wie man die Defense mit Täuschungsmanövern dazu bringt, ins Abseits zu springen. Andere Positionstrainer leisten für andere Spieler in der Mannschaft ähnliche Dienste.

Position Coaches sind sozusagen die Lehrer der Spieler. Damit ist auch ihre Aufgabe noch nicht zu Ende. Sie fungieren darüber hinaus nämlich auch als Berater und Mentoren der Spieler. Während der Koordinator über die Spielzüge wacht, beobachten die Trainer die Spieler. Sie verfolgen ihre Leistung und geben ihnen Feedback und Ratschläge. Ein Position Coach ist auch dafür verantwortlich, die Nachwuchstalente aufzuspüren, anzuwerben und bei der Stange zu halten, die die Mannschaft benötigt. Er sieht sich vielversprechende Kandidaten an und wählt diejenigen aus, die die gesuchten Fähigkeiten besitzen. Er sagt alten Hasen am Ende ihrer Karriere, wann es an der Zeit ist, sich aus der Profiliga zurückzuziehen.

Durch all diese verschiedenen Aktivitäten zieht sich ein roter Faden: Sie stellen nicht nur sicher, dass die Mannschaft über Spieler mit den erforderlichen Fähigkeiten verfügt, sondern sorgen auch dafür, dass diese Spieler geistig und körperlich für das Spiel gerüstet sind. Aufgabe des Position Coach ist es, einen bestimmten Teil der Humanressourcen des Teams zu verwalten und zu weiterzuentwickeln. Ein Position Coach liefert der Mannschaft die erforderlichen Talente, die dann von den Koordinatoren (in ihrer Eigenschaft als Prozessverantwortliche) eingesetzt werden.

Diese Unterscheidung zwischen der Verantwortung für die Menschen und der Verantwortung für die Spielstrategie steht auch im Mittelpunkt des prozessorientierten Unternehmens. Hierzu ein Beispiel: Die Mitarbeiter in einem Produktentwicklungsteam repräsentieren wahrscheinlich eine breite Palette von Fertigkeiten und Fachgebieten: Marketing, Konstruktion, Fertigung und Beschaffung. Als Mitglieder eines Prozessteams liegt ihnen allen die Prozessleistung am Herzen: Sie wollen Punkte für das Team erringen. Als Individuen unterscheiden sie sich aber in Hinblick auf ihren Hintergrund, ihre Interessen und ihre Zukunftspläne. Sie werden vermutlich nicht für immer und ewig Mitglieder des gleichen Produktentwicklungsteams bleiben – oder überhaupt in der Produktentwicklung. Daher müssen sie ihre eigenen Fähigkeiten weiterentwickeln und sich auf eine von diesem Prozess unabhängige Zukunft vorbereiten. Auch im Football möchte jeder Spieler die einzelnen Spielzüge so gut wie nur möglich ausführen, denkt dabei aber auch gleichzeitig an seine eigene sportliche Karriere. Das Gleiche gilt auch am Arbeitsplatz.

Es gibt noch ein weiteres zentrales Mitglied im Stab einer Footballmannschaft: den Cheftrainer bzw. Head Coach. Welche Aufgaben erfüllt der Cheftrainer? Die Offense- und Defensekoordinatoren gestalten Spielzüge und wählen die für eine bestimmte Situation geeignete Strategie aus; der Position Coach macht neue Talente ausfindig und trainiert die Spieler. Für den Head Coach bleibt somit die Rolle des *Mannschaftsführers* übrig. Er wählt die Koordinatoren und Trainer aus, motiviert die Spieler und schafft ein Umfeld, das dem Erfolg zuträglich ist.

In einem Interview, das Dennis Green in seinem ersten Jahr als Head Coach der Minnesota Vikings gab, beschrieb er seine Rolle während eines Spiels so: »Der Offensekoordinator kommt zu mir und sagt: ›Vierter und eins. Wir werden es versuchen.‹ Und ich sage: ›Einverstanden.‹ Dann gehe ich zum Telefon, rufe den Defensekoordinator an und sage: ›Macht euch bereit.‹ Und dann bete ich.« Auf die Frage, was er in seiner Funktion als Head Coach am meisten vermisse, erwiderte Green: »Die Spieler zu trainieren.«

Die Rolle des Cheftrainers reicht über die enge Welt der Spielzüge und Spieler hinaus. Seine Aufgabe ist die Entwicklung und Integration des gesamten Teams. Er stellt den Spielplan auf und gibt damit, um es im betriebswirtschaftlichen Jargon zu sagen, die strategische Marschrichtung vor. Er übernimmt eine Führungsrolle für die Koordinatoren und Assistenztrainer. Und er weckt in allen Teammitgliedern ein Gemeinschaftsgefühl, und zwar sowohl durch seine täglichen Handlungen als auch durch aufmunternde Worte in der Halbzeit. Dennis Green sagte, sein wichtigster Beitrag für das Team bestünde darin, während der Übungsspiele die zweite Besetzung zu trainieren. Auf diese Weise »zeige ich, dass es in unserer Organisation keine unwichtigen Aufgaben gibt«. Die Frage, ob der Head Coach seinen Spielern die richtige Einstellung vermittelt hat, kann darüber entscheiden, ob sie lustlos oder phantastisch spielen.

Die Koordinatoren entwickeln Spielzüge, die Position Coaches bilden Spieler aus, und der Head Coach baut eine Organisation auf. Er ist zum Teil Stratege, zum Teil Motivator und zum Teil Integrator.

Die Bedeutung des Cheftrainers belegt auch die Tatsache, dass es Clubs gibt, die trotz zahlreicher personeller Wechsel erfolgreich bleiben. Dieser Erfolg ist auf die kontinuierliche Präsenz ein und desselben Cheftrainers zurückzuführen. Ebenso deutlich wird seine Rolle in Fällen, in denen die Leistung eines Teams mit den gleichen Spielern und Koordinatoren sich nach der Ernennung eines neuen Head Coach drastisch verändert. Vor allem in der Profiliga unterscheiden sich die Fähigkeiten der einzelnen Spieler – einmal abgesehen von einer Handvoll außergewöhnlich begabter Sportler – nicht wesentlich. Alle sind extrem gut ausgebildet. Wie die Profispieler selbst bestätigen, ist der Wettkampf auf ihrem exklusiven Niveau weitgehend eine Frage der geistigen Vorbereitung auf das Spiel und der Konzentration. Es ist also die Einstellung, die die Spieler zu Spitzenleistungen anspornt. Die Inspiration und Ermutigung durch den Head Coach spielt somit eine maßgebliche Rolle für den Erfolg der Mannschaft.

Das ist der wichtigste Beitrag des Cheftrainers: Er baut das Wertesystem und den kulturellen Kontext auf, der das Handeln aller Beteiligten lenkt und prägt. Ein Footballspiel ist ständig in Bewegung; da können die Spieler nicht immerzu peinlichst genau überwacht werden – dazu geht nämlich alles viel zu schnell. Der Versuch, die Mannschaft zu kontrollieren, weckt bei ihnen die falschen Gefühle und Einstellungen. Man kann niemanden durch strenge Überwachung zu Höchstleistungen anspornen – sie sind nur möglich, wenn man in den Menschen den Drang weckt, sich aus eigenem Antrieb dafür einzusetzen. Dwight D. Eisenhower definierte Führung als die Kunst, Menschen dazu zu bringen, etwas zu tun, weil sie es tun wollten.

Im Profifootball schlägt der Cheftrainer eine Brücke zwischen den Prozessen der Offense und der Defense, verteilt Ressourcen und gibt die Gesamtstrategie vor. Allerdings ist er *kein* Chef im herkömmlichen Sinne, kein mächtiger Herrscher an der Spitze. Er steht buchstäblich und im übertragenen Sinne am Spielfeldrand, an den Seitenauslinien. Wichtige Entscheidungen werden im Zentrum des Geschehens getroffen, um maximale Flexibilität und Reaktionsfähigkeit zu gewährleisten. Wenn die Umstände es verlangen, hat der Quarterback auf dem Feld jederzeit die Möglichkeit, in Form eines verschlüsselten »Audible« seinen Mannschaftskollegen zuzurufen, dass die zuvor besprochene Strategie geändert werden muss.

Auch im Unternehmen muss irgendjemand letztlich alle Fäden zusammenführen. Bei Güterproduzenten muss jemand sicherstellen, dass Produktentwicklung und Auftragsabwicklung ineinandergreifen und nicht einfach nur parallel nebeneinander existieren. Jemand muss sich darum kümmern, dass die Investitionen in die Auftragsabwicklung und Produktentwicklung einen Sinn ergeben. Jemand muss die allgemeine strategische Richtung vorgeben. Jemand muss alle Beteiligten dazu anfeuern, ihr Bestes zu geben. Dieser Jemand ist der Unternehmensführer. Wie der Cheftrainer im Football steht er aber nicht auf dem Spielfeld. Topmanager entwerfen und bauen keine Produkte, führen keine

Bestellungen aus und beantworten keine Kundenanfragen. Für diese Arbeiten sind die Prozessbeteiligten an der vordersten Front zuständig. Der Unternehmensführer sorgt für das richtige Umfeld, in dem sich diese Aktivitäten entfalten können.

Lassen Sie uns zusammenfassen: Eine Footballmannschaft in ihrer heutigen Form gibt ein nahezu perfektes Modell für die Organisation und Struktur eines prozesszentrierten Unternehmens ab. Für Football-mannschaften gibt es zwei Kernprozesse, die von Spielern mit unter-schiedlichen Fähigkeiten ausgeführt werden, die alle zusammen auf ein gemeinsames Ziel hinarbeiten. Jeder Prozess wird von einem Koordina-tor gelenkt, dessen Rolle der des Prozessverantwortlichen ähnelt. Wäh-renddessen kümmert sich der Position Coach um das psychische und physische Training der Spieler, sodass sie die Spielzüge des Koordina-tors umsetzen können. Der Head Coach motiviert und unterstützt die Spieler. Dies entspricht den drei zentralen Rollen, die Führungskräften in prozesszentrierten Unternehmen zukommen.

Nun müssen wir jedoch die vergleichsweise beschauliche Welt des American Football hinter uns lassen und uns in den Rummel des Wirt-schaftslebens stürzen. Aber unsere Parallelen zwischen den beiden Gebieten behalten auch weiterhin ihre Gültigkeit – noch lange, nach-dem der Schiedsrichter seine Pistole abgefeuert hat, um das Ende des vierten Viertels anzuzeigen.

# Kapitel 8
# Der Tod des Organigramms

In herkömmlichen Unternehmen tragen Manager die Verantwortung für die zu erledigende Arbeit *und* für die Beschäftigten, die sie verrichten. Dort wäre es unvorstellbar, dass Management der Arbeit und Mitarbeiterführung von zwei verschiedenen Personen übernommen würden. Aber genau diese Situation finden wir in prozesszentrierten Unternehmen. Wie wir gesehen haben, ist für die Pflege des Prozesses, also der koordinierten Aktivitäten, die für den Kunden ein Ergebnis von Wert erzeugen, letztlich der Prozessverantwortliche zuständig. Für die Prozessbeteiligten bzw. Berufsprofis, die gemeinsam den Prozess durchführen, ist der Coach verantwortlich.

In traditionellen Unternehmen stellen Abteilungsleiter die Kandidaten ein, die sie in ihrem »Reich« benötigen, und sorgen auch für ihre Einarbeitung. In prozesszentrierten Firmen gibt es jedoch keine Abteilungsleiter mehr (und übrigens auch keine Abteilungen). Sie wurden durch Prozessverantwortliche ersetzt, die sicherstellen, dass die Prozesse effizient und produktiv organisiert werden. Wie die Koordinatoren einer Footballmannschaft konzentrieren sie sich aber auf Prozessfragen. Personelle Aspekte stehen nicht im Zentrum ihrer Überlegungen. Daher ist das prozesszentrierte Unternehmen mit der gleichen Frage konfrontiert wie eine Footballmannschaft: Wie können wir die Entwicklung und Erhaltung der erforderlichen Fähigkeiten in den einzelnen Disziplinen sicherstellen? Wie können wir die einzelnen Teammitglieder fördern und unterstützen, sodass sie uns ihr Bestes geben? Wer sichert die Zukunft des Unternehmens, indem er geeignete Bewerber einstellt und die Fähigkeiten vermittelt, die Voraussetzung für den langfristigen Erfolg unseres Unternehmens sind?

Hier tritt der Coach auf den Plan. Wie im Football, so werden auch im Unternehmen »Coachs« benötigt, die in allen erforderlichen Fachgebieten die erworbenen Fähigkeiten erhalten und neue Mitarbeiter »trainieren«. Das bedeutet, dass es einen Coach für Ingenieure geben muss, einen für Verkaufsexperten, einen für Softwareprogrammierer etc. – also für die Pendants der Quarterbacks, Linemen und Wide Receiver im Unternehmen.

Mit dem Wort »Coach« oder »Trainer« verbinden sich viele angenehme Assoziationen. Die Aufgabe eines Coach besteht jedoch nicht einfach nur darin, die Arbeit für die Beschäftigten attraktiver zu gestalten. Er spielt eine maßgebliche Rolle für den Unternehmenserfolg. Das Prozessdesign mag noch so gut sein – erst die Prozessbeteiligten können es zum Leben erwecken. Marv Levy, Head Coach bei den Buffalo Bills, formulierte es so: »Spielzüge gewinnen keine Footballspiele. Das machen die Spieler.« »Das einzige, was uns [von anderen Wettbewerbern] unterscheidet, sind unsere Mitarbeiter und das, was sich in ihren Köpfen und Herzen befindet«, meint Richard Chandler, der CEO der im kalifornischen Torrance beheimateten Firma Sunrise Medical. »Unsere wichtigste Investition ist die fortgesetzte Weiterbildung unserer Beschäftigten. Damit füttern wir ihren Verstand mit weiterem Material und geben ihrem Herzen mehr Motivation.« Der Coach ist für das Material verantwortlich, das sich in den Köpfen der Mitarbeiter befindet.

Langfristig ist die Qualität des Coachingprozesses einer der Faktoren, mit denen der Erfolg eines Unternehmens steht oder fällt. Prozessdesign allein genügt nicht. Im Lauf der Zeit werden immer mehr Wettbewerber lernen, wie man erstklassige Prozesse konzipiert. Dann werden diejenigen Unternehmen im Vorteil sein, die institutionalisierte Verfahren für die Besetzung dieser Prozesse mit gut ausgewählten und exzellent ausgebildeten Mitarbeitern haben. Das ist die Aufgabe eines Coach.

Auch ein Coach arbeitet in einem Prozess: Einstellung und Weiterbildung von Mitarbeitern. Zu seinen Aufgaben gehören sowohl die Suche nach fähigen neuen Bewerbern als auch die Erweiterungen der Kenntnisse der bestehenden Prozessprofis. Jeder Prozess hat einen Kunden, und in diesem Falle sind das die Prozessverantwortlichen der anderen Prozesse, die qualifizierte Mitarbeiter benötigen. Zu den Kunden des Ingenieurscoach zählen somit die Prozessverantwortlichen, denen die Prozesse Produktentwicklung und Kundenservice anvertraut wurden, sowie die Prozessverantwortlichen aller anderen Prozesse, die Ingenieure benötigen. Obwohl der Prozess des Coach keinen unmittelbaren Wert für externe Kunden erzeugt, leistet er indirekt einen äußerst wertvollen Beitrag. Das »Produkt« des Coach sind die Mitarbeiter, die in all den anderen Prozessen des Unternehmens eingesetzt werden.

Die größte Lüge in der heutigen Wirtschaftswelt wird von den Topmanagern vieler Unternehmen mit stolzgeschwellter Brust verkündet: »Unsere Beschäftigten sind unsere wichtigste Ressource.« Spitzenmanager sagen das häufig, aber ihre Taten strafen ihre Worte Lügen, denn in Wahrheit kümmert sich in den meisten Unternehmen im Grunde niemand um die Mitarbeiter. Die sogenannten »Personalabteilungen« sind leider allzu oft mit Funktionären besetzt, die lediglich bürokratische Verfahren umsetzen und sicherstellen, dass den Regeln Genüge getan wird.

Aber ein Coach ist nicht einfach nur eine Fortführung einer langen Reihe von Bürokraten. Die eigentliche Aufgabe des Coach ist die Entwicklung der menschlichen Ressourcen. Da eine Zusammenarbeit im Interesse beider Parteien liegt, arbeiten Coachs und Mitarbeiter gemeinsam an der Formulierung von Plänen zur Karriereentwicklung. Auf diese Weise erreichen die Beschäftigten ihre beruflichen Ziele, und dem Unternehmen stehen die erforderlichen Talente und Fähigkeiten zur Verfügung. Bei der Erarbeitung dieses Plans versuchen Coach und Mitarbeiter unter anderem folgende Fragen zu beantworten: An welchen Prozessen sollte der Mitarbeiter im Laufe der Zeit mitwirken, um das Unternehmen gründlichst kennenzulernen? Welche zusätzlichen Schulungsmaßnahmen muss der Beschäftigte absolvieren, um mit den fachlichen Entwicklungen in seinem Gebiet Schritt halten zu können? Welche Schwächen hat der oder die Betreffende? Was kann der Mitarbeiter tun, um sich zu verbessern?

Der Coach muss auch berücksichtigen, welche Fähigkeiten das Unternehmen in Zukunft benötigen wird. Wenn ein Coach zum Beispiel erkennt, dass die strategische Ausrichtung des Unternehmens zu einem Bedarf an Ingenieuren führen wird, die sich mit Hochtemperaturkeramik auskennen, sollte er versuchen, einige Mitarbeiter für diese Disziplin zu »erwärmen«. Dies nutzt sowohl dem einzelnen Mitarbeiter (er möchte sich ja Fähigkeiten aneignen, die sich später als wertvoll erweisen) als auch dem Unternehmen.

American Standard ist ein Unternehmen mit 5 Milliarden Jahresumsatz und drei Hauptsparten: Sanitärsysteme, Trane (einem Hersteller von Heiz- und Klimaanlagen) und Wabco (einem Anbieter von Druckluftbremsen für Lastkraftwagen und Busse). In den späten 80er Jahren schmetterte American Standard erfolgreich ein fremdfinanziertes Übernahmeangebot ab. Hinterher stand das Unternehmen mit einem derart hohen Schuldenberg da, dass die Gewinne, die es mit seiner bestehenden Ablauforganisation erzielte, nicht einmal die Zinszahlungen gedeckt hätten. In seiner Not leitete das Unternehmen ein Reengineering-Programm ein, das zu erstaunlichen Ergebnissen führte. Unter der Ägide seines CEO Emmanuel Kampouris hat sich American Standard vor allem dem Ziel der Reaktionsschnelligkeit verschrieben. Dank der Reduzierung der Durchlaufzeiten in der Auftragsabwicklung und verwandten Prozessen hat sich der Lagerumschlag in allen Teilen des Unternehmens verdreifacht. Gleichzeitig überstiegen die durch geringe Bestände erzielten Einsparungen die Marke von einer halben Milliarde Dollar, und das Umlaufvermögen konnte nahezu auf Null reduziert werden. In manchen Teilen von American Standard liegt das Umlaufvermögen mittlerweile sogar *im negativen Bereich*.

Um die durch die Reengineering-Initiative erreichten Verbesserungen erhalten und ausbauen zu können, hat American Standard alle Unternehmensteile nach Prozessen untergliedert und eine umfassende Kampagne gestartet, die darauf abzielt, für jeden Mitarbeiter im Konzern einen Coach bereitzustellen. American Standard stellt an seine Coachs im Großen und Ganzen folgende Anforderungen:

- Einschätzung des derzeitigen und zukünftigen Bedarfs an Mitarbeitern mit bestimmten Fähigkeiten. In Kooperation mit Prozessverantwortlichen und Geschäftsführern bestimmt der Coach, welche Art von Menschen in welcher Zahl für die Besetzung der Prozesse benötigt werden.
- Bereitstellung fachlich qualifizierter Mitarbeiter. Der Coach formuliert eine Einstellungsstrategie, Schulungsprogramme und andere Maßnahmen, die sicherstellen, dass das personelle Angebot dem Bedarf entspricht.
- Ressourcenallokation. Der Coach fungiert als Mittelsmann zwischen geeigneten Kandidaten und den Anforderungen der Prozessverant-

wortlichen. Dabei muss er die unmittelbaren Prozessbedürfnisse mit den längerfristigen Karriereplänen der betreffenden Mitarbeiter in Einklang bringen.

- Lehrmeister und Mentor der Beschäftigten. Der Coach ist die Person, an die sich die Mitarbeiter wenden werden, wenn sie persönliche oder berufliche Ratschläge wünschen. Zudem gibt er ihnen Feedback und berät sie in Bezug auf die weitere Karriereentwicklung.
- Hilfestellung bei der Lösung von Leistungsproblemen. Wenn ein Mitarbeiter sich mit einer ihm übertragenen Aufgabe schwer tut, wird der Coach als unparteiischer Vermittler eingreifen und einen Kompromiss finden zwischen der Sichtweise des oder der Betreffenden, der Teamkollegen und des Prozessverantwortlichen, sodass dieses Problem aus der Welt geschafft werden kann.

Bei American Standard spielt der Coach eine maßgebliche Rolle: Er stellt sicher, dass die Prozesse mit den richtigen Menschen besetzt werden. American Standard gehört in dieser Hinsicht zu den Pionieren, denn obwohl die Bezeichnung »Coach« in den letzten Jahren stark strapaziert wurde, ist es in der Praxis nach wie vor schwierig, Menschen zu finden, die tatsächlich die Rolle eines Coach spielen (und nicht bloß diesen schönen Titel tragen). Zum Teil ist dies darauf zurückzuführen, dass Lehr- und Beratungstätigkeiten bei traditionellen Managern im allgemeinen nicht hoch im Kurs stehen und auch nicht gut ausgeführt werden. In einem prozesszentrierten Unternehmen kommt der Arbeit des Coach jedoch eine zentrale Bedeutung zu. Wenn die Prozesse reibungslos und effizient funktionieren sollen, benötigt das Unternehmen fähige Mitarbeiter in ausreichender Zahl, und dafür wiederum ist wirksames Coaching unentbehrlich.

Welche Eigenschaften muss ein guter Coach mitbringen? Ein Prozessverantwortlicher ist eine Art Unternehmer, der eine Minifirma leitet. Der Coach hingegen ist in erster Linie ein Mensch, der »gut mit anderen kann«. Der Coach muss fundiertes Wissen im Geschäftszweig des Unternehmens und in seinem eigenen Fachgebiet vorweisen können. Andernfalls kann er nämlich die Fähigkeiten der Mitarbeiter und die Anforderungen des Unternehmens nicht adäquat beurteilen. Aber ein Coach muss nicht die besten Fachkenntnisse von allen mitbringen. Im Gegenteil: Die Mitarbeiter an der vordersten Front sollten sich in ihren jeweiligen Disziplinen am besten auskennen. Ein Coach hingegen muss vor allem wissen, wie man die Fähigkeiten anderer fördert: Der oder die Betreffende muss unterrichten, zuhören, beurteilen und beraten können. Ein großartiger Footballspieler ist nicht unbedingt auch ein phantastischer Coach, und viele große Trainer waren in ihrer Zeit als Spieler nicht unbedingt die Stars der Mannschaft.

Spieler können es sich leisten, von sich eingenommen zu sein. Trainer nicht. Sie müssen in der Lage sein, ihre eigenen Bedürfnisse in den Hintergrund zu stellen. Ihre Befriedigung müssen sie aus den Errungenschaften anderer beziehen, aus einer Art indirektem Erfolg.

Der Verteidiger, auf dessen Konto der wichtigste Block beim Touchdown geht, wird bejubelt; der Wide Receiver, der einen Pass fängt, wird auf die Schultern seiner Teamkollegen gehoben; der Quarterback verlässt das Spielfeld unter dem tosenden Beifall der Menge. Dem Coach aber wird ein Eimer eisgekühlter Gatorade über den Kopf gekippt. Zwar gibt es auch am Rande des Spielfelds Ruhm zu ernten, doch sticht dieser nicht gerade ins Auge. Aber das Spiel wird dort genauso gewonnen wie auf dem Spielfeld.

Vor kurzem wurde ich gefragt, wie man es verhindern könne, dass Coaching zur »Frauenarbeit« abgestempelt wird. Das war keine sexistisch gemeinte Frage (obwohl die Formulierung »Frauenarbeit« durchaus sexistisch ist), sondern vielmehr ein Anzeichen dafür, dass hier jemand ein Problem richtig erkannt hat. Sich um andere zu kümmern gilt in Unternehmen herkömmlichen Zuschnitts als typisch weibliche Arbeit, und solche unterstützenden Tätigkeiten wurden nur selten gut bezahlt. In einem erfolgreichen prozesszentrierten Unternehmen darf dies aber nicht der Fall sein. Coaching ist eine Aufgabe für kluge und hoch angesehene Menschen beiderlei Geschlechts. Jeder einzelne von uns, und mag er auch noch so begabt und kenntnisreich sein, kann allein nur bis zu einem bestimmten Punkt gelangen. Wer anderen etwas beibringt, multipliziert aber die Wirkung seines Wissens, indem er es mit anderen teilt. Wenn Unternehmen die zentrale Bedeutung des Coach honorieren wollen, müssen sie seine Arbeit entsprechend gut bezahlen. Sie müssen auch dafür sorgen, dass die Weiterentwicklung des Coaching als echte Fähigkeit und als ernst zu nehmender Beruf gilt, indem sie ihren Coachs einen eigenen Coach zur Verfügung stellen. Coachs bilden andere aus und fördern ihre Entwicklung; sie sind wahrhaftig eine essentielle Ressource für jedes Unternehmen.

Wir wissen jetzt, was ein Coach tut. Unsere nächste Frage lautet: Mit wem arbeitet er zusammen? Sie ist gar nicht einfach zu beantworten, denn es gibt kein praktisches Substantiv für die Kategorie von Menschen, die ein Coach ausbildet und fördert. Es ist kein Team. Die Teams sind die Gruppen, die von den Prozessverantwortlichen angeleitet werden. Es ist mit Sicherheit keine Abteilung – das wäre ja ein Relikt der alten Ordnung. Wir könnten dieses Kollektiv vielleicht als »Qualifizierungszentrum« bezeichnen.

Zu einem Qualifizierungszentrum gehören meiner Definition nach alle Menschen in einem Unternehmen, die eine bestimmte Fähigkeit besitzen oder einen bestimmten Beruf ergriffen haben. In vielen Unternehmen könnte man solche Qualifizierungszentren in den Fachgebieten Verkauf, Ingenieurswesen, Marketing und Finanzen organisieren. Selbstverständlich unterscheiden sie sich von Unternehmen zu Unternehmen. Bei einer Footballmannschaft würden sich diese Qualifizierungszentren auf Quarterbacks, auf Blocking und auf Tackling konzentrieren; bei einem Pharmaunternehmen tragen sie eher Bezeichnungen wie »Beziehungen zu Ärzten«, »Biochemie« und »Herstellung von Produkten« (um nur einige zu nennen).

Die Prozesszentrierung zerlegt die alten Fachabteilungen der herkömmlichen Organisation in zwei organisatorische Einheiten: in Prozessteams, in denen die Arbeit erledigt wird, und in Qualifizierungszentren, in denen Fähigkeiten ausgebaut und Mitarbeiter weitergebildet werden. Diese Qualifizierungszentren kann man sich als eine Art Talentpool oder eine Fähigkeitenbank vorstellen, aus der die Mitglieder eines Prozessteams rekrutiert werden. Letztendlich haben sie die Aufgabe sicherzustellen, dass ein Unternehmen auf optimale personelle Ressourcen zurückgreifen und sie so vorteilhaft wie nur möglich einsetzen kann.

Ein Qualifizierungszentrum ist *kein* Ort, an dem Arbeit erledigt wird. Diese findet, wie gesagt, in den Prozessteams statt: Das Produktentwicklungsteam konzipiert neue Produkte, das Auftragsabwicklungsteam führt Bestellungen aus etc. Qualifizierungszentren dienen vielmehr dem Zweck, die Belegschaft des Unternehmens zu schulen, weiterzubilden und zu beraten: Ingenieure im Ingenieurszentrum, Finanzexperten im Finanzexpertenzentrum etc. Bei diesen Zentren handelt es sich jedoch nicht einfach nur um die alten Fachabteilungen, die mit einem neuen Etikett versehen wurden. Sie sind die Überbleibsel der alten Funktionen – das, was noch bleibt, wenn die Arbeit herausgelöst (und in Prozessteams verlagert) wurde.

Diese Unterscheidung kann man gar nicht deutlich genug unterstreichen. Die alte Kontruktionsabteilung produzierte Konstruktionszeichnungen. Das Ingenieurszentrum hingegen produziert Ingenieure – die ihre Konstruktionszeichnungen und alles, was sonst zu ihren Aufgaben gehört, in den Prozessteams erarbeiten.

Was bedeuten Bezeichnungen wie »Verkaufsvertreter«, »Finanzexperte« und »Ingenieur« im prozesszentrierten Umfeld? Bislang war ein Ingenieur ein Mensch, der in der Konstruktionsabteilung arbeitete, und ein Finanzexperte jemand, der seinen Mantel in der Garderobe der Finanzabteilung ablegte. Wenn nun aber diese Funktionsabteilungen durch Prozessteams als Grundelement der Organisationsstruktur ersetzt werden, was bedeutet es dann, ein Ingenieur zu sein?

Im Wesentlichen stehen Verkauf, Konstruktion etc. für *Fähigkeiten*, die maßgeblich für den Unternehmenserfolg sind. Ein Verkaufsvertreter ist nicht etwa eine Person, die in der Vertriebsabteilung arbeitet. Er ist ein Mensch, der im Verkauf geschult ist, aber in einer Reihe von verschiedenen Prozessen arbeiten kann. Im Qualifizierungszentrum für Verkaufsexperten finden wir all jene Beschäftigten, die über Fachkenntnisse im Verkauf verfügen. Ein Verkaufsexperte ist somit ein Angehöriger dieses Qualifizierungszentrums. Bei diesem Zentrum handelt es sich um einen Mechanismus, der sicherstellen soll, dass die fachliche Qualität dieser Experten erhalten und ausgebaut wird. Ein Coach (oder mehrere bei größeren Zentren) wird dort mit der Aufgabe betraut, die Mitglieder des Zentrums zu schulen und dafür zu sorgen, dass ihre fachliche Qualifikation stets auf dem neuesten Stand ist.

Unternehmen leiten ihre ersten Qualifizierungszentren in der Regel von ihren traditionellen Abteilungen wie zum Beispiel Verkauf, Konstruktion und Finanzen ab. Im Laufe der Zeit finden jedoch viele Firmen neue Definitionen oder Namen, die nicht nur dehnbarer sind, sondern auch das Wesen ihrer Zentren präziser umreißen. »Verkauf« ist de facto eine zu enge Bezeichnung für die beruflichen Fähigkeiten, die hinter dieser Aktivität stehen. Verkaufsvertreter müssen mit Sicherheit die gleiche Sprache sprechen wie ihre Kunden, ihre Sorgen verstehen können und für ihre Bedürfnisse eintreten. Andere Mitarbeiter, wie zum Beispiel Marketingspezialisten und Kundenservicerepräsentanten, benötigen jedoch die gleichen Begabungen und Fähigkeiten. Aus diesem Grund wäre es vielleicht angebrachter, von einem Qualifizierungszentrum für »Kundeninteraktionen« zu sprechen. Ebenso ist es wohl aussagekräftiger, von einem Zentrum für »technisches Design« zu sprechen – nicht von einem »Konstruktionszentrum«.

Qualifizierungszentren kann man sich als firmeninterne Variante von Berufsverbänden vorstellen – so ähnlich wie es sie auch bei freien Berufen gibt (beispielsweise den Deutschen Ärztebund für Mediziner oder den Deutschen Juristentag für Rechtsanwälte). Solche Berufsverbände erfüllen eine Reihe von Funktionen. Sie bieten laufend Schulungskurse an, halten ihre Mitglieder über die neuesten Entwicklungen in ihrem Fachgebiet auf dem Laufenden und bieten die Möglichkeit, Kontakte zu knüpfen und Erfahrungen auszutauschen. Qualifizierungszentren bieten ähnliche Dienstleistungen. Die Mitarbeiter können sich dort weiterbilden lassen, um ihre Fähigkeiten zu erhalten und auf den neuesten Stand zu bringen; ein solches Zentrum fungiert als Sammel- oder Schnittstelle, über die neue Verfahrensweisen, Werkzeuge und Technologien ihren Weg ins Unternehmen finden, und es ist ein Forum für den Austausch von Erfahrungen und »Frontberichten«. Vor allem aber ist ein Qualifizierungszentrum - und das ist eine seiner wichtigsten Aufgaben – ein Kommunikationskanal, über den die Mitglieder ihr Fachwissen an andere weitergeben und von anderen lernen können. Ein Terminüberwacher in Dallas hat unter Umständen gute Erfahrungen mit einer neuen Lkw-Leasingfirma gemacht und berichtet seinen Kollegen in seinem Zentrum davon (ganz gleich, an welchem Ort sie sich befinden). Eine Finanzspezialistin in San Diego stößt auf schwerwiegende Fehler in einem neuen Computerprogramm und warnt daraufhin ihre Kollegen im ganzen Land. Das Bindeglied, das diese virtuellen Organisationen zusammenhält, ist zweifellos die moderne Kommunikationstechnologie.

Ein Qualifizierungszentrum kann in kleinere Gruppen unterteilt werden, deren Mitglieder jeweils sehr eng gefasste gemeinsame Interessen haben. Bei Chrysler wird die Entwicklung neuer Produkte über Prozessteams abgewickelt – nur heißen sie in diesem Fall »Grundmodellteams«. Dort sind die traditionellen Fachgebiete, wie zum Beispiel Konstruktion, Marketing etc. als Qualifizierungszentren vertreten (bei Chrysler heißen sie »Clubs«). Der Fahrzeughersteller ist sogar so weit gegangen, einen »Scheibenwischerclub« zur gründen für alle Konstruktionsingenieure in allen Grundmodellteams, die sich mit Scheibenwischern beschäftigen. Auf diese Weise können diese Ingenieure Informationen und Erfahrungen austauschen und voneinander lernen.

Obwohl es sie in ganz vielfältiger Ausprägung gibt, erfüllen Qualifizierungszentren ähnliche Aufgaben und Funktionen: Sie sollen, wie Craig Goldman, Chief Information Officer bei der Chase Manhattan Bank, es formulierte, eine »Multiplikatorwirkung in unserem Talentpool« haben. Die im Bereich Informationssysteme bei der Chase Manhattan Bank eingerichteten Qualifizierungszentren sind nach bestimmten technischen Fachgebieten untergliedert. Die Mitglieder dieser Zentren, die in Niederlassungen und Geschäftsbereichen der Bank auf der ganzen Welt arbeiten, treffen sich einmal im Quartal, um neue Programme zu besprechen und sich auf Zeitpläne und Standards für die Beurteilung neuer Technologien in ihren jeweiligen Fachgebieten zu einigen. Sie sind zudem auch auf elektronischem Wege miteinander verbunden, sodass sie eine »globale Gemeinschaft« bilden, die Informationen austauscht – insbesondere über neue Produkte. Ein Problem, das in Singapur auftritt, kann daher auf einem elektronischen »schwarzen Brett« oder in einem Forum zur Diskussion gestellt werden, und ein Zentrumsmitglied irgendwo anders auf der Welt kann dann mit einer bereits ausgearbeiteten Lösung antworten. »Ich weiß genau, was da zu tun ist. Daran habe ich mir vor drei Jahren beinahe die Zähne ausgebissen. Machen Sie bitte Folgendes: …«

Wenn Sie ein Büro oder ein Werk besichtigen und nach einem Qualifizierungszentrum fragen, dann erwarten Sie bitte nicht, dass man Sie in einen holzvertäfelten Raum führt, in dem Steuerkonsolen à la Raumschiff *Enterprise* aufgestellt sind. Möglicherweise ist dafür überhaupt kein Raum vorgesehen: Qualifizierungszentren sind häufig virtuelle Organisationen mit minimaler räumlicher Präsenz. Wenn Sie den für die Ingenieure zuständigen Coach drängen, Ihnen das Qualifizierungszentrum für seine Berufssparte zu zeigen, führt er Sie vielleicht in eine Schulungseinrichtung oder legt Ihnen ein Gruppenfoto aller Ingenieure des Unternehmens vor, das wahrscheinlich bei ihrem alljährlichen Betriebsausflug entstand. Eine elegantere Antwort wäre, wenn er Ihnen die Liste mit den E-Mail-Adressen aller weltweit verbundenen Ingenieure in die Hand drückt. All diese Personen bilden zusammen mit den zugehörigen Verbindungsmechanismen das Qualifizierungszentrum.

Würden wir versuchen, die hier beschriebene Organisation bildlich darzustellen, sähen wir unabhängige Prozessteams, die weitgehend autonom arbeiten, aber von Prozessverantwortlichen angeleitet und von Coachs unterstützt werden. Abbildung 3 veranschaulicht dieses Bild. Sie ist mit Sicherheit *kein* typisches Organigramm. Eigentlich hat sie mit einem Organigramm überhaupt nichts gemein. Sie werden vergeblich nach Symbolen für Hierarchieebenen, Machtstrukturen und Weisungsbefugnisse suchen. Stattdessen können Sie dieser Übersicht entnehmen, wie Ressourcen zum Zwecke der Wertschöpfung miteinander kombiniert werden. Die Grafik bildet die operativen Abläufe ab und nicht etwa den Verwaltungsapparat.

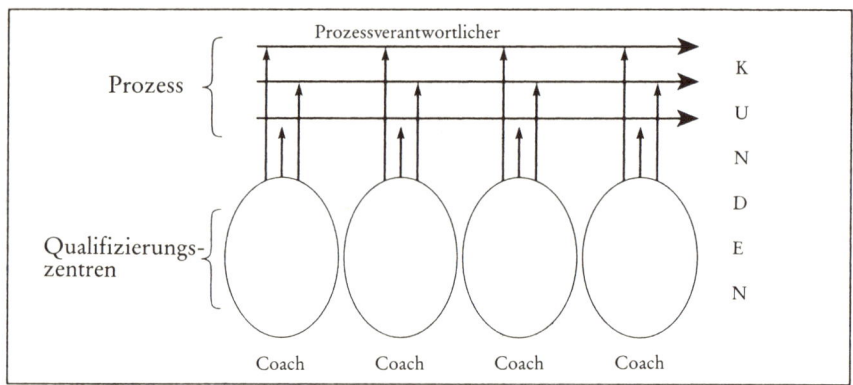

*Abbildung 3*

Oben aufgereiht finden Sie die Unternehmensprozesse, für die es jeweils einen Prozessverantwortlichen gibt. Ihr Ziel ist die Wertschöpfung für den Kunden. Die Ovale symbolisieren die Qualifizierungszentren, die »Inkubatoren«, in denen die Mitarbeiter ständig weitergebildet werden und auftanken können. Die vertikalen Pfeile stehen für die Entsendung von Mitgliedern der Qualifizierungszentren in die Prozessteams.

Jeder, dem dieses Bild gezeigt wird und der versucht, sein eigenes Unternehmen aus dieser Perspektive zu betrachten, stellt unweigerlich zwei Fragen. Die erste lautet: »Wo stehe ich selbst in diesem Diagramm?« Die zweite ist damit ganz eng verbunden: »Wer ist mein Chef?«

Wir haben diese Fragen in den Kapiteln 3 und 4 erörtert, als wir sahen, wie in einem prozesszentrierten Unternehmen aus Arbeitnehmern Prozessprofis werden und Titel und Bezüge völlig neu überdacht werden. Wir werden uns an dieser Stelle nochmals mit diesen Fragen auseinandersetzen – aber diesmal aus struktureller Sicht. Die eigentlich wichtige Frage lautet nämlich: »Wer trägt hier für wen die Verantwortung?«

Nehmen wir einmal an, Sie würden unmittelbar nach Abschluss Ihres Ingenieurstudiums von einem Unternehmen eingestellt. Am ersten Tag wird Ihr Name in dem für Ingenieure zuständigen Qualifizierungszentrum registriert. Schließlich sind Sie ja von Beruf Ingenieur, und Sie benötigen eine berufliche Identität. Wenn Sie einem Prozess zugewiesen werden, wird Ihr Name auch dort registriert (oder auch in mehreren Prozessen, wenn Sie Ihre Zeit entsprechend aufteilen). Ihr Name steht somit an zwei oder möglicherweise noch mehr Stellen in unserem operativen Geschäftsdiagramm.

Auf der Besetzungsliste des Prozessteams wird Ihr Name mit Bleistift eingetragen, da dieser Einsatz vermutlich – bzw. mit an Sicherheit grenzender Wahrscheinlichkeit – nicht für immer andauern wird. Irgendwann wird man Sie bitten, für einen anderen Prozess zu arbeiten – und sei es auch nur, um Ihren Horizont und Ihr Wissen zu erweitern.

In den Qualifizierungszentren gehören Sie jedoch zum festen Mitgliederkreis; Ihr Name wird also mit Tinte geschrieben. Als Ingenieur werden Sie im Laufe Ihrer Karriere viele Prozesse kennenlernen. Sie arbeiten möglicherweise in Prozessen wie Produktentwicklung, Auftragsakquisition oder Auftragsabwicklung mit – schlicht und einfach in allen Prozessen, in denen ein Ingenieur benötigt wird. Die ganze Zeit über werden Sie aber von Beruf Ingenieur bleiben. Eine Hand voll Mitarbeiter wechselt unter Umständen in einen anderen Beruf über. So könnte etwa ein Kundenservicespezialist sich das Know-how eines

Finanzexperten oder sogar eines Ingenieurs aneignen. In diesem Fall würde der oder die Betreffende auch von einem Qualifizierungszentrum zum anderen wandern. Aber derlei Sprünge sind nicht mit einfachen Umschulungen gleichzusetzen. Die Interessenten müssen dazu einen neuen Beruf wählen und daher auch eine ganz neue Berufsausbildung absolvieren. Dazu müssen sie möglicherweise sogar nochmals die Schulbank drücken. Es ist etwas völlig anderes, ob ein Ingenieur zum Auftragsabwicklungsprozess wechselt oder sich entschließt, Verkaufsexperte zu werden. Im ersteren Fall stellt er sich einer neuen Aufgabe; im letzteren schlägt er eine andere berufliche Laufbahn ein. Die meisten Menschen werden aber wahrscheinlich bei einem Beruf und somit einem Qualifizierungszentrum bleiben.

Wenn nun also Ihr Name an mehreren Stellen steht, für wen arbeiten Sie dann? Wer ist Ihr Vorgesetzter? In einem prozesszentrierten Unternehmen gibt es auf solche Fragen fünf mögliche Antworten, aber keine davon ist richtig.

Der erste und offensichtlichste Kandidat für den Titel »Vorgesetzter« oder »Chef« ist wohl der Prozessverantwortliche. Der Mann oder die Frau, der oder die diese Rolle bekleidet, definiert Ihre Arbeit und bestimmt, wie sie ausgeführt werden soll. Sie haben zwar beträchtlichen Spielraum bei der Umsetzung, aber letztlich ist es doch der Prozessverantwortliche, der den Prozess gestaltet, die Ziele vorgibt und Ihre Tagesordnung plant.

Auch Ihr Coach könnte als eine Art Vorgesetzter gesehen werden. Die für Ihr Coaching verantwortliche Person stellt Sie ein und kann Ihnen kündigen und ist für Ihre Aus- und Weiterbildung zuständig. Der Coach gibt Ihnen gute Ratschläge, Gehaltserhöhungen und blaue Briefe.

Was die operativen Entscheidungen anbelangt, sind Sie Ihr eigener Chef. Prozessprofis laufen nicht immer gleich zu einem Vorgesetzten, wenn sie mit einem Problem konfrontiert sind. Sie lösen die meisten Probleme in Eigenregie.

Gleichzeitig könnten Sie auch sagen, dass Ihre Teamkollegen Ihre Vorgesetzten sind, da deren Beurteilung Ihrer Person und Leistung ganz besonders wichtig ist. Sie arbeiten am engsten mit Ihnen zusammen; sie wissen, ob Sie gute Arbeit leisten, und haben ein persönliches Interesse daran, Ihnen mitzuteilen, wann dies nicht der Fall ist.

Schließlich könnten Sie antworten, dass der Kunde, der ja letztlich Ihr Gehalt bezahlt, Ihr Chef sei. Bei der Festsetzung Ihrer Prioritäten und Ihrer Marschrichtung haben die Wünsche des Kunden mit Sicherheit das meiste Gewicht. Angesichts der zunehmenden Auswahlmöglichkeiten der Kunden und des wachsenden Wettbewerbs wäre es heute fatal, diesen *capo di tutti capi*, diesen Herr aller Herren, zu ignorieren.

Faktisch aber ist in einem prozesszentrierten Unternehmen keiner dieser fünf Kandidaten der wahre Chef, weil es diese Vorstellung von einem Vorgesetzten gar nicht mehr gibt. Ein »Chef« ist ein Produkt der hierarchischen Pyramide: ein einzelner Mensch, der über Ihnen steht, Ihnen sagt, was Sie wie zu tun haben. In einem prozesszentrierten Umfeld gibt es keine solche Person mehr. Genauer gesagt: Die Aufgaben, die früher dem Vorgesetzten zukamen, werden dort auf viele Menschen verteilt, von denen keiner mit Fug und Recht als Ihr Chef bezeichnet werden könnte.

Einige ewiggestrige Organigrammanhänger werden darauf beharren, dass es sich bei der Darstellung auf Seite 148 nur um eine Abwandlung der berüchtigten Matrixorganisation handelt. In einem nach dem Matrixprinzip organisierten Unternehmen haben die Mitarbeiter mehrere Vorgesetzte (in der Regel zwei), von denen einer die primäre und der andere die sekundäre Weisungsgewalt besitzt, was jeweils durch eine durchgehende oder eine gestrichelte Linie angedeutet ist. Ein Ingenieur kann somit gleichzeitig an den Chefingenieur und an einen bestimmten Produktmanager oder Gebietsleiter berichten. Die Matrixorganisation, die eigentlich auf eine multidimensionale Perspektive abzielt, richtet in der Praxis häufig eher organisatorisches Chaos an. Jeder der beiden Vorgesetzten verfolgt andere Ziele, was beim Mitarbeiter dann Zielkonflikte und einen schlimmen Fall kognitiver Dissonanz hervorruft. »Wenn mein Chef anruft, dann notieren Sie bitte seinen Namen«, ist ein Witz, den man am häufigsten in Unternehmen hört, die sich für eine Matrixorganisation entschieden haben.

Unser Diagramm ist keineswegs eine Matrixorganisation mit zwei Vorgesetzten. In unserer Übersicht gibt es überhaupt keine Vorgesetzten. Die Grafik zeigt keinerlei herkömmliche Leitungsstrukturen. Um nochmals auf unser Beispiel der Footballmannschaft aus dem vorangegangenen Kapitel zurückzukommen: Stellen Sie sich einmal vor, Sie würden einen Guard der Offense fragen, ob er dem Offensekoordina-

tor oder dem Line Coach »berichtet«. Die Frage macht keinen Sinn.
Richtiger wäre es zu sagen, dass sie ihn beide unterstützen: Der eine
arbeitet die Spielzüge aus, der andere trainiert den Spieler. Ebensowenig
sind Prozessverantwortliche und Coachs Vorgesetzte. Sie sind lediglich
Menschen mit besonderen Aufgaben: Der eine gestaltet und verbessert
Prozesse; der andere bietet den Beschäftigten Weiterbildungsmöglichkeiten und Ratschläge. Letztlich liegt die Ergebnisverantwortung aber
beim einzelnen Prozessprofi. Sowohl der Prozessverantwortliche als
auch der Coach spielen eine unterstützende Rolle auf dem Weg zu diesem Ziel – sie sind keine Kontrollinstanzen mit jeweils eigenen Zielset-
zungen. Moira Lardakis ist bei der Versicherung Progressive Insurance
Gebietsleiterin für den Bundesstaat Ohio. Auf die Frage, ob die an der
Schadensregulierung beteiligten Prozessprofis in Ohio ihr oder dem
zuständigen Prozessverantwortlichen unterstellt sind, erwidert sie:
»›Unterstellt sein‹ ist bei uns keine sonderlich aussagekräftige Formulierung.« Diese philosophische Antwort spiegelt genau wider, worum
es im prozesszentrierten Unternehmen geht.

Nicht nur die Führungsqualität ändert sich in einem prozesszentrierten Unternehmen, sondern auch die Anzahl der Führungskräfte. Wie wir
gesehen haben, sind nur in seltenen Ausnahmefällen – beispielsweise in
Großkonzernen mit mehreren Milliarden Jahresumsatz – mehr als hundert Prozesse und Unterprozesse zu finden. Dies wiederum bedeutet,
dass es nicht viele leere Stühle für Prozessverantwortliche gibt. Sie werden Assistenten und einen Stab zu ihrer Unterstützung haben, doch wird
insgesamt keine große Anzahl von Menschen mehr für die eigentliche
Führungsverantwortung benötigt.

Wie viele Coachs wird es geben? Die alte Führungsspanne – also die
Zahl der Mitarbeiter, die im traditionellen Kontext einem Manager
unterstellt waren – lag zumeist zwischen sieben zu eins und zehn zu
eins. Ein Coach fördert und unterstützt seine »Schützlinge«. Überwachung und Kontrolle gehören nicht zu seinen Pflichten. Firmen, die den
Sprung zur Prozesszentrierung wagen, übertragen meist einem Coach
die Verantwortung für die Qualifizierung von 20 bis 25 Mitarbeitern
und stellen zu ihrer Überraschung fest, dass diese Zahl im Laufe der
Zeit stetig zunimmt. Wenn die Coachs ihre eigenen Fähigkeiten ausbauen und – was noch wichtiger ist – die Prozessprofis lernen, wie man
Coaching zu seinem Vorteil nutzt und autonom arbeitet, nimmt ein

Coach nicht selten bis zu 50 oder gar 60 Prozessprofis unter seine Fittiche.

Rein rechnerisch würde daraus resultieren, dass die Zahl der Menschen mit »Managementverantwortung« wahrscheinlich um mehr als 50 Prozent zurückgeht. Ganze Führungsebenen – Meister, Direktoren und Vizepräsidenten – werden ersetzt durch eine vergleichsweise geringe Anzahl von Prozessverantwortlichen und Coachs. Diese Entwicklung hat natürlich bereits begonnen. Die Prozessorientierung bei Progressive Insurance führte dazu, dass Manager im herkömmlichen Sinne weitgehend entbehrlich wurden. Bruce Marlow, der operative Leiter dieser Versicherung, vertritt die Ansicht, dass das Unternehmen seinen Umsatz verdoppeln könnte, ohne auch nur einen einzigen Manager zusätzlich einzustellen. 1995 dünnte der Kurierdienst UPS die Reihe seiner Manager um 5 000 aus. Bei einigen Werken von Federal Mogul kommen auf einen Meister 90 Monteure. Die meisten der 40 000 Entlassungen, die AT&T 1996 ankündigte, betreffen das Management.

Was wird aus den heutigen Managern werden? Einige werden sich gewiss in Prozessverantwortliche oder Coachs verwandeln, obwohl dieser Übergang schwieriger sein wird, als viele von ihnen meinen. Ein Großteil dessen, was Manager während ihres Aufstiegs in der traditionellen Hierarchie gelernt haben, ist im neuen Umfeld im günstigsten Fall nutzlos und im schlimmsten sogar schädlich. Nur wenige der heutigen Führungskräfte verfügen über die disziplinierten Fähigkeiten im Prozessdesign und in der Prozessverbesserung, die Voraussetzung für die Wahrnehmung der Aufgaben eines Prozessverantwortlichen sind. Noch weniger der heutigen Manager fühlen sich in der Haut eines Coach wohl – schließlich haben sie viele Jahre in einer Unternehmenskultur zugebracht, in der Ehrgeiz, Aggressivität und persönliche Härte als Tugenden galten. Viele Manager der alten Schule werden diesen neuen Weg nicht einschlagen wollen – nicht, weil der Übergang selbst so schwierig ist, sondern weil sie sich der neuen Arbeit nicht gewachsen fühlen. Ein weiser Manager, der sich selbst an die neuen Umstände angepasst hat, spricht davon, dass den Führungskräften »ein übler Streich gespielt« worden sei. Er erklärt, dass viele von ihnen als junge Menschen so hart gearbeitet haben, weil sie auf eine hochrangige Ebene aufsteigen wollten, auf der sie ein langsameres Tempo vorlegen und ihre Vorrechte genießen konnten. Aber der neue Führungsstil verlangt von ihnen unermüdlichen Einsatz für kontinuierliche Verbesserungen und die Weiterbildung der Beschäftigten und ist daher außergewöhnlich anstrengend. Unter dem Strich stehen die meisten Unternehmen, die ihre Prozesse in den Mittelpunkt ihres Interesses rücken, plötzlich vor einer Heerschar überflüssiger Manager, haben aber gleichzeitig Schwierigkeiten, geeignete Kandidaten für die Rolle des Prozessverantwortlichen und Coach zu finden.

Am schwersten fällt dieser Übergang jenen Führungskräften, die in den meisten Unternehmen den »oberen Führungsebenen des mittleren Managements« zugerechnet werden. Wer dieses Niveau erreicht hat, ist im allgemeinen schon so lange vom Tagesgeschäft entfernt, dass er keinen Bezug mehr dazu hat. Vielen Managern auf diesen Ebenen fehlen aber die Führungseigenschaften, die für einen Aufstieg ins Topmanagement erforderlich wären. Eine ganze Reihe von ihnen werden daher kündigen und bei Unternehmen ihr Glück suchen, in denen der Gedanke der Prozesszentrierung noch nicht auf fruchtbaren Boden gefallen ist.

Die Männer und Frauen auf der untersten Führungsebene und auf den unteren Sprossen des mittleren Managements wird ihr Weg eher zurück zur Kundenfront führen, von der sie ursprünglich kamen. Das ist kein so grausames Schicksal, wie man auf den ersten Blick meinen könnte. Schließlich wurden diese Menschen ja ins Management befördert, weil sie gute fachliche Fähigkeiten und Leistungen bewiesen haben. In einer Position, in der sie dieses Know-how einsetzen können, werden sie wahrscheinlich auch in Zukunft wieder Erfolg haben.

Die besten und klügsten Köpfe werden im prozesszentrierten Unternehmen also nicht mehr ihre Zeit damit verbringen, über andere zu wachen. Sie werden die Möglichkeit zu Glanzleistungen haben – und sie werden dafür genauso großzügig entlohnt, wie es bei einer Managementkarriere der Fall gewesen wäre. Dieses Phänomen müssen die Unternehmen in ihrer Vergütungspolitik berücksichtigen. Eine drastische Verringerung des Gehalts einer Führungskraft, die zur »Basis« zurückkehrt, würde eine gefährliche Botschaft implizieren: Sie würde den Eindruck erwecken, dass wertschöpfende Tätigkeiten nicht so wichtig sind wie die nicht wertschöpfende Verwaltungsarbeit.

Ein prozesszentriertes Unternehmen kann man sich somit am besten als eine lose Verbindung zwischen unterschiedlichen Prozessprofis vorstellen: Prozessbeteiligte, Prozessverantwortliche und Coachs. Es ist keine starre, streng strukturierte Hierarchie. Dennoch ist auch ein gewisses Mass an Koordinations- und Führungsarbeit unerlässlich, wenn all diese Einzelteile zu einem kohärenten, effizienten Ganzen zusammengefügt werden sollen. Diese Aufgabe kommt dem Unternehmensführer zu. Er ist das Gegenstück zum Cheftrainer bzw. Head Coach im Football.

Ohne eine lenkende Hand können auch die fähigsten Leute oftmals nicht die erforderlichen Ergebnisse erreichen. Prozesse mögen zwar gut konzipiert sein, aber die falschen Märkte ins Visier nehmen oder irrelevante Ziele anstreben; Mitarbeiter mögen zwar gut ausgebildet sein, setzen aber unter Umständen falsche Schwerpunkte und sind nicht genügend motiviert; jeder einzelne Prozess mag Spitzenleistungen erbringen, passt aber möglicherweise nicht zu den anderen. Es ist Aufgabe des Unternehmensführers, alle Puzzlesteine zusammenzufügen und somit das Schiff mit voller Kraft voraus auf dem richtigen Kurs zu halten.

Strategie, Motivation und Integration sind die Beiträge eines Unternehmensführers zum geschäftlichen Erfolg. Erstens formuliert der Unternehmensführer die Vision für das Gesamtunternehmen. So wie sich ein Unternehmensgründer die ursprüngliche Idee für ein Produkt oder eine Dienstleistung ausdenkt, die das Kernstück des Unternehmens bildet, muss der Unternehmensführer ein Bild des Unternehmens zeichnen und kommunizieren, das jeder versteht und mit dem sich jeder identifizieren kann. Die Prozessverantwortlichen können ihre Prozesse nicht gestalten, die Coachs ihre Prozessprofis nicht weiterbilden und die Prozessbeteiligten ihre Arbeit nicht durchführen, wenn sie keine Vorstellung von dem übergeordneten Daseinszweck des Unternehmens haben. Wer sind unsere Kunden und welches Problem versuchen wir für sie zu lösen? Das ist die grundsätzliche Identitätsfrage, vor der jedes Unternehmen steht. Für ihre Beantwortung ist der Unternehmensführer zuständig.

Eine einmal gefundene Antwort wird nicht für immer und ewig oder auch nur für zehn Jahre gelten. Angesichts der kontinuierlichen technologischen und gesellschaftlichen Veränderungen muss allein schon die Definition eines Unternehmens regelmäßig überprüft werden. Wie lange konnte sich eine Firma nach der Einführung des Personalcomputers als Minicomputerhersteller betrachten? Was bedeutet es, im Zeitalter der CD-ROM im Verlagswesen tätig zu sein? Wie definiert sich ein Fernsehsender, wenn das Publikum 500 Programme empfangen kann? Welche Zukunftsperspektiven haben Markenartikelanbieter in der Welt der markenlosen Erzeugnisse? Die Frage nach der Definition eines Unternehmens ist die grundlegendste und verwirrendste überhaupt, und sie kann nicht mit einer einfachen Formel beantwortet werden. Ein Entscheidungsbaum, wie er im herkömmlichen Betriebswirtschaftsstudium so beliebt ist, hilft hier nicht weiter. Eine Antwort ist nur möglich, wenn man den Kunden wirkliche Wertschätzung entgegenbringt, die technischen Gegebenheiten und Entwicklungen versteht und letztlich von der Richtigkeit der eigenen Einschätzungen überzeugt ist. In Kapitel 12 werden einige Instrumente vorgestellt, die Unternehmensführern bei der Beantwortung dieser Fragen helfen können – aber es sind eben nur Werkzeuge. Mit Sicherheit sind sie kein Ersatz für die persönlichen Erkenntnisse und den Weitblick des Unternehmensführers.

Der Unternehmensführer muss nicht nur die Vision eines Unternehmens beschreiben (oder seine Strategie, aber diese Bezeichnung ist leider schon überstrapaziert worden), sondern auch Denkweisen und Meinungen der Mitarbeiter prägen. Hier kommt seine charismatische Seite zum Tragen: Er spricht die Emotionen der Beschäftigten an, um sie zu Bestleistungen anzuspornen. Außergewöhnliche Leistungen sind nur selten rein logisch zu begründen. Den meisten Menschen genügen finanzielle Anreize in diesem Zusammenhang nicht. Voraussetzung für ihre Motivation ist eine übergreifende Vision von der Bedeutung ihrer Arbeit.

Durch persönliches Vorbild, direkte Interaktionen und endlose Kommunikation bestärkt der Unternehmensführer die Einstellungen und Denkweisen, die in einem Hochleistungsunternehmen erforderlich sind. Auf knappe Formeln reduziert, können solche Botschaften nichtssagend und simplizistisch klingen: Ihre Arbeit macht einen Unterschied. Wir sitzen alle im gleichen Boot. Der Kunde zahlt Ihr Gehalt. Wenn sie ein Unternehmensführer, der diesen Namen wirklich verdient, mit Leben erfüllt, können sie jedoch Mitarbeiter anfeuern und inspirieren. Für Ehrlichkeit gibt es keinen Ersatz; reines Nachbeten »politisch korrekter« Gemeinplätze hat nichts mit Inspiration oder Unternehmensführung zu tun. Ein wahrer Unternehmensführer muss seine inneren Zielvorstellungen und Überzeugungen vermitteln und nicht einfach nur Binsenweisheiten vorbeten. Diese Aufgabe wird in traditionellen Managementschulungen nicht gelehrt. Sie hat wenig mit Finanzanalyse zu tun, sondern ist in allererster Linie eine Frage des Charakters.

Eine Bemerkung von Ross Perot verdeutlicht diesen Aspekt der Führungsqualitäten. Auf die Frage eines Journalisten, ob General Colin Powell seiner Meinung nach einen guten US-Präsidenten abgeben würde, erwiderte Perot, dass Colin Powell nicht nur ein großartiger Führer für das Land, sondern auch für jedes Unternehmen wäre. Der zweite Teil dieser Aussage sollte uns nachdenklich stimmen. Warum sollte man von einem General der US-Armee, auch wenn er noch so gut in diesem Amt war, glauben, dass er sich an der Spitze eines Chemieunternehmens oder einer Versicherung ebenso wacker schlagen würde?

Denken Sie zurück an den Golfkrieg. Der hier errungene Sieg war – wie der Erfolg eines Unternehmens – nicht auf die Qualität der verwendeten Munition zurückzuführen, sondern auf die Qualität seiner Prozesse. Von zentraler Bedeutung waren in diesem Fall der Angriffsprozess, der so verheerende Folgen für die irakische Armee hatte, und der Logistikprozess, der eine schier unvorstellbare Zahl von Soldaten und ungeheure Mengen an militärischer Ausrüstung in Rekordzeit an den Schauplatz des Geschehens transportierte. Nicht Colin Powell, sondern General Norman Schwarzkopf und General Gus Pagonis waren die Prozessverantwortlichen, die diese beiden Prozesse konzipierten. Powells Beitrag war zwar weniger offensichtlich, aber ebenso wichtig. Wie reagierten Sie, wenn General Powell im Fernsehen die Feldzüge erläuterte? Welches *Gefühl* hatten Sie dabei? Auf die meisten Amerikaner – ob sie nun dem Militär angehörten oder Zivilisten waren – hatte sein Auftreten eine positive Wirkung. Sie fühlten sich inspiriert und zuversichtlich, und sie vertrauten diesem Mann. Sie glaubten an Colin Powell, sie zweifelten nicht an seinen Worten, und sie waren bereit, in diesem Krieg ihren Beitrag zu leisten. Der Mut, den die amerikanischen Soldaten am Golf bewiesen, hätte ihnen nicht von außen eingeredet werden können; dazu bedurfte es einer Führungsfigur, die ihre Emotionen ansprechen konnte.

Der dritte Beitrag eines Unternehmensführers besteht darin, die Prozesse so zusammenzufügen, dass sie nicht nur einzeln, sondern auch in ihrer Summe erfolgreich sind. Dazu stellt er die Ziele für Prozessverant-

wortliche und Coachs auf und verteilt dabei die Unternehmensressourcen so, dass sie für die Gesamtorganisation die besten Ergebnisse
erzielen. Falls nötig, interveniert der Unternehmensführer, um sicherzustellen, dass die verschiedenen Prozesse zusammenpassen, sodass
der Output des einen Prozesses zum Input des nächsten werden kann.
Der Unternehmensführer übernimmt den Prozessverantwortlichen
und Coachs gegenüber auch selbst Coaching-Aufgaben. Schließlich
müssen auch sie unterstützt und beraten werden. Der Unternehmensführer ist zudem auch der Verantwortliche für den »Management-
prozess«, in dem Prozesse gestaltet und verbessert und Mitarbeiter
weitergebildet werden. Irgendjemand muss entscheiden, wie das Unternehmen geführt werden sollte – die eigentliche Führung ist dann zwar
nicht die Aufgabe des Unternehmensführers, doch beeinflusst er den
Führungsansatz, den andere im Unternehmen wählen.

Wir haben diesen Menschen »Unternehmensführer« genannt. Manche Firmen ziehen für diese Rolle konventionellere Namen wie
»Geschäftsführer« vor; andere hingegen gebrauchen noch kühnerer
und evokativere Namen wie »Bereichs*eigentümer*«. Diese Bezeichnung
ist besonders aufschlussreich und nützlich. In einem Großkonzern
spielt der Unternehmensführer eines Bereichs die Rolle des Eigentü-
mers eines kleinen Unternehmens.

Einem typischen Spitzenmanager wird die Metamorphose zum Unternehmensführer nicht viel leichter fallen als seinen Kollegen im mittleren Management der Übergang zum Prozessverantwortlichen oder
Coach. Den schwierigsten Aspekt wird wohl die Anpassung im persönlichen Führungsverhalten darstellen, die dieser Schritt erfordert. Ein
Topmanager ist es gewohnt, Entscheidungen zu fällen und Befehle zu
geben. Alle anderen im Unternehmen sind dazu da, seinen Wünschen
Genüge zu tun. Ein Unternehmensführer hingegen ist ein Mensch, der
ein bestimmtes Umfeld schafft, indem er andere beeinflusst und überzeugt – und zwar häufig auf indirektem Wege. Der Unternehmensführer erweckt nicht den Anschein, der klügste, härteste oder erfahrenste
Manager im Unternehmen zu sein. Er stützt sich bei seinen Aufgaben
auf seine Weisheit: Er redet nicht nur, sondern hört auch zu; er teilt
nicht nur Kritik aus, sondern kann sie auch einstecken; er sucht nicht
nur nach den Schwächen der anderen, sondern gesteht auch seine eigenen ein. Ein Unternehmensführer ist leidenschaftlich und nicht zy-

nisch, enthusiastisch und nicht aufbrausend, vertrauenerweckend und nicht furchterregend. Der Topmanager ist der Schlossherr; der Unternehmensführer ist der Architekt.

Der Tod des Organigramms bedeutet nun aber nicht, dass wir in den organisatorischen Himmel aufgestiegen sind. Zwar kann ein prozesszentriertes Unternehmen mit etlichen sehr positiven Eigenschaften aufwarten, zum Beispiel Flexibilität, Dynamik und Kundenfokussierung, doch gilt es auch neue Herausforderungen zu meistern. Diskussionen und sogar Konflikte sind ein integraler Bestandteil dieses unweigerlich ambivalenten Umfelds. Die Aussage von Bruce Marlow von Progressive Insurance ist in diesem Zusammenhang eine deutliche Untertreibung: Er meinte, dass es im prozesszentrierten Unternehmen keine herkömmlichen Weisungsgewalten mehr gebe. Es gibt keine feste Form, keine Einzel- oder Gesamtverantwortung, keine geraden Befehlslinien – und keinen einfachen Weg zum reibungslosen Zusammenspiel.

In einem solchen Umfeld werden die Beschäftigten natürlich verschiedene Prioritäten setzen und zu unterschiedlichen Schlussfolgerungen gelangen. Das ist auch ganz legitim. Sie müssen dann Kompromisse aushandeln. Teams sind eine Brutstätte für Konflikte. Selbst Menschen, die sich einem gemeinsamen Ziel verschrieben haben, werden sich nicht einig darüber sein, welches der optimale Weg dorthin ist. Je mehr Zielverantwortung die Beschäftigten haben und je mehr ihre eigenen Meinungen respektiert werden, desto häufiger werden diese Auseinandersetzungen geführt werden und desto heftiger werden sie ausfallen. Wenn einem sowieso gleichgültig ist, was geschieht, wird man auch nicht genügend Energie aufbringen, um sich über solche Punkte zu streiten. Selbstverständlich werden sich solche Konflikte nicht auf die Reihen der Prozessbeteiligten beschränken. So kann es vorkommen, dass zwei oder mehr Prozessverantwortliche sich um die gleichen knappen Ressourcen streiten. Die Verantwortlichen für den Produktentwicklungs- und Auftragsabwicklungsprozess hätten unter Umständen beide gerne einen besonders erfahrenen Finanzexperten in ihrem Team und stellen beide entsprechende Forderungen an den Coach der Finanzexperten. Differenzen zwischen Prozessverantwortlichen werden auch an Prozessschnittstellen auftreten; jede Seite stellt hier bestimmte Forderungen an die andere.

Da Prozessverantwortliche sich auf eine optimale, heutige Leistung konzentieren und Coachs die personellen Ressourcen für morgen zu optimieren versuchen, werden auch kurz- und langfristige Prioritäten unweigerlich aufeinanderprallen. Nehmen wir als Beispiel nochmals den für Ingenieure zuständigen Coach, der zu dem Schluss gelangt, dass die Stoßrichtung des Unternehmens mehr Fachwissen in Hochtemperaturkeramik erfordert. Dieser Coach, nennen wir ihn Bill, setzt den Prozessverantwortlichen Paul davon in Kenntnis, dass er nach der Überprüfung der Mitarbeiter im Unternehmen zu dem Schluss gekommen sei, dass Jane, eine Ingenieurin in Pauls Team, am besten für eine Ausbildung auf diesem Gebiet geeignet sei. Daher habe er, Bill, für Jane einen sechsmonatigen Intensivkurs an einer technischen Universität organisiert. Vielleicht interessiert sich Paul für Hochtemperaturkeramik, vielleicht aber auch nicht. Möglicherweise liegt ihm auch gar nicht besonders viel an Jane persönlich. Aber sein Prozess liegt ihm *mit Sicherheit* am Herzen, und er glaubt womöglich, dass der Abzug von Jane aus seinen Team die Prozessleistung stark beeinträchtigen würde. Es wird geraume Zeit dauern, bis ein Ersatz gefunden und entsprechend ausgebildet ist, und selbst dann kann der Verlust von Jane auf lange Sicht negative Konsequenzen haben.

Wer hat in diesem Konflikt recht? Paul, dessen Anliegen als Prozessverantwortlicher die Leistung seines Prozesses ist, oder Bill, der als Coach der Weiterbildung von Jane und den längerfristigen Anforderungen des Unternehmens höhere Priorität einräumt? Beide haben recht. Diese Antwort mag zwar nicht eindeutig sein, doch spiegelt sie die Realität wider. Auch dieser Konflikt lässt sich nicht in das Schema der künstlich geteilten Loyalität pressen, das für die Matrixorganisation charakteristisch ist. Stattdessen ist er ein Anzeichen dafür, dass wir nun mal in einer komplexen Welt leben und oft versuchen müssen, auf Ziele hinzuarbeiten, die sich nicht hundertprozentig miteinander vereinbaren lassen.

In der Praxis sind eindeutige Prioritäten eher die Ausnahme. Vielschichtige Aspekte und Forderungen sind die Regel, und es gibt kein Geheimrezept dafür, wie man zwischen ihnen abwägt. Faktisch gab es schon immer Konflikte in den Unternehmen, doch waren sie bislang von der täuschenden Einfachheit des herkömmlichen Organigramms verdeckt. Die Offenlegung dieses Zündstoffs im prozesszentrierten Unternehmen zwingt uns, die Tatsache einzugestehen, dass die gleich-

zeitige Sorge um Prozesse und Mitarbeiter, Kunden und Kosten und
kurz- und langfristige Folgen notgedrungen zu Differenzen zwischen
Menschen führt, die alle in bester Absicht handeln. Es ist aber weitaus
besser, sich diesen Konflikten zu stellen, als zu versuchen, sie unter den
Teppich zu kehren. Unternehmen haben eine Vielzahl von Methoden
für den Umgang mit Konflikten entwickelt, von offiziellen Verhandlungen bis hin zu internen Marktmechanismen, die Prozessverantwortlichen und Coachs erlauben, sich um knappe Ressourcen zu bewerben.
Die Wahl der geeigneten Konfliktlösungsmethode ist weitaus weniger
wichtig als die Erkenntnis, dass die prozesszentrierte Welt kein fried-
liches Utopia ist, sondern ein Ort, an dem konstruktive Auseinandersetzungen als Zeichen für Vitalität, Leidenschaft und Engagement gewertet werden.

# Kapitel 9
# Frontberichte (II)

In Militärmanövern gehen die Truppen an die vorderste Front, während die militärischen Führer im Bunker zurückbleiben und die Befehle erteilen. Wenn ein Unternehmen aber seine Prozesse in den Mittelpunkt rückt, darf niemand mehr hinter den Linien zurückbleiben. Alle gehen an die Front.

Vom Topmanager, der die Rolle des Unternehmensführers übernimmt, über die Manager im Mittelbau, die ihre Kontroll- gegen eine Beratungsfunktion eintauschen müssen, bis hin zu den Prozessbeteiligten, die eine bislang ungewohnte Verantwortung für die Befriedigung der Kunden auf sich nehmen, stehen alle vor einer neuen Situation. Alle müssen neue Rollen lernen, und dazu sind neue Einstellungen und Fertigkeiten erforderlich.

In Kapitel 2 haben uns einige Prozessbeteiligte darüber berichtet, wie sich ihr Arbeitsleben verändert hat. In diesem Kapitel werden ein Prozessverantwortlicher, ein Coach und ein Unternehmensführer zu Wort kommen.

## Bob McMillan von Progressive Insurance – Prozessverantwortlicher

In Kapitel 3 haben wir gesehen, wie die Versicherungsgesellschaft Progressive Insurance ihren Schadensregulierungsprozess und die Arbeit der Schadensregulierer revolutionierte. Bob McMillan, der Leiter der Gebietsniederlassung von Progressive Insurance im US-Bundesstaat

Florida, spielt neben dieser Tätigkeit auch noch die Rolle des Prozessverantwortlichen für den neuen Schadensregulierungsprozess. Seine
neue Aufgaben sieht er so:

Wie die meisten Erfolgsstorys, so ergab sich auch unsere nicht
von einem Tag auf den anderen. Als wir im Juli 1991 erstmals mit
unserem »Programm zur Sicherung sofortiger Reaktionen in
Schadensfällen« begannen, hatten wir noch keine empfohlene
Struktur für unsere 200 Büros festgeschrieben. Wir sagten ihnen
lediglich, dass es nicht mehr in Ordnung sei, einen Schadensfall in
einer Woche oder zehn Tagen zu bearbeiten: Von nun an würden
wir von ihnen erwarten, dass sie sofort reagierten. Die Büros
dachten sich 200 verschiedene Lösungsansätze für diese Problem
aus. Und in den ersten Monaten traten in nahezu allen Büros gravierende Störungen im Arbeitsfluss auf.

Aber wir beobachteten sie alle weiter in Aktion, bis wir dann
schließlich erkannten, dass diejenigen Büros, in denen der neue
Ansatz klappte, auf Teamarbeit gesetzt hatten. Elegant war diese
ganze Prozedur mit Sicherheit nicht. Es war einfach empirische
Forschung im »großtechnischen« Maßstab. Den Prozessverantwortlichen fiel dann die Aufgabe zu, die landesweite Arbeit zu
beobachten, Erfolge zu identifizieren und zu versuchen, den
übrigen Mitarbeitern die Erfolgsfaktoren zu erläutern.

Inzwischen schreiben wir im ganzen Unternehmen vor, dass
Schadensfälle von Teams reguliert werden müssen. In den einzelnen Landesteilen befinden wir uns nach wie vor in unterschiedlichen Entwicklungsphasen. In manchen Büros steuern sich die
Teams inzwischen selbst, aber in anderen läuft die Teamarbeit
noch in relativ traditionellen Bahnen ab – und das scheint dort
auch zu funktionieren. Die Palette ist also recht breit, und das
stört mich keineswegs, solange der Prozess nur funktioniert.

Als Prozessverantwortlicher spreche ich täglich mit der Führung der Schadenssparten oder den für Schadensregulierung zuständigen Topmanagern unserer verschiedenen Gebietsorganisa-
tionen. Meine Aufgabe besteht darin, jeweils die besten Praktiken
in der Schadensregulierung zu identifizieren und dann für die
anderen neun Spartenleiter Empfehlungen auszuarbeiten. Die

meisten dieser Kollegen sind ebenfalls Prozessverantwortliche, nur sind sie auf andere Unternehmensprozesse spezialisiert. Wir gehen folgendermaßen vor: Sie erklären sich bereit, meine Empfehlungen für die Schadensregulierung anzunehmen, weil ich aus dieser Ecke komme und auf diesen Prozess spezialisiert bin. Im Gegenzug beuge ich mich dann ihren Wünschen bei ihren jeweiligen Prozessen.

Ich widme auch einen großen Teil meiner Zeit der Leitung unserer Organisation in Florida. Als Gebietsleiter für diesen Bundesstaat habe ich die volle Ergebnisverantwortung eines Geschäftsführers. Diese Doppelrolle ist ein einzigartiges Kennzeichen unserer Unternehmensstruktur.

Bruce Marlow, unser Chief Operating Officer, spielt bei der letztendlichen Definition unserer Leistungsmessgrößen für jeden Bereich eine gewichtige Rolle. Er reist viel umher und besucht verschiedene Außenstationen und berichtet mir und auch unserem CEO über die Fortschritte, die dort jeweils in der Schadensregulierung gemacht werden. Er sagt zum Beispiel: »Ich war gestern in der Gegend von Providence, Rhode Island, und dort hat man mir diese oder jene Methode für die Erfassung von Schadensmeldungen und die Einsatzplanung für die Schätzer beschrieben.« Dann fragt er mich, ob ich dies eventuell für eine Prozessverbesserung halte oder der Meinung bin, dass dies lediglich der Verschwendung weiteren Vorschub leisten würde.

In Rhode Island wurden alle Schadensmeldungen an einer zentralen Stelle mit gebührenfreier Telefonnummer gesammelt, anstatt in einem von mehreren lokalen Schadensregulierungsbüros. Dieser Ansatz schien unter Umständen besser zu sein als der bisherige. Daher nahmen wir ihn genauer unter die Lupe und stellten fest, dass es sich tatsächlich um eine Verbesserung handelte. Sie bot auch ein gewisses Einsparungspotential, weil es weniger kostet, mehr Mitarbeiter an einem Standort zu beschäftigen, als mehrere kleine Gruppen über den ganzen Bundesstaat verstreut aufrechtzuerhalten. Also setzten wir diesen Ansatz auch in unseren anderen Bezirken um. Wir suchen stets nach neuen Wegen zur Rationalisierung und Feinabstimmung des Systems. Das ist ein fortlaufender Prozess, der niemals abgeschlossen sein wird.

Ein weiteres Beispiel sind die Untersuchungen, die wir jetzt im Moment durchführen. Wir wollen nämlich herausfinden, wie wir sicherstellen können, dass das für einen Schadensfall ausgewählte Teammitglied auch das Fachwissen mitbringt, das angesichts der Schwere und Komplexität des jeweiligen Unfalls nötig ist. Wir versuchen, Verfahren und Kennzahlen zu finden, anhand derer wir die Schwere eines Unfalls bereits bei der ersten Schadensmeldung messen können. Bei uns werden pro Monat 50 000 Unfälle gemeldet, also müssen wir einen einfachen Weg zur Kategorisierung dieser Schadensfälle finden. Wurde ein Notarzt oder die Polizei gerufen? Hatte eines der beteiligten Autos einen Totalschaden? Sind die Unfallgegner frontal aufeinandergeprallt? Wird eine dieser Fragen mit Ja beantwortet, handelt es sich gewiss um einen schweren Unfall. Das ist eine sehr traumatische Situation. Kompliziert wird das Ganze auch werden, und die Person, die wir an den Unfallort entsenden, wird großen Belastungen ausgesetzt sein. Also sollten wir tunlichst eine voll ausgebildete, erfahrene Kraft wählen. Wenn aber in der Schadensmeldung von »Dellen«, »Zusammenstoß auf dem Parkplatz« oder anderen Anzeichen für einen weniger gravierenden Unfall die Rede ist, können wir auch jemanden mit nicht ganz so viel Erfahrung hinausschicken.

Wir arbeiten also an einer Liste mit Schlüsselworten, die wir mit dem Erfahrungsniveau unserer Schadensregulierer in Einklang bringen können. Und wir entwickeln ein Softwareprogramm, das den Erfahrungsstand und die Fachkenntniswertung all unserer Schadensregulierer auf Knopfdruck anzeigt. Aus dieser Datenbank wird man auch ersehen können, wie viele Unfälle dem einzelnen innerhalb eines beliebigen Tages zugewiesen wurden und ob der oder die Betreffende gerade Rufdienst hat oder nicht. Also kann ich sagen: »Ich habe hier einen Unfall Stufe 4. Ist ein Schadensregulierer Stufe 4 im Augenblick verfügbar?«

An solchen gestalterischen Fragen arbeite ich, und zwar immer mit dem übergeordneten Ziel, den Zeitaufwand zu verkürzen und den Schadensabwicklungsprozess schneller und präziser zu machen. Aus dem Tagesgeschäft halte ich mich weitgehend heraus; ich sage beispielsweise dem Gebietsleiter vor Ort nicht, ob er irgendein Dingsda für Links- oder Rechtshänder bestellen soll.

Zufällig macht es mir Spaß, eine aktive Führungsrolle zu spielen. Aber diesen Wunsch versuche ich auf meine Aufgabe als Gebietsleiter zu beschränken. Als Prozessverantwortliche müssen die anderen Gebietsleiter und ich uns aus dem Geschehen vor Ort heraushalten und dürfen nie den Gesamtüberblick aus den Augen verlieren.

In meiner Rolle als Gebietsleiter arbeite ich eng mit den anderen Prozessverantwortlichen zusammen. Sie weisen mir bei ihren Prozessen ebenso den Weg, wie ich sie bei meinem lenke und berate. So ist etwa der für den Angebotserstellungsprozess verantwortliche Kollege auch Gebietsleiter in einem anderen Teil des Landes. Wenn meine Angebote in Florida zu wünschen übrig lassen, wenn ich sie nicht schnell genug hinausschicke und wenn sie noch dazu nicht präzise genug sind, wird er mich anrufen und fragen, wie er mir bei der Lösung dieses Problems behilflich sein kann.

In diesem Fall ist er für mich nicht ein Kollege in der Rolle als Prozessverantwortlicher, sondern derjenige, der mir als Gebietsleiter sagt, was verbessert werden muss. Morgen könnte es genau umgekehrt sein, wenn ich ihn wegen eines Problems anrufe, das bei der Schadensregulierung in seinem Bezirk aufgetreten ist.

Typisch für meine Arbeit ist folgende Situation: Ich sehe mir die monatlichen Leistungszahlen an, und da fällt mir auf, dass in einer bestimmten Region die Reaktionszeiten schlechter geworden sind. Also rufe ich den dortigen Verantwortlichen für die Schadensregulierung an und frage, was denn das Problem sei. Ist es personeller oder organisatorischer Natur? Liegt es an der Ressourcenausstattung, oder hapert es vielleicht mit der Teamorganisation? Wir denken gemeinsam nach, und dann spreche ich mit dem Gebietsleiter oder einem anderen meiner Kollegen – wer immer dort der richtige Ansprechpartner ist. »John«, sage ich, »ich habe soeben mit Paul über dieses Problem gesprochen, und ich wollte es auch mit Ihnen diskutieren.« Dann erzähle ich John, worauf das Problem Pauls Meinung nach zurückzuführen ist: Er hat nicht genügend Leute, und wir müssen ein weiteres Team organisieren oder einen neuen Teamleiter benennen. Ich sage zu John: »Paul arbeitet daran, und ich werde seine Fortschritte verfolgen, aber ich wollte Ihnen nur mitteilen, dass er und ich diese Frage erörtert haben. Diese Sache macht mir Sorgen, aber ich glaube, dass Paul dieses Problem richtig erkannt hat und einen Plan für seine Lösung ausarbeiten wird.«

Das ist der richtige Ansatz, aber es dauerte geraume Zeit, bis ich das konnte. Eine Zeitlang wandte ich mich direkt an John, aber das brachte nichts, denn dann wurde Paul wütend. Wenn ich aber mit Paul sprach, ohne John hinterher über unser Gespräch zu informieren, war John verärgert. Es ist also ungemein wichtig, dass man den richtigen Gesprächsansatz wählt.

Ich stehe als Prozessverantwortlicher außerhalb der Gebietsorganisation, bin aber über meine Rolle als Gebietsleiter gleichzeitig auch ein Insider. Also muss ich ganz deutlich sagen, in welcher Eigenschaft ich jeweils anrufe, und muss mich nach Kräften bemühen, hier ein Gleichgewicht zu finden. Als Prozessverantwortlicher für die Schadensregulierung bin ich nicht Teil der Gebietsorganisation von Paul und bestimme daher nicht über sein Gehalt. Aber ich habe sehr wohl Einfluss auf seine variable Prämie. Er ist mir nicht unterstellt, aber ich bin davon überzeugt, dass man sich seine Glaubwürdigkeit verdienen muss, und das kann ich, indem ich Paul helfe. Wenn er weiß, dass ich ihm bei einem Problem helfen kann, wird er mir mehr vertrauen, und dann kann ich effektiver arbeiten. Als Prozessverantwortlicher erhält man also nicht automatisch eine Machtfülle. Man muss sich das Vertrauen der Kollegen verdienen.

## Jim Marr von Texas Instruments – Coach

Texas Instruments wird nicht nur durch Business Reengineering zu einem prozesszentrierten Unternehmen, sondern wendet auch umgekehrt die Organisationsstrukturen und Verfahren der Prozesszentrierung selbst auf seine Reengineering-Initiative an. Jim Marr spielt dabei die Rolle des Reengineering-Leaders und fungiert in einem der mit dem Reengineering verbundenen Qualifizierungszentren als Coach.

In unserem Reengineering-Projekt spiele ich eine Doppelrolle. Ich bin eines von vier Mitgliedern des Prozess- und Ressourcenmanagementteams, dessen Aufgabe darin besteht, das gesamte Reengineering-Projekt zu steuern. Unsere Qualifizierungszentren bringen Mitarbeiter mit ähnlichen Fähigkeiten zusammen und erweitern deren Know-how durch kontinuierliches Coaching und Weiterbildungsmaßnahmen. Sie stellen Grundelemente unseres Reengineering-Projekts dar. Sie ermöglichen uns, die richtige Person zum richtigen Zeitpunkt dem richtigen Projekt zuzuordnen. Ich bin auch Coach für das Qualifizierungszentrum, das die 95 Reengineering-Leader in unserem Unternehmen betreut. Ich unterstütze davon etwa 30.

In unserer neuen Organisationsstruktur werden Menschen mit ähnlichen Fähigkeiten und Pflichten, die bislang überall im Unternehmen verstreut waren, in Qualifizierungszentren zusammengefasst. Solche Zentren gibt es unter anderem für Werbefachleute, für Programmierer und Systemanalytiker, für Systemarchitekten und Netzwerktechniker. Jeder Beruf ist vertreten, und alle Reengineering-Leader gehören dem Qualifizierungszentrum für Leader an. Jeder von uns hat einen Coach, eine Person, die uns unterstützt – also etwas völlig anderes als ein Chef alter Schule. Meiner ist der Leiter des Prozess- und Ressourcenmanagementteams. Der Coach ist in der Regel der Mensch, der mit den Mitarbeitern gemeinsam ihre Prioritäten festlegt und die Prozesseinsätze plant, aber der Schwerpunkt liegt dabei auf dem langfristigen Wachstum, auf dem Ausbau von Fähigkeiten. Wir wollen den Transfer der besten Praktiken und Kenntnisse im ganzen Unternehmen vorantreiben. Darüber hinaus unterstützen die Coachs die Projektleiter, so dass diese ihre jeweiligen Projekte mit den besten verfügbaren Mitarbeitern besetzen können.

Ein Coach muss nicht über die gleiche Sachkenntnis verfügen wie seine »Schützlinge«. Es schadet zwar gewiss nicht, wenn er etwas vom betreffenden Fach versteht, und gewisse Grundkenntnisse sind auch unbedingt erforderlich. Die wichtigste Fähigkeit eines Coach besteht aber darin, Menschen bei ihrer Entwicklung zu helfen: Er muss ihnen wirklich zuhören können, muss erklären können, worum es bei einer Veränderung geht, ihre Bedeutung herausarbeiten, Menschen dafür gewinnen und begeistern. Diese Person muss also aktiv und rund um die Uhr Menschen dabei unterstützen, ihr Potential auszuschöpfen. Das ist eine ganz andere Rolle, als sie die Manager bisher spielten, die einen breiten Tätigkeitsbereich mit vielen verschiedenen Berufsgruppen überwachten. Sie waren sozusagen »Hansdampfe in allen Gassen«, waren aber in keiner einzigen Disziplin Meister.

Nach der Formulierung und finanziellen Ausstattung eines neuen Projekts müssen geeignete Mitarbeiter dafür gefunden werden. Die Coachs in unseren Zentren erstellen Listen mit den Namen qualifizierter Mitarbeiter. Sie kennen die Fähigkeiten der ihnen zugeordneten Mitarbeiter und können Kenntnislücken vorhersehen, die den Projekterfolg in Gefahr bringen würden. Daher stellt ein Coach zu diesem Zeitpunkt einen Schulungsplan auf, um Wissensdefizite auszumerzen oder ganz neue Fähigkeiten zu erschließen. Mit anderen Worten: Der Coach wird alles tun, was für einen reibungslosen Verlauf des Projektes erforderlich ist. Dadurch werden die Projektleiter von den bürokratischen Fallstricken befreit, sodass sie sich hundertprozentig um die erfolgreiche, planmäßige Durchführung des Projekts kümmern können.

Wir versuchen, Mitarbeiter nicht aus laufenden Projekten abzuziehen, wenn ihre Versetzung Störungen im Prozessablauf zur Folge haben könnte. Unsere Qualifizierungszentren bieten uns einen weitaus größeren Talentpool für die Suche nach den optimal geeigneten Personen. Wir wissen, dass es sie gibt, nur ist es nicht immer einfach, sie zu finden und für das neue Projekt freizustellen. Der Coach versucht, gemeinsam mit dem neuen und dem alten Projektleiter ein akzeptables Datum für den Wechsel zu finden, das den Anforderungen beider Projekte gerecht wird.

Der neue, prozessorientierte Ansatz führt dazu, dass die Mitarbeiter nicht mehr »Eigentum« ihrer Geschäfteinheiten sind. Man könnte sogar sagen, dass sie sich Mitarbeiter aus dem »Bestand« der Qualifizierungszentren ausleihen. Niemand möchte Mitarbeiter, die keinen Beitrag zum Projekt leisten, aber dennoch aus der Projektkasse finanziert werden müssen. Projektleiter sind angehalten, ihre Budgetvorgaben zu erfüllen. Früher hatten es die Manager gerne, wenn viele Mitarbeiter für sie arbeiteten, weil dies den Eindruck erweckte, dass sie dann mehr Verantwortung hätten, was letztlich mit einer höheren Vergütung belohnt wurde.

Die Manager im Mittelbau fühlen sich vermutlich von diesen Änderungen besonders stark bedroht. Früher verteilten wir unsere Finanzmittel in jährlichen Raten. Sobald die Konzernleitung die personellen und finanziellen Anforderungen eines Managers für das nächste Jahr abgesegnet hatte, wusste dieser, dass er sich jetzt bequem zurücklehnen und tun und lassen konnte, was ihm beliebte. Er wusste, dass er für ein Jahr ausgesorgt hatte. Wenn also die Durchlaufzeit ein klein wenig zu wünschen übrig ließ, war das kein großes Problem! Heute wählen wir Mitarbeiter für ein Projekt aus, und sie bringen es zum Abschluss, und wenn sie gute Arbeit leisten, finden wir für sie ein neues Projekt. Wir haben das Sicherheitsnetz abgezogen. Die neue Motivation lautet: Wie viele Projekte, die wirklich von Vorteil für das Unternehmen sind, kann ich bis zum nächsten Beurteilungstermin durchziehen? Wer sich an seine Mitarbeiter klammert und die Zykluszeit künstlich in die Länge zieht, fördert damit seine Karriere heute nicht mehr.

Zu Beginn unseres Reengineering-Projekts wechselten einige Mitarbeiter in andere Teile unseres Unternehmens, um diesem Vorstoß aus dem Weg zu gehen. Business Reengineering war bei uns aber so erfolgreich, dass es sich überall im Unternehmen verbreitet und sich praktisch keiner mehr davor drücken kann. Wer damit nicht leben kann, verlässt unser Unternehmen. Als wir diese Veränderungen umsetzten, war eine unserer Kennzahlen das Verhältnis zwischen Führungskräften und Mitarbeitern. Vorher hatten wir hier ein Verhältnis von sechs oder sieben zu eins; nach der Veränderung waren es zwölf zu eins – und da sind die Coachs als Führungskräfte mitgerechnet. Auf diese Weise ist zwar die Zahl unserer Mitarbeiter gleich geblieben, doch stehen uns mehr Beschäftigte für die eigentliche Arbeit zur Verfügung.

Außerdem haben wir unsere Software-Entwicklungszeit im ersten Jahr von 22 auf 13 Monate reduziert. Inzwischen ist sie auf acht Monate gesunken, und letztendlich streben wir zwei Monate an. Jeder weiß ganz genau, was wann von wem erledigt werden muss. Die Kommunikation spielt dabei eine große Rolle: Wir müssen sicherstellen, dass alle die gleiche Sprache sprechen und ein sehr klares, konkretes Verständnis des Projektziels haben.

In unserer Reengineering-Initiative erarbeiteten wir ein theoretisches Modell für unsere Organisationsstruktur. Dann baten wir die Beschäftigten im Grunde, ihre alten Positionen aufzugeben und uns zu sagen, welche Aufgaben sie in dem neuen, generalüberholten Unternehmen übernehmen möchten. Jeder konnte angeben, was auf Platz eins, zwei und drei seiner Prioritätenrangfolge stehen sollte.

Wir stellten fest, dass zwar viele von uns an das Modell glaubten, dass aber im Grunde niemand eine dieser neuen Positionen bekleiden wollte. Alle wollten bei ihren bisherigen Aufgaben bleiben. Das Problem dabei war, dass es von diesen alten Stellen nicht mehr allzu viele gab, also mussten viele von uns einen Sprung ins kalte Wasser ohne umfassende Informationen wagen. Dazu waren nur die wenigsten bereit. So rangierte zum Beispiel die Aufgabe des »Coach« auf unserer Wunschliste maximal auf Platz zwei. Meiner Meinung nach war dies in erster Linie auf die Angst vor dem Unbekannten zurückzuführen. Wir mussten also darüber nachdenken, ob wir wirklich an diesen neuen Ansatz glaubten. Nach einigen recht heftigen Diskussionen konnten drei von uns dazu überredet werden, sich als Coach zu versuchen.

In der alten Organisation saßen die Führungskräfte in einem Raum und erstellten Beurteilungen allein auf der Grundlage ihrer eigenen Inputs. Heute teilt der zuständige Coach den Beschäftigten mit, welche Wertung sie in ihrer Leistungsbeurteilung erhalten. Dabei werden aber viele verschiedene Stimmen berücksichtigt: Projektleiter geben Feedback zur Leistung, und wir befragen dazu auch noch Kunden, Kollegen und andere, die Aufschluss über die Leistung eines Mitarbeiters geben können. Unsere Beschäftigten erhalten jetzt eine »Rundum-Beurteilung«, wie wir das nennen. Die Aufgabe des Coach besteht darin, all diese Meinungen miteinander in Einklang zu bringen und eine konstruktive Diskussion mit den betreffenden Mitarbeitern in Gang zu setzen, damit sie wissen, was sie gut machen und was nicht und welche Möglichkeiten für weitere Verbesserungen sich ihnen bieten.

Ein Vorteil dabei ist die Tatsache, dass die Projektleiter heute ganz ohne Umschweife sagen können, welche Leistungen jemand erbringt. Schließlich sprechen sie nicht mit dem oder der Betroffenen selbst, sondern nehmen den Coach als ihr Sprachrohr – und der hat gelernt, wie man konstruktive Kritik übt. Wir haben den Eindruck, dass sich die Qualität des Feedbacks in unserem Unternehmen verbessert hat. Wenn Menschen unmittelbar Tag für Tag zusammen arbeiten, neigen sie dazu, negative Punkte zu beschönigen. Sie reden daher gerne um den heißen Brei herum, wenn sie jemanden auf eine Schwäche hinweisen sollen. Bei uns kann der Projektleiter heute aber klipp und klar sagen, was Sache ist. Es ist dann Aufgabe des Coach, daraus eine konstruktive Botschaft zu machen. Jeder weiß heute, dass es nichts Schlimmeres gibt, als jemand über seine Verbesserungsmöglichkeiten im Unklaren zu lassen. Es hilft nicht, wenn man die bittere Medizin mit einem Löffel Zucker zu versüßen versucht, weil dann die Leute glauben, dass sie zu diesem oder jenem in der Lage sind – und wenn sie es dann tatsächlich machen müssen, fallen sie auf die Nase.

Am liebsten ist es uns, wenn jemand zu uns kommt und sagt: »Hören Sie, ich weiß, dass ich auf diesem Gebiet schwach bin. Welche Weiterbildungsmöglichkeiten gibt es hier für mich?« Manchmal haben Mitarbeiter nämlich Lücken, von denen niemand anderer etwas weiß. Wenn die Betreffenden uns davon erzählen, können wir ihnen wirklich helfen. Wissen Sie, wir alle haben Schwächen, und das Beste ist, sie offen zuzugeben. Außerdem hängt die Glaubwürdigkeit eines Coach auch davon ab, welches Feedback er gibt. Wenn wir nicht die wahren Fähigkeiten unserer Mitarbeiter erkennen, wenn wir sie einem Projekt zuordnen, an dem sie scheitern – nun, dann ist das Projekt den Bach hinuntergegangen und mit ihm die Glaubwürdigkeit des Coach.

Früher war es bei uns nicht üblich, seinem Vorgesetzten gegenüber die eigenen Schwächen einzugestehen, weil der das dann gegen einen verwenden und eine Gehaltserhöhung verweigern konnte. Wenn man keine Schwächen zeigte, hatte man theoretisch auch keine. Im Coaching-System liegt der Schwerpunkt stets auf Verbesserungs- und Entwicklungsmöglichkeiten, und zwar in möglichst vielen Bereichen. Wir wollen Schwächen in Stärken ummünzen.

## Emmanuel Kampouris von American Standard – Unternehmensführer

Emmanuel Kampouris sagt, seine Aufgabe als CEO von American Standard sei im Grunde kontinuierliches Change Management. Er formuliert die Ziele und Sollvorgaben des Unternehmens und stellt sicher, dass alle erforderlichen Voraussetzungen geschaffen werden. In einem Umfeld, das ständig in Fluss und von hartem Wettbewerb geprägt ist, kann ein Unternehmen nur überleben, wenn es sein Angebot und seine Abläufe immer weiter verbessert. Der Unternehmensführer, so Kampouris, sei die Person, die alle anderen anspornt, ihnen gut zuredet und dafür sorgt, dass alle die nötigen Veränderungen vornehmen. »Das Tempo des Wandels ändert sich von Zeit zu Zeit, aber man muss sich stets verändern und anpassen. Man wird darin allmählich sehr geschickt.«

Als wir im Jahr 1990 mit dem Business Reengineering unseres Herstellungsprozesses begannen, bestand unser Ziel darin, die Durchlaufzeit in unserer Produktion zu verkürzen. Wir gingen zum »nachfragegesteuerten Management« über, mussten also bei der Herstellung unserer Produkte so flexibel werden, dass wir sie genau dann anbieten konnten, wenn die Kunden sie wollten.

Wir messen unsere Leistung anhand des Lagerumschlags. Dieser ist definiert als Wert der Lagerbestände geteilt durch die aufs Jahr umgerechneten Produktkosten. Als wir mit den Messungen begannen, hatten wir einen Lagerumschlag von ungefähr 3,2, und der Durchschnitt der *Fortune*-500-Unternehmen lag bei 3,1 oder 3,2. Wir wollten den Lagerumschlag innerhalb von drei Jahren verdoppeln. Das bedeutete im Grunde, dass wir unsere Bestände halbieren mussten. Wir wählten diesen Weg, weil wir uns eine große Schuldenlast aufgehalst hatten. Für die enormen Zinszahlungen benötigten wir Bargeld in Millionenhöhe. Ohne eine Reduzierung unserer Bestände hätten wir zwar auch überleben können, aber wir hätten dann bei der Produktentwicklung und bei unseren Investitionen untragbare Einschnitte vornehmen müssen, die sich in vier, fünf oder sechs Jahren in unserem Ergebnis niedergeschlagen hätten.

1992 war der Lagerumschlag ungefähr auf 6,2 geklettert. Im Augenblick liegt er in der Größenordnung von 11. Letztendlich streben wir einen Wert von 15 an. Das bedeutet, dass wir eine gut geölte Maschinerie haben müssen und dass unsere Anlagen so flexibel sein müssen, dass sie genau das produzieren und liefern können, was der Kunde bestellt.

Obwohl wir seit vier Jahren voller Begeisterung an diesem Projekt arbeiten, überdenken und gestalten wir unseren Ansatz immer wieder neu. Ganz ehrlich gesagt glaube ich nicht, dass wir jemals zu einer perfekten, für immer gültigen Lösung gelangen werden. Nachdem wir die ungeheuren Verbesserungen im Produktionsprozess gesehen haben, begannen wir uns 1992 zu fragen, ob wir nicht ähnliche Wunder im Verwaltungsbereich wirken können.

Eines ergibt sich immer aus dem anderen. Meiner Meinung nach führt Business Reengineering im Grunde dazu, dass man sehr geschickt im Management von Veränderungen wird. Man darf nicht in seinen Bemühungen nachlassen. Im Wettbewerb sind wir ständig mit einer Vielzahl von Veränderungen konfrontiert. Wenn ein Unternehmen nicht in der Lage ist, sich rasch auf neue Gegebenheiten einzustellen, wird es auf der Strecke bleiben. Und dafür braucht man vor allem die richtige Denkweise – ganz gleich, welches Produkt man herstellt.

Man kann sich nicht einmal eine Minute lang auf seinen Lorbeeren ausruhen. Wir haben jetzt einen Lagerumschlag von 11, aber wenn wir unsere Karten richtig ausspielen, könnten wir bis auf 20 kommen. Unsere Entwicklung ist nicht abgeschlossen. Wir haben verkündet, dass wir ein prozesszentriertes Unternehmen sein wollen, aber diese Ankündigung war sozusagen nur der erste Startschuss zu einem Rennen.

Kommunikation spielt dabei immer eine entscheidende Rolle. Man kommuniziert seine Ziele und führt entsprechende Schulungen durch, und dann beginnt der Kommunikationskreislauf von neuem. Wir müssen auch ganz klare Ziele vorgeben, die wirklich zu sichtbaren Veränderungen führen. Als Unternehmensführer kommt mir die Aufgabe zu, den Unterbau für diese Neuerungen zu liefern. Wie bei einem Muskelreflex neigen wir stets dazu, in die alten Gewohnheiten zurückzufallen – vor allem, wenn Schwierigkeiten auftreten. Aber man darf nicht vom Weg abkommen. Man muss immer weiter nach vorne gehen.

Heute spreche ich häufig von Standortintegrität. Unserer Meinung nach ist ein Anzeichen dafür, ob ein Unternehmen echtes Business Reengineering betreibt, die Tatsache, dass alle Prozessbeteiligten in ein Büro ziehen und ihre Plätze dort nach der Prozessabfolge angeordnet sind. Wir versuchen das unseren Mitarbeitern auf die gleiche Weise begreiflich zu machen wie zuvor die Bedeutung des Lagerumschlags. Prozessmanagement ist das eigentlich Wichtige; und ein gemeinsamer Standort ist eine greifbare, fühlbare Ausprägung davon. Seine symbolische Wirkung ist ebenso wichtig wie die Arbeit selbst.

Die Hauptsache für mich ist mein Verhalten. Ich stelle immer folgende Fragen in der gleichen Reihenfolge: Wie hoch ist Ihr Lagerumschlag? Wo sitzen bei Ihnen die Prozessbeteiligten? Was machen Sie? Und alle im Unternehmen wissen, dass ich diese Fragen stellen werde, denn ich ähnle da einer hängen gebliebenen Grammophonplatte. Ich stelle sie immer wieder und wieder. Ich bin wohl inzwischen vor allem eine Art Prediger geworden. Wir haben immer noch einen weiten Weg vor uns. Bei alledem könnten wir schöne Reden schwingen und belehrend dozieren. Aber wenn man keinen Zugang zu den Gefühlen der Beschäftigten findet und sie nicht wirklich von der Notwendigkeit dieser Veränderungen überzeugt, wird man nichts erreichen.

Man muss stets mit Enthusiasmus bei der Sache bleiben und laut und vernehmlich seine Botschaft verkünden. Das zehrt manchmal ganz schön an meinen Kräften. Denn man wacht jeden Morgen auf und denkt: »Auf ein Neues!« Und es kann vorkommen, dass es einem zum Hals heraushängt, sich selbst immer wieder zuzuhören, wie man redet, bittet, bettelt und die Mitarbeiter anfeuert.

Ein wichtiger Schwerpunkt liegt dabei auf den Anreizen. Man gibt die Ziele vor, man bietet wichtige Anreize, und dann erläutert man, welche Gedanken dahinterstehen. Ich glaube nicht, dass man ohne diese Anreize auskommen kann. Und ohne Begeisterung geht es meiner Meinung nach auch nicht. Ich reise sehr viel. Wir veranstalten Abendessen, wir laden die Leute ein, und wir zeigen ihnen, dass wir ihre Leistungen anerkennen. Honorierung von Leistungen spielt heute bei uns eine sehr viel größere Rolle als früher. Wir müssen anderen gegenüber stets gesprächsbereit sein und gute Leistungen loben. Mehr Kommunikation – das ist wohl die größte Veränderung bei uns. Und ganz ehrlich gesagt glaube ich nicht, dass ich persönlich hier schon gut genug bin. Bei der Kommunikation und Ermutigung der Mitarbeiter kann man nie gut genug sein.

Wir sind ein globales Unternehmen. Wir sind in 34 Ländern vertreten. Wer glaubt, er könne einen Konzern unserer Größe, mit über 54 000 Mitarbeitern in 34 Ländern, von einer einzigen Stelle aus führen, irrt sich. Wir sind ein sehr dezentralisiertes Unternehmen. Das Einzige, was bei uns zentral gesteuert wird, sind übergreifende Programme wie Reengineering, Vergütung oder Investitionen. Alles andere ist dezentralisiert.

Wir versuchen, die richtigen Mitarbeiter auszuwählen, und hoffen dann, dass wir in ihnen den Wunsch wecken können, die Systeme so mit Leben zu erfüllen, wie wir es uns wünschen. Wir sitzen alle im gleichen Boot.

Was wohl am stärksten in all diesen Berichten zum Ausdruck kommt, ist die Tatsache, dass prozesszentrierte Führungskräfte eher eine unterstützende Rolle als eine Kontrollfunktion übernehmen. Ob Bob McMillan Verbesserungsvorschläge für den Schadensregulierungsprozess unterbreitet, ob Jim Marr den Beschäftigten hilft zu erkennen, in welchen Bereichen Verbesserungsbedarf besteht, oder ob Emmanuel Kampouris seine Leute zu kontinuierlichen Veränderungen anfeuert – im Zentrum der Aufmerksamkeit steht nicht die Entscheidungsfindung des Managements, sondern die Arbeit der Prozessbeteiligten. Diese

Manager sind zur Unterstützung der Prozessprofis da. Ihr Beitrag zum Unternehmen ist keine Überwachungs- oder Verwaltungsrolle, sondern eine Multiplikatorwirkung in Bezug auf die Arbeit, die sich an der vordersten Front abspielt.

Es ist auch eindeutig erkennbar, dass der Übergang zu einem prozesszentrierten Umfeld niemandem leicht fällt – weder den Prozessbeteiligten noch den Managern. Alte Führungsstile und Verhaltensmuster müssen über Bord geworfen werden; neue, unbekannte Ansätze müssen verinnerlicht werden. Das ist keine rein kosmetische Veränderung, denn diese neuen Verhaltensmuster müssen von neuen Einstellungen und Überzeugungen und neuen Wertesystemen untermauert werden. Mit anderen Worten: Wenn die Prozesse in einem Unternehmen erfolgreich in den Mittelpunkt gestellt werden sollen, müssen die Herzen und Seelen der Mitarbeiter für diese neue Denkweise gewonnen werden. Daher wenden wir als Nächstes unsere Aufmerksamkeit dem kollektiven Denken zu, das ein prozesszentriertes Unternehmen durchdringt.

# Teil III

# Unternehmen

# Kapitel 10

# Die Seele der neuen Unternehmen

Ein Unternehmen ist mehr als eine Ansammlung von Prozessen, mehr als eine Palette von Produkten und Dienstleistungen, ja sogar mehr als ein Verband arbeitender Menschen. Es ist auch ein gesellschaftlicher Verbund, und wie jede Gesellschaft bringt auch diese ihre eigenen Kulturformen hervor – die sogenannten »Unternehmenskulturen«. Wir sind alle mit diesem Konzept vertraut. Jedes Unternehmen hat seine eigene Sprache, seine eigene Version seiner Geschichte (seine Mythen) und seine eigenen Helden und Schurken (seine Legenden), sowohl in der Vergangenheit als auch in der Gegenwart. Dieses ganze Bündel dient dazu, alteingesessene Veteranen in ihren Überzeugungen zu bestätigen und Neuankömmlinge in die besondere Identität der Firma und ihre Verhaltensnormen einzuführen. Auf vielerlei Weise erfahren sie dazu auf offiziellem und implizitem Wege, was im Unternehmen zulässig ist – und was nicht.

Trotz ihrer vielen Unterschiede sind sich die meisten der heutigen Unternehmenskulturen auch in vielerlei Hinsicht sehr ähnlich. Bestimmte Themen trifft man fast überall an: Die Mitarbeiter der meisten Firmen versuchen, sich vor Verantwortung zu drücken und keine Schuld auf sich zu nehmen, sie behandeln ihre Kollegen wie Konkurrenten, sie frönen einer Anspruchsmentalität und engagieren sich nicht ernsthaft. Diese Gemeinsamkeiten sind wohl auch nicht sonderlich überraschend. Schließlich entstanden und wuchsen die meisten der heutigen Großkonzerne im gleichen Geschäftsklima heran und hatten mit den gleichen Belastungen und Problemen zu kämpfen. Und da in der Wirtschaft eindeutig mehr Eigenschaften anerzogen als angeboren sind, entwickelten die meisten Unternehmen unter den gleichen Rahmenbedingungen auch eine ähnliche Kultur.

Das zentrale Merkmal des Umfelds, in dem die meisten der modernen Organisationen heranreiften, war die Tatsache, dass in den letzten 200 Jahren die Nachfrage im Großen und Ganzen das Angebot überstieg. Es wäre zwar eine Übertreibung zu behaupten, dass das Unternehmenswachstum in diesem Zeitalter rein auf demographische Faktoren zurückzuführen sei (also schlicht auf die wachsende Zahl der Konsumenten und ihre zunehmende Kaufkraft), doch wäre dies nur eine geringfügige Übertreibung. Generell galt vom letzten Viertel des 18. Jahrhunderts bis zum letzten Viertel des 20. Jahrhunderts, dass die Produzenten durchweg gegenüber den Konsumenten die Oberhand hatten. Von Rezessionen einmal abgesehen gab es stets mehr kaufwillige Menschen – oder Unternehmen – als Produkte und Dienstleistungen. Ganz gleich, ob es sich um Automobile, Telefondienstleistungen oder Limonade handelte – das größte Problem der Großunternehmen der Neuzeit war die Frage, ob sie mit einer anscheinend unersättlichen Nachfrage Schritt halten konnten.

Diese Nachfrage prägte das internationale wirtschaftliche Umfeld ebenso wie nahezu alle Elemente der Unternehmenskultur. Für die Großkonzerne führte der Weg zum Erfolg nicht über Innovationen – diese waren die Aufgabe der Jungunternehmer –, sondern über die Aneignung früherer Innovationen, die dann zu einer ganz anderen Größenordnung aufgebaut wurden, um eine Nachfrage zu befriedigen, von deren Existenz man getrost ausgehen konnte. Das vorrangige Ziel bestand darin, keine Fehler zu machen. Auf einem Markt, der nur darauf wartete, erobert zu werden, waren herausragende Intelligenz und Innovationen unnötig; Vorsicht und Routinearbeit genügten, um den Sieg davonzutragen. Warum sollte man also Risiken eingehen? Am höchsten standen Planung, Kontrolle und Disziplin im Kurs –Werte, die Firmen für die Nutzung eines aufnahmebereiten Marktes benötigen.

Dieses Wirtschaftsumfeld leistete Unternehmenskulturen Vorschub, die in merkwürdigem Gegensatz zum unabhängigen und demokratischen Denken stehen, das den westlichen Nationen und insbesondere Amerika zugeschrieben wird. Man möchte meinen, dass westlichen Freidenkern nichts so sehr widerstrebt, als in einer Organisation Karriere zu machen oder zumindest seinen Lebensunterhalt zu verdienen, die gleichzeitig paternalistisch, kontrollbesessen und bürokratisch ist. Das ist doch ein Paradebeispiel für einen Affront gegen die Freiheit des Individuums! Dennoch ließen sich alle auf diese Situation ein – bis auf die wenigen »Glückskinder«, die sich durch das Labyrinth der Bürokratie hindurchkämpften und schließlich die hierarchische Leiter bis zur Spitze erklommen. Nahezu alle anderen, ob es sich um Arbeitnehmer oder Manager handelte, fanden das Leben im Unternehmen des Industriezeitalters erdrückend und entmutigend. Einfallsreichtum wurde von Verfahrensvorschriften und Arbeitsregeln im Keim erstickt. Ehrgeiz fand seinen Ausdruck eher in politischen Machenschaften als in der Produktivität. Handwerkliches Geschick gehörte der Vergangenheit an, und die Kreativität war noch Zukunftsmusik – und Freizeitbeschäftigung.

Wenn Sie (wie viele Menschen) der Meinung sind, dass die Arbeit, dass Ihre Tätigkeit als Güterproduzent und Dienstleister im Dienste Ihrer Mitmenschen einen maßgeblichen Einfluss auf Ihre Identität und Ihr Selbstwertgefühl hat, dann war die Arbeit in der Kultur eines vom Industriezeitalter geprägten Unternehmens etwas sehr Negatives für Sie (und ist es eventuell immer noch). 200 Jahre lang wurde von den Beschäftigten in erster Linie verlangt, hart zu arbeiten, dem Chef oder Betriebsrat zu gehorchen, sich an die Regeln zu halten und sich nichts zuschulden kommen zu lassen (und dabei auch noch gebührenden Respekt vor der Obrigkeit an den Tag zu legen). Das alles mag »rational« gewesen sein – zumindest aus der Sicht des Unternehmens. Für einen in demographischer Hinsicht wachsenden Markt eignet sich eine fragmentierte Organisation, die ihrerseits förderlich ist für einfache Routinetätigkeiten. Wenn jeder einzelne Arbeitnehmer sich nach Kräften bemüht und gehorsam seinen kleinen Arbeitsschritt ausführt, wird das Gesamtunternehmen erfolgreich sein. Mehr als Fleiß ist nicht gefragt. Dieses Denken mag zwar »rational« gewesen sein, doch hatte es verheerende Folgen für die Einsatzbereitschaft und die Psyche der vielen Menschen, die in diesem System arbeiten mussten.

Wenn die Arbeit in der typischen Unternehmenskultur der industriellen Ära für uns so schädlich war, warum ließen wir uns dann so viele Jahre lang darauf ein? Die Antwort liegt auf der Hand – um der Sicherheit willen. Nicht einmal die Amerikaner waren so versessen auf Freiheit, Unabhängigkeit und Risiko – waren niemals, um es in einem Wort zusammenzufassen, so *unternehmerisch* –, dass sie sich ungeniert über den Wert eines sicheren Arbeitsplatzes hinweggesetzt hätten. Um es (wiederum nur ein wenig) vereinfacht zu sagen: Dreh- und Angelpunkt der alten Unternehmenskultur war ein Geschäft, nämlich Gehorsam und Fleiß als Gegenleitung für Sicherheit. Dieser Handel wurde nicht immer ohne weiteres geschlossen: Viele Arbeitnehmer mussten sich gewerkschaftlich organisieren und streiken, um sich wahre Sicherheit zu erkämpfen (von höheren Löhnen ganz zu schweigen); das Management musste die Arbeitnehmer überwachen und ihnen bürokratische Fesseln anlegen, damit auch das ihm gegenüber gegebene Versprechen eingelöst wurde. Aber die Vereinbarung stand, und sie hielt auch praktisch die gesamte Neuzeit hindurch.

Heute hat sich das geändert. Wir erleben derzeit eine Kettenreaktion historischen Ausmaßes – ungeheure Veränderungen im geschäftlichen Umfeld erzwingen einen tiefgreifenden Wandel in den Unternehmenskulturen –, und ihre kumulative Wirkung lässt den alten Sozialvertrag zerbrechen. Vor allem der Aufstieg des anspruchsvollen Kunden beschleunigt diese Kettenreaktion in einer Art und Weise, die das bisherige Tauschgeschäft – Sicherheit als Gegenleistung für Gehorsam und Fleiß – wertlos werden lässt. Früher mussten die Manager im Unternehmen nur einem Herrn im wirtschaftlichen Umfeld dienen: ihren Investoren. Heute haben sie zwei Herren – Anteilseigner und Kunden. Die Diskussion über ihre relative Macht in Bezug auf das Schicksal eines Unternehmens ähnelt der Frage, was wichtiger sei – Essen oder ein Dach über dem Kopf. Ein Mensch braucht beides. Wenn es darum geht, Entscheidungen zu fällen, steht jedoch außer Zweifel, welcher dieser beiden Herren Vorrang hat. Es ist natürlich der Kunde: Unternehmen, die Kunden anlocken und zufriedenstellen, werden auch automatisch für Investoren zu einer attraktiven, lohnenden Anlage.

Wenn der Kunde im Umfeld an erster Stelle steht, müssen in der Unternehmenskultur entsprechende Anpassungen vorgenommen werden. Der Kunde schert sich keinen Deut um unsere Managementstruktur, unseren Strategieplan, unsere Finanzstruktur – oder um die Unternehmenskultur, die diese Schöpfungen zum Gesetz erhebt. Kunden interessiert nur eines: Ergebnisse, der Nutzwert, den wir ihnen bieten. Daraus leitet sich natürlich die Entstehungsgeschichte der prozesszentrierten Organisation ab. Kundenfokussierung zwingt zur Betonung der Ergebnisse und der Prozesse, die diese Ergebnisse hervorbringen, und führt somit auch zur Entwicklung einer Organisationsstruktur, in der Prozesse im Mittelpunkt stehen – und zur Gestaltung einer Unternehmenskultur, die diese Prozesse unterstützt.

Die Wirkung der modernen Kunden auf den Handel, in dem Sicherheit gegen Gehorsam und Fleiß eingetauscht wurde, tritt nur ganz allmählich zutage. Erste Anzeichen sind aber bereits spürbar. Früher galten Arbeitnehmer als »zusätzliches Paar Hände«, und genauso wurden sie auch behandelt. Jede ihrer Bewegungen, bis hin zum kaum merklichen Muskelzucken, wurde vom Gehirn der Manager befohlen. Gewiss, diese »Handlanger« wurden auch gut gepflegt und von Tarifverträgen und anderen Abkommen geschützt. Ihr Schutz resultierte aber auch aus einer sorgsam kultivierten Unkenntnis der Marktverhältnisse, und sie waren mehr oder weniger von Marktlaunen abgeschirmt. »Handlanger« wussten, wo sie in der Hackordnung standen, und sie verhielten sich auch entsprechend. Bereitwillig verkauften sie ihr Herz – und vielleicht sogar ihre Seele – für einen Tarifvertrag und garantierte Lohnerhöhungen.

Mit dem Aufstieg des Kunden führen jedoch beide Aspekte dieser Behandlung – die Befehle und der Schutz – in die Katastrophe. Heute müssen alle im Unternehmen nach der Pfeife der Kunden tanzen. Das aber bedeutet, dass Befehle nichts mehr bewirken können. Ein System, in dem alle Weisheit und alle Entscheidungsmacht einer Managerkaste vorbehalten sind, kann unmöglich die Schnelligkeit und Agilität bieten, die von den Kunden verlangt wird. Ebensowenig dürfen wir Mitarbeiter als »ein zusätzliches Paar Hände« betrachten. Für Prozesse werden ganze Menschen benötigt – mit Händen, Köpfen und Herzen.

Neben der Befehlsgewalt müssen aber auch Schutzmechanismen aufgegeben werden. In der neuen Ordnung entscheiden nicht mehr die Manager über das Schicksal von Mitarbeitern, sondern die Kunden. Das Unternehmen schließt keine Werke und entlässt keine Mitarbeiter – das tun die Kunden durch ihre Handlungen oder ihre Untätigkeit. Vor vielleicht hundert Jahren konnte Samuel Gompers, der Führer der American Federation of Labor (AFL), seine berühmte Parole »Mehr!« einem Monopolisten oder Oligopolisten glaubhaft ins Gesicht schleudern. Seine Gegenspieler kontrollierten ihre Märkte und Kunden; wenn sie es nur wollten, konnten sie ihren Arbeitern ein größeres Stück vom

Kuchen abgeben. Heute muten Traktate gegen »gigantische, mächtige multinationale Konzerne« geradezu komisch an. Die Großkonzerne, die ich kenne, ähneln eher »bemitleidenswerten, hilflosen Riesen« – vor ihren Kunden haben sie alle offenbar eine Heidenangst. Supermärkte schreiben gigantischen Konsumgüterherstellern vor, welche Lieferkonditionen sie ihnen einräumen müssen; pharmazeutische Unternehmen müssen sich den Kostendämpfungsforderungen der Krankenkassen beugen; Großkreditnehmer wenden sich direkt an den Kapitalmarkt, anstatt sich auf Gedeih oder Verderb einer einzigen Bank auszuliefern; Fernvermittler müssen hilflos zusehen, wie ihre Fernsprechteilnehmer über Nacht plötzlich zur Konkurrenz überlaufen. Die Unternehmen haben Angst, dass die Kunden sie zugunsten eines etablierten Konkurrenten verlassen werden, dass sie auf einmal einen Newcomer interessanter finden, dass sie mehr für weniger verlangen. Wenn der Kunde an erster Stelle steht, müssen sich das Unternehmen und seine Mitarbeiter notgedrungen mit dem zweiten Rang zufrieden geben. Unsere Anforderungen müssen den Wünschen derer untergeordnet werden, für die wir einen Wert erzeugen.

Ob es uns nun passt oder nicht, Sicherheit, Stabilität und Kontinuität sind nicht mehr »in«, weil es einfach niemanden mehr gibt, der sie bieten kann. Unternehmen können das nicht, weil die Kunden das nicht zulassen. In dieser Hinsicht sind die Unternehmen weder kalt noch grausam noch herzlos. Sie versuchen einfach, so schnell zu laufen, dass sie mit ihren fordernden und erbarmungslosen Kunden Schritt halten können. Die Menschen, die in diesen Unternehmen arbeiten, müssen es ihnen gleichtun. Das bedeutet nicht, dass sich niemand mehr für die Mitarbeiter interessiert, sondern lediglich, dass allen die Hände gebunden sind.

Aber die neue Ordnung bietet auch einen Ausgleich für den Entzug der Befehlsgewalt (aus den Händen der Manager) und die Aufgabe des Schutzes vor den Kunden und dem Markt (der allen Beschäftigten bislang zuteil wurde). Sie bietet Freiheit und die Möglichkeit der persönlichen Entfaltung. Im Zentrum des neuen Sozialvertrages im prozessorientierten Unternehmen steht ein Austausch: Eigeninitiative gegen Chancen. Das Unternehmen bietet seinen Mitarbeitern die Möglichkeit, persönlichen Erfolg zu erzielen (und häufig auch die Ausbildung, die Voraussetzung dafür ist). Dafür verspricht jeder Mitarbeiter dem

Unternehmen, bei der Wertschöpfung für den Kunden Eigeninitiative an den Tag zu legen und auf diese Weise die Gewinne des Unternehmens zu mehren.

Gehorsam und Fleiß spielen jetzt keine Rolle mehr. Das Befolgen von Befehlen ist keine Erfolgsgarantie mehr. Es gilt nicht mehr als Tugend, hart an der falschen Sache zu arbeiten. Wenn der Kunde König ist, führt harte Arbeit allein – ohne ein Verständnis für den Gesamtzusammenhang, ohne Flexibilität und ohne Begeisterung – zu nichts. Die Beschäftigten müssen mitdenken, ihre Arbeit in die richtige Richtung lenken und auch an die spezifischen Umstände des jeweiligen Prozesses und Kunden anpassen. Heute sind Einfallsreichtum, Flexibilität und Einsatz für Ergebnisse gefragt. Wenn die Ergebnisse nicht erreicht werden, können Sie nicht mehr behaupten: »Aber ich habe genau das gemacht, was man mir aufgetragen hat, und habe sehr hart gearbeitet.« Das ist unerheblich. Sie werden für die Ergebnisse zur Rechenschaft gezogen, nicht für Ihre Anstrengung.

Ohne Schutz gibt es keinen Grund, weshalb Mitarbeiter noch gehorsam Befehle befolgen sollten. Zusammen mit diesem Gehorsam verabschiedet sich auch seine Verwandte, die Loyalität. An die Stelle der »Loyalität dem Unternehmen gegenüber« tritt der »Einsatz für den geschäftlichen Erfolg«. Die fast schon feudal anmutende Annahme, dass die »Mitarbeiter der Organisation treu ergeben sind« (die implizierte, dass die Tatsache, dass sie den Interessen des Unternehmens oberste Priorität einräumten, sie von der weitere Verantwortung entband und den persönlichen Erfolg garantierte), ist heute geradezu lachhaft. Ohne Ergebnisse, ohne geschäftlichen Erfolg ist Loyalität nichts als eine leere Geste. Da sie Unternehmenserfolg nicht mehr garantieren kann, ist sie auch keine Gewähr mehr für den Erfolg des Einzelnen. Für sich genommen sind Loyalität und Fleiß kuriose Relikte; für den heutigen wirtschaftlichen Erfolg spielen sie ungefähr eine ebenso wichtige Rolle wie die Fähigkeit, einen perfekten trockenen Martini zu mixen. Unternehmen müssen ihren Mitarbeitern sogar ans Herz legen, dem Kunden eher die Treue zu halten als der Organisation – denn nur auf diese Weise können auch sie wachsen und gedeihen.

In einer aufgabenorientierten Organisation konnte von den Beschäftigten nicht mehr verlangt werden als eine Leistung, die »die Anforderungen erfüllt« – und mehr war im Grund auch gar nicht nötig. Die fragmentierten Prozesse machten die Arbeit der einzelnen Arbeitnehmer so homogen, dass eine herausragende Einzelleistung unter dem Strich unweigerlich nivelliert worden wäre. Das Endergebnis war nur so gut wie das schwächste Glied in der Produktionskette. In einem solchen Umfeld waren heroische Bemühungen aller Wahrscheinlichkeit nach reine Verschwendung. Warum sollte man sich also besonders anstrengen? Außergewöhnliche Leistung zählte ohnehin nichts. Viel wichtiger war es, Fehler zu vermeiden. Im prozessorientierten Unternehmen ist das anders. Leistungsstarke Prozessbeteiligte können Hochleistungsergebnisse liefern. Eine nur adäquate Leistung genügt nicht mehr. Spitzenleistungen sind heute unerlässlich.

Diese Verlagerung in den Normen findet derzeit bereits in sehr vielen Unternehmen statt. Sie steht für eine radikale Veränderung der modernen Unternehmenskultur, des Wertegefüges, das das Verhalten der Mitarbeiter bestimmt. Eine Hand voll Firmen, darunter auch GTE, haben die neuen Normen sogar explizit herausgestellt. Bei GTE wurde die passive Haltung der Mitarbeiter von einer aktiven abgelöst. »Regelkonformes Verhalten und Unterstützung« – mithin das Befolgen von Befehlen – wurden durch »Entschlossenheit« ersetzt. Jeder einzelne Mitarbeiter ist jetzt dafür verantwortlich, dass alles Erforderliche für ein erfolgreiches Prozessergebnis getan wird. Statt einer »flexiblen Einstellung gegenüber Versetzungen und Umschulungen«, bei der sich die Beschäftigten einverstanden erklären, das zu tun, was ihnen das Unternehmen vorschreibt, erwartet GTE jetzt »eine flexible Einstellung gegenüber einem kontinuierlichen Lernprozess«. Heute müssen die Beschäftigten eine aktive Rolle bei der Gestaltung ihrer eigenen Zukunft, Karriere und Weiterbildung übernehmen. Ich bin das Objekt von Umschulungsmaßnahmen, aber das Subjekt meines eigenen Lernens. Die »lebenslange Beschäftigungsgarantie« wird jetzt ersetzt durch die »Bereitschaft zu Veränderungen«.

Ähnliche Verlagerungen finden auch bei den Versprechen statt, die GTE seinen Mitarbeitern gegenüber abgibt. Heute ist das Unternehmen nicht mehr der »Kopf«, für den viele »Hände« arbeiten. Mitarbeiter gelten jetzt als reife, fähige und selbstständige Erwachsene. Das Unternehmen verspricht nicht mehr, stets für seine Beschäftigten zu sorgen – und das ist auch gut so, denn ein solches Versprechen wäre nicht mehr als Schall und Rauch. »Wir sorgen stets für unsere Mitarbeiter« impliziert, dass man sein eigenes Umfeld unter Kontrolle hat und seine Beschäftigten wirklich und wahrhaftig vor externen Kräften und ihren Konsequenzen schützen kann. Dieses Versprechen mag früher einmal realistisch gewesen sein – heute dagegen ist es nur noch absurd. Statt eines solchen Schutzes schuldet ein Unternehmen seinen Mitarbeitern Chancen: die Chance, gut zu verdienen, die Chance, Erfolg zu haben, und die Chance, sich in seinem Beruf weiterzuentwickeln.

Bei GTE bedeutet das, dass »paternalistisches Management« von einer »aufrichtigen Führung« abgelöst wird. Diese Worte sind sehr treffend. Das Unternehmen »managt« seine Mitarbeiter nicht mehr: Management impliziert Passivität, Opferrollen, Aufgabe der individuellen Verantwortung. Im Gegensatz dazu gibt Führung den Menschen die Vision, Motivation und den Kontext, die sie für ihren Erfolg benötigen. Gleichzeitig verlangt sie aber auch aktives Handeln und Eigenverantwortung auf Seiten der Beschäftigten.

Wahre Führung muss von Aufrichtigkeit geprägt sein. In der Organisation herkömmlichen Zuschnitts stand die Wahrheit nicht hoch im Kurs. Den Arbeitern musste nur mitgeteilt werden, was sie zu tun hatten; darüber hinausgehende Informationen konnten sie verwirren oder lähmen und waren mit Sicherheit eine Zeitverschwendung. Wer jedoch Menschen täuscht, handelt unmoralisch (und gebildete Menschen sind zudem nur schwer hinters Licht zu führen). Wenn wir optimale Entscheidungen für uns selbst treffen sollen, benötigen wir möglichst viele Informationen. Es genügt nicht, wenn ich Sie nicht mehr wie eine Marionette behandle – ich muss auch sicherstellen, dass Sie sich aus eigener Kraft bewegen können.

Daher werden Mitarbeiter nun nicht mehr am Arbeitsplatz eingelernt, sondern erhalten Informationen über das Geschäft. Es ist nicht sicher, ob GTE seinen Beschäftigten auf Dauer eine Stelle bieten kann, aber es schuldet ihnen volle Informationen über die Anforderungen des Geschäfts, damit sie ihre Aussichten selbst einschätzen und entsprechend planen können.

Der »interne Aufstieg« ist keine Selbstverständlichkeit mehr. Wer kann in einer Welt des Wandels und der Unwägbarkeiten vorhersagen, welche Fähigkeiten ein Unternehmen in der Zukunft benötigen wird und wo es sie finden wird? Das Unternehmen selbst kann nicht mehr versprechen, dass neue Möglichkeiten zuerst den bestehenden Mitarbeitern angeboten werden, da sie unter Umständen nicht über die dafür erforderlichen Fähigkeiten verfügen. Daher verspricht GTE jetzt »Entwicklungsmöglichkeiten« – und auch hier ist »Entwicklung« das zentrale Wort. Wir versprechen, dass wir Ihnen eine Chance geben werden. Mehr können wir aber nicht tun.

Statt »Einlernen und Umschulen« (auch dies ist wieder ein Modell, bei dem die Mitarbeiter nur der Spielball externer Kräfte sind) bietet der neue Sozialvertrag »ein vom Lernen geprägtes Arbeitsklima und Weiterbildungsangebote«. Mitarbeiter, die GTE verlassen, sollten über mehr Fähigkeiten und Wissen verfügen als bei ihrem Eintritt.

Allerdings gilt dies nur *unter der Voraussetzung, dass* sie die ihnen gebotene Chance auch nutzen. Prozessprofis müssen jede neue Beschäftigungssituation nicht nur am unmittelbaren Verdienst messen, sondern auch nüchtern durchkalkulieren, welche Möglichkeiten sie für ihre persönliche Weiterbildung bietet. »Die Ehrlichkeit gebietet es, dass wir den Menschen begreiflich machen, dass die Wahrscheinlichkeit, dass sie ihre gesamte Karriere hindurch bei ein und demselben Unternehmen bleiben werden, geringer ist«, meint Bruce Carswell, der bis zu seiner Pensionierung bei GTE Senior Vice President für Personal war. Ob jemand fünf oder dreißig Jahre bei GTE bleibt, hängt davon ab, ob er sich selbst stetig weiterentwickelt. Die Meinung, dass »das Unternehmen irgendwie verpflichtet ist, für die Entwicklung seiner Mitarbeiter Sorge zu tragen«, gehört inzwischen der Vergangenheit an. Auf jeden Fall drängte Carswell die Mitarbeiter von GTE, nach »Möglichkeiten zur Verbesserung Ihrer beruflichen Qualifikationen zu streben, solange Sie bei uns sind. Das wird für Sie auf jeden Fall von Vorteil sein, ob Sie nun hier bleiben oder zu einer anderen Firma überwechseln.«

Nicht alles bei GTE verändert sich. Von den Beschäftigten wird nach wie vor erwartet, dass sie sich »moralisch einwandfrei und ehrlich« verhalten, und das Unternehmen muss sie auch weiterhin »gerecht und respektvoll« behandeln und einen »sicheren, nicht gesundheitsgefährdenden Arbeitsplatz« bieten. Aber die Unterschiede überwiegen bei weitem. GTE hat sich einer neuen Arbeitsweise verschrieben, und es hat sich grundlegend verändert. Seine Unternehmenskultur – seine Seele – hat eine Metamorphose durchlaufen.

Ob diese Veränderungen positiv oder negativ zu bewerten sind, kommt auf den individuellen Standpunkt des Betrachters an. Manche Menschen werden dieses neue Regime als befreiend empfinden und gerne den ihnen gebotenen Freiraum nutzen. Sie werden die Meinung vertreten, dass durch die Abschaffung des einengenden und verwirrenden Regelgeflechts, dem die meisten Berufstätigen ihr ganzes Arbeitsleben hindurch unterworfen waren, allen Mitarbeitern Würde und Autonomie verliehen werden. Andere dagegen werden die neue Welt als hart und grausam erfahren, als einen darwinistischen Dschungel, in dem nur die Stärksten überleben – und auch das nur vorübergehend.

Ich ziehe es vor, dieses neue Umfeld einfach nur als realistisch zu bezeichnen. Allzu lange bauten Großkonzerne eine Phantasiewelt auf, in der so getan wurde, als gäbe es so etwas wie Sicherheit. Durch harte Arbeit und Einhaltung der Regeln könnten, so wurde insinuiert, die Unsicherheiten des externen Umfelds gemildert werden. Die Organisation diente als Puffer gegenüber der Realität – als Sicherheitszone, in der alles vorhersehbar und stabil war. Solange die Nachfrage das Angebot überstieg und die Kunden lammfromm und unterwürfig blieben, konnte die Traumwelt aufrechterhalten werden. Heute hat sich das geändert. Große Konzerne können ihren Markt ebenso wenig dominieren (mithin ihre Kunden kontrollieren und voller Gewissheit ihre eigene Zukunft planen) wie eine neu gegründete Firma. Die Großkonzerne und ihre Belegschaften müssen sich jetzt an Rahmenbedingungen und eine Lebensweise gewöhnen, die bei ihren »Kollegen« in Kleinfirmen schon lange zur Tagesordnung gehören, nämlich an ein von Unsicherheit und Ängsten geprägtes Umfeld, das aber auch erfrischende Freiheiten verspricht. Das mag nicht nach jedermanns Geschmack sein, aber es führt nun mal kein Weg zurück.

Faktisch ist die qualitative Unterscheidung zwischen Groß- und Kleinfirmen, zwischen Newcomern und etablierten Anbietern, zwischen Unternehmen, die neue Märkte erschließen, und solchen, die ihre Märkte beherrschen, nicht mehr relevant. Stattdessen empfiehlt sich eine rein quantitative Unterscheidung. Um den Ausspruch Hemingways zu paraphrasieren, mit dem er Fitzgerald gegenüber den Unterschied zwischen reichen Leuten und Normalsterblichen beschrieb: Die Großfirmen haben einfach nur mehr Leute. Und wenn ein Großkonzern de facto sich mehr an das Bild annähert, das wir von einem kleinen

Unternehmen haben, dann müssen alle, die dort arbeiten, anfangen, wie Eigentümer kleiner Firmen zu handeln und zu denken. Unser neues Vorbild ist nicht mehr der Konzernmanager, sondern der Unternehmer. Niemand braucht den Eigentümer einer Kleinfirma darauf hinzuweisen, dass Kundennähe unbedingt erforderlich ist, dass er flexibel bleiben muss, dass die nicht wertschöpfenden Gemeinkosten reduziert werden müssen und dass er sich rasch auf neue Situationen einstellen muss. Der Mann oder die Frau an der Spitze eines solchen Unternehmens weiß nur zu gut, wie die Geschäftsleistung einerseits und sein oder ihr persönlicher Erfolg und die Zukunftsaussichten andererseits miteinander verwoben sind. Kleinunternehmer werden alles Erforderliche für den Erfolg tun – in dem Bewusstsein, dass die Vergangenheit kein Gradmesser für die Zukunft ist, dass niemand ohne jede Anstrengung in den Erfolg segelt, dass es keine Beschäftigungsgarantie für die Zukunft gibt und dass eine gewonnene Schlacht nicht den Sieg im Krieg bedeutet.

Diese ganzheitliche Sichtweise, diese innere Verbindung zum Markt und zu den Konsequenzen des eigenen Handelns, wird mittlerweile von jedem einzelnen Mitarbeiter verlangt. Jeden Tag erzählt mir jemand, dass jeder wie ein Firmeninhaber denken und handeln muss. Das wird nicht allein durch eine Beteiligung am Eigenkapital erreicht (etwa in Form von Belegschaftsaktien). Das mag zwar hilfreich sein, doch das daraus resultierende Feedback ist zu indirekt, um wirklich etwas zu bedeuten. Ein Meinungsumschwung wird dann erreicht, wenn die Vergütung aller (wie in Kapitel 4 beschrieben) an die Leistung ihres Prozesses und des Gesamtunternehmens gekoppelt wird.

Doch selbst das ist noch nicht genug. Eines der zentralen Themen, die heute in den Unternehmen verhandelt werden, ist eine breit gefächerte wirtschaftliche Ausbildung und umfassendes Allgemeinverständnis. Wenn alle wie Eigentümer denken und handeln sollen, müssen sie auch ebenso viel über das Geschäft wissen wie ein Firmeninhaber. Sie müssen einen Überblick über das gesamte Unternehmen haben und nicht nur über einen kleinen Ausschnitt davon. Sie müssen die Faktoren kennen, die ihre Branche beeinflussen. Sie müssen wissen, welche Fragen das Wettbewerbsumfeld prägen. Die Unternehmen stellen fest, dass diese geschäftsbezogene Ausbildung der Belegschaft ein beträchtliches Engagement fordert. Lastwagenfahrer müssen die wirtschaftlichen Aspekte des Distributionsprozesses kennen, sodass sie Kleinkunden erklären können, warum sie für ihre Artikel mehr zahlen als Großkunden. Mitarbeiter im Kundenservice müssen wissen, wie die Kunden ihre Produkte verwenden, damit sie sinnvollen Kundendienst leisten können. Fabrikarbeiter müssen den Ursprung und Bestimmungsort der Erzeugnisse kennen, die sie herstellen.

Dieses Wissen hat keinen theoretischen, sondern einen praktischen Wert. Verständnis beeinflusst Meinungen, und Meinungen prägen das Verhalten – und gerade um eine solche Verhaltensänderung geht es ja in der Prozesszentrierung. Für die meisten Unternehmen ist das Angebot einer breit gefächerten Ausbildung in Wirtschaftsfragen ein Novum, das auch mit Kosten verbunden sein wird. Von vielen Seiten habe ich mittlerweile gehört, dass das Ausbildungsbudget für diese neue Ära um das Vier- oder Fünffache erhöht wurde.

Die Notwendigkeit einer solchen Ausbildung liegt für jeden auf der Hand, der bereit ist, einige einfache Fragen zu stellen. Bei meinen Unternehmensbesuchen will ich sowohl von Mitarbeitern an der Basis als auch von Führungskräften der mittleren Managementebenen Folgendes wissen: Wer sind die fünf wichtigsten Kunden dieses Unternehmens? Wie verändert sich Ihre Branche? Was sind die zentralen Probleme, die das Unternehmen in Angriff nehmen muss, wenn es in den nächsten fünf Jahren Erfolg haben will? In den meisten Fällen starrt mich mein Gegenüber dann verständnislos an. Solche Fragen interessieren gemeinhin die Einkaufsabteilung, die Mannschaft im Versand oder das Team im Kundenservice nicht. Derlei »wirtschaftliche« Fragen waren bislang allein die Domäne der hochrangigsten Topmanager. Nun aber müssen sie alle angehen. Unternehmen brauchen wirtschaftlich denkende Menschen, keine Funktionäre, und sie müssen ihre Beschäftigten entsprechend ausbilden.

Die Kultur eines prozesszentrierten Unternehmens muss die Mitarbeiter auch dazu ermutigen, Spannungen und sogar Konflikte als natürlich zu betrachten. Damit meine ich nicht die früheren politischen Grabenkämpfe und Dolchstöße, die Kämpfe um Hausmacht und Imperien, um byzantinische Reiche innerhalb der Organisation. Ich spreche vielmehr von den Konflikten, die nicht zu umgehen sind, wenn unabhängige Menschen gemeinsam in einem Umfeld, das ständig im Fluss und von Ambivalenzen oder Ressourcenknappheit geprägt ist, auf viele Ziele gleichzeitig hinarbeiten.

Wie wir in Kapitel 8 gesehen haben, ist es möglich, für den Umgang mit einer solchen Situation verschiedene Mechanismen zu erarbeiten. Noch besser wäre es aber, wenn das Unternehmen eine Kultur formt, in der die kreative Macht von Konflikten eine hohe Wertschätzung genießt und zum Vorteil der Organisation genutzt wird. Gemeinsame Ziele, gegenseitiger Respekt und wahrer Teamgeist schaffen ein Umfeld, in dem Konflikte als Zeichen der Lebendigkeit gewertet werden – nicht als Verirrung oder Symptom für den Zusammenbruch des Organisationsgefüges.

Risikotoleranz ist ein weiteres Merkmal prozesszentrierter Unternehmen, das herkömmlichen Unternehmenskulturen gänzlich zuwiderläuft. Ann Dronen von der Firma Commerce Clearing House beschreibt diese neue Anforderung und betont dabei, wie wichtig es ist, die Beschäftigten stets zu ermutigen, mehr Risiken einzugehen und »sich weiter zum Fenster hinauszuhängen«. Dronen räumt ein, wie schwierig es ist, die letzten Überbleibsel der früher verbreiteten Angst vor Fehlern – ein Spiegelbild einer tiefer sitzenden Annahme, dass nur Arbeitnehmern, die Fehler machten, möglicherweise doch eine Entlassung droht – mit Stumpf und Stiel auszurotten. Verhalten, das auf Risikovermeidung abzielt, kann man nur dann beseitigen, wenn man klare Signale aussendet, dass »wir niemanden verdammen, weil er ein Risiko eingegangen ist, solange seine Absichten gut waren und er sich entsprechend engagiert hat«. Bruce Marlow von der Versicherungsgesellschaft Progressive Insurance pflichtet dem bei: »Wir bestrafen niemals jemanden, weil er einen Fehler macht. Sanktionen gibt es bei uns nur für schlampige Umsetzung und mangelnden Sinn für die Realität.«

Bob Lehmann, leitender Projektmanager bei AT&T, erinnert sich an einen Werksleiter auf der zweiten Führungsebene, der »seinen Leuten früher ständig über die Schulter schaute, und sobald einer einen Fehler machte, begann er zu brüllen und machte den Betreffenden zur Schnecke«. Es überrascht nicht, dass in einem solchen Umfeld die Beschäftigten es nach Kräften vermieden, die Existenz von Problemen einzugestehen oder gar die Verantwortung dafür zu übernehmen. Heute hingegen mindert die Aufdeckung eines Problems nicht mehr den Respekt gegenüber der Person, die versucht, es in den Griff zu bekommen, »und es gibt auch keine Vergeltungsmaßnahmen mehr«. Auch Deborah Smithart, Executive Vice President und Finanzleiterin bei Brinker International, sieht eine Korrelation zwischen mehr Selbstvertrauen, größerer Verantwortung und einer vernünftigeren Einstellung gegenüber Fehleinschätzungen. »In der Vergangenheit hatten die Manager genügend Führungsebenen über sich, um ein Problem einfach nach oben weiterzureichen, bis sich endlich einer der Sache annahm. Diesen Luxus haben wir heute im Grunde nicht mehr. Wenn aber eigene Entscheidungen getroffen werden, können auch Fehler gemacht werden. Wer sich früher eines Fehlers schuldig machte, wurde entweder gefeuert oder kaltgestellt. Heute ist es eher umgekehrt: Wenn jemand keine Fehler macht, strengt er sich bei der Suche nach neuen Möglichkeiten wahrscheinlich nicht genug an.« Prozesszentrierte Unternehmen müssen sich stets vor Ausgen halten, dass Gewinner mehr Fehler machen als Verlierer – weil sie nach großartigen Siegen streben und dabei auch gelegentlich ein Ausrutscher vorkommen kann, während die Verlierer deshalb fehlerfrei sind, weil sie von vornherein untätig bleiben.

Wie fügen sich alle diese neuen Elemente der Firmenkultur zu einem Ganzen zusammen? Betrachten wir dazu ein Beispiel: Die GPU Generation Corporation (Genco), ein Stromerzeuger mittlerer Größe, betreibt Elektrizitätswerke in New Jersey und Pennsylvania. Ihre Branche war früher streng reglementiert und monopolistisch. Heute steckt sie mitten in der Deregulierung, und aus diesem Grund stellt das Unternehmen jetzt auf eine prozesszentrierte Struktur um. Eine bunt gemischte Gruppe von Mitarbeitern aus allen Teilen der Organisation hat gemeinsam die Einstellungen und Prinzipien formuliert, die alle Beschäftigten verinnerlichen müssen, wenn Genco überleben soll. Hier einige Auszüge aus der Arbeit der Gruppe:

*»Der einzige Erfolgsmaßstab bei der GPU Generation Corporation ist die Frage, ob wir wissen, wer unsere primären zahlenden Kunden sind (oder sein werden), was sie wollen und ob wir ihnen einen wertvolleren Gesamtnutzen bieten können als irgendjemand sonst.«*

*»Nichts ist wichtiger als der beste Nutzwert für unsere Kunden. Alle anderen Arbeiten sind völlig bedeutungslos.«*

*»Dienst am Kunden und Wertschöpfung für den Kunden bedeuten, dass jeder Mitarbeiter im Unternehmen wie ein Profi behandelt*

*werden muss, der, wann immer dies möglich ist, für die gesamte Aufgabenkette verantwortlich ist und nicht nur für einzelne Teile. Fragen Sie nicht immer Ihren Vorgesetzten um seine Meinung. Sie wissen selbst, welche Vorgehensweise am besten ist, und Sie sind verpflichtet, Ihren Kunden zufrieden zu stellen, ohne ständig um Erlaubnis zu fragen. Wenn Sie wirklich Unterstützung benötigen, bitten Sie darum.«*

*»Voraussetzungen für effektives Arbeiten sind sowohl Freiheit und Autonomie als auch Professionalität.«*

*»Wenn wir uns erfolgreich auf die Wertschöpfung für unsere Kunden konzentrieren wollen, benötigen wir eigentlich gar keine Vorgesetzten im herkömmlichen Sinne mehr. Wir wissen dann selbst, was zu tun ist. Wir müssen nur über die neuen Entwicklungen auf dem Laufenden gehalten und weitergebildet werden, damit wir unsere Arbeit noch effizienter erledigen können.«*

*»Wir bekommen nichts geschenkt. Für das, was wir haben, arbeiten wir tagein, tagaus. Wir ertragen es nicht, wenn jemand keinen Beitrag zu unserem Teamerfolg leisten möchte.«*

Das sind keine theoretischen, sondern praktisch gelebte Ziele. Für prozesszentrierte Unternehmen gehören Verantwortung, eigenständiges Handeln, Risikobereitschaft und Unsicherheiten zum täglichen Brot. In einem solchen Umfeld wird zwar keiner mit Samthandschuhen angefasst, aber es ist gleichzeitig auch zutiefst menschlich. Die künstliche Starrheit und die strengen Zuchtmeister der konventionellen Konzernorganisation wurden beiseite gefegt. An ihre Stelle ist eine sehr unordentliche Welt getreten, die voll von Herausforderungen und Enttäuschungen ist: eine reale Welt für reale Menschen.

# Kapitel 11
# Nieder mit den Mauern!

Der Fall der Berliner Mauer ist ein treffendes Symbol für unsere Zeit – und nicht nur für das Ende des Kalten Krieges. Starre Barrieren aller Art – von bewaffneten Grenzsoldaten über Unternehmensgrenzen bis hin zu den klar umrissenen Schubladen, in die wir unser Denken seit mehreren hundert Jahren einteilen – geraten von einem Tag zum anderen ins Wanken. Unsere alten Strukturen glichen Festungen, die Angriffen widerstehen sollten. Sie waren gepanzert wie ein einfältiger, schwerfälliger Dinosaurier aus grauer Vorzeit. Die modernen Strukturen – in der Wirtschaft, in der Gesellschaft, in der Politik – müssen offen und flexibel sein, wenn sie mit dem Tempo des Wandels Schritt halten sollen. Um eine Analogie aus dem militärischen Bereich zu verwenden: Die alten Strukturen im Unternehmen ähnelten den Armeen im Kalten Krieg: Sie waren massiv und zentralisiert und hatten ein klares Feindbild. Die neuen Strukturen müssen mehr Ähnlichkeiten mit schnellen Stoßtrupps haben, die jederzeit an jeden Ort gebracht werden können, an dem sie gebraucht werden.

In der Prozesszentrierung geht es darum, Mauern einzureißen. Organisatorische Grenzen werden flexibler, durchlässiger und dynamischer. Es wird sogar zunehmend schwieriger, überhaupt Grenzen zu finden. Unternehmen, die ihre Prozesse in den Mittelpunkt stellen, widersetzen sich der Fragmentierung und lösen funktionale Grenzen auf. In einem Prozessteam gibt es keine trennenden Wände. Wir vermeiden daher sogar bewusst die weit verbreitete Bezeichnung »funktionsübergreifende Teams«, da sie zu viel Gewicht auf die Funktionen legt und den Eindruck erweckt, als sei das Team eine Ansammlung misstrauischer Partisanen, die verschiedene Fachabteilungen repräsentieren.

Die Qualifizierungszentren, die aus den Funktionen hervorgegangen sind, nachdem der Schwerpunkt von der Arbeit auf die Anliegen der Beschäftigten verlagert wurde, sind im Grunde prozessübergreifende funktionale Unterstützungsgruppen für die Prozessteams. Die alten, eindeutigen Grenzen zwischen den ehemaligen Fachabteilungen wurden durchbrochen.

Stellen Sie sich vor, Sie besuchen ein Unternehmen und treffen dort auf eine Gruppe von Menschen, die beispielsweise an der Entwicklung eines Produktes arbeiten. Wenn Sie nicht sagen können, wer zu welchem Qualifizierungszentrum gehört, sind Sie in ein prozesszentriertes Umfeld geraten. In einem Prozessteam haben Ingenieure, Marketingexperten, Fertigungsspezialisten und Finanzfachleute ein gemeinsames Ziel; ihre Zuständigkeiten sind nicht starr definiert. (Bitte beachten Sie, dass wir nicht von »Vertretern der Finanzabteilung, der Konstruktionsabteilung etc.« sprechen. Finanzwesen ist ein Beruf, keine Abteilung, der man die Treue geschworen hat.) Ein Finanzexperte kann beim Produktdesign hilfreiche Anregungen geben. Ein Ingenieur kann Ideen zu den Marktanforderungen beisteuern und so weiter.

Selbst Grenzen zwischen Teams verlieren ihren Sinn. Wenn beispielsweise der Output eines Fertigungsprozesses zu einem der Inputs im Auftragsabwicklungsprozess wird, müssen die beiden Prozesse Verbündete, nicht Gegner sein. Eine Barriere zwischen diesen beiden Prozessen würde genau die Art von Hindernis darstellen, die ja gerade durch Prozesszentrierung aus dem Weg geräumt werden soll. Der Ersatz funktionaler Silos durch Prozesstunnel wäre keine nennenswerte Verbesserung.

Die Konzentration auf Prozesse schafft jedoch nicht nur interne Grenzen ab. *Alle* Unternehmensgrenzen zerbröckeln. Die Unternehmen waren lange Zeit eine Bastion einer gewissen Stammesstruktur, die in einer »Wir-gegen-den-Rest-der-Welt«-Mentalität wurzelte, bei der die Definition des »Wir« sich je nach den Umständen entweder auf das Gesamtunternehmen oder aber auf die eng definierte Abteilung bezog, in der jemand arbeitet – und »der Rest der Welt« alles andere symbolisierte. Es war nie genug, einfach nur die Konkurrenz zu bekämpfen. Viele Unternehmen verhielten sich so, als seien ihre Kunden und Lieferanten schlimmere Feinde als ihre Wettbewerber. Bob Lutz, President bei Chrysler, beschreibt dieses Phänomen anhand eines Bildes aus der

Feudalherrschaft: Er sagt, Chrysler habe seine Lieferanten früher wie Leibeigene behandelt. Schließlich sei es häufig einfacher gewesen, den Gewinn zu steigern, indem man die Zulieferer zu Preiszugeständnissen drängte oder einem Kunden in einer Notlage eine Preiserhöhung aufzwang, als die Konkurrenz auf dem Wettbewerbsschlachtfeld zu schlagen. Und viele Geschäftsbereiche sprachen von niemandem mit so beißender Schärfe wie von ihren angeblichen »Schwesterbereichen« innerhalb des gleichen Konzerns. Im internen Wettbewerb um Ressourcen, Genehmigungen und Beförderungen wurde häufig mit weitaus härteren Bandagen gekämpft als gegen die externe Konkurrenz. Schließlich gab es in einer Ära expandierender Märkte genug Nachfrage für alle Anbieter, aber nur eine begrenzte Anzahl von Vorstandsmandaten. All das beruhte auf einer Sichtweise, die wirtschaftliche Tätigkeit als Nullsummenspiel betrachtete, in dem man nur gewinnen konnte, wenn andere verloren – was heute ungefähr ebenso unpassend ist, wie zu einem Vorstellungsgespräch bei MTV in Gamaschen zu erscheinen.

Betrachten wir zunächst die Breschen, die in Grenzen zwischen Unternehmen geschlagen werden, bevor wir dann auf die internen Mauern zurückkommen.

Die Außenmauern der Unternehmen waren bisher in der Regel hoch, steinhart und schwer bewacht. Wir können uns Unternehmen als befestigte Burgen vorstellen, die distanzierte Geschäftsbeziehungen miteinander unterhielten. Zumeist definierten sich Unternehmen als Palette von Produkten und Dienstleistungen: Sie produzierten Ventile, vertrieben Snacks oder versicherten Kunden mit mittlerem Einkommen. Zu ihren Inputs gehörten Aufträge von Kunden, Rohstoffe von Lieferanten und verschiedene Informationen über den Markt. Innerhalb der Burgen wurden diese Inputs dann in Outputs umgewandelt, die in Form von Produkten und Dienstleistungen (für Kunden) oder Zahlungen (für Lieferanten) über die Mauern geworfen wurden. Die Prozesse des Unternehmens waren autonom; sie begannen und endeten an seinen Schutzwällen. Die klassische Integrationsstrategie bestand darin, den Mauerring zu erweitern, sodass noch mehr innerhalb der Burg Platz fand.

Die in diesem Modell implizierte Weltanschauung spiegelt das Buch *Leviathan* (1651) wider, in dem der englische Philosoph Thomas Hob-

bes die menschliche Gesellschaft als »Krieg aller gegen alle« beschreibt
– ein Krieg, in dem jeder des anderen Feind ist. Wenn nicht nur die Konkurrenten, sondern auch die Kunden und Lieferanten die Feinde eines
Unternehmens sind und das Ziel in der Maximierung der eigenen Leistung und Gewinne besteht, kann Erfolg nur auf Kosten der benachbar-
ten Burgen erzielt werden. »Baut höhere und dickere Mauern«, »Handelt mehr zu eurem eigenen Vorteil«, »Verlasst euch nicht auf andere«,
»Nutzt jedes Anzeichen von Schwäche, um euer Herrschaftsgebiet aus-
zuweiten«: Das waren die Parolen des feudalistischen Unternehmens.

Meine Ausführungen sind nicht etwa als Einleitung zu einem Aufruf
zu verstehen, im Geschäftsleben doch sanfter und freundlicher miteinander umzugehen, sondern vielmehr als Forderung nach einem in-
telligenteren Geschäftsansatz. Defensive und feindselige Beziehungen
zu externen Parteien haben stets den Nachteil, dass sie »da draußen«
die gleichen Probleme hervorrufen, die wir »hier drinnen« ausmerzen
wollten. Hohe Mauern zwischen Firmen und ihre Begleiterscheinungen, nämlich Geheimniskrämerei und strenge Kontrollen, führen zu
einer enormen Verschwendung von Zeit und Ressourcen. Wenn sowohl
mein Kunde als auch ich unser jeweiliges Bestandsniveau wie ein Staats-
geheimnis hüten, werden in beiden Unternehmen die Lagerbestände in
die Höhe schnellen. Wenn mein Einkaufssystem eine Materialanforde-
rung produziert, die dann in einen Auftrag umgewandelt und erneut in
das Auftragsverarbeitungssystem meines Lieferanten eingegeben werden muss, sind Doppelarbeiten weit verbreitet, Verzögerungen unvermeidlich und Fehler an der Tagesordnung. Wenn mein Zulieferer die
Spezifikationen für seine Bauteile erhält, aber keinerlei zusätzliche
Informationen über mein Produkt, in das seine Teile hineinpassen müssen, werden Chancen für Synergien, Integration und Wiederverwen-
dung vertan.

Gegenseitiges Misstrauen veranlasst uns, auf den Schutzwällen unseres Unternehmens Wachposten aufstellen, die uns vor jeder Annähe-
rung warnen sollen. Mangelndes Vertrauen zwingt uns, ebenso viel
Energie in Prüf-, Wiege- und Kontrollvorgänge zu stecken wie in
unsere eigentliche – das heißt unsere wertschöpfende und kreative –
Arbeit. Die Gemeinkosten von Beziehungen, in denen der Argwohn im
Vordergrund steht, sind ungeheuer hoch. Die gleiche Arbeit – beispielsweise Qualitätsprüfungen – werden auf beiden Seiten der Schnittstelle

zwischen den Unternehmen verrichtet, einmal, wenn die Waren ausgeliefert werden, und dann wieder bei ihrem Empfang. Auch die Qualität der Informationen leidet in einer solchen Situation. Informationen werden zurückgehalten, und nur aggregierte Daten werden entlang der Kunden-Lieferanten-Kette weitergereicht, sodass Muster verschwimmen, Details verloren gehen und nur eine vage Vorstellung von den wahren Vorgängen am anderen Ende der Kette möglich ist.

Außerdem führt dies zum Wildwuchs der Aktiva und Bestände. Wenn wir die Bestellmuster unserer Kunden nicht kennen, werden wir ein Fertigwarenlager anlegen für den Fall, dass uns jemand einen Auftrag erteilt. Wenn die Kunden sich nicht sicher sein können, dass wir ihre Aufträge erfüllen werden, werden sie ihrerseits entsprechende Bestände auftürmen – für den Fall, dass wir unseren Verpflichtungen nicht nachkommen können. Das Resultat: eine Anhäufung von Waren in vielen Lagern und eine ungeheure Aufwandsredundanz, die sich nicht nur auf die wiederholte Bewegung der Waren beschränkt.

So müsste es aber nicht sein. Eine auf Prozessen wurzelnde Sichtweise kann sich auch auf zwei (oder mehr) Unternehmen erstrecken, nicht nur auf ein einziges. Wenn wir Firmengrenzen ignorieren und unser System aus der Perspektive des Endergebnisses bzw. des Endkunden neu überdenken, erkennen wir häufig, dass der Gesamtprozess, der zu diesem Endresultat führt, eine Reihe von Unternehmen umfasst, die jeweils einen Teil des Prozesses übernehmen. Wer hier Grenzen zieht, unterteilt einen zusammengehörenden Prozess in viele Unterkategorien. Willkürlich gezogene Trennlinien zwischen Unternehmen führen zu einer unnötigen Fragmentierung, mit all den oben erwähnten und einigen anderen Problemen. Es ist genauso, als würde der Flug einer einzigen Maschine von drei verschiedenen Fluggesellschaften abgewickelt: eine für den Start, eine für den eigentlichen Flug und eine für die Landung.

Betrachten wir dazu ein etwas erdverbundeneres Beispiel: Ein Mensch, der einen Supermarkt betritt, um eine Tüte Chips zu kaufen, ist in Wahrheit ein Kunde eines – wie man es heute nennen könnte – integrierten Zulieferkettenprozesses. Dieser Prozess beginnt beim Chipshersteller, der Kartoffeln, Öl und Salz bestellt. (Man könnte alternativ sogar die Meinung vertreten, dass er bei den Produzenten dieser Rohstoffe seinen Anfang nimmt.) Der Kartoffelchipshersteller produziert und verpackt das Produkt. Dann kommt der Spediteur ins Spiel: Er sammelt die Kartons ein, überlegt sich die besten Liefertouren und bringt die Waren zum Distributionszentrum der Supermarktkette, wo sie gelagert und für die Auslieferung an die einzelnen Supermärkte bereitgestellt werden. Die Kunden interessiert es kein bisschen, wie viele Unternehmen an diesem Prozess mitwirken. Sie wünschen sich einen Prozess, der ihnen Chips in die Hand gibt, die dann über die letzte kurze Distanz in ihren Mund wandern. Es spielt aber durchaus eine Rolle, dass drei verschiedene Einheiten, die sich gegenseitig mit Misstrauen begegnen, die Kosten in die Höhe getrieben und die Frische der Chips beeinträchtigt haben, weil sie ungeheuer Zeit und Geld damit verschwendeten, bereits von anderen durchgeführte Arbeiten zu wiederholen, und ein Großteil ihrer Energie an den Reibungsstellen an ihren Grenzen verpuffte.

Unternehmen und Branchen erkennen, dass sie sich nicht auf die künstlichen Unterprozesse konzentrieren dürfen, die an den Mauern eines Unternehmens beginnen und enden, sondern ihr Augenmerk vielmehr auf ganze Prozesse richten müssen, die über Unternehmensgrenzen hinweg reichen. Dieses Phänomen wurde »Kunden-Lieferanten-Partnerschaft« oder »virtuelles Unternehmen« genannt, doch sind diese Bezeichnungen nicht ganz treffend. Der Begriff der Partnerschaft impliziert Vertrauen, gegenseitiges Wohlwollen und positive Einstellungen, aber wir erwarten nicht, dass in der Wirtschaft plötzlich die Selbstlosigkeit und die Brüderlichkeit die Oberhand gewinnen. Ganz im Gegenteil: Wir meinen, dass eine Konzentration auf unternehmensübergreifende Prozesse nur aus einem aufgeklärten Eigeninteresse erwachsen kann. Das Licht der Freundschaft und Liebe würde auch nicht dazu beitragen, die Kartoffelchips schneller in die Regale zu befördern. Das Ziel besteht nicht darin, in den Firmen ein anderes *Gefühl* gegenüber ihren Handelspartnern zu wecken, sondern in einem anderen *Umgang miteinander*. Bessere Interaktionen könnten im Laufe der Zeit durchaus zu veränderten Gefühlen führen – infolge der Vorteile, die sich für beide Seiten ergeben haben. Aber als Erstes müssen die greifbaren Ablaufsysteme, die dem Ganzen zugrunde liegen, geändert werden.

Der Ausgangspunkt ist hier die Frage, woraus sich dieser übergeordnete Prozess zusammensetzt. So war früher bei der GE-Sparte Haushaltsgroßgeräte die Trennlinie zwischen dem Unternehmen und dem Einzelhandel ganz klar. General Electric stellte Haushaltsgeräte – zum Beispiel Kühlschränke – her und verkaufte sie an die Einzelhändler, die sie ihrerseits den Verbrauchern weiterverkauften. General Electrics Ziel bestand darin, im Einzelhandel möglichst viele Kühlschränke zum besten erzielbaren Preis abzusetzen und dabei möglichst wenig Kosten zu verursachen. Aber der unerwartete Aufstieg der Discounter brachte diese Strategie ins Wanken. Weit verzweigte Ketten wie Wal-Mart üben eine große Macht über ihre Lieferanten aus und können daher niedrige Preise und günstige Lieferbedingungen aushandeln. Andererseits konnten die kleinen Einzelhändler, die von GE beliefert wurden, nur schwer im Wettbewerb gegenüber den Ketten mit ihren niedrigen Gemeinkosten und hauchdünnen Margen bestehen.

General Electric erkannte, dass es schleunigst etwas tun musste, um die kleineren Einzelhändler bei der Stange zu halten, da ansonsten die Vertriebsmöglichkeiten für seine Produkte beängstigend zusammengeschmolzen wären. Es war nicht mehr sinnvoll, einfach Bestände bei den Händlern abzuladen und es *ihnen* dann zu überlassen, wie sie die Hausgeräte loswurden. Daher sah sich GE den Prozess genauer an, der mit der Fertigung beginnt und mit einen Kauf seitens des Verbrauchers endet. Im Grunde hat GE jetzt die Regie für das gesamte Bestandsmanagement übernommen, sodass die Händler eigentlich gar kein eigenes Lager an Haushaltsgrossgeräten mehr vorzuhalten brauchen – von einer Hand voll Vorführmodelle einmal abgesehen. Dies wurde mittels eines computerisierten Systems erreicht, für das die Bezeichnung »Direct Connect« gewählt wurde. Wenn ein Kunde einen Kühlschrank kaufen möchte, prüfen die Einzelhändler mit Hilfe des Direct-Connect-Programms, ob das gewünschte Gerät vorrätig ist und wie viel es kostet. Dann wird der Auftrag in das Direct-Connect-System eingegeben, und am nächsten Tag wird der Kühlschrank nicht aus dem Lager des Händlers, sondern aus General Electrics eigenem Bestand an Fertigwaren direkt an den Kunden geliefert.

Dank dieser Neudefinition seiner Beziehung zu den Händlern kann GE jetzt außerdem Direktfinanzierung für den Verbraucher anbieten, ohne dass der Händler als Vermittler fungieren muss. Als Gegenleistung für diese Vorteile des neuen Prozesses (niedrigere Lagerbestände und weniger Arbeit) verpflichten sich die Einzelhändler, ein Vollsortiment an GE-Produktkategorien anzubieten und sicherzustellen, dass mindestens 50 Prozent ihres Hausgeräteabsatzes auf GE entfallen. Für die Nutzung des Direct-Connect-Systems zahlen die Händler GE zudem eine monatliche Gebühr für den elektronischen Datentransfer. Dadurch sinken die Fakturierungskosten von General Electric, und mehr Bargeld sprudelt in die Kassen des Unternehmens.

Direct Connect ist ein klassisches Beispiel für eine Situation, in der es nur Gewinner gibt. Die Einzelhändler profitieren, weil sie in der Lage sind, rasch auf Kundenaufträge zu reagieren, ohne sich dabei um das Bestandsmanagement und die Auslieferung einer breiten Produktpalette kümmern zu müssen. Auch die Bearbeitung von Kreditanträgen entfällt für sie. GE konnte durch das neue System seinen Marktanteil festigen und zugleich eine beträchtliche Kostenreduzierung bei seinen eigenen Vertriebs- und Marketingaktivitäten erreichen. Die Händler sind dank des größeren Nutzens, der ihnen geboten wird, loyaler gegenüber GE eingestellt, während der Hersteller seine operative Exzellenz steigern konnte. All diese Vorteile ergeben sich direkt aus der Betrachtung des Gesamtprozesses, die an die Stelle einer Aufteilung in zwei lose miteinander verbundene Teile tritt, sowie aus dem entschlossenen Engagement für minimale Gesamtkosten bei maximaler Kundenzufriedenheit. Das Durchbrechen dieser Grenze erlaubte eine völlig freie und höchst geschickte Arbeitsverteilung: General Electric übernahm Arbeiten, die zuvor den Einzelhändlern vorbehalten waren, und umgekehrt.

Herkömmliche Organisationen hielten sich an eine sehr einfache Faustregel: Arbeiten sollten von dem verrichtet werden, der von ihnen profitiert. Wenn es meine Bestände sind, dann ist es auch mein Problem, sie zu verwalten; wenn die Konstruktion von Ihnen stammt, sollten Sie sich den Kopf darüber zerbrechen, wie Sie sie zusammenbauen wollen. Diese Einstellung passte haargenau zu der von Hobbes inspirierten »Beggar-thy-neighbor-Politik«, die bislang vorherrschte. Die Vorstellung, mehr als das absolut unerlässliche Minimum zu tun und Arbeiten zu verrichten, von denen ein anderer profitierte, stand in dem Geruch des Altruismus und der Wohlfahrt und hatte daher im Geschäftsleben angeblich nichts verloren. Erst jetzt erkennen wir allmählich, wie engstirnig und unsinnig dieser Ansatz eigentlich ist. Die Arbeit sollte von der Partei verrichtet werden, die am besten dafür ausgerüstet ist – von der Organisation, die über die besten Fähigkeiten, die bequemste Möglichkeit, die richtige Software oder sogar das größte Interesse verfügt. Anstatt sich nur auf eng begrenzte Aufgaben zu konzentrieren, die innerhalb der »eigenen vier Wände« verrichtet werden müssen, sollte ein Unternehmen nach der Verbesserung der Gesamtleistung eines größeren, grenzüberschreitenden Prozesses streben. Warum? Weil Kostenreduzierungen, Nutzensteigerungen und Zykluszeitverkürzungen in diesem breiter angelegten Prozess letzten Endes Vorteile für alle beteiligten Organisationen nach sich ziehen. Tugend allein mag ihr eigener Lohn sein, aber wenn ich meinen Handelspartnern Gutes tue, profitiere ich selbst auch davon. Die Optimierungsmöglichkeiten in einem viele Firmen umspannenden Gesamtprozess übersteigen diejenigen, die durch die Optimierung der jeweiligen unternehmensinternen Prozesse erreicht werden können.

Dieser Trend ist keine Zukunftsmusik, sondern manifestiert sich bereits jetzt. Besonders im Transportwesen verwandeln sich reine Lastwagenfahrer allmählich bereits in »Materialwirtschaftler«, die in enger Abstimmung mit ihren Kunden (den Herstellern, deren Waren transportiert werden) arbeiten. Viele Lkw-Leasing-Firmen wurden ursprünglich gegründet, um Firmen, die zwar einen Lastwagenfuhrpark benötigten, aber die erforderlichen Finanzmittel nicht in ein solches Projekt investieren wollten, die Wahrnehmung steuerlicher Vorteile zu ermöglichen. Anfangs kauften diese Unternehmen einfach Lastwagen und verleasten sie; heute jedoch lassen sie sich zunehmend in die Abläufe ihrer Kunden einbinden und übernehmen immer mehr Aufgaben für sie. Der erste Schritt war das sogenannte »Vollserviceleasing«: Die Leasingfirma übernahm unter anderem die Verantwortung für die Wartung, Betankung, Versicherung, Zulassung der geleasten Lkws. Im nächsten Schritt wurde sie zu einem Frachtführer, der nach einem mit dem jeweiligen Kunden ausgehandelten Vertrag Fahrer, Personalverwaltung und Gestaltung des Vertriebssystems anbot. So hat beispielsweise die Firma Ryder Truck erkannt, dass ihre Kunden gar keine Lkws haben wollen, sondern lediglich Waren so effektiv wie möglich von einem Standort zum nächsten transportieren möchten. Daher bietet Ryder seinen Kunden ein Softwareprogramm, das ihnen hilft, die beste und kostengünstigste Route für den Transport der Waren auszuwählen, ein System zur Fahrzeugplanung, das angibt, an welchen Standorten die

Fahrzeuge je nach dem erwarteten Verkehrsmuster stationiert sein sollten, sowie Wartungsmanagementsysteme, um den Kunden zu helfen,
bei möglichst niedrigen Instandhaltungskosten aus den Lkws die läng-
ste Fahrzeit herauszuholen.

Die meisten Hersteller (deren Hauptaugenmerk auf Schlüsselprozessen wie »Kennenlernen der Kunden«, »Entwicklung neuer Technologien« sowie »Konstruktion und Herstellung von Produkten« liegen
sollte) betrachten die Transportlogistik als reine Nebensache. Obwohl
sie ihr Produkt irgendwann zum Markt bringen müssen, lohnt es sich
für sie kaum, aktuellstes Know-how und modernste Praktiken in einem
so obskuren Bereich wie Lkw-Wartung und Verkehrsplanung zu erwerben. Für sie ist es weitaus sinnvoller, andere Unternehmen einzusetzen,
deren Expertenwissen exakt auf diese Spezialgebiete zugeschnitten ist.

Das ist mehr als simples Outsourcing oder externer Zukauf von Stabsaktivitäten. Unterschiedliche Firmen können an zahlreichen Stellen
verschiedene Stärken in einen Gesamtprozess einbringen. Daher empfiehlt es sich, den Gesamtprozess in einer Art Firmenkonsortium
durchzuführen, wobei jedes Mitglied seine besonderen Fachkenntnisse
beisteuert. Angesichts der zunehmenden Fortschritte in der Technologie und des steigenden Wettbewerbsdrucks ist es noch unrealistischer
als jemals zuvor, wenn Unternehmen glauben, sie könnten in allem
Weltniveau erreichen. Wer sich jedoch in irgendeiner Hinsicht mit
zweitklassigen Leistungen zufrieden gibt, gefährdet seine Wettbewerbs-
leistung. Es wäre grundverkehrt zu sagen: »*Das* braucht uns nicht zu
interessieren, weil wir *hier* Glanzleistungen vorweisen können.« Selbstverständlich müssen Elektronikunternehmen über modernste Technologien verfügen, aber ohne modernste Distribution, die überlegene
Auslieferung zu niedrigsten Preisen bietet, werden die Kunden bald
ebenso unzufrieden sein, wie sie es mit veralteten Produktmerkmalen
wären – zumal einige eifrige Konkurrenten ihnen nur allzu gerne versichern werden, dass sie gar nicht zwischen Merkmals- und Ausliefe-
rungsqualität wählen müssen. Da *alle Leistungen* auf Spitzenniveau
erbracht werden müssen, müssen sich Unternehmen fragen, was sie
selbst machen und womit sie lieber andere beauftragen sollten.

Dieses Prinzip setzt sich auch bei Krankenversicherungen durch,
deren Schwerpunkt zunächst auf Leistungen im Schadensfall lag. Unternehmen baten die Versicherungen, das mit der Gesundheit ihrer Mit-

arbeiter verbundene Risiko zu übernehmen. Nach der Beitragszahlung war dieses Risiko dann allein Sache des Versicherers. Im Laufe der Zeit wurde jedoch deutlich, dass die Übernahme des Risikos nicht immer zu einer signifikanten Wertschöpfung führte.

Risikodiversifizierung durch Zusammenführen vieler kleiner Grundgesamtheiten zu einer großen ist der klassische Grund, der als Daseinsberechtigung für Versicherungen angeführt wird. Die Reduzierung des statistischen Unsicherheitsfaktors einer kleinen Grundgesamtheit bot allen Beteiligten ein gewisses Maß an Sicherheit. Allerdings erkannten viele Großkonzerne, dass sie diesen Service gar nicht benötigten. Ihre Mitarbeiter standen bereits für ein eigenes statistisches Universum. Eine weitere Diversifizierung dieses Risikos brachte nicht viel – und wenn die eigene Belegschaft weitgehend jung, gesund und voller Elan war, war sie möglicherweise sogar mit einigen Nachteilen verbunden. Daher beschlossen amerikanische Unternehmen, ihr eigenes Risiko zu tragen, und wiesen vielen Krankenversicherungen eine reine Verwaltungsfunktion zu (als »Administrative Services Only« bzw. ASO). Diese Versicherer wurden im Grunde zu Bearbeitern von Schadensfällen für ihre Kunden; sie verwalteten zwar die Konten, aus denen Arztkosten bezahlt wurden, waren jedoch nicht die Kontoinhaber. Mit anderen Worten: Das Pendel schlug zurück zu den Firmenkunden, die einen Teil der Arbeit (zum Beispiel Risikomanagement) übernahmen, die zuvor von den Krankenversicherungen geboten wurde.

Inzwischen bewegt sich das Pendel in die entgegengesetzte Richtung. Viele US-Krankenversicherungen haben sich dem »Managed-Care-System« angeschlossen. Sie ersetzen ihren Firmenkunden zwar nach wie vor nicht die Kosten für die medizinische Versorgung – Selbstversicherung ist immer noch die Devise in den USA –, beraten sie aber, damit die Unternehmen ihre Krankenversicherungsausgaben minimieren können. Für viele Firmen ist das eine durchaus bedeutsame Frage (viele geben mehr für die Krankenversicherung ihrer Beschäftigten aus als für ihre Rohstoffe). Die Versicherer bewerten mittlerweile unterschiedliche Leistungsangebote im Gesundheitswesen, beleuchten die Situation für die Unternehmen aus einer anderen Warte und empfehlen Fitnessprogramme und andere Maßnahmen zur Erhaltung der Gesundheit, sodass medizinische Leistungen gar nicht erst in Anspruch genommen werden müssen. Auf diese Weise ist es ihnen gelungen, die Kosteneskalation im

Gesundheitswesen zu bremsen. Die Arbeiten im Gesamtprozess des
Angebots von Krankenversicherungsleistungen an die Arbeitnehmer
wurden somit zwischen Arbeitgebern und Versicherungen neu verteilt:
Die Arbeitgeber haben das Risiko übernommen, das früher von den
Versicherungen getragen wurde, während die Versicherungen Arbeiten
erledigen, zu denen andernfalls die Arbeitgeber gezwungen wären.
Diese neue Beziehung wird weiter verstärkt durch die Tatsache, dass die
Versicherungen im Vergleich zu den Arbeitgebern in mancherlei Hinsicht in einer vorteilhafteren Position sind. Zum einen geben die Informationen eines Unternehmens lediglich Aufschluss über die medizini-
schen Ausgaben seiner eigenen Belegschaft, während die Versicherer
dank der großen Zahl von Einzel- und Gruppenversicherten, die sie
bedienen, auf einen weitaus größeren Erfahrungsschatz zurückgreifen
können. Zum anderen ist für nahezu alle Firmen auch die Verwaltung
der Krankenversicherung der eigenen Beschäftigten im Grunde eine
lästige Nebenaufgabe, die sie nur vom eigentlichen Geschäft ablenkt.
Die Energie, die sie auf die Dämpfung der Gesundheitskosten verwenden, könnte an anderer Stelle gewiss vorteilhafter genutzt werden.

Ähnliche Vereinbarungen gibt es auch in vielen anderen Branchen.
Die Zulieferer der GM-Tochter Saturn haben größtenteils die Material-
wirtschaft für ihren Kunden übernommen, sodass sich der Fahrzeug-
bauer selbst auf die effiziente Pkw-Montage konzentrieren kann. Saturn gibt seine Produktionspläne in eine Online-Datenbank ein. Die
Zulieferer sind dafür verantwortlich, die richtigen Waren an der richtigen Laderampe abzuliefern, damit ein ungestörter Fertigungsfluss aufrechterhalten werden kann. Saturn hat seine Karten auf den Tisch
gelegt, indem es seinen Lieferanten erlaubt, Einsicht in den Produk-
tionsplan zu nehmen, und ihnen einen sicheren Absatzmarkt garantiert.

Der Textilhersteller Levi Strauss & Co. berät über seinen LeviLink-
Dienst zahlreiche Einzelhändler. Unter anderem gibt er Empfehlungen
darüber ab, welche Produkte und Größen sie anbieten sollten. Dazu
analysiert das Unternehmen in den betreffenden Geschäften die Ver-
käufe von Levi's Jeans, Dockers und anderen firmeneigenen Marken-
produkten und vergleicht sie mit den bisherigen Verkäufen in diesen
Geschäften. Vor diesem Hintergrund kann Levi Strauss dann Empfehlungen darüber abgeben, welche Modelle, Farben und Größen der
jeweilige Einzelhändler wann nachbestellen sollte. In vielen Fällen geht

das Unternehmen sogar noch einen Schritt weiter und schreibt für sich selbst einen Auftrag. Auf diese Weise wird der Einzelhändler von jeglicher Verantwortung und Beteiligung am Auftragserstellungsprozess entbunden. Die Waren treffen bei ihm bereits ausgezeichnet ein und können sofort in die Regale eingeräumt werden.

Auch hier macht jeder wieder, was er am besten kann. Die Überlegenheit kann darauf zurückzuführen sein, dass das betreffende Unternehmen über besondere Fähigkeiten verfügt, dass es größere Volumina abwickelt als irgendjemand sonst, dass es Vorteile aus einer speziellen Technologie zieht, in die es investiert hat, oder dass die betreffende Sache so wichtig für das Unternehmen ist, dass es gerne die Zeit und Energie opfert, um besser in einer Aktivität zu werden, die für andere eine lästige Pflicht darstellt.

Aus welchem Grund auch immer – Sie sollten das machen, was Sie am besten können, auch wenn Sie nicht der unmittelbare Nutznießer Ihrer Anstrengungen sind. Diese neue Regel – jeder soll das machen, was er am besten kann – beruht auf der Notwendigkeit, Prozesse über Unternehmensgrenzen hinweg zu integrieren, um den Gesamtaufwand zu reduzieren, den Bedarf an Ressourcen unter dem Strich zu minimieren und die kollektive Flexibilität und Sensibilität zu steigern. »Ich gewinne, wenn Sie verlieren« wird zunehmend zu einer naiven Vorstellung. Wenn Sie verlieren, werden wir am Ende beide mit leeren Händen dastehen. Wenn Sie mein Kunde sind und Ihre Kosten in die Höhe klettern, wird sich Ihr Verlust an Wettbewerbsfähigkeit auch auf mich auswirken. Wenn Sie mein Lieferant sind und Ihre Kosten steigen, werden Sie nicht auf Dauer überleben können, ohne dass sich diese Verteuerung auch in Ihren Preisen niederschlägt.

Die Erkenntnis, dass es in Ihrem eigenen Interesse liegt, die Wettbewerbsfähigkeit Ihrer Kunden und Lieferanten zu erhalten, sollte natürlich nicht dazu führen, dass Sie sich für andere völlig aufopfern. Allerdings müssen Sie sie sehr wohl als Verbündete und nicht als Gegner betrachten. Sie müssen eng mit ihnen zusammenarbeiten, sodass alle davon profitieren. Sie müssen Arbeiten über Unternehmensgrenzen hinweg koordinieren und unproduktive Doppelarbeiten vermeiden. Wenn ich die Qualität überprüfe und wir einander vertrauen, warum sollten Sie dann eine zweite Qualitätsprüfung durchführen? Es könnte durchaus genügen, wenn ich Ihnen den Zugriff auf meine Qualitätskontrolldaten erlaube. Der Austausch von Arbeiten – das machen, was man am besten kann, und nicht alles, was man braucht – ist kein Beweis von Zuneigung, Altruismus oder Selbstverleugnung. Die Motivation dahinter sind vielmehr wechselseitige Eigeninteressen. Autarke Unternehmen, die alles selbst in die Hand nehmen können, sind nicht von vornherein im Unrecht. An der Produktion eng definierter Waren oder Dienstleistungen ist eigentlich nichts auszusetzen – vorausgesetzt, sie lohnt sich, und das ist heute nicht mehr der Fall. Kooperationen und wechselseitige Interdependenzen bringen inzwischen mehr.

Viele fortschrittliche Unternehmen haben schon längst erkannt, dass der offizielle Preis, den ihre Lieferanten für ein Produkt verlangen, oftmals nur einen Bruchteil der mit diesem Erzeugnis verbundenen Gesamtkosten ausmacht. Dem Kunden entstehen Kosten für den Einkauf, die Warenannahme, die Lagerung, das Handling und die Bestandsfinanzierung, die weit über dem eigentlichen Kaufpreis liegen. Ein vernünftiger Kunde sollte nicht starr auf den Kaufpreis starren, sondern auf die insgesamt für ein Produkt aufgelaufenen Kosten, ob diese nur intern oder gegenüber einem Lieferanten abgerechnet werden. Leider fällt dieser eigentlich offensichtliche Schritt aufgrund der Balkanisierung unserer Organisationen – sowohl intern als auch im Hinblick auf externe Parteien – schwer. So wird etwa die Leistung von Einkaufssachbearbeitern üblicherweise an den Preisen gemessen, die sie bezahlen – nicht an den Gesamtkosten, die dem Unternehmen entstehen. Dafür gibt es viele Gründe, und die Schwierigkeiten, die bei einer Berechnung der Gesamtkosten ohne Prozessperspektive entstehen, spielen dabei keine geringe Rolle. Der Einkäufer ist für den Produktpreis verantwortlich; die Finanzierungskosten sind nicht sein Problem. Im Gegensatz dazu interessiert sich ein prozesszentriertes Unternehmen für die Gesamtprozessleistung. Die Lieferanten werden nicht anhand der Zahlen auf ihren Lieferscheinen beurteilt, sondern an den Kosten und am Nutzen, die aus einer Geschäftsbeziehung mit ihnen entstehen.

In diesem neuen Kontext wird »problemloser geschäftlicher Umgang miteinander« zum übergeordneten Ziel. Wer seine eigenen Kosten drückt, aber gleichzeitig die Aufwendungen seiner Kunden in die Höhe treibt, handelt kontraproduktiv. Je ähnlicher und austauschbarer Produkte und Dienstleistungen werden, desto mehr tritt im Wettbewerb ein anderer Unterscheidungsfaktor in den Vordergrund: Wie gut, wie schnell und mit welcher Leichtigkeit können Sie Ihren Kunden ihre Probleme abnehmen (und folglich auch ihr Geld)?

Wenn Sie Ihren Kunden mehr bieten – Ihre Flexibilität zur Vereinfachung ihrer Abläufe einsetzen und somit zu einer verbesserten Wertschöpfung beitragen –, heben Sie sich von der Masse der Wettbewerber ab und werden den Auftrag bekommen. Ihr Ziel besteht nicht darin, Ihre eigenen Kosten auf ein Mindestmaß zu reduzieren oder Ihre eigenen Lagerbestände zu senken, sondern die Gesamtkosten und die Gesamtbestände zu verringern – bei gleichzeitiger Verkürzung der Gesamtdurchlaufzeit. Wenn der Gesamtprozess gewinnt, ziehen alle beteiligten Parteien daraus einen Nutzen. Daher müssen Sie Ihre Kunden und Lieferanten als Teamkollegen betrachten.

In letzter Konsequenz könnte das bedeuten, dass Sie sogar bei Ihren Konkurrenten mögliche Ansatzpunkte für eine Zusammenarbeit finden müssen. Wir alle sind uns der Tatsache bewusst, dass die Konkurrenz eher zu- als abnimmt, doch besteht ein Unterschied zwischen klugem und törichtem Wettbewerb. Wenn ein Unternehmen einem Konkurrenten einen schlechten Dienst erweist, nur um sich selbst damit noch mehr zu schaden, zeugt das von einer gehörigen Portion Dummheit. Klug handeln dagegen Wettbewerber, die sich mit anderen Anbietern zusammentun, um einen branchenweiten Prozess umzusetzen, der nicht nur die Kosten senkt, sondern auch die Fähigkeiten aller Beteiligten verbessert. Das soll nun aber nicht bedeuten, dass alle Wettbewerber zu Freunden oder Verbündeten werden oder die Kartellgesetze aufgehoben werden müssen. Vielmehr muss der Wettbewerb auf diejenigen Bereiche beschränkt werden, in denen er Sinn macht, während in den Gebieten, in denen er allen schaden würde, Möglichkeiten für eine Kooperation erforscht werden sollten.

Das Leitmotiv dieses Kapitels ist das, was GE-Chef Jack Welch als »Unternehmen ohne Grenzen« bezeichnet hat. Seiner Meinung nach müssen alle internen und externen Mauern herausgerissen werden: vertikale Innenwände, die Fachabteilungen voneinander trennen, externe Außenmauern, die zwischen Firmen stehen, sowie horizontale Trennungen (das heißt Fußböden und Decken), die künstliche Grenzen zwischen »Arbeitern« und »Managern« errichten. Wir haben all diese verschiedenen Arten von Wänden beleuchtet. Aber es gibt noch eine weitere Grenze, mit der wir uns näher beschäftigen müssen: die Mauern, die Sparten (oder Geschäftseinheiten, wie man heute gerne sagt) von anderen Geschäftsbereichen trennen, die zum gleichen Großkonzern gehören. Die Herausforderung besteht hier darin, eine Ansammlung eigensinniger, unabhängiger Einzelteile zu einem kohärenten Ganzen zusammenzufügen.

Unternehmen mit komplexer Bereichsorganisation gibt es natürlich schon seit langem. General Motors und DuPont entstanden in ihrer derzeitigen Form bereits vor mehr als einem halben Jahrhundert. Dennoch haben diversifizierte Mischkonzerne wohl erst während der letzten vierzig Jahre mit der wirtschaftlichen Expansion der Nachkriegszeit ihre wahre Blüte erlangt. Unternehmen, die ursprünglich Lebensversicherungen anboten, streckten ihre Fühler zunehmend in die Bereiche Sach- und Unfallversicherung aus und richteten für diese neuen Sparten eigene Geschäftsbereiche ein. Seifenhersteller sahen Chancen zum Verkauf von Zahnpasta, Schmerztabletten, Lebensmitteln und anderen Konsumgütern – und auch sie gründeten eigene Sparten, um diese Märkte zu bedienen.

Obwohl der Begriff »strategische Geschäftseinheit« häufig nicht klar definiert wird, erkennt man dieses Gebilde in der Regel, wenn man es vor sich hat. In den meisten Unternehmen ist eine Geschäftseinheit im Grunde eine autonome Firma, die bestimmte Produkte und Dienstleistungen an ausgewählte Kunden liefert. Sie unterscheidet sich von anderen Geschäftseinheiten entweder durch die anvisierten Zielgruppen, die gebotenen Waren und Dienstleistungen oder durch beides. Eine Großbank hat normalerweise getrennte Bereiche für Privat- und Firmenkunden sowie eine für den Wertpapierbereich zuständige Treasury-Abteilung. Jede dieser Einheiten bietet anderen Kundengruppen andere Finanzdienstleistungen. Eine Versicherung kann zum Beispiel praktisch die gleichen Produkte und Serviceleistungen in verschiedenen Teilen des Landes über Regionalorganisationen anbieten, die unterschiedliche geographische Märkte bedienen. Ein Konsumgüterhersteller besteht unter Umständen aus separaten Geschäftseinheiten, die zwar alle die gleichen Einzelhändler beliefern, aber jeweils eine völlig andere Produktpalette entwickeln und herstellen.

Strukturen mit einer Vielzahl von Konzerngesellschaften erlauben mehr Flexibilität und eine klarere Marktfokussierung als ein einziger, monolithischer Block, der versucht, es allen Kunden gleichzeitig recht zu machen. Aber ein Unternehmen, das aus vielen Geschäftseinheiten besteht, leidet häufig unter unüberschaubaren Auseinandersetzungen zwischen den einzelnen Sparten – neben dem üblichen Hickhack zwischen den Funktionen. Wie wir gesehen haben, behandeln viele Konzerngesellschaften ihre »Schwestern« schlechter als ihre Konkurrenten. Das macht sogar in gewisser Weise Sinn (oder ist zumindest verständlich), wenn man bedenkt, dass sie dabei von der betrieblichen Prämisse ausgehen, dass sie selbst nur dann besser dastehen können, wenn es den anderen Geschäftsbereichen schlechter geht. Schließlich lässt sich ja nicht leugnen, dass die jeweiligen Bereiche *tatsächlich* miteinander um die Aufmerksamkeit der Konzernspitze, Ressourcen und Kapital konkurrieren. Die Manager des eigenen Bereichs wetteifern mit anderen Bereichsleitern um die Beförderung in höherrangige Positionen auf Konzernebene. Der unmittelbarste und somit auch erbittertste Wettbewerb tobt also häufig zwischen angeblichen »Schwestergesellschaften« innerhalb eines Konzerns.

Mittlerweile führt jedoch die Prozesszentrierung zu einer Neuorganisation dieser Einheiten nach neuen Richtlinien. An die Stelle der Abteilungsleiter und Vizepräsidenten treten heute die Prozessverantwortlichen und Coachs. Eine weitergehende Frage blieb jedoch bislang unbeantwortet: Wie wird aus den prozesszentrierten Geschäftseinheiten ein prozesszentrierter Konzern?

Seit vielleicht 30 Jahren waren die Leiter der einzelnen Geschäftsbereiche ebenso wie die Manager auf Konzernebene geradezu besessen von der Diskussion, die sich um das Thema »Zentralisierung versus Dezentralisierung« dreht. Manche haben argumentiert, dass alle Stabsaktivitäten des Konzernverbunds so weit wie möglich zentralisiert werden sollten, um ein Maximum an Konsistenz und Economies of Scale zu gewährleisten. Daher hatten viele Konzerne mit getrennten Geschäftsbereichen, die völlig unterschiedliche Produkte für die gleichen Kundengruppen herstellten, einen zentralisierten, gemeinsamen Verkaufsaußendienst. Andere hatten für jeden Bereich eine separate Vertriebs- und Marketingorganisation, dafür aber eine zentralisierte Fertigung auf Konzernebene. Am anderen Ende der Skala standen Konzerne, in denen jedes Schiff seinen eigenen Kurs festlegen durfte. Dafür war ein möglichst hohes Maß an Dezentralisation vonnöten: Den einzelnen Geschäftsbereichen musste genügend Autonomie eingeräumt werden, sodass sie die spezifischen Bedürfnisse ihrer Märkte nach eigenem Ermessen erfüllen konnten. Dann konnten sie sich allerdings auch nicht mehr mit der Entschuldigung herausreden, dass ihre Schwächen auf Unzulänglichkeiten gemeinsam genutzter Konzernressourcen zurückzuführen seien.

Bei meinen Reisen durch die Welt der Unternehmen ist mir aufgefallen, dass Topmanager auf die Frage, ob denn nun Zentralisierung oder Dezentralisierung vorzuziehen sei, so vage antworten wie auf keine andere. Sie scheinen in dieser Angelegenheit völlig unschlüssig zu sein. Zentralisierte Konzerne sehnen sich nach der Flexibilität und Autonomie der Dezentralisierung. Dezentralisierte Unternehmen beklagen ihren fehlenden Zusammenhalt, übermäßige Kostenlasten und den Mangel an Kontrolle. Viele Spitzenmanager können sich sogar über beides gleichzeitig beklagen, denn ihre Organisationen scheinen dazu verurteilt zu sein, das Pendel immer wieder in die andere Richtung ausschlagen zu lassen, sobald die unvermeidlichen Schwächen der jeweils gewählten Alternative zutage treten.

Diesen Menschen kann jetzt aber geholfen werden. Der Kompromiss zwischen Zentralisierung und Dezentralisierung verliert zunehmend an Bedeutung. Auf die drängende Frage, welche der beiden Optionen sie denn nun wählen würden, antworten aufgeklärte Führungskräfte heute: »Beide.« Damit meinen sie, dass ihre Geschäftsbereiche viele der deutlichen Vorteile, die bislang entweder der Zentralisierung oder der Dezentralisierung zugeschrieben worden sind, miteinander verbinden können: Sie können die Vorzüge der betrieblichen Autonomie mit eigener lokaler Ressourcenbasis genießen und dabei gleichzeitig über konzernweite Datenbanken und Telekommunikationsnetze mit anderen Geschäftsbereichen und einer zentralen Koordinationsstelle auf Konzernebene in Kontakt stehen, sodass lokale Entscheidungen in einem übergeordneten Kontext gefällt werden können. Es spielt keine Rolle, ob das betreffende Unternehmen das dann als »virtuelle Zentralisation« oder »koordinierte Dezentralisation« bezeichnet oder ein anderes mehr oder weniger holpriges Schlagwort dafür wählt: Wichtig dabei ist, dass wir dank der modernen Technologie diese unangenehme Entscheidung nicht mehr treffen müssen.

Stattdessen müssen wir uns im prozesszentrierten Kontext jedoch Gedanken über die relativen Vor- und Nachteile zweier Alternativen machen, die man als »Standardisierung« und »Vielfalt« bezeichnen könnte.

In unterschiedlichen Geschäftsbereichen gibt es nämlich häufig Prozesse, die im Grunde den gleichen Namen tragen und auch den gleichen Zweck erfüllen. So findet man beispielsweise bei Texas Instruments (TI) in jedem Geschäftsbereich einen Prozess, der »Auftragsabwicklung« heißt: bei Halbleitern, im Rüstungsgeschäft, bei Konsumgütern und bei Computern. Allein schon die Vorstellung, dass es für TI sinnvoll sein könnte, eine einzige, gigantische Maschinerie für die Abwicklung aller Aufträge aus der ganzen Welt – für integrierte Schaltkreise, Taschenrechner, Software und Marschflugkörper – einzurichten, ist geradezu absurd. Selbst innerhalb der einzelnen Sparten des TI-Konzerns ist die Auftragsabwicklung nicht zentralisiert. Jede Geschäftseinheit hat vielfältige Einrichtungen für die Auftragsabwicklung – Vertriebsbüros, Fabriken und Distributionszentren. Das sagt jedoch nicht nichts darüber aus, wie viele Autragsabwickungsprozesse Texas Instruments haben sollte. Sollte es einen einzigen Auftragsabwicklungsprozess geben, der von einem einzigen Prozessverantwortlichen gestaltet, geleitet und verbessert wird? Sollte dieser Verantwortliche organisatorisch, wenn nicht räumlich, auf der Konzernebene angesiedelt sein? Oder sollte es für jede Einheit einen eigenen Auftragsabwicklungsprozess geben, der besser auf die spezifischen Anforderungen des jeweiligen Bereichs abgestimmt ist? Mit anderen Worten: Sollte es in allen Teilbereichen von Texas Instruments eine *standardisierte* Auftragsabwicklung geben, oder sollten die Konzerngesellschaften eigene *diversifizierte* Versionen dieses Prozesses entwickeln und implementieren können?

Die Vorteile der Diversifizierung liegen auf der Hand. Wenn ein Bereich seine eigene Lösung wählen kann, ist er in der Lage, den Prozess so zu optimieren, dass er den einzigartigen Bedürfnissen seiner Produkte und Kunden gerecht wird. Durch entsprechende Marktnähe kann sichergestellt werden, dass der Prozess stets an die sich wandelnden Kundenanforderungen angepasst wird. Die Alternative dazu – Standardisierung – erinnert an Ambrose Bierce' Definition eines »Kompromisses« als Konfliktlösung, mit der alle Parteien gleichermaßen *un*zufrieden sind. Anders ausgedrückt: Wenn allen Geschäftsberei-

chen ein und derselbe Prozess von einem Prozessverantwortlichen auf
Konzernebene aufgezwungen wird, wird sein standardmäßiges Design
die besonderen Bedürfnisse jeder einzelnen Einheit zweifellos unzureichend erfüllen. Einige Einheiten werden sich dann des Eindrucks nicht
erwehren können, dass ihnen Chancen zur Überrundung der Konkurrenz durch die Lappen gehen.

Andererseits hat Vielfalt in Reinkultur auch ihre Nachteile. Zunächst
einmal entstehen in jedem Prozess in gewissem Umfang Management-
gemeinkosten. Für jeden Prozess benötigt man einen Prozessverantwortlichen, der zu seiner Unterstützung wiederum einen Stab braucht,
damit er seinen Prozess kontinuierlich gestalten, leiten und messen
kann. Ferner muss jeder Prozess dokumentiert und müssen entsprechende Schulungsunterlagen erstellt werden. Bei vielen verschiedenen
Prozessvarianten sind auch viele unterschiedliche Varianten dieser
Dokumente erforderlich. Das Problem der Informationssysteme ist
noch gravierender. Für nahezu jeden Prozess wird ein Computersystem benötigt, das einige Prozessaufgaben automatisiert, den Prozessbeteiligten als Informationsquelle dient und zur Messung der Prozessleistung herangezogen werden kann. Verschiedene Prozesse setzen
auch unterschiedliche Informationssysteme voraus, während ein stan-
dardisierter, unternehmensweiter Prozess sich auf ein einheitliches
System stützen muss, dessen Entwicklungs- und Instandhaltungskosten auf eine weitaus größere Anwenderbasis verteilt werden können.

Noch wichtiger ist vielleicht die Tatsache, dass ein einheitliches Computersystem sicherstellt, dass die Daten aller Prozesse in allen Standorten auf Konzernebene zusammengefasst werden können. Wenn zum
Beispiel verschiedene Geschäftsbereiche unterschiedliche Auftragsab-
wicklungsprozesse haben, die jeweils von einem anderen Computersystem unterstützt werden, wird die plötzliche Bitte eines von verschiedenen Einheiten bedienten Kunden um eine Sammelrechnung für das
Unternehmen zu einer entmutigenden, kostspieligen Herausforderung.
Ein einheitliches Informationssystem ist ein wichtiger Garant für
geschäftliche Flexibilität und somit eines unserer wesentlichsten Ziele.
Ein einheitliches System hilft dem Unternehmen auch, die Leistung des
gesamten Konzerns zu beurteilen – und nicht nur die der einzelnen
Bereiche.

Völlig unterschiedliche Prozesse führen in der Regel auch zu einer

Verhärtung der Grenzen zwischen Geschäftseinheiten. Zum Teil liegt dies daran, dass sie dem flexiblen Einsatz der Mitarbeiter im Wege stehen: Wären diese nämlich in standardisierten Prozessen geschult, könnten sie bei Bedarf ohne weiteres von einer Einheit zur nächsten transferiert werden. Völlig unterschiedliche Prozesse zementieren somit die bestehende Organisationsstruktur in einem Maße, das nicht mehr wünschenswert ist. Schließlich könnte eine heute sinnvolle Aufteilung eines Konzerns morgen nicht mehr von Vorteil sein.

Selbst eine auf den ersten Blick einleuchtende Struktur kann irgendwann nicht mehr zeitgemäß sein. Der technologische Wandel kann Verbindungen zwischen bislang völlig getrennten Produkten herstellen – ebenso wie Verlagerungen in den Kundenpräferenzen, neue staatliche Bestimmungen und andere Gegebenheiten im wirtschaftlichen Umfeld. Derlei Veränderungen können eine Zusammenlegung von Geschäftseinheiten oder die Neuverteilung von Produkten und Gruppen zwischen den einzelnen Bereichen erfordern. Diese vom Markt diktierten Veränderungen sind weitaus schwieriger zu bewerkstelligen, wenn die betreffenden Geschäftseinheiten völlig andersartige Prozesse gewählt haben.

Es überrascht nicht, dass verschiedene Unternehmen auf die Frage »Standardisierung oder Vielfalt?« ganz unterschiedliche Antworten gefunden haben. So gibt es beispielsweise bei der Versicherungsgesellschaft Progressive Insurance vielleicht ein Dutzend Prozesse, die konzernweit standardisiert sind und jeweils von einem einzigen Prozessverantwortlichen betreut werden. Bob McMillan, der für den Schandensregulierungsprozess zuständige Prozessverantwortliche, beschrieb diesen Ansatz bereits in Kapitel 9. Für Progressive Insurance, deren Sparten geographische Märkte wie Kalifornien, Ohio, Florida etc. bedienen, ist das eine sehr sinnvolle Entscheidung und kein willkürlicher, bürokratischer Erlass. Schließlich gibt es keinen vernünftigen Grund, weshalb die Schadensabwicklung in Florida unbedingt anders gehandhabt werden sollte als in Ohio. In solchen Fällen überwiegen die Vorteile der Standardisierung bei weitem. Bei Texas Instruments hingegen hat jeder Geschäftsbereich seinen eigenen Auftragsabwicklungsprozess. Der Versuch, Bereichen mit derart unterschiedlichen Kunden und Produkten einen Standardprozess aufzuzwingen, ließe ein Prokrustesbett geradezu wie eine bequeme Hängematte erscheinen. Es wäre absurd zu behaupten, dass eine Bestellung für Taschenrechner von Wal-Mart genauso ausgeführt werden sollte wie ein Auftrag des Pentagon über Marschflugkörper.

Wenn alle Prozesse verschiedener Geschäftseinheiten auf der Konzernebene angesiedelt sind, erkauft sich das Unternehmen die daraus resultierende Einheitlichkeit mit Inflexibilität. Wenn jedoch jede Einheit ihre eigenen Prozesse nach Maßgabe ihrer individuellen Anforderungen konzipieren und verwalten kann, beeinträchtigt dies häufig die Abstimmung auf Konzernebene. Zwischen diesen beiden Polen liegen jedoch unzählige Kompromissmöglichkeiten. Manche Unternehmen haben beschlossen, bei einigen ihrer Prozesse vielfältige Varianten zuzulassen und dafür andere zu standardisieren. Variationen werden häufig bei markt- und produktfokussierten Prozessen zugelassen (wie Auftragsabwicklung, Produktentwicklung etc.), um somit den besonderen Anforderungen der einzelnen Einheiten besser gerecht zu werden. Im Gegensatz dazu werden »administrative Prozesse« wie Beschaffungsleistungen oder Finanzabgleich häufig unternehmensweit standardisiert, um Kosten einzusparen und die Integration des Konzerns voranzutreiben.

Hewlett-Packard stellt so verschiedenartige Produkte wie medizinische Instrumente, Kommunikationssysteme und Peripheriegeräte für Computer her. Aufgrund dieser Produktvielfalt unterscheiden sich die Produktentwicklungsprozesse der jeweils relativ autonom operierenden Hauptgeschäftssparten des Konzerns grundlegend voneinander. Gleichzeitig bestehen zwischen den Unternehmen der HP-Gruppe aber auch deutliche Gemeinsamkeiten, die sich der Konzern zunutze machen möchte. Dazu hat Hewlett-Packard eine sogenannte »Product Process Organization« (PPO) ins Leben gerufen, deren Aufgabe darin besteht, in der Entwicklung neuer Produkte eine bereichsübergreifende Multiplikatorwirkung sicherzustellen. So hat die PPO beispielsweise mit den Geschäftsbereichen die Erfordernisse und Möglichkeiten für gemeinsame Datennutzung ausgelotet, ein einheitliches System zur Teilenummerierung eingeführt und bestimmte Einrichtungen aufgebaut, die allen Bereichen gemeinsam »gehören«.

Die unablässigen Pendelschläge zwischen Zentralisierung und Dezentralisierung belegen, dass keine der beiden Alternativen wirklich eine dauerhafte Lösung darstellte. Im Gegensatz dazu bieten sowohl Standardisierung als auch Diversifizierung Vorteile, wenn sie vernünftig auf die jeweiligen Bedürfnisse der Konzernbereiche zugeschnitten sind. Wir schlagen dazu folgende Faustregel vor: Prozesse sollten so weit standardisiert sein, wie es die Marktanforderungen zulassen – solange dadurch die besonderen Anforderungen der Kunden eines Geschäftsbereichs nur minimal beeinträchtigt werden. Standardisierung bis zu einem Grad, bei dem keine schwerwiegenden Beeinträchtigungen der Flexibilität oder Optimierung eintreten, ist nur von Vorteil. Jeder auf die Flexibilität bezogene Kosten-Nutzen-Vergleich beinhaltet selbstverständlich einige subjektive Werturteile. Die meisten Geschäftsbereiche verleihen sich selbst gerne das inflationär gebrauchte Adjektiv »einzigartig« und werden daher immer behaupten, dass ihren Wünschen unbedingt stattgegeben werden müsse, da sie sich grundlegend von allen anderen Bereichen im Unternehmen unterscheiden. Kluge Unternehmensführer hören sich solche Bitten zwar an, erkennen jedoch den Bereichsegoismus, der sich dahinter verbirgt, und entscheiden dann im Interesse des Gesamtunternehmens.

All diese Ausführungen zeigen, dass ein Konzern keine Ansammlung abgekapselter Geschäftseinheiten sein kann, die unabhängig voneinander operieren und nur durch eine gemeinsame finanzielle Basis zusammengehalten werden. Die Mauern zwischen den einzelnen Einheiten müssen ebenso eingerissen werden wie alle anderen Barrieren auch.

Wenn Geschäftsbereiche so gut wie keine Gemeinsamkeiten aufweisen – wenn beispielsweise einer chemische Spezialitäten für Elektronikfirmen herstellt und der andere Spielwaren über den Einzelhandel an die Endverbraucher vertreibt –, fällt dem Konzern die minimale Rolle einer Holding, einer Bank oder einer Wagniskapitalfirma zu. Sein hauptsächlicher Beitrag zur Wertschöpfung besteht dann darin, die verschiedenen Einheiten zu einem Portefeuille zusammenzuführen, das einen Ausgleich zwischen ihren jeweiligen Eigenschaften herstellt (zum Beispiel zyklische und konjukturresistente Geschäftsbereiche, oder Wachstumsbereiche und solche, die in reifen Märkten tätig sind).

Immer mehr setzt sich jedoch die Erkenntnis durch, dass ein reines Zusammenführen gänzlich unverwandter Geschäftsbereiche unter einem Konzerndach wenig oder gar nichts zur Verbesserung der jeweiligen operativen Leistung beiträgt. Das wahre Motiv für die »Hochzeit« zweier Geschäftseinheiten sollte darin bestehen, sie so zu integrieren, dass beide bessere Leistungen erbringen können. Daher besteht der wahre Wert eines Konzerns mit vielen verschiedenen Gesellschaften in der Möglichkeit, Prozesse bereichsübergreifend zu leiten.

Die heutigen Unternehmen haben feststellen müssen, dass Größenvorteile oder Economies of Scale durchaus ihre Grenzen haben. Es wurden sogar *Größennachteile* beobachtet. Wenn eine Organisation wächst, entstehen unweigerlich viele Schichten bürokratischer Administration, und für den Einzelnen wird es schwierig, den Gesamtüberblick zu behalten. Die Aufteilung einer Organisation in mehrere kleinere Konzernunternehmen wirkt diesem Problem entgegen; der Preis dafür ist jedoch ein Mangel an Einheitlichkeit. Durch standardisiertes Prozessdesign und zentralisiertes Prozessmanagement kann ein Großteil die mit der Dezentralisierung nach herkömmlichem Muster verbundenen Gemeinkosten vermeiden, wobei gleichzeitig ein Grad an Konsistenz und Einheitlichkeit sichergestellt wird, der zuvor nur durch räumliche Zentralisierung erreicht werden konnte.

Der Dichter Robert Frost schrieb einmal, dass gute Zäune ein Garant für eine gute Nachbarschaft seien. Das traf vielleicht im ländlichen New Hampshire zu, gilt aber nicht mehr in den amerikanischen Unternehmen. Wie dem auch sei, im gleichen Gedicht schrieb Frost auch, dass es etwas gebe, das keine Mauern liebt. Die Prozesszentrierung ist ein solches »Etwas«. Moderne Unternehmen benötigen durchlässige Wände, nahezu durchsichtige Mauern, Raumteiler, die bei Bedarf ohne weiteres umgestellt werden können. Von Menschen, die herausragende Leistungen erbringen, wird gerne gesagt, sie könnten »durch Wände gehen«. Das fällt natürlich um so leichter, wenn es von vornherein überhaupt keine Wände gibt.

# Kapitel 12

# Das neue strategische Denken: Unternehmen definieren sich über ihre Prozessfähigkeiten

Als wir Pioniere des Business Reengineering die ersten Firmen dazu drängten, ihre Unternehmensprozesse zu erkennen und neu zu gestalten, waren wir uns keineswegs darüber im Klaren, welch weitreichende Auswirkungen unsere Ideen haben würden.

Wir wussten, dass Unternehmen ihre Effizienz und Qualität durch Fokussierung auf den Kunden und die wertschöpfenden Prozesse um Größenordnungen steigern konnten. Aber wir erkannten nicht, dass die Prozesse der Unternehmen binnen kurzem sogar noch wichtiger werden würden als ihre Produkte. Anfangs dachten wir, dass wir durch Verbesserung der Prozessleistung – mithin der Funktionsweise der Unternehmen – Wettbewerbspositionen auf den gewählten Märkten stärken könnten. Jetzt stellt sich aber heraus, dass Prozesse de facto die Märkte prägen, auf denen Unternehmen antreten. Es gibt sogar Beispiele für Prozesse, die zu Produkten geworden sind.

Der Gedanke, dass »der Prozess das Produkt« sei, erinnert in mancherlei Hinsicht an Marshall McLuhans berühmten Ausspruch »das Medium ist die Botschaft«. McLuhan wollte damit zum Ausdruck bringen, dass der durch die elektronischen Medien herbeigeführte tiefgreifende Wandel in der Gesellschaft nicht nur auf die Informations*inhalte* zurückzuführen sei, die von der Bevölkerung aufgenommen würden, sondern auch auf die *Art und Weise* der Informationssammlung und -nutzung. Die Prozesszentrierung hat in den 90er Jahren ähnlich komplexe, hintergründige und bedeutsame Auswirkungen für die Unternehmen. So wie die Zuschauer in den 50er Jahren begannen, Ereignisse durch das »kalte« Objektiv der Fernsehkameras wahrzunehmen, haben die Organisationen nunmehr begonnen, die Welt aus einer Prozessperspektive zu sehen. Diese prozessorientierte Ausrichtung revolutioniert zum einen das Selbstverständnis der Unternehmen und zum anderen ihre Ansätze bei der Formulierung von Strategien, die ihnen auch in Zukunft Wachstum und Erfolg sichern sollen.

Damit wir diese wichtige, aber unerwartete Verlagerung verstehen können, müssen wir uns einen Überblick über die Geschichte der strategischen Planung verschaffen. Es wird sich an dieser Stelle um einen kurzen und übermäßig vereinfachten Abriss handeln, der aber dennoch hilfreich ist, weil er die jüngsten Veränderungen in einen größeren Kontext einordnet.

Die traditionelle strategische Planung im Unternehmen war eine Disziplin, die auf Prognosen und Positionierung beruhte. Ihre grundlegende Prämisse lautete, dass diejenigen Unternehmen, die vorhersagen konnten, welche Märkte in Zukunft einen großen Aufschwung erleben würden, Erfolge einheimsen konnten, indem sie die Güter und Dienstleistungen produzierten, die von diesen Märkten nachgefragt wurden. In den frühen 80er Jahren wurde dank der Arbeiten von Michael Porter von der Harvard Business School in der strategischen Planung der Gedanke eingeführt, dass die Planer auch Wettbewerbsfaktoren berücksichtigen sollten. Noch neueren Datums ist der Strategiebeitrag von Gary Hamel und C. K. Prahalad: Sie vertraten die Meinung, dass die bestehenden Stärken oder »Kernkompetenzen« eines Unternehmens ebenfalls eine Rolle in der Strategieformulierung spielen sollten.

Inzwischen wurde durch die Prozesszentrierung dieses ganze Denkschema auf den Kopf gestellt. Zwar wird auch hier – wie bei Hamel und Prahalad – die These vertreten, dass ein Unternehmen in den Strategien für die Zukunft berücksichtigen sollte, was es bereits gut kann – doch bezieht sich diese Aussage in diesem Fall nicht auf Güter oder Dienstleistungen, sondern vielmehr auf die Prozesse. Diesen Unterschied verdeutlicht das Beispiel der Citizen Watch Company. Was *produziert* sie? Uhren. Was *macht* sie? Sie stellt winzige Maschinen her.

In den letzten 40 Jahren durchlief die Geschichte der strategischen Planung im wesentlichen drei Phasen. Die erste könnte man als die Ära des *Portfoliomanagements* bezeichnen. Ihr lag ein von der Boston Consulting Group und Arthur D. Little entwickeltes Konzept zugrunde: Ein Konzern ist eine Holdinggesellschaft, die Kapitalressourcen verwaltet und auf ihre einzelnen Konzerngesellschaften verteilt. Die zen-

trale Frage in der Strategie lautete daher, wie diese Kapitalmittel aufge-
teilt werden sollten. Geschäftsbereiche wurden normalerweise anhand
von zwei Faktoren beurteilt: Attraktivität (die sich zum Beispiel im
Wachstumspotential des Bereichs niederschlug) und Stärke (beispielsweise gemessen am derzeitigen Marktanteil). Starke, attraktive Geschäftsbereiche verdienten einen größeren Anteil an den verfügbaren Kapitalmit-
teln als schwache, wenig aussichtsreiche Sparten.

Dieser Portfolioansatz half den Topmanagern während des Booms in
den 60er Jahren zu entscheiden, auf welche »Pferde« sie setzen sollten.
Allerdings hatte er einen gravierenden, konzeptuellen Fehler: die Annahme, dass die Umsetzung einer Strategie leicht fallen würde. Die Aufgabe der Strategen bestand darin, die besten Chancen zu identifizieren;
ihre Wahrnehmung galt als Routinearbeit, die man getrost anderen
überlassen konnte. Im Laufe der Zeit wurde deutlich, dass diese Missachtung der Umsetzung einfach absurd war. In Wirklichkeit ist nämlich die Umsetzung mindestens so wichtig wie die Konzipierung. Ko-
dak-Chef George M. C. Fisher formuliert das so: »Es ist nicht schwierig
zu wissen, was man tun sollte. Das Schwierige ist, es tatsächlich zu
machen.«

Die zweite Phase in der strategischen Planung war die Ära der *Wett-*
*bewerbsstrategie.* Michael Porter postulierte in seinem bahnbrechenden
Buch gleichen Titels, dass die Wettbewerbsdynamik einer Branche und
die Analyse der Wettbewerbsfähigkeit eines Unternehmens in der
betreffenden Branche die Firmenstrategie entscheidend prägten. Porter
stellte einen Rahmen auf, den er als »fünf Wettbewerbskräfte« bezeich-
nete und der Unternehmen ermöglichen sollte, das Wettbewerbsumfeld
zu beurteilen. Ferner beschrieb er, wie die Unternehmen einen von
mehreren allgemeinen Strategietypen, darunter »umfassende Kostenführerschaft« und »Konzentration auf Schwerpunkte«, wählen konnten. Porters Arbeit stellte zwar einen revolutionären Fortschritt dar,
doch wurde seine Theorie oft nur in äußerst begrenztem Umfang umgesetzt. Viele Unternehmen nutzten sie rein zu Analysezwecken; Topmanager leiteten daraus zwar Einsichten, aber keine Aktionspläne ab.
Außerdem wurde die Frage der Umsetzung nach wie vor ganz kurz
abgehandelt. Wettbewerbsstrategien halfen vielen Unternehmen zwar
bei der Entscheidung, *was* sie tun sollten, doch wussten sie deshalb
noch lange nicht, *wie* sie das anpacken sollten.

Die dritte Phase, deren Endstadium wir heute durchlaufen, könnte man nach dem von Gary Hamel und C.K. Prahalad geprägten Begriff das »Zeitalter den *Kernkompetenzen*« nennen. Dahinter steht der Gedanke, dass jedes Unternehmen herausfinden muss, was es besonders gut kann, und seine Strategie dann auf diesen Fähigkeiten aufbauen muss. Bei seiner Strategie, Rasenmäher, Motorräder und Autos zu bauen, stützt sich beispielsweise Honda auf seine Kernkompetenzen im Bereich der Motoren. So zutreffend diese Strategie auch sein mag – ihre Umsetzung ist, wie viele Firmen feststellen mussten, extrem schwierig. Identifizierung und Nutzung von Kernkompetenzen fällt vielen Unternehmen schwer. Hier kann die Prozesszentrierung helfen.

Durch die Konzentration auf Prozesse und die Definition des Unternehmens anhand seiner Arbeitsweise führen eine prozesszentrierte Sichtweise zu Strategien, die beide Fragen gleichzeitig beantworten: »Was sollen wir machen?« und »Wie können wir das schaffen?«

Bislang galt Strategieformulierung in erster Linie als Positionierungsübung. Das primäre Ziel einer strategischen Analyse war die Identifizierung eines vielversprechenden Ansatzes für einen aussichtsreichen Markt oder eine verheißungsvolle Branche. Die Frage, ob ein Unternehmen auf diesem Markt oder in der betreffenden Branche überhaupt *gute Leistungen* erbringen konnte, wurde weitgehend ignoriert. Fred Musone von Morton International findet dafür vernichtende Worte: »In Großkonzernen ist die Strategie zur Suche nach dem richtigen Geschäftszweig geworden, in dem schlechte Leistungen durch Struktur- und Positionsvorteile wettgemacht werden können.«

Strategen brachten dem operativen Bereich häufig sogar eine unausgesprochene Verachtung entgegen. Für viele von ihnen ist die Umsetzung der Strategie ein niederer Dienst, der von jenen, die sich den höheren Weihen der Strategieformulierung verschrieben hatten, bedenkenlos ignoriert werden konnte. In einem prozesszentrierten Unternehmen wird diese Ansicht abgelehnt: Hier gilt grundsätzlich, dass die Umsetzung eine zentrale Rolle spielt.

Jeder Betriebswirt kennt die Geschichte des Unternehmens, das scheiterte, weil es der Meinung war, es verkaufe Peitschen für Kutscher, wo es sich eigentlich als Transportunternehmen hätte sehen müssen. Diese »olle Kamelle« geht jedoch völlig am eigentlich Wesentlichen vorbei. Im Zentrum der Strategie sollte nicht der Markt stehen – ob es sich nun um den eng gefassten Markt für Kutscherpeitschen oder um die breiter definierte Variante des Transportgewerbes handelt. In einem Unternehmen, das Peitschen produzierte und verkaufte, wären die Voraussetzungen für die Herstellung von Automobilen aller Wahrscheinlichkeit nach sogar denkbar ungünstig gewesen. Wie hätte das Unternehmen, das Peitschen vertrieb, in der Welt der Verbrennungsmotoren Erfolg haben können? Es hätte sich fragen müssen, was es am besten *machte*, in welchen *Prozessen* es besonders gute Leistungen vorweisen konnte. Vielleicht lag seine wahre Stärke in seinen Prozessen zur Lederherstellung, in dem Prozess, der ihm die Erfüllung von Aufträgen einer Vielzahl unabhängiger kleiner Hersteller ermöglichte, oder in seinem Produktentwicklungsprozess. Vermutlich hätte es bessere Zukunftsaussichten in der Herstellung von Handschuhen und Ledertaschen gehabt als bei metallenen Fahrgestellen. Was ein Unternehmen *macht*, beeinflusst in starkem Masse, was es ist und wo bzw. wie es im Wettbewerb antreten sollte.

So entsprang beispielsweise die Prozesszentrierung bei Progressive Insurance ursprünglich einer defensiven Reaktion. Ziel der Versicherungsgesellschaft war es, vor dem Hintergrund eines zunehmenden Wettbewerbs und staatlichen Drucks auf die Prämien die Kosten zu verringern. Durch das Reengineering seines Schadensregulierungsprozesses gelang es Progressive Insurance, die Bearbeitungszeit eines Unfallanspruchs im Schnitt von 36 auf 12 Tage zu senken, seine Aufwendungsquote von 33 auf 24 Prozent des Prämienvolumens zu reduzieren und seinen Pro-Kopf-Umsatz um 70 Prozent anzuheben. Diese Verbesserungen halfen der Gesellschaft, dem externen Druck standzuhalten. Damit aber nicht genug: Die neuen Prozesse, die Progressive Insurance entwickelte (zum Beispiel in den Bereichen Risikoübernahme, Schadensregulierung, Verkauf und Marketing), verschafften ihr nicht nur einen Wettbewerbsvorteil in der Sparte der Risiken mit hoher Eintrittswahrscheinlichkeit, in der sie tätig war. Sie schufen auch die nötigen Voraussetzungen, damit sich das Unternehmen auf dem weitaus größeren Markt für Standard- und Vorzugsrisiken behaupten könnte. Zuvor war Progressive dort nicht präsent und hatte auch keine Aussicht auf Erfolg. Dann aber stellte die Versicherung fest, dass sie, wenn sie Schadensfälle für schlechte Fahrer schneller und preiswerter regulieren konnte, dies auch für durchschnittliche und gute Fahrer tun konnte.

Der Prozess gewann eine strategische Bedeutung, die dem Unternehmen den Zugang zu neuen Märkten ebnete und de facto zu einer strategischen Neuausrichtung führte.

Eine Prozessperspektive kann einem Unternehmen auch helfen zu entscheiden, was es besser *unterlassen* sollte. Bei der Entwicklung eines neuen Diskettenlaufwerks, das ungefähr ein Achtel so groß sein sollte wie ein herkömmliches Laufwerk, wägte Hewlett-Packard seine eigenen Prozessfähigkeiten ab und kam zu dem Schluss, dass es so winzige Bauteile nicht montieren konnte. Anstatt einen entsprechenden Prozess zu konzipieren, wandte sich HP an den Uhrenhersteller Citizen. HP war nicht an den *Produkten* interessiert, die Citizen herstellte, sondern an seinen *Prozessen.* »Als wir Citizens Fähigkeiten auf dem Gebiet der Miniaturisierung und Automatisierung und seine strenge Prozessorientierung erkannten«, meint Bruce F. Spenner, der General Manager der Diskettenspeichersparte von Hewlett-Packard, »wurde uns klar, dass Citizen genau der richtige Partner für uns war.«

Als Hewlett-Packard Citizen als strategischen Partner auswählte, trug es sozusagen seine »Prozessbrille«. Bei der Untersuchung seiner eigenen Fähigkeiten und der Feststellung, dass diese eher in der Herstellung »größerer Dinge« (so Spenner) lagen, wählte das Unternehmen den gleichen Ansatz. Aus der Prozesssicht erscheinen ein Unternehmen und seine strategischen Stärken und Schwächen in einem ganz anderen Licht, als dies bei der üblichen Markt- und Produktsicht der Fall ist. Hier zählt nämlich die Stärke in einem Prozess mehr als die Stärke auf einem bestimmten Markt. Aus der Prozessperspektive war Citizen kein Uhrenhersteller, sondern ein Unternehmen mit besonderem Geschick auf dem Gebiet der Miniaturisierung – und damit genau das, was Hewlett-Packard suchte. Die Attraktivität von Citizen beruhte in diesem Fall wieder auf seinen *Fähigkeiten*, nicht auf den *Erzeugnissen*, die es verkaufte.

Sie können die »Prozessbrille« für viele unterschiedliche Zwecke verwenden: für die Analyse Ihres eigenen Unternehmens, für die Auswahl potentieller Partner für strategische Allianzen (wie Hewlett-Packard es tat) oder für die Suche nach neuen Geschäftsmöglichkeiten.

Als die auf Unterhaltungselektronik spezialisierte Fachmarktkette Circuit City sich aus der Prozessperspektive betrachtete, kam sie zu dem Schluss, dass ihre besonderen Stärken in den Prozessen im Bereich

Bestandsmanagement und Bearbeitung von Konsumkreditanträgen lagen. Auf diese Prozesse gründete sich der Erfolg des Unternehmens im Einzelhandel. Als die Wachstumsdynamik in seinem angestammten Geschäftsfeld nachließ, setzte Circuit City seine »Prozessbrille« auf, um eine neue Domäne zu finden, in der seine überlegenen Prozesse ihm zu einem Wettbewerbsvorsprung verhelfen konnten. Es entdeckte, dass der Gebrauchtwagenmarkt ähnliche Züge wie die Unterhaltungselektronikbranche aufwies: Auch hier war geschicktes Bestandsmanagement der Schlüssel zur Kostenkontrolle; auch hier wurden häufig Konsumkreditanträge gestellt. Heute verkauft Circuit Citys Tochtergesellschaft CarMax mit großem Erfolg Gebrauchtwagen und gilt als ein Newcomer, der frischen Wind auf den Automobilmarkt bringen wird.

Robert Crandall, der CEO von American Airlines, erkannte, dass sein Unternehmen offenbar nicht in der Lage war, in dem stark fluktuierenden Luftverkehrsmarkt einen stetigen Gewinn zu erwirtschaften – trotz der ausnehmend guten Qualität seiner Prozesse. Daher verwandelte er diese Prozesse in Produkte. So verkauft American heute Flugzeugwartungsdienste an Midway Airlines und an das Luftfrachtunternehmen Challenge Air und wirbt aktiv um weitere Wartungskunden. Auch der Reservierungsprozess der Fluglinie leistet einen wesentlichen Beitrag zum Unternehmensgewinn.

Das Wichtige an diesen Beispielen ist die Tatsache, dass sich prozesszentrierte Unternehmen zunehmend über ihre Prozesse definieren und nicht über ihre gegenwärtigen Märkte, Produkte oder Dienstleistungen. Was haben wir uns denn überhaupt unter einem Unternehmen vorzustellen? Das Management wechselt, Mitarbeiter kommen und gehen, die Lebenszyklen der Produkte werden immer kürzer. Unter dem Strich kann ein Unternehmen als *Summe seiner wertschöpfenden Prozesse* definiert werden. Prozesse sind die langlebigsten Elemente in der Organisation. Im Laufe der Zeit können diese Prozesse auf unterschiedliche Weise und auf verschiedenen Märkten eingesetzt werden. Die Identifizierung der Prozesse, in denen sich ein Unternehmen besonders hervortun kann, ist bei der Suche nach Wachstums- und Expansionsmöglichkeiten der Schlüssel zum Erfolg. Mit anderen Worten: Unternehmen definieren sich über ihre Fähigkeiten, über das, was sie am besten können.

Fred Musone vertritt die Meinung, dass es eine Illusion sei, wenn

Strategen glauben, sie könnten einen Geschäftszweig finden, der kontinuierlich überdurchschnittliche Erträge abwirft. Die Vorteile werden verschwinden, sobald potentielle Konkurrenten erkennen, wie erfolgreich sie sind. Unternehmen sollten daher, so Musone, nach Geschäftszweigen suchen, in denen sie dank ihrer überlegenen Arbeitsweise einen Vorsprung gegenüber jenen Wettbewerbern haben, die sich in dieser Nische verschanzen wollten. »In den 90er Jahren geht es in der Strategie darum, Mittel und Wege zur Verbesserung seiner Fähigkeiten zu finden – und nicht darum, mit den bestehenden Fähigkeiten im Wettbewerb anzutreten.«

Es gibt viele Möglichkeiten, wie Unternehmen Strategien gestalten können, die auf ihren Prozessen beruhen. In der nachstehenden Liste finden Sie sechs mögliche Ansätze, die entweder einzeln oder in verschiedenen Kombinationen eingesetzt werden können. Sie sind in aufsteigender Reihenfolge nach den mit ihnen verbundenen Risiken und ihrem potentiellen Nutzen geordnet.

- *Verstärkung*: Verbesserung von Prozessen zur besseren Bedienung bestehender Kunden
- *Ausdehnung*: Nutzung leistungsfähiger Prozesse zur Erschließung neuer Märkte
- *Erweiterung*: Ausweitung von Prozessen mit dem Ziel, bestehenden Kunden neue Dienstleistungen zu bieten
- *Umwandlung*: Angebot eines Prozesses, in dem Sie gute Leistungen vollbringen, als Dienstleistung an andere Unternehmen
- *Innovation*: Nutzung von Prozessen, in denen Sie gute Leistungen erbringen, als Grundlage für die Entwicklung und das Angebot anderer Produkte und Dienstleistungen
- *Diversifikation*: Entwicklung neuer Prozesse mit dem Ziel, neue Produkte und Dienstleistungen anzubieten

*Verstärkung*: Wenn Sie diesen Ansatz wählen, müssen Sie sich überlegen, welche Prozesse auf den derzeitigen Märkten Ihres Unternehmen die wichtigste Rolle spielen, und dann an deren Verbesserung arbeiten. Diese Erfolgsstrategie wird gerne auf bestehenden Märkten eingesetzt und ist häufig der erste Anstoss für eine Reengineering-Initiative. Bei Federal-Mogul erkannte die Unternehmensleitung, welch zentrale Bedeutung dem Musterentwicklungsprozess zukam. Sie begriff, dass eine Verbesserung dieses Prozesses sich in überproportionalem Maße auf die Gesamtleistung des Unternehmen auswirken würde. Daher formulierte die Unternehmensleitung eine Strategie, mit der sensationelle Leistungssteigerungen in diesem Prozess erreicht werden sollten. Als sich der Erfolg dann tatsächlich einstellte, stieg der Marktanteil von Federal-Mogul sprunghaft an. Die AT&T-Sparte Global Business Communications Systems (GBCS) wählte den gleichen Ansatz – und revolutionierte ihren Auftragsabwicklungsprozess mit dem Ziel, die Kosten zu senken und die Kundenzufriedenheit zu verbessern.

Die Kehrseite der Medaille ist allerdings, dass ein Unternehmen zu dem Schluss kommen kann, dass es sich gar nicht lohnt, in Prozesse zu investieren (oder sie überhaupt weiter durchzuführen), die eine vernachlässigenswerte Wirkung auf seine Kunden haben oder in denen es sich nicht durch besonderes Know-how auszeichnet. So erkannte Hewlett-Packard, dass es kein Geschick bei der Herstellung von »Kleingeräten« aufwies. Viele Unternehmen kommen zu dem Schluss, dass ihre Leistungen im Logistikmanagement stark zu wünschen übrig lassen. Solche Prozesse werden dann gerne externen Anbietern übertragen. Auch hier steht die Prozessperspektive im Mittelpunkt. Nicht Geschäftsbereiche oder Fachabteilungen werden »ausgelagert«, sondern sekundäre Prozesse.

In den 80er Jahren verkündete Jack Welch, der CEO von General Electric, dass die Geschäftsbereiche des Konzerns entweder die Nummer eins oder die Nummer zwei auf ihren jeweiligen Märkten sein müssten. Andernfalls würden sie aufgelöst oder veräußert. Heute ist es unerlässlich, dass ein Unternehmen in seinen *Prozessen* die Nummer eins oder die Nummer zwei ist und somit dem Weltniveau entspricht. Alle anderen Prozesse sind potentielle Kandidaten für das Outsourcing. Die mit mangelhaften Prozessen verbundenen Leistungsdefizite und die Ablenkung für das Management kann sich heute kein Unternehmen mehr leisten.

*Ausdehnung*: Ein Unternehmen, das diesen Ansatz wählt, versucht, auf bestehenden Prozessen aufzubauen und so neue Kunden zu bedienen. Firmen mit überlegenen Prozessen können sich auf diese Weise neue Märkte erschließen.

Wie wir gesehen haben, nutzte Progressive Insurance ihren nach den Grundsätzen des Business Reengineering neu gestalteten Schadensabwicklungsprozess zur Ausweitung ihres Geschäftsfelds Kfz-Versicherung. In der Vergangenheit hatte sie auf einem Markt Erfolg gehabt, der sich auf Versicherungsnehmer konzentrierte, die ein hohes Risiko darstellten. Mit seiner verbesserten Schadensregulierung konnte sie dann jedoch auch auf den anspruchsvolleren Märkten konkurrieren, auf denen Fahrer mit durchschnittlichem oder hohem Schadenfreiheitsrabatt Versicherungen nachfragen.

In der Halbleitergruppe von Texas Instruments war das Business Reengineering des Auftragsabwicklungsprozesses eine Reaktion auf die Veränderungen auf dem Markt für integrierte Schaltkreise. Der alte Prozess war gut auf die Charakteristika des alten Marktes abgestimmt: Kunden, die Standardprodukte kauften; Aufträge, die aus den vorhandenen Lagerbeständen gedeckt werden konnten. In den frühen 90er Jahren erkannte TI jedoch, dass sich die Nachfrage auf »anwendungsspezifische« Chips verlagerte, die passgenau auf die Bedürfnisse einzelner Kunden abgestimmt wurden. Die Einlagerung solcher Chips war äußerst riskant, da man unmöglich vorhersehen konnte, ob sie nachgefragt würden oder nicht. Daher sah sich TI gezwungen, seinen Fertigungs- und Versandprozess nach den Grundsätzen des Business Reengineering neu zu gestalten. Es verkürzte seine Zykluszeit um mehr als zwei Drittel und musste folglich auch keine Bestände mehr vorhalten. Der neue, schnellere Prozess ermöglichte Texas Instruments den Vorstoß auf neue Märkte, auf denen es große Erfolge für sich verbuchen konnte.

*Erweiterung*: Mit diesem Ansatz kann ein Unternehmen den Kundennutzen mit Hilfe einer breiteren Leistungspalette bei bestehenden Prozessen steigern. Dazu müssen häufig die Prozesse eines Unternehmens mit denen des Kunden integriert werden und die in Kapitel 11 erörterten Mauern eingerissen werden. So legte etwa Goodyear seinen Auftragsabwicklungsprozess mit dem Materialbeschaffungsprozess von Navistar zusammen. Goodyear liefert nicht einfach nur Reifen an die Lager von Navistar, sondern *verwaltet* die Lager und bringt die richtigen Reifen zur richtigen Zeit an die Fertigungsstraßen von Navistar. Außerdem umfassen seine Fähigkeiten mittlerweile auch die Montage und das Aus wuchten der Reifen. Die Prozesserweiterung führte nicht nur zu einem höheren Umsatzvolumen mit Navistar, sondern hat auch Goodyears interne Lagerhaltungskosten reduziert.

Progressive Insurance hat ihren Service für Privatkunden durch die Integration ihres Preiskalkulationsprozesses mit dem Kaufprozess des Kunden erweitert. In seinen Anzeigen wirbt das Unternehmen jetzt mit einer gebührenfreien Telefonnummer, über die Kunden sofort Kosten- und Deckungsinformationen abfragen können – nicht nur für die von Progressive Insurance angebotenen Versicherungsprodukte, sondern auch für die der führenden Konkurrenten im Bezirk des Kunden. Durch die Erweiterung der eigenen Prozesse und die Übernahme von Aufgaben, die früher dem Kunden oblagen – Einholen von Preisen verschiedener Versicherer –, konnte Progressive Beziehungen zu ihren Kunden knüpfen, bei denen Service, Wert und Vertrauen im Vordergrund stehen. Daher schließen viele Anrufer ihre Verträge mit Progressive ab, selbst wenn die Konkurrenten einen etwas niedrigeren Preis bieten.

*Umwandlung*: Bei der Umwandlung handelt es sich um eine radikalere Strategie, bei der ein interner Prozess zu einem marktfähigen Erzeugnis ausgebaut wird. Wie bereits erwähnt beschloss die Fluggesellschaft American Airlines, die besondere Stärken auf dem Gebiet der Flugzeugwartung vorweisen konnte, die Leistung dieses Prozesses an andere Fluggesellschaften zu verkaufen. Auch ihre Schulungskurse für Piloten und Flugbegleiter tragen mittlerweile zum Konzernumsatz bei.

Stromversorger wissen, wie man Kraftwerke betreibt und Stromzähler abliest. Manche haben damit begonnen, die Fähigkeit als Einnahmequelle zu nutzen, indem sie die kombinierten Kraft- und Heizwerke ehemaliger Kunden betreuen und für andere Versorgungsunternehmen die Zählerablesung und Rechnungsstellung übernehmen. Die Krankenversicherung Blue Cross of Massachusetts verkauft inzwischen an andere Firmen die Telemarketingdienstleistungen, die sie ursprünglich konzipierte, um bei den Beschäftigten von Kundenunternehmen für ihre Gesundheitsvorsorgeprogramme zu werben. IBM nimmt von seinen Konkurrenten auf dem Computermarkt Aufträge für den Bau von Rechnern und Bauteilen an – und verwandelt auf diese Weise praktisch seinen Fertigungsprozess in ein Produkt. L. L. Bean hat seine hoch

gelobten Auftragsannahme- und Kundenserviceprozesse in eine gegen
Honorar verfügbare Dienstleistung konvertiert, die das Versandhan-
delsunternehmen Firmen wie AT&T zur Verfügung stellt.

Ein Unternehmen, das sich einer Umwandlungsstrategie verschreibt,
läuft Gefahr, seine Kronjuwelen zu verkaufen: besondere interne Fähigkeiten, deren Entwicklung beträchtliche Investitionen erforderte.
Einerseits halten es einige Firmen für klüger, dieses Risiko zu verringern, indem sie ihre Dienste nicht ihren direkten Konkurrenten anbieten. Andererseits kann es sich aber auch durchaus lohnen, dieses Wagnis
einzugehen. Das Geld, das ein Unternehmen durch den Verkauf eines
Prozesses an andere verdient, kann in Prozessverbesserungen reinve-
stiert werden, die ihm auch in Zukunft einen Wettbewerbsvorsprung
gegenüber der Konkurrenz verschaffen werden.

*Innovation*: Wir verwenden diesen Begriff nicht in der sonst üblichen
Weise, sondern meinen damit vielmehr die bestehende Anwendung von
Prozessfähigkeiten auf neue Produkte und Dienstleistungen. Selbst
wenn sich diese auf den ersten Blick ganz deutlich von den bestehenden
unterscheiden, können sie unter Umständen mit geringfügigen Variationen eines bereits existierenden Prozesses hergestellt oder erbracht
werden. In diesem Fall kann der Anbieter davon ausgehen, dass sie sich
als Erfolg entpuppen werden. Wir haben bereits das Beispiel Circuit
City betrachtet: Dieses Unternehmen beherrscht sein elektronisches
Bestandsmanagement so gut, dass es auf dem Gebrauchtwagenmarkt
ein neues Einsatzgebiet für diese Fähigkeiten gefunden hat. Die Unterschiede zwischen den Produkten (Unterhaltungselektronik und Gebrauchtwagen) waren weniger bedeutsam als die Ähnlichkeiten der
ihnen zugrunde liegenden Prozesse.

Da neue Produkte und Dienstleistungen voller Überraschungen stecken, ist Innovation eine etwas riskantere Strategie als die zuvor erörterten Optionen. Gleichzeitig wirkt dieser Ansatz aber auch als Multipli-
kator der bestehenden Prozessstärken, sodass eine Innovationsstrategie
nicht unbedingt zu einer Reise ins Unbekannte wird.

*Diversifikation*: Wer eine Diversifikationsstrategie wählt, konzipiert
neue Prozesse zur Unterstützung neuer Produkte und Dienstleistungen. Das ist die risikoreichste der sechs hier vorgestellten Alternativen,

denn sie verlangt die größten Veränderungen in der Handlungsweise und somit den Prozessen des Unternehmens. Die Diversifikation beschränkt sich nicht nur auf die Suche nach neuen Märkten, sondern erstreckt sich auch auf die Entwicklung neuer Arbeitsweisen. Für ein Unternehmen, das sich nicht sicher sein kann, ob es einen Prozessvorteil gegenüber der Konkurrenz aufbauen kann, taugt diese Option nichts.

Der Landmaschinenhersteller Deere & Company konzipierte als Versicherung für seine Einzelhändler Prozesse zum Verkauf und zur Erbringung von Finanzdienstleistungen. Im weiteren Verlauf bot eine Tochtergesellschaft von John Deere ihre Produkte dann auch allmählich Auto-, Boots- und Wohnmobilhändlern an. Das Unternehmen setzte also auf Diversifikation (neue Prozesse) mit anschließender Erweiterung (neue Märkte).

Diversifikation kann nur dann erfolgreich sein, wenn ein Unternehmen über Vorteile verfügt, die ihm erlauben, an der etablierten Konkurrenz vorbeizuziehen. Wieso glaubte ein Hersteller landwirtschaftlicher Maschinen, er könne auf dem Markt für Finanzdienstleistungen Erfolge einheimsen? Die Antwort lautet: Er wusste, dass er über ein stabiles Händlernetz und eine enge Beziehung zu seinen Kunden verfügte, bei denen er als besonders glaubwürdig galt – Vorteile, die John Deere ermöglichten, höchst wettbewerbsfähige Prozesse für neue Märkte zu konzipieren.

Diese Ansätze decken selbstverständlich nicht alle Möglichkeiten für die Umwandlung von Prozessfähigkeiten in eine Unternehmensstrategie ab. Ebenso wenig liefern sie detaillierte Rezepte für empfehlenswerte Vorgehensweisen. Eines implizieren sie jedoch mit Sicherheit: Der konventionelle Ansatz in der strategischen Planung kann auf den Kopf gestellt werden – und in der Praxis geschieht dies auch bereits.

Herkömmliche Verfahren für die Strategieformulierung legen normalerweise den Schwerpunkt zunächst auf die Identifizierung potentiell attraktiver Märkte und Geschäftsfelder und prüfen dann, ob dort ein Vorstoß realistisch oder sinnvoll wäre. Bei einem prozesszentrierten Ansatz werden zunächst für das Unternehmen weitere Möglichkeiten geschaffen, gute Leistungen zu erbringen. Dann erst wird überlegt, welche der neuen Optionen überhaupt umgesetzt werden sollten.

Dieser neue prozesszentrierte Ansatz in der strategischen Planung erfordert nicht nur eine neue Denkweise, sondern auch eine neue Art von Strategieexperten. Bisher lag der Schwerpunkt in der strategischen Planung auf der Sammlung und Verarbeitung ungeheurer Datenmengen zu verschiedenen Märkten. Die Strategieberatungsfirmen suchten unablässig nach Betriebswirtschaftlern mit den richtigen analytischen Fähigkeiten und Fertigkeiten. Jetzt wird strategische Planung zu einer kreativeren Aufgabe. Das größte Problem besteht nicht darin, die Wahrheit über verschiedene strategische Optionen zu ergründen, sondern die Voraussetzungen für diese Alternativen überhaupt erst zu schaffen.

Die vielleicht erstaunlichste Idee, die sich aus der prozesszentrierten Planung ergibt, ist möglicherweise die, dass langfristige Prognosen reine Zeitverschwendung sind. Einer der grundlegenden Lehrsätze der traditionellen Planung lautete schließlich, dass die Zukunft vorhergesagt werden kann und auch sollte. Ziel der traditionellen Strategen waren die Prognose der zukünftigen Nachfrage und der Entwurf eines Plans für ihre Befriedigung. Dem lag die Annahme zugrunde, dass die beste Strategie das Ergebnis der präzisesten Zukunftsprognose war.

In unserem heutigen, von unablässigem Wandel geprägten Zeitalter wird jedoch immer deutlicher, dass die beste Strategie nicht auf möglichst akkuraten Zukunftsprognosen basiert, sondern auf raschen Reaktionen auf die Ereignisse der Gegenwart. »Die Entwicklung von Prozessen zur Vorhersage der zukünftigen Nachfrage hat wenig strategische Konsequenzen«, bemerkt Fred Musone von Morton International. Weitaus wichtiger – aber auch um vieles schwieriger – ist es, »Prozesse zu gestalten, die rasch auf die tatsächlichen Wünsche eines Kunden eingehen können«.

Dies räumte auch Jack Welch von General Electric bei der Demontage des berühmten zentralen Planungsstabs seines Konzerns ein. »Wir sind vielleicht überrascht«, sagte er, »aber wir sind nicht mehr überrascht, dass wir überrascht sind.«

Akquisitionen und Disinvestitionen sind zwei weitere strategische Konzepte, die sich im Zeitalter der Prozesszentrierung ändern. Wenn Prozessfähigkeiten als kritische Erfolgsfaktoren betrachtet werden, sollten Akquisitionsstrategien nicht nur auf Gewinne, Produkte und Technologien setzen. Auch Disinvestitionen sind dann nicht mehr zwangsläufig mit der Veräußerung eines Geschäftsbereiches gleichzusetzen. Sie könnten sich auf das Outsourcing von weniger leistungsfähigen Prozessen des Unternehmens beziehen.

Wenn Prozesse im Mittelpunkt stehen, ist der Marktanteil nicht mehr der zentrale Erfolgsmaßstab, der er früher einmal war. Dies liegt unter anderem daran, dass Economies of Scale nicht mehr den optimalen Weg zu einem Kostenvorsprung und anderen Formen der Marktführerschaft darstellen. Obwohl der Marktanteil immer noch ein wichtiges Ziel darstellen kann, ist er keineswegs mehr ein verlässlicher Indikator für die heutige Leistung oder den zukünftigen Erfolg. Ein Unternehmen, das heute einen hohen Marktanteil hat, wird diesen in Zukunft nur dann halten können, wenn sich der Markt nicht verändert – ein äußerst unwahrscheinliches Szenario. In einer Welt, in der die technologische Entwicklung mit atemberaubender Geschwindigkeit voranschreitet, spielt es keine Rolle, ob man gestern einen Marktanteil von 90 Prozent hatte. Wer daran zweifelt, frage nur IBM.

Auch die einst so hoch gelobte Lernkurve ist heute nicht unbedingt ein Vorteil, sondern kann unter Umständen in einem prozesszentrierten Umfeld sogar ein Hindernis darstellen. Ihr liegt nämlich die Annahme zugrunde, dass kumuliertes Volumen über eine lange Zeitspanne hinweg zu Kostenführerschaft führen würde. Diese Gleichung gilt heute nicht mehr. Viele Unternehmen haben gelernt, dass die Beibehaltung der gleichen Prozesse über längere Zeit das Gesamtsystem schwächt, wenn die Konkurrenz derweil neue Prozesse eingeführt hat, die den alten von der Konzeption und der Leistung her überlegen sind. Die Kosten und die tief verwurzelten Verhaltensmuster, die mit einer seit langem etablierten Arbeitsweise verbunden sind, können einem Unternehmen sogar zum *Nachteil* gereichen. Das musste Bell Atlantic erfahren, als seine bestehenden Prozesse für den Anschluss von Fernsprechteilnehmern an Ferngesprächsvermittler im Vergleich zu den Prozessen neu gegründeter Unternehmen deutliche Mängel aufwiesen. Bell Atlantics jahrelange Erfahrung mit seinen alten Prozessen und seine umfangreichen Investitionen in Systeme zur Unterstützung dieser Prozesse boten keinen Schutz vor einem einfacheren, überlegenen Prozess. In der neuen Welt der prozesszentrierten Planung gilt zwar nach wie vor der alte Ratschlag »Schuster, bleib bei deinem Leisten«, doch wird der Begriff »Leisten« jetzt anders definiert. Er steht für den Prozess und nicht mehr für ein Produkt oder einen Markt.

Wie wir zu Beginn dieses Kapitels erwähnten, haben diejenigen von uns, die das Privileg hatten, den Beginn der Ära der Prozesszentrierung mitzuerleben, nur langsam erkannt, welches Ausmaß und welche Tragweite die dadurch ausgelösten Veränderungen annehmen würden. Inzwischen hat sich das aber ganz deutlich herauskristallisiert. Nicht nur das Tagesgeschäft, sondern auch die grundlegende Definition des Unternehmens und das »Filetstück« der Führungsaufgaben – die Strategieformulierung – werden auf eine völlig neue Grundlage gestellt. Diese Verlagerung wird weder in der Zukunft stattfinden, noch wird sie eine von mehreren Optionen sein. Unternehmen, die sich weiterhin über ihre Produkte oder Märkte definieren, werden sich auf Dauer im Wettbewerb mit Konkurrenten, die auf prozesszentrierte Denkweisen und Strategien umgeschwenkt haben, nicht behaupten können. Wer aber meisterhafte Prozessfähigkeiten vorweisen kann, wird auch im 21. Jahrhundert wachsen und gedeihen.

# Kapitel 13
# Der Veränderungsprozess

Die Zeitschrift *Fortune* vom 3. Mai 1993 hat für mich eine ganz persönliche Bedeutung: Sie enthielt einen Auszug aus dem Buch *Business Reengineering*. Der wichtigste Artikel in dieser Ausgabe war jedoch die Titelgeschichte, in der es um die grundlegendste Herausforderung geht, mit der jedes Unternehmen konfrontiert ist: um die Sicherung der langfristigen Wettbewerbsfähigkeit.

Der Artikel mit dem Titel »Corporate Dinosaurs« erzählte die mittlerweile altbekannte Geschichte, wie drei ehemalige Paradepferde der amerikanischen Wirtschaft – IBM, General Motors und Sears – durch Veränderungen der Marktbedingungen, über die sie keine Kontrolle hatten, ins Wanken gerieten.

Hätte *Fortune* nicht 1993, sondern 1983 einen Artikel über die gleichen drei Unternehmen verfasst, wären sie jedoch als Giganten und nicht als Dinosaurier bezeichnet worden. 1983 galt dieses Dreigespann als die Crème de la crème der amerikanischen Wirtschaft: IBM, General Motors und Sears wurden bewundert, nachgeahmt und sogar verehrt. Diese drei Großkonzerne sind augenfällige Beispiele für Fred Musones beunruhigenden Ausspruch: »Jeder große Misserfolg war einmal ein großer Erfolg.«

1983 dominierte Sears den amerikanischen Einzelhandel; in jenem Jahr erwirtschaftete es einen zehnmal höheren Umsatz als Wal-Mart. 1983 stand General Motors an der Spitze seines Erfolges; auf dem amerikanischen Automobilmarkt kletterte sein Anteil geradezu auf Rekordniveau. Nach den durch die Ölschocks hervorgerufenen Turbulenzen erlebte der größte der angesehenen »Grossen Drei« der US-Autoindustrie einen rasanten Wiederaufstieg und »beherrschte« nahezu alle Segmente des nordamerikanischen Marktes, die von der Konzernleitung für attraktiv gehalten wurden.

Im gleichen Jahr war IBM nicht einfach nur der größte Computerhersteller der Welt mit einer Börsenkapitalisierung, die bis auf 81 Milliarden Dollar stieg (etwa 16 Milliarden Dollar mehr als die Nummer zwei in der Branche, AT&T). Viele Beobachter waren sogar davon überzeugt, dass IBM in jeglicher Hinsicht das beste Unternehmen der Welt sei. Es war geradezu ein Sinnbild für wirtschaftlichen Erfolg. Lange bevor das »Benchmarking« in den Unternehmen Mode wurde, setzten die Marketing-, Fertigungs- und Managementsyteme von IBM die Standards, an denen sich andere Unternehmen innerhalb und außerhalb der Computerbrache messen mussten.

Die Vorteile, mit denen diese drei Unternehmen aufwarten konnten (in Bezug auf Bekanntheitsgrad, Kundentreue, Personal, Liquidität, Sachanlagen und andere materielle Vermögenswerte), machten sie geradezu unbesiegbar. Ein Nischenanbieter konnte sich zwar unter Umständen in einem Randbereich der von Sears bedienten Märkte niederlassen, doch die Vorstellung einer direkten Konfrontation mit dem Einzelhandelstitanen galt als absurd. Wer von den Managern, die damals in der Sears-Zentrale in Chicago im höchsten Wolkenkratzer der Welt saßen, wusste damals überhaupt von der Existenz eines kleinen regionalen Discounters aus Bentonville, Arkansas, der sich selbst Wal-Mart nannte? 1983 verkaufte die Firma Microsoft nur ein einziges Produkt – und zwar an IBM. Sie schien einer der unzähligen Trittbrettfahrer zu sein, deren Erfolg von der Gunst des »Blauen Riesen« abhing. Und wem in Detroit bereiteten wohl Toyotas ästhetisch wenig ansprechende Billigblechkisten schlaflose Nächte, solange General Motors praktisch uneingeschränkt auf dem margenstarken Markt für Luxuskarossen herrschte?

In gewisser Hinsicht waren die Veränderungen in den Rahmenbedingungen, mit denen sich diese Giganten in den 80er Jahren konfrontiert sahen, weder tiefgreifend noch außergewöhnlich. Das Autofahren geriet nicht aus der Mode. Die Amerikaner kauften weiterhin Rasenmäher, Kinderkleidung und Waschmaschinen. Der Bedarf nach Rechnerzeit sackte nicht urplötzlich in den Keller. Ebensowenig spielte sich dieser Wandel im verborgenen ab. Die Wal-Mart-Läden waren nicht nur in der Nacht geöffnet, während die Topmanager von Sears schliefen.

Apple tarnte seine Personalcomputer nicht als Toaster. Nissan und Honda befestigten auf ihren Autos keine Namenszüge von Chrysler und Ford, um die Spione von GM hinters Licht zu führen. Die Verantwortlichen bei GM, Sears und IBM sahen durchaus, welche Veränderungen sich in ihrem Umfeld vollzogen. Sie konnten gar nicht anders. Sie bildeten sich sogar ein, dass ihre Firmen darauf reagierten – aber das war nicht der Fall. Selbst als ganz offensichtlich wurde, dass sie sich dem Wandel auf eigene Gefahr verschlossen, blieben sie untätig. Mehr noch: Es schien, als *könnten* sie gar nicht handeln.

Ihre Erstarrung unterstreicht eine wichtige Lehre, die Unternehmen aus der ganzen letzten turbulenten Dekade ziehen müssen: Wie für jede andere Unternehmensaktivität auch benötigt man für die Reaktion auf Veränderungen geeignete Mechanismen und Prozesse. Von selbst stellt sich diese Wandlungsfähigkeit nicht ein.

Letzten Endes gelang es den drei schwerfälligen Riesen doch, tiefgreifende Veränderungen in Angriff zu nehmen – aber erst, nachdem sie gefährlich nahe an den Abgrund gerutscht waren (und ihre ehemaligen Topmanager geschasst worden waren). Warum handelten sie nicht eher? Die Antwort auf diese Frage ist im Grunde einfach: Sie blieben untätig, weil sie nicht handeln konnten, und dies war wiederum darauf zurückzuführen, dass ihnen eine organisierte Vorgehensweise fehlte. Wie die meisten anderen Unternehmen auch waren diese drei Giganten nicht für den Wandel konzipiert.

Bei den nach dem Modell des Industriezeitalters geformten Unternehmen lag nämlich leider der Schwerpunkt mehr auf der Sicherung der Kontinuität als auf der Schaffung der für grundlegende Veränderungen erforderlichen Voraussetzungen. Geringfügige Anpassungen waren natürlich möglich. Erfolgreiche Unternehmen verstanden sich bestens auf die Weiterentwicklung und Variation von Produkten. Die Kosten konnten schrittweise gesenkt werden. Konzerngesellschaften konnten akquiriert und veräußert werden. Dennoch waren – und sind – die meisten Unternehmen nicht zu grundlegenden Veränderungen imstande, die über den derzeitigen Rahmen hinausgehen. Die meisten sind sich nicht einmal der Rahmenbedingungen bewusst, innerhalb deren sie operieren, obwohl diese doch all ihre Handlungen lenken. Die Annahmen, die in die Unternehmensstruktur und -kultur Eingang gefunden haben, können ebenso unsichtbar sein wie die Glaswände eines Aquariums, aber sie stecken dennoch die Grenzen für den Handlungsspielraum und den Forschungsdrang der im Unternehmen beschäftigten Menschen ab.

Wir können sogar noch einen Schritt weiter gehen und sagen, dass die meisten Unternehmen *bewusst* veränderungsfeindlich konzipiert wurden. Ihrer Organisation und ihrem Management lag der implizite Glaube zugrunde, dass grundlegende Veränderungen nicht stattfinden würden, dass die Zukunft des Unternehmens im Großen und Ganzen eine Fortschreibung seiner Vergangenheit sei und dass das Ziel der Unternehmensführung lediglich darin bestünde, das Modell, das sich der seit langem abgetretene Firmengründer erdacht hatte, zu verewigen und zu vervollkommnen.

Es gibt viele mehr oder weniger subtile Möglichkeiten, wie man die Existenz von Veränderungen leugnen und eine Reaktion auf den Wandel effektiv unterbinden kann. Eine hierarchische Organisationsstruktur führt zu fragmentierten Sichtweisen, sodass niemand an der vordersten Front genug Überblick hat, um zu erkennen, welch fundamentale Veränderungen sich im Umfeld abspielen – während die Führungskräfte an der Spitze viel zu weit vom Tagesgeschäft entfernt sind, um überhaupt noch etwas erkennen zu können.

Wenn in einem herkömmlichen Unternehmen ohne eingebauten Veränderungsmechnismus eine neue Idee geboren wird, muss sie an vielen Torwächtern vorbeigeschleust werden, bis sie überhaupt jemanden mit genügend Weisungsbefugnis und Ressourcen für ihre Umsetzung erreicht. Selbst wenn ein guter Vorschlag einen Befürworter findet, der sich für ihn stark macht, wird er von einer schier unendlichen Reihe von Sonderarbeitsgruppen, Komitees und Untersuchungsausschüssen zerlegt und diskutiert. Bis die Idee überhaupt ein Stadium erreicht, in dem gehandelt werden kann, ist die Chance, die mit ihr genutzt werden sollte, häufig bereits vertan. All dem liegt die Annahme zugrunde, dass Innovationen risikoreich und suspekt sind und dass man fast immer besser fährt, wenn man so weitermacht wie bisher. Überrascht es vor diesem Hintergrund, dass wichtige Produktinnovationen nur selten aus den Reihen der etablierten Branchenführer stammen? IBM stand nicht an der Spitze der PC-Revolution, Merck war kein Pionier auf dem Gebiet der Biotechnologie, und RCA erfand zwar den Videorecorder, überließ jedoch das Feld schon bald den Japanern. Die institutionellen

Kräfte großer Unternehmen sind Gift für Innovationen. Nur wenigen Unternehmen, zum Beispiel 3M, ist es gelungen, sich nicht von ihrer Vorgeschichte Fesseln anlegen zu lassen.

Ein stabiles, vorhersehbares geschäftliches Umfeld leistet einem Planungsansatz Vorschub, der in seiner Starrheit schon fast an die sowjetische Planwirtschaft erinnert. »Strategische Pläne« waren oft kaum mehr als eine lineare Hochrechnung der Vergangenheit in die Zukunft. Ihnen lag der Gedanke zugrunde, dass große Veränderungen nur alle Jubeljahre einmal auftraten – zuletzt bei der Gründung des Unternehmens – und dass sie jetzt mit Sicherheit abgeschlossen waren. Im April wurde jeweils über die Planziele für das folgende Jahr entschieden. An ihnen wurde dann wie an der Heiligen Schrift festgehalten; es galt geradezu als wirtschaftliche Kardinalsünde, die Planvorgaben zu verfehlen. In den 60er Jahren funktionierte dieser Ansatz vielleicht, aber die Annahme, dass man zuverlässige Prognosen für die Entwicklung in fünfzehn bis zwanzig Monaten aufstellen kann, ist heute geradezu lachhaft.

Auch die Vergütungssysteme der meisten Unternehmen waren so gestaltet, dass veränderungsfeindliche Verhaltensweisen verstärkt und fortgeschrieben wurden. Wenn Mitarbeiter für die abgeleisteten Stunden bezahlt werden, dann kann man von ihnen auch nur erwarten, dass sie ihrem Arbeitgeber ihre Zeit zur Verfügung stellen – nicht aber ihre Kreativität. Anreizsysteme, die nur Erfolge belohnen, aber ehrenwerte Misserfolge ignorieren oder gar bestrafen, werden selbst die kühnsten Innovatoren dazu veranlassen, auf Nummer sicher zu gehen und nur noch Ideen umzusetzen, die für die Konkurrenz ebenfalls auf der Hand liegen.

Die kulturellen Wertvorstellungen der meisten Unternehmen legen besonderes Gewicht auf Genauigkeit. Ein aufstrebender Manager macht einen guten Eindruck, wenn er sich durch Präzision und nicht nur Intuition auszeichnet. In den meisten Organisationen würden nur ganz wenige ernst zu nehmende, verantwortungsbewusste Mitarbeiter jemals sagen: »Das weiß ich nicht« – selbst wenn dies der Wahrheit entspräche. Topmanager interessieren sich selten für Ideen, die »unter Umständen« funktionieren könnten. Eine Phantasiewelt auf der Grundlage von Entscheidungsbäumen und des Bayschen Theorems führte zur Verankerung eines Denkens, das davon ausgeht, dass die Zukunft vorhersehbar ist und Misserfolge vermeidbar und somit ein Zeichen von Inkompetenz sind.

Es gab natürlich auch Ausnahmen. Manche Unternehmen reagierten *gelegentlich* tatsächlich rasch auf externe Ereignisse. Aufschlussreich ist aber, wie sie dabei vorgingen. Ich besuchte einmal ein führendes Elektronikunternehmen, das sich erfolgreich von seiner langjährigen Strategie abgewandt und lange vor der Konkurrenz einen neuen Markt erobert hatte. Wie gelang es dieser Firma, so schnell zu handeln? Eines ihrer Vorstandsmitglieder hatte zufällig etwas Interessantes gehört, als er in einem Wintersportort am Skilift anstand. Er machte sich eine Notiz, die auch wundersamerweise nicht verloren ging, und sprach dieses Thema dann bei der nächsten Vorstandssitzung an, wo es bei einigen seiner Vorstandskollegen auf Gegenliebe stieß. Danach war alles andere geradezu ein Kinderspiel. Um es kurz zu machen: Diese Innovation war eher ein glücklicher Zufall als das planvolle Ergebnis eines organisierten Systems. Sie können jedoch nicht blindlings Ihrem Glück vertrauen, und solche Zufallstreffer garantieren auf keinen Fall, dass sich das Unternehmen immer wieder auf neue Veränderungen einstellen kann.

Ein offizielles Veränderungssystem liegt sogar noch immer unter der Wahrnehmungsschwelle der meisten Unternehmen. Hier drängt sich eine Parallele zu den 50er Jahren auf. In diesem Jahrzehnt hätte ein Besucher eines typischen Unternehmens als Antwort auf die Frage nach dem Strategieplanungssystem nur verständnislose Blicke geerntet. »Wir machen es und verkaufen es und brauchen keine neumodischen Planungssysteme«, war damals eine weit verbreitete Meinung. Diese Unternehmen lernten in den darauf folgenden Jahrzehnten, welch wichtige Rolle die strategische Planung für sie spielte. Heute würde die Frage nach den Veränderungssystemen eines Unternehmens auf eine ähnlich verächtliche Haltung treffen. Ein Unternehmen ohne systematischen Veränderungsmechanismus wird sich jedoch wahrscheinlich nicht ändern. Und obwohl systemimmanente und insitutionalisierte Veränderungsfähigkeiten in keiner Bilanz erscheinen, könnten sie inzwischen der wertvollste Aktivposten eines jeden Unternehmens sein. Wieso gelang es Wal-Mart, sich erfolgreich gegenüber Sears zu behaupten? Die Verbraucher sagen möglicherweise, dass dies an den niedrigen Preisen und am guten Service des Discounters gelegen hatte. Lieferanten und

Konkurrenten könnten die Ansicht vertreten, die Gründe dafür seien Wal-Marts kultivierte Fähigkeit, niedrige Einkaufspreise durchzusetzen, und sein inzwischen berühmtes Logistiksystem. Sam Walton schrieb den Erfolg seines Unternehmens anderen Ursachen zu. In einem seiner letzten Interviews sagte der geniale Gründer von Wal-Mart, sein Unternehmen habe die Konkurrenz besiegt, weil es besser zu Veränderungen in der Lage sei als andere. Bei ihren mittlerweile legendären Treffen am Samstagmorgen lassen Wal-Mart-Topmanager aus allen Teilen des Landes die Erfolge und Misserfolge der vergangenen Woche Revue passieren. Sie entscheiden dann an Ort und Stelle über Abhilfemaßnahmen und setzen diese dann auch unmittelbar danach um. Wal-Mart lässt keinesfalls zu, dass es zum Gefangenen einer eingefahrenen Vorgehensweise wird. Diese Wandlungsfähigkeit ist das eigentliche Markenzeichen dieses Unternehmens. Im heutigen Umfeld stellt sie eine unabdingbare Voraussetzung für Überleben und Wachstum dar.

Auch Hewlett-Packard (HP) weiß, wie wichtig es ist, die Veränderungsfähigkeit zu institutionalisieren. Seine Konkurrenten – zum Beispiel Digital und Wang – erkannten dies nicht. Die Spitzenmanager von HP verwenden häufig Metaphern aus dem Weinbau – vermutlich weil ihre Zentrale in der Nähe der Weinberge Kaliforniens liegt. Insbesondere wird jedem Produkt ein »Jahrgang« zugewiesen – das Jahr seiner Einführung. Zuletzt stammten über 75 Prozent des Konzernumsatzes aus Produkten, deren »Jahrgang« maximal drei Jahre zurückliegt, und dieser Anteil wächst sogar noch. Hewlett-Packard hat erkannt, dass es sich in einem solchen Umfeld nicht leisten kann, auf dem Stand von vor fünf Jahren stehen zu bleiben.

Im Jahre 1993 wurde kaum eine Wirtschaftsnachricht so häufig in der Presse kommentiert wie der Wettstreit zwischen Viacom und QVC um den Erwerb von Paramount, der dem Sieger die Kontrolle über die neu entstehende »Datenautobahn« gegeben hätte. Wäre diese Geschichte 1988 veröffentlicht worden, hätten sich die Leser verwundert gefragt, wer denn QVC und Viacom eigentlich seien und was um Himmels willen sich hinter der Bezeichnung »Datenautobahn« verberge. Dieses Phänomen beschränkt sich nicht nur auf die Unterhaltungsbranche. Nahezu jedes etablierte Unternehmen sieht sich – unabhängig von seiner Größe – derzeit mit Krisen konfrontiert, die vor fünf Jahren noch absurd oder unverständlich gewesen wären. Wettbewerb zwischen

Stromerzeugern? Traditionelle Manager von Stromversorgungsunternehmen dachten bei der Erwähnung des Begriffs »Marketing« an den örtlichen Supermarkt, nicht aber an ihr eigenes Unternehmen. Die ehemals so stolze pharmazeutische Industrie versucht verzweifelt, sich ihre Zukunft im Zeitalter der »Reformen im Gesundheitsweisen« auszumalen. Alle Firmen überprüfen hektisch ihre Bilanzen, um zu sehen, welche Risiken sie im Bereich der derivativen Instrumente eingegangen sind. Einzelhändler starren besorgt auf leere Einkaufszentren, auf die sogenannten »Dress-Down«-Tage in den Büros, an denen die Mitarbeiter in salopper Kleidung erscheinen dürfen, und auf die Aussicht auf elektronischen Handel über das Internet. Nichts ist mehr so, wie es einmal war – wenn es überhaupt jemals so war, wie wir uns das vorgestellt hatten.

Deuten diese Krisen nun, wie manche es behaupten, auf ein Scheitern der strategischen Planung hin? Sollte den Topmanagern der Stromversorgungsunternehmen und der Pharmafirmen die Schuld dafür gegeben werden, dass sie die heutige Realität, mithin die Zukunft von gestern, nicht vorhersehen konnten? Ich glaube nicht. Strategische Planung ist ein wertvolles Instrument für die Hochrechnung gut etablierter, langfristiger Trends. Sie kann gute Dienste bei der Vorbereitung auf die erwartete Zukunft leisten. Aber die Veränderungen, die Unternehmen jetzt durchleben, sind sowohl unerwartet als auch unvorhersehbar. Das Tempo des Wandels hat zugenommen, und der Zeithorizont hat sich verkürzt. Wenn Unternehmen eine sich anbahnende Veränderung wahrnehmen können, spüren sie bereits ihre Auswirkungen. Wenn die meisten Unternehmen sich endlich ein Bild von der zukünftigen Entwicklung machen können, findet sie bereits statt.

Werden uns 2006 die gleichen Themen beschäftigen wie 1996? *Das weiß niemand.* Wer etwas anderes behauptet, ist entweder ein Narr oder ein Schwindler. Im nächsten Jahrzehnt werden Veränderungen stattfinden, die ebenso unbegreiflich und banal sind wie die der letzten Dekade. Die alte wirtschaftliche Variante des Ersten Newtonschen Gesetzes (Wenn ein Unternehmen im letzten Jahr einen Umsatz von einer Milliarde erwirtschaftet hat, kann es in diesem Jahr mit einer ähnlichen Größenordnung rechnen) gilt nicht mehr. Das Tempo des wirtschaftlichen Wandels hat exponentiell zugenommen. Organisationen, die für die gestrigen Rahmenbedingungen gebaut wurden, können und werden heute nicht funktionieren, und die Unternehmen von heute werden in ihrer derzeitigen Form morgen nicht mehr bestehen können.

Welchen Ausweg gibt es denn nun aus diesem Dilemma? Wie können Unternehmen sich auf die wirtschaftlichen Probleme der nächsten zehn Jahre vorbereiten, wenn sie nicht vorhersehbar sind? Die Antwort lautet, dass sie sich nur dann auf die Kräfte des Wandels einstellen können, wenn sie an ihrer eigenen Veränderungsfähigkeit arbeiten und sie institutionalisieren. Der Schlüssel zum Erfolg sind nicht Zukunftsprognosen, sondern der Aufbau einer Organisation, die in einer Zukunft blüht und gedeiht, die niemand vorhersehen kann.

Was bedeutet es nun aber, die Veränderungsfähigkeit zu institutionalisieren? Reden und heldenhafte Slogans genügen hier auf gar keinen Fall. Die Lösung dieses Rätsels besteht darin, der Notwendigkeit von Veränderungen mit dem gleichen »Ernst« zu begegnen wie der »richtigen« Arbeit – den wertschöpfenden Tätigkeiten, die von den meisten für das Kernstück ihres Geschäfts gehalten werden.

In *Business Reengineering* wurde der in Abbildung 4 dargestellte Geschäftssystem-Diamant eingeführt, der symbolisiert, dass jedes Unternehmen anhand von vier zentralen Elementen beschrieben werden kann: Unternehmensprozesse, Organisationsstruktur und zugehörige Stellen, Management- und Bewertungssysteme sowie Wertvorstellungen und Überzeugungen. Die Gestaltung der Unternehmensprozesse bestimmt die Arbeitsweise der Beschäftigten und die Organisationsstruktur, die sie miteinander verbindet. Aus den Stellen und der Arbeitsorganisation ergeben sich die Managementsysteme, die ein Unternehmen einführen und einsetzen muss. Diese Managementsysteme (Vergütungssystem, Maßstäbe für die Leistungsbewertung etc.) beeinflussen ihrerseits die Wertvorstellungen und Überzeugungen der Beschäftigten – also das, was sie in ihrer Arbeit für wichtig erachten. Die Wertvorstellungen und Überzeugungen wiederum müssen mit der Gestaltung der Unternehmensprozesse – dem oberen Eckpunkt des Diamanten – übereinstimmen und sie unterstützen.

Diese vom Geschäftssystem-Diamanten beschriebene Einheit – Unternehmensprozesse, Organisationsstruktur und zugehörige Stellen, Management- und Bewertungssysteme sowie Wertvorstellungen – ist sowohl essentiell als auch sichtbar. Kunden, Mitarbeiter und Führungskräfte sehen und reagieren auf diese Elemente. In ihrer Summe bilden

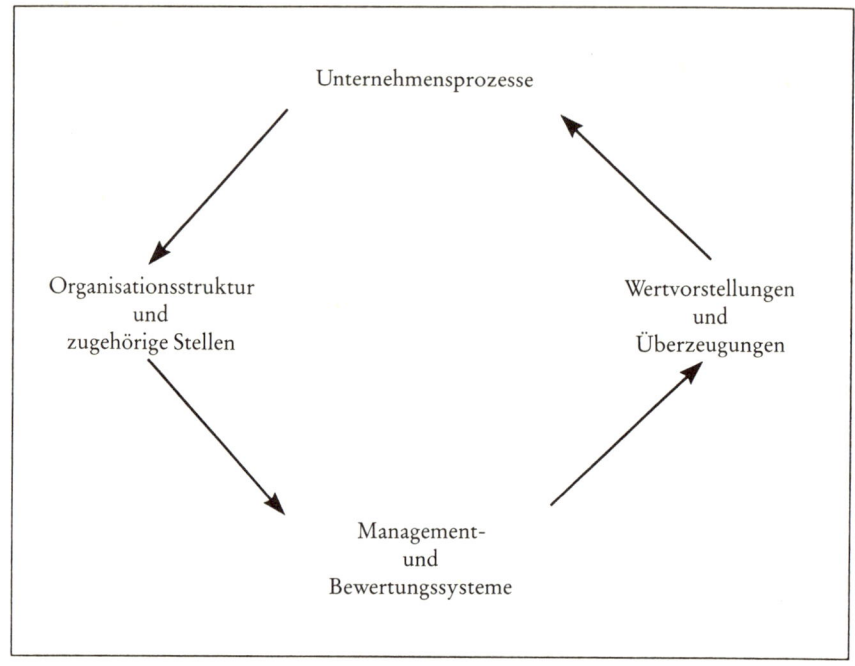

*Abbildung 4*

sie das *System*, auf dem die Produkte oder Dienstleistungen von heute beruhen. Dieses System muss jedoch auch die Produkte oder Dienstleistungen von morgen hervorbringen, die sich aller Wahrscheinlichkeit nach *deutlich* von den heutigen unterscheiden werden. So wie sich das Marketing und die Fertigung in den 90er Jahren von den in den 50er Jahren verwendeten Methoden unterscheiden, so sind auch die heutigen Kundenserviceprozesse gewiss nicht geeignet, alle Anforderungen der nächsten fünf Jahre zu erfüllen. Wenn sich diese Prozesse ändern, müssen auch alle anderen Elemente des Geschäftssystem-Diamanten angepasst werden. Mit anderen Worten: Das Geschäftssystem eines Unternehmens, das von den vier Eckpunkten des Diamanten abgesteckt wird, ist weder eine Fixgröße noch ein auf Dauer in der gleichen Form haltbarer Zustand. Es muss auf Veränderungen in den zugrunde liegenden Anforderungen reagieren können.

Wie ist das aber möglich? Die Menschen, die innerhalb des Geschäftssystems leben und arbeiten, können es nicht ändern. Dazu reicht ihre Perspektive nicht aus: Ihre Systeme zur Informationssammlung und Leistungsmessung legen den Schwerpunkt auf die Vergangenheit, und ihre Anreizsysteme belohnen die Kontinuität. Archimedes verkündete: »Gebt mir einen Punkt außerhalb der Erde, und ich werde die Welt anhalten!« Wo aber befindet sich der »archimedische Punkt« derer, die ein Geschäftssystem ändern könnten?

Die Antwort auf diese Frage lautet, dass jedes Unternehmen nicht ein, sondern *zwei* Geschäftssysteme benötigt. Wir werden sie hier als *Oberflächensystem* und *Tiefensystem* bezeichnen. Bislang lag unser Hauptaugenmerk auf dem Oberflächensystem. Es bestand aus den organisierten Aufgaben der Unternehmensprozesse mit den zugehörigen Stellen, Strukturen, Systemen und Wertvorstellungen. Aber dieses Oberflächensystem muss jetzt gründlich überholt werden. Ansatzpunkt hierfür kann nur das Tiefensystem sein.

Das Tiefensystem erzeugt keinen Wert für den Kunden; es bringt keine Produkte oder Dienstleistungen hervor. Es bearbeitet keine Aufträge und entwickelt keine neuen Produkte und trägt somit auch nichts zur Wertschöpfung bei. Vielmehr beobachtet, lenkt, modifiziert und reformiert es das wertschöpfende Oberflächensystem. Das Tiefensystem eines Unternehmens ist dafür zuständig, Veränderungen im externen Umfeld wahrzunehmen, ihre Bedeutung zu erkennen und das Oberflächensystem dann entsprechend zu modifizieren und zu transformieren. Das Tiefensystem arbeitet unter der Oberfläche. Es verkörpert die Veränderungsfähigkeit des Unternehmens.

Das Tiefensystem wirft immer neue Herausforderungen auf: Sind wir immer noch auf dem richtigen Weg? Ist unser Ansatz nach wie vor optimal? Was wäre gegebenenfalls besser? Das Tiefensystem stellt sicher, dass geeignete interne Veränderungen gemäßigter oder radikaler Natur stattfinden. Es gestaltet die Organisation immer wieder neu, um die anhaltenden externen Veränderungen zu berücksichtigen und möglichst zum Vorteil des Unternehmens zu nutzen.

Man erzählt sich, dass es im alten Rom einen Brauch gab, der dafür sorgte, dass siegreiche Feldherren nicht ihr Augenmaß verloren. Während ein erfolgreicher General im Triumphzug durch die Straßen Roms geleitet wurde, an denen sich die Menge seiner Bewunderer drängte, stand hinter ihm ein Mann, der ihm pausenlos etwas ins Ohr flüstern musste: »Denke daran, dass du sterblich bist.« Der General stellt das Oberflächensystem dar, während der Mann, der ihm die Wahrheit ins Ohr flüstert, das Tiefensystem symbolisiert.

Ein Tiefensystem muss mehr sein als ein vager Wunsch auf Seiten des Managements, die wertschöpfenden Prozesse des Unternehmens auf dem neuesten Stand zu halten. Wie auch das Oberflächensystem muss es aus spezifischen Prozessen mit den zugehörigen Stellen und einer geeigneten Organisationsstruktur bestehen. Es hat auch seine eigenen Management- und Bewertungsmechanismen, die bestimme Wertvorstellungen und Überzeugungen fördern müssen.

Anders ausgedrückt: Das Tiefensystem ist real und konkret und keine abstrakte Philosophie. Es umfasst drei primäre Prozesse: Lernen, Prozessredesign und Überleitung. Ihr kumulativer Output sind Veränderungen im Oberflächensystem. Wie die vertrauteren Prozesse des Oberflächensystems können auch die Prozesse des Tiefensystems nur dann effektiv arbeiten, wenn sie entsprechend gestaltet werden, Prozessverantwortliche zugewiesen bekommen, in organisierter Form umgesetzt und rigoros gemanagt werden.

Im Prozess »Lernen« wird die Notwendigkeit tiefgreifender Veränderungen im Oberflächensystem erkannt, mitgeteilt und akzeptiert. Dieser Prozess identifiziert wichtige Informationen und stellt dann sicher, dass sie verstanden, bewertet und in der ganzen Organisation verbreitet werden. Seine speziellen Ergebnisse sind die Entscheidung für den Wandel und konkrete Zielvorgaben für Veränderungen. Die meisten Unternehmen führen diesen Prozess, ohne es zu wissen, in fragmentierter Form durch, zum Beispiel in Form von strategischer Marktforschung, Wettbewerbsanalysen und technologischen Prognosen.

Aber die Sammlung von Informationen mit Hilfe von formalen Mechanismen wie Benchmarking sowie durch Stabsexperten wie Wettbewerbsanalytiker ist nur ein Teil eines breiter angelegten, umfassenderen Prozesses. Alle im Unternehmen müssen an der Informationserhebung mitwirken – vor allem die Mitarbeiter an der vordersten Front. Schließlich sind sie am besten in der Lage, Defizite im gegenwärtigen Ablauf oder wesentliche Veränderungen in den Kundenbedürfnissen zu erkennen. Wenn wir sagen, dass das Tiefensystem eine eigenen Identität und Existenz hat, die nicht vom Oberflächensystem abhängt, dann heißt das *keinesfalls*, dass für das Tiefensystem lauter Experten zuständig sein sollten, die alle in einer »Tiefensystemabteilung« sitzen. Damit würde sein Scheitern geradezu vorprogrammiert. Jeder Mitarbeiter im Unternehmen muss gleichzeitig im Oberflächen- und Tiefensystem leben, die heutige Arbeit ausführen und dabei zugleich über sie nachdenken.

Zum Lernen gehört jedoch mehr als nur die Anhäufung von Wissen und Informationen. Es umfasst auch Diskussionen und Debatten – der Schmelztiegel, in dem plötzliche Erkenntnisse aufblitzen und ausgearbeitet werden. Es muss Mechanismen beinhalten, die eine gerechte Prüfung von Ideen sicherstellen, die auf den ersten Blick empörend und inakzeptabel erscheinen.

Der Prozess »Lernen« kann am besten als Summe zweier Teilprozesse beschrieben werden. Der eine davon ist die Erforschung. Unternehmen herkömmlichen Zuschnitts berücksichtigen gerne nur Informationen, die sie bequem erfassen können – meist in Oberflächensystemen im Rahmen der ohnehin zu erledigenden Arbeit. Leider sind derlei Informationen in der Regel dazu geeignet, das Oberflächensystem zu unterstützen und nicht zu erschüttern. Messungen der Kundenpräferenzen könnten einem Markenmanager wohl kaum vor Augen führen, dass es nun auf einmal um die Vorlieben der Einzelhändler geht und dass ein miserabler Distributionsprozess binnen kurzem zu einem deutlichen Verlust von Regalflächen führen kann – ganz gleich, was die Kunden von den Produkten des Unternehmens halten. Wenn wir erkennen sollen, unter welchen Sachzwängen wir heute arbeiten, müssen wir Informationen aus unkonventionellen Quellen schöpfen. Die Schlüsselfragen sind diejenigen, die uns bislang noch nicht eingefallen sind, und die wichtigsten Informationen lassen sich aus dem ableiten, was wir noch nicht getan haben und wofür wir bislang auch gar keine Veranlassung gesehen haben. Tiefgreifende Veränderungen sind *per definitionem* immer eine Überraschung, und wenn wir danach an den alten, vertrauten Plätzen suchen, ist das eine kolossale Zeitverschwendung. Der Teilprozess »Erforschung« muss daher über das Offensichtliche hinaus Informationen zusammentragen, die vom Oberflächensystem übersehen, ignoriert oder sogar bewusst verschleiert wurden.

Der zweite Teilprozess des Lernens ist die Interpretation: Analyse,

Diskussion und Schlussfolgerungen über die Bedeutung der gesammelten Informationen. Hier muss eine möglichst umfassende Sichtweise angestrebt werden. Viele verschiedene Personengruppen müssen an dieser Diskussion teilnehmen – nicht nur, um ihre Beiträge nutzen zu können, sondern auch, um eine möglichst große Akzeptanz für das Ergebnis zu gewährleisten.

Redesign, der zweite Prozess des Tiefensystems, nimmt das Ergebnis des Lernprozesses als Input und entwickelt ein neues Konzept für das Oberflächensystem, das besser zu den neuen externen Realitäten passt. Die alten Oberflächenprozesse und ihre Unterstützungsmechanismen werden neu überdacht und bessere Arbeitsweisen gefunden.

Im Überleitungsprozess des Tiefensystems schließlich wird das alte Oberflächensystem durch ein neues ersetzt. Der Input ist hier der Neuentwurf für das Oberflächensystem; das Ergebnis ist das tatsächlich in der Praxis funktionierende neue System. Der Überleitungsprozess beinhaltet Disziplinen wie Change Management und Implementierung. Hier geht es um die Verwirklichung von Ideen.

Diese drei Tiefensystemprozesse sind mehr als andere Etiketten für die Lern- und Veränderungsbereitschaft. Es handelt sich hier um konkrete Prozesse, die von Menschen aus Fleisch und Blut mit echter Prozessverantwortung ausgeführt werden. In ihrer Summe bilden sie das Kernstück der sogenannten »lernenden Organisation«. Dieser Begriff ist jedoch leider unzureichend, da Lernen allein nicht genügt. Es ist nur der erste von drei gleichermaßen wichtigen Tiefensystemprozessen. Im Talmud steht: »Studieren ist nicht das Wesentliche, sondern vielmehr Handeln.« Lernen ohne Systemdesign und Überleitung zu einem neuen Oberflächensystem ist daher nicht mehr als eine solipsistische Zeitverschwendung.

Zusammenfassend können wir sagen, dass der Lernprozess den Weg zu einer neuen Arbeitsweise weist, während das Redesign diese neue Arbeitsweise erfindet und die Überleitung sie einführt. Diese Prozesse sind bisweilen bereits heute in Unternehmen anzutreffen, sind aber in der Regel völlig planlos und zufällig. Wenn ein Unternehmen jedoch Lernen, Redesign und Überleitung bewusst als Prozesse organisiert, die nicht weniger real sind als diejenigen des Oberflächensystems, werden seine Veränderungen zielgerichtet, absichtsvoll und steuerbar. Faktisch kann man mit diesen drei Tiefensystemprozessen das erreichen, was wir als Business Reengineering bezeichnen, und wenn sie in ein System eingebettet werden, führt dies zur Institutionalisierung der Reengineering-Fähigkeit, was einem Unternehmen erlaubt, sich jederzeit auf immer neue Änderungen in den Rahmenbedingungen einzustellen.

Wie bereits erwähnt, ist das Tiefensystem keine in sich abgeschlossene Einheit, die ganz klar vom übrigen Unternehmen getrennt werden kann. Jeder im Unternehmen arbeitet unabhängig von seiner Stelle im Oberflächensystem auch gleichzeitig an den drei Tiefensystemprozessen.

Prozessverantwortliche leben halb im Oberflächensystem (bei der Unterstützung der gegenwärtigen Prozessabläufe) und halb im Tiefensystem (wenn sie die erforderlichen Veränderungen in den Prozessen durchsetzen). Auch Prozessbeteiligte erledigen nicht nur die »reale« Arbeit der Oberflächensystemprozesse (Entwicklung von Produkten, Bedienung von Kunden, Auslieferung von Aufträgen). Sie spielen zugleich auch eine Rolle in der »Meta-Arbeit« der Tiefensystemprozesse. So muss etwa ein Außendienstmitarbeiter, der stets auf Veränderungen in den Kundenanforderungen achtet, verstehen, dass alle Informationen, die ihm während eines Verkaufsgesprächs zufällig zu Ohren kommen, von zentraler Bedeutung sind, aber wertlos bleiben, solange sie nur ungenutzt in seinem Kofferraum herumliegen. Als Beteiligte am Lernprozess des Tiefensystems müssen Außendienstler wissen, wen sie wie über ihre neuen Erkenntnisse informieren müssen. Das Gleiche gilt auch für den Fertigungsmonteur, der eine neue Idee hat oder Fehler in der derzeitigen Fertigungsmethode entdeckt.

Bitte beachten Sie: Wenn Sie einen Vorschlagsbriefkasten für Ihre Mitarbeiter aufstellen, ist das *nicht* gleichzusetzen mit dem Aufbau eines Tiefensystems. Es genügt nicht, wenn Menschen, die über neue Informationen verfügen (also alle im Unternehmen), diese lediglich weiterreichen. Zum Lernprozess gehört nicht nur die Erfassung von Informationen und Ideen der Mitarbeiter, sondern auch die Suche nach möglicherweise relevanten Information aus externen Quellen und aus den internen Systemen des Unternehmens, die Analyse und Diskussion der Bedeutung dieser Informationen, die Formulierung möglicher Szenarien über ihre Auswirkungen und Schlussfolgerungen zur weitere Vorgehensweise. Die gleichen Mitarbeiter an der Basis, die die ursprünglichen Daten geliefert haben, müssen auch an ihrer Interpretation mitwirken. Das ist ein echter Prozess. Ein Vorschlagsbriefkasten ist lediglich ein leeres Symbol.

Wenngleich alle im Unternehmen Beiträge zu den Prozessen des Tiefensystems leisten, gibt es doch einige Mitarbeiter, die sich ausschließlich oder zumindest vorrangig mit einem oder mehreren der Tiefensystemprozesse beschäftigen. In Ermangelung einer besseren Bezeichnung werden wir sie »Reengineering-Experten«, »Initiatoren des Wandels« und »Veränderungsexperten« nennen. Darum geht es ja schließlich im Tiefensystem. Da der externe Wandel heute kein gelegentlich auftretendes Phänomen mehr ist, sondern sich in eine Konstante verwandelt hat, müssen Unternehmen eine Gruppe von Fachleuten ausbilden, die über besonderes Know-how in diesen drei entscheidenden Prozessen verfügen.

Für den Lernprozess werden Menschen benötigt, die besonderes Geschick in der Identifizierung noch nie da gewesener Entwicklungen in multidimensionalen Daten mitbringen und ein intuitives Gespür dafür haben, wie man aus widersprüchlichen Daten einen kohärenten Trend ableitet (sie übernehmen praktisch die gleiche Rolle, die Physiker heute in der Aktienanalyse spielen – sie unterscheiden zwischen dem Signal und den Hintergrundgeräuschen). Für den Designprozess eignen sich am besten kreative Menschen, die außerhalb der gewohnten Bahnen denken, tradierte Annahmen identifizieren und zurückweisen und auch erkennen können, wie sich die Spielregeln im Wettbewerb durch neue Technologien verändern. Geeignete Kandidaten für den Überleitungsprozess sind Mittler des Wandels, die Meinungen wirksam beeinflussen und auf diese Weise ihre Kollegen zur Aufgabe des Vertrauten und zur Reise in unbekannte Gefilde bewegen können. All diese Eigenschaften sind real, greifbar und klar definierbar, und es ist keineswegs unmöglich, Menschen zu finden, die sie besitzen (obwohl diese zumeist eher zufällige als geplante Produkte unseres Bildungssystems sind). Besonders auffällig ist jedoch die Tatsache, wie wenig solche Fähigkeiten bislang in unseren Unternehmen zählten. Wir haben Menschen bevorzugt, die besonders gut in der Umsetzung vorgegebener Pläne waren – nicht solche, die sich dadurch auszeichnen, dass sie kritische Fragen stellen oder beantworten können.

Wir müssen erkennen, dass manche Menschen eine besondere Begabung für die Durchsetzung von Veränderungen besitzen – so wie andere sich am besten innerhalb eines vorgegeben Rahmens bewegen können. In unseren Unternehmen benötigen wir nicht nur Verkaufsvertreter, Ingenieure und Finanzexperten, sondern auch Initiatoren des Wandels. Die Veränderungskrise wird niemals vorüber sein. Ohne Veränderungen werden die Handlungsträger in der Organisation immer in ihren heutigen Rollen gefangen bleiben.

Wer aber heute nach Reengineering-Experten sucht, dem wird es ähnlich ergehen wie einem Unternehmen, das in den späten 50er Jahren Computerprogrammierer einstellen wollte. Es gibt keine anerkannte Berufsgruppe und auch keine Ausbildungsstätte und keine akademischen Titel für Reengineering-Experten. Wie einst die Programmierer können sie ebenso gut Fächer wie Musik und Philosophie studiert haben wie Betriebs- oder Finanzwirtschaft.

Mehr Erfolg als bei der reinen Qualifikationssuche haben Unternehmen wohl dann, wenn sie auch die Begabungen und Charakteristika berücksichtigen, durch die sich potentielle Reengineering-Experten auszeichnen. Ganz oben auf der Liste stehen dabei eine geradezu angeborene Unzufriedenheit mit dem Status quo, ein kreativer Drang zur Verbesserung und eine Fähigkeit, Prozesse und Geschäftsbereiche aus ganzheitlicher Warte zu betrachten. Obwohl solche Menschen Motive wie Macht, Geld und Ruhm nicht gänzlich ablehnen, sind dies nicht ihre Hauptantriebskräfte. Routinearbeit langweilt sie, und daher geben ihnen Herausforderungen Auftrieb und frischen Schwung. Sie sind stets auf der Suche nach einem höheren Berg, den sie erklimmen können, nach einer höheren Welle, auf der sie reiten können. Natürlich müssen sie auch in der Lage sein, in einem Unternehmenskontext zu arbeiten. Ebenso wichtig ist jedoch auch, dass der vom Unternehmen gesteckte Rahmen einen Platz für sie vorsieht.

Wie für jeden Prozess des Oberflächensystems müssen auch für die drei Tiefensystemprozesse – Lernen, Redesign und Überleitung – Prozessverantwortliche gefunden werden. In *Business Reengineering* hatten wir sie als »Reengineering-Zaren« bezeichnet. An dieser Stelle werden wir einen etwas anderen Begriff einführen: »Transformationsleiter«. Bei der Bezeichnung »Reengineering-Zar« liegt der Schwerpunkt zu sehr auf kurzfristigen Projekten. Wie wir gesehen haben, müssen die Tiefensystemprozesse und die damit verbundenen Rollen und Verantwortlichkeiten aber zu dauerhaften Bestandteilen der Organisation werden. Ob sich der Titel »Transformationsleiter« durchsetzt oder nicht, die Rolle, die diese Person spielen muss, nimmt allmählich Gestalt an. Transformationsleiter übernehmen einerseits Führungsaufgaben bei den Mittlern des Wandels und den Reengineering-Experten im Unternehmen und sind andererseits Prozessverantwortliche für die prioritären Veränderungsprozesse.

Transformationsleiter weisen Parallelen zum Finanzleiter auf. Jede Führungskraft muss heute ein gewissen Grundverständnis im Finanzwesen mitbringen. Der Finanzleiter ist nicht für die Durchführung aller finanziellen Transaktionen des Unternehmens zuständig. Vielmehr muss er sicherstellen, dass die finanziellen Aktiva des Unternehmens insgesamt effektiv verwaltet werden. Ähnlich verhält es sich mit dem Transformationsleiter: Er führt nicht alle Veränderungen im Unternehmen persönlich durch, sondern sorgt dafür, dass die Tiefensystemprozesse von Menschen in allen Teilen der Organisation richtig durchgeführt werden. Die Prozesse gehören zur Arbeit jedes einzelnen Mitarbeiters, doch ist der Transformationsleiter für das Management der Prozesse insgesamt zuständig. Fortgesetzte Veränderungen gehen alle im Unternehmen an – für den Transformationsleiter sind sie jedoch der Beruf.

Wie wir gesehen haben, umfasst das Tiefensystem ebenso wie das kontinuierlich von ihm angepasste Oberflächensystem einen vollständigen Geschäftssystem-Diamanten mit allen vier Eckpunkten. Wie oben, so unten, könnte man in Anlehnung an Galilei sagen. Die Gestaltung der Tiefensystemprozesse eines Unternehmens bestimmt die Organisationsstruktur und die Stellen der Menschen, die in diesen Prozessen arbeiten. Dies wiederum prägt die Management- und Berwertungssysteme und in der Folge dann auch die Wertvorstellungen. Dieses Gesamtsystem existiert parallel zum derzeit herrschenden Oberflächensystem, ist aber davon unabhängig. Daher müssen in den Tiefensystemprozessen die Beteiligten danach beurteilt werden, was sie gelernt haben, und nicht allein anhand der im Oberflächensystem erreichten Ergebnisse. Wenn nur die heutige Leistung gemessen wird, nimmt sich keiner jemals die Zeit, neue Ideen aufzuspüren und die Fertigkeiten zu erwerben, die über die Zukunft entscheiden werden. Ebenso ermutigt ein System, in dem nur Erfolge belohnt werden, die Menschen dazu, sich auf todsicher funktionierende Projekte zu be-

schränken – ein Ansatz, der in der vom Wandel geprägten Welt geradezu
grotesk wirkt. Ein Unternehmen, das sich kontinuierlichen Veränderungen verschreibt, wird Lernen, Risikobereitschaft und Fortschritte
im Wandel messen und belohnen, um auf diese Weise die Tiefensystemprozesse zu stärken und zu fördern. Wenn Unternehmen die Mitwir-
kung jedes einzelnen Mitarbeiters an den Tiefensystemprozessen nicht
zu einem expliziten Bestandteil des Beurteilungsverfahrens machen,
wird auf diese Prozesse nur wenig Energie und Aufmerksamkeit verwendet werden.

Die Managementsysteme zur Unterstützung des Tiefensystems müssen unter anderem Einstellungs- und Weiterbildungspraktiken beinhalten, die gerade die besonderen Eigenschaften, die von Mittlern des
Wandels verlangt werden, suchen, schätzen und anerkennen. Reengineering-Experten können es sich nicht leisten, ihr Umfeld aus einer
eng begrenzten Perspektive zu sehen. Ganz im Gegenteil: Von ihnen
wird eine möglichst umfassende Sichtweise verlangt. Sie müssen einen
unterschiedlichen Hintergrund haben, sodass mehrere verschiedene
Ansichten vertreten weden. Daher müssen die Managementsysteme
für die Tiefensystemprozesse kurzzeitige Stellenbesetzungen und
umfassende Jobrotation vorsehen, sodass die Mittler des Wandels
einen ausgewogenen Kenntnisstand erreichen können. Jobrotation
gehört zum lebenslangen Lernen des Reengineering-Experten – in
einer Zeit unerbittlicher Veränderungen ist sie kein Luxus, sondern
eine Voraussetzung für das Überleben. Solche Programme sollten
sogar auf die gesamte Belegschaft ausgedehnt werden, sodass alle Mitarbeiter an der vordersten Front genügend Überblick besitzen, um
Veränderungen zu erkennen, zu akzeptieren und zu entscheiden, wie
sie sich auf sie einstellen können.

Managementkommunikationssysteme müssen sich ebenfalls auf eine
Art und Weise ändern, die förderlich für den Lernvorgang ist. Bislang
verlief die Kommunikation in der Regel vertikal in der Hierarchie nach
oben und nach unten, wobei sich der Umfang der Informationen auf
»das Allernötigste« beschränkte. Für die Tiefensystemprozesse sind
nun aber Kommunikationskanäle erforderlich, die in alle Richtungen
führen und auf dem Grundsatz beruhen, dass »alles, was interessant
sein könnte«, weitergegeben wird, nach dem Motto: »Im Zweifelsfalle
für die Freigabe.« Die Prozesse des Tiefensystems, zumal der Lern- und

Redesignprozess, können nur dann optimale Ergebnisse liefern, wenn sie großzügig mit Informationen versorgt werden. Wie in einem Forschungslabor ist der Austausch neuer, unausgereifter und unerprobter Ideen eine Voraussetzung für Kreativität und Innovation.

Der vierte Eckpunkt des Geschäftssystem-Diamanten, nämlich die Wertvorstellungen und Überzeugungen, illustriert einen der maßgeblichen Unterschiede zwischen dem Oberflächen- und dem Tiefensystem. Die Wertvorstellungen des Oberflächensystems verändern sich im Laufe der Zeit – und zwar selbst jene, die unantastbar *erscheinen*, wie zum Beispiel: »Der Kunde steht immer an erster Stelle.« In einem quasi-monopolistischen Umfeld, wie wir es in den ersten Jahrzehnten nach dem Zweiten Weltkrieg erlebten, hat der Kunde nicht höchste Priorität. »Der Kunde ist König« ist heute nur deshalb zu einer Binsenwahrheit geworden, weil dieser Ausspruch im heutigen Wirtschaftsumfeld einen praktischen wirtschaftlichen Wert besitzt. Mit anderen Worten: Das Oberflächensystem eines Unternehmens sollte Wert darauf legen, den Kunden an die erste Stelle zu setzen, wenn dies sinnvoll ist – und nur dann. Die Tatsache, dass eine Wertvorstellung des Oberflächensystems nicht auf ewig Bestand haben könnte, beeinträchtigt während ihrer Gültigkeitsdauer jedoch nicht die Intensität und Leidenschaft, mit der sie vertreten wird. Wenn eine Wertvorstellung dem Zeitgeist entspricht, muss sich das Unternehmen mit Haut und Haaren dafür einsetzen. Gleichzeitig muss es sich aber auch bewusst sein, dass diese Wertvorstellung irgendwann in der Zukunft eventuell auch von einer anderen abgelöst werden kann.

Im Gegensatz dazu verändern sich die Wertvorstellungen des Tiefensystems nicht. Sie unterstützen nämlich keine bestimmte Ausprägung des Oberflächensystems, sondern den Wandel selbst. Selbstprüfung und Selbstkritik sind die wichtigsten Werte im Tiefensystem. Arroganz, Engstirnigkeit und Selbstzufriedenheit sind natürliche Feinde der Anpassung und Weiterentwicklung einer Organisation. Ein Unternehmen, das sich selbst für so gut hält, dass es unschlagbar ist, wird binnen kurzem zum Gefangenen – und dann zum Opfer – seines derzeit gültigen Oberflächensystems werden. Energische und begabte Mittler des Wandels, ein mächtiger Transformationsleiter und treffsichere Leistungsbewertungssysteme genügen nicht, um die Erstarrung zu lösen, die aus der Überheblichkeit entspringt. »Vergessen Sie nie, dass aller Ruhm vergänglich ist«, warnt Fred Musone mit fast den gleichen Worten wie der Mahner hinter dem römischen General. »Nehmen Sie sich selbst nicht zu ernst. Für mich ist das der Schlüssel zum langfristigen Unternehmenserfolg: Bescheidenheit.« Wenn Bescheidenheit nicht zu den Wertvorstellungen des Tiefensystems eines Unternehmens gehört, werden seine Prozesse einfach nicht funktionieren.

Auch unermüdliche Neugier und kritischer Forschungsdrang müssen im Geschäftssystem-Diamanten des Tiefensystems eine hohe Wertschätzung genießen. Selbstverständlich werden diese Eigenschaften Unbehagen und Meinungsverschiedenheiten hervorrufen, doch ihre Alternative – völlige Abgeklärtheit – führt zu tödlicher Apathie. Der Hegelschen Dialektik – dem Aufeinanderprallen von Thesen und Antithesen, das zu einer neuen Synthese führt – muss freier Lauf gelassen werden. Wenn der Wandel zur Konstante geworden ist, erfordert die Fähigkeit, mit den Veränderungen Schritt halten zu können, ein Maß an Wachsamkeit, Intelligenz und Engagement, das früher nur wenigen abverlangt wurde. Heute und in absehbarer Zukunft gehört der Erfolg jenen, die wacher und ruheloser sind als alle anderen.

# Teil IV

# Gesellschaft

# Kapitel 14

# Was ich meinen Kindern erzähle

Meine Kinder sind heute in der High School und im College. Ich habe mich oft gefragt, welche Ratschläge ich ihnen am besten geben könnte, damit sie sich in einer prozesszentrierten Welt zurechtfinden. Sollten sie beim Gedanken an ihre Zukunft eher Vorfreude oder Angst empfinden? Wie können sie sich am besten vorbereiten? Welche Voraussetzungen müssen sie erfüllen, um sich in dieser neuen Welt eine erfolgreiche Karriere aufbauen zu können? Dabei fällt mir unwillkürlich Charles Dickens' Beschreibung des letzten Jahrzehnts des 18. Jahrhunderts als »die besten Zeiten, die schlechtesten Zeiten« ein. Eine exaktere Beschreibung für unsere Gegenwart als diese dürfte es wohl kaum geben. Für die französischen Adligen – die Funktionäre des Ancien Régime, deren Schicksal sie zur Guillotine führen sollte – waren die 1790er die schlechtesten Zeiten; für die Philosophen, die Denker der Aufklärung, die die Regeln der neuen, vor ihren Augen entstehenden Gesellschaft definierten, war dieses Jahrzehnt das beste von allen. Die heutige Zeit ist die schlimmste von allen für die Aristokraten in den Unternehmen, die – wie ihre französischen Vorgänger – glauben, dass ihr »Status« ihnen die Zukunft sichern sollte. Sie befinden sich auf dem Weg zu einer Art wirtschaftlicher Guillotine. Für jene, die sich dem Wandel verschreiben und jede neue Chance mit offenen Armen begrüßen, sind dies die besten Zeiten von allen, ein paradiesischer Zustand schier unerschöpflicher Möglichkeiten.

Wir leben – um eine von Auden geprägte Formulierung zu gebrauchen – in einer neuen »Zeit der Angst«. Die alten Spielregeln gelten nicht mehr. Die Menschen erkennen zwar, dass sich der Rhythmus verändert hat, doch wissen sie noch nicht genau, wie die neuen Spielregeln aussehen. Alle suchen nach Wahrheiten und Sicherheiten, nach sicheren Patentrezepten für ein Überleben in diesem neuen Umfeld. In den Buchläden türmen sich die Karriereratgeber. Für einen relativ geringen Obolus kann man Bücher erwerben, die von sich behaupten, sie würden die ultimativen Ratschläge für den beruflichen Erfolg im 21. Jahrhundert enthalten oder alle Geheimnisse des Erfolges preisgeben. Sie versprechen Informationen über Berufe mit Zukunft, die besten Standorte, die richtigen Ausbildungsgänge und alle anderen Voraussetzungen für den beruflichen Erfolg.

Diesen Anspruch erhebe ich nicht. Damit würde ich nicht nur über das Ziel hinausschießen, sondern mir auch selbst widersprechen: Schließlich habe ich doch gerade das Argument ins Feld geführt, dass die prozesszentrierte Welt voller Gefahren und Unsicherheiten steckt. Wie könnte ich da meinen Kindern (oder irgendjemandem sonst) ein narrensicheres Erfolgsrezept anbieten? Stattdessen möchte ich eine mögliche Sichtweise mit ein paar bescheidenen Vorschlägen in Bezug auf erfolgreiche Karrieren im prozesszentrierten Umfeld anbieten – und auch das nur zögernd und unter Vorbehalt. Walter Mondale sagte in einer Debatte im Präsidentschaftswahlkampf: »Herr Reagan wird die Steuern erhöhen. Ich auch. Er wird Ihnen das nicht sagen. Ich habe es gerade getan.« Ich möchte ebenso ehrlich sein. Weder ich noch die Autoren der »bombensicheren« Erfolgsratgeber wissen, wie die Welt in zehn Jahren aussehen wird. Der Unterschied besteht darin, dass ich das zugebe.

Ein Gedanke, den wir auf der Stelle aufgeben müssen, ist, dass es nur einen einzigen erfolgreichen Karrierepfad für das 21. Jahrhundert gibt. Die Erfahrungen der jüngsten Zeit widerlegen eine solche Vorstellung auf der Stelle. In diesem Jahrhundert galten Medizin, Jurisprudenz und Bankwesen lange Zeit als hundertprozentig sichere Wege zu Wohlstand und möglicherweise auch zum Ruhm. Das ist mittlerweile nicht mehr der Fall. Das Gesundheitswesen befindet sich – gelinde gesagt – in einer Umbruchphase, viele ausgebildete Juristen jobben als Barkeeper, und viele Banker fallen Fusionen zum Opfer.

Mit der gleichen Sicherheit, mit der Benjamin in dem Film *Die Reifeprüfung* eine Karriere in der Kunststoffbranche empfohlen wurde, propagieren die Berufsratgeber von heute die Softwareindustrie und die Biotechnologie. Es mag 1996 ratsam sein, eine Laufbahn in diesen Branchen einzuschlagen, doch wird das auch noch für das Jahr 2006 gelten? Ein Durchbruch in der Softwaretechnologie könnte ganz urplötzlich die »unstillbare« Nachfrage nach Programmierern zum Erliegen bringen. Eine Finanzierungsreform im Gesundheitswesen könnte die medizinische Forschung auf eine völlig neue Grundlage stellen und grundlegend andere Fertigkeiten verlangen. Niemand weiß, welcher Beruf eine sichere und vorhersehbare Zukunft garantiert – geschweige denn, ob es überhaupt einen solchen Beruf gibt. Der Weg zum Erfolg ist viel zu verschlungen, um mit simplen Patentrezepten vorgezeichnet werden zu können.

Zunächst einmal ein paar gute Nachrichten. Der Erfolg des Einzelnen in der prozesszentrierten Welt steht jedem offen, der einer vernünftigen Beschäftigung nachgeht. Bisweilen hört man die Behauptung, dass das Leben nach dem Business Reengineering »abscheulich, grausam und kurz« sei: Der globale Wettbewerb, anspruchsvolle Kunden und die Mobilität des Kapitals würden sich gegen die Arbeitnehmer verschwören, sodass es immer weniger Arbeitsplätze geben werde und wir kaum noch unsere Nase über Wasser halten könnten. Das ist kompletter Unsinn.

Niemand leugnet, dass der Übergang zur Prozesszentrierung zu Entlassungen und beträchtlichem Chaos geführt hat. Das sind jedoch alles vorübergehende Phänomene. Sinn und Zweck des Business Reengineering ist nicht der Abbau von Arbeitsplätzen, sondern die Eliminierung nicht wertschöpfender Tätigkeiten. Dieser Neuorganisation, die zu schlankeren, effizienteren Unternehmen führt, fallen häufig auch Arbeitsplätze zum Opfer. Was aber geschieht dann? Nur völlig einfallslose Firmen werden bei diesem reduzierten Niveau bleiben. Wie für alle anderen Lebensformen gilt auch für Unternehmen die Regel, dass sie entweder wachsen oder sterben müssen. Und da sie dank der neuen Effizienz wettbewerbsfähiger geworden sind, werden die »reengineerten« Unternehmen wachsen und neue Mitarbeiter einstellen. Als Beispiel bietet sich auch hier wieder Progressive Insurance an. 1991 hatte diese Versicherung um die 7 600 Mitarbeiter und einen Jahresumsatz von 1,3 Milliarden Dollar. Nach einer intensiven Reengineering-Kampagne war die Zahl der Beschäftigten ein Jahr später auf 6 000 gesunken, während der Umsatz mehr oder weniger auf dem gleichen Niveau verharrte. Bis 1995 konnte Progressive dank ihrer günstigeren Kostenstruktur und ihres besseren Kundenservice den Umsatz auf 3 Milliarden Dollar steigern und 2000 neue Stellen schaffen, sodass die Belegschaft insgesamt auf 8000 anwuchs. Aus einem schlankeren und schlagkräftigeren Unternehmen war ein größeres, besseres geworden.

Durch Prozesszentrierung können Unternehmen beispiellose Produktivitätsverbesserungen erzielen, die ihrerseits zur Schaffung weiterer Arbeitsplätze und höherer Lebensstandards führen. De facto können Unternehmen ihren Wohlstand nur durch solche Produktivitätsdurchbrüche mehren, die zeitweilige Störungen im Betriebsablauf hervorrufen. Wenn alle damit beschäftigt sind, Autos und Kühlschränke zu bauen, wer montiert dann Videorecorder? Gewiss, die Umstellung von der Auto- auf die Videorecordermontage mag so manchem Kfz-Monteur schwer fallen, aber unter dem Strich verbessert sich dadurch unser Lebensstandard. Bei der Prozesszentrierung wird sich die Geschichte aller großen Fortschritte der letzten 200 Jahre wiederholen: auf eine kurze chaotische Periode des Umbruchs folgt der Aufstieg zu einem neuen Wohlstandsniveau. Dann entstehen immer neue, bislang nicht vorhergesehene Wünsche und Forderungen, die zur Wiederbeschäftigung der Arbeitskräfte führen, die zuvor durch die höhere Effizienz bei der Produktion alter Güter und der Erbringung lang vertrauter Dienstleistungen freigesetzt wurden. Auch die Prozesszentrierung wird nur vorläufig die letzte in einer langen Reihe arbeitsplatzschaffender (nicht arbeitsplatzvernichtender) Innovationen sein – es sei denn, wir gelangen zu dem Schluss, dass die Menschheit sich plötzlich alle ihre Wünsche versagt und dem Konsum zugunsten einer einfacheren, asketischeren Lebensweise abschwört.

Das soll nicht bedeuten, dass es in einer prozesszentrierten Welt keinerlei Probleme mehr gibt. Wie bei jeder tiefgreifenden Veränderung wird es auch hier Gewinner und Verlierer geben. Das Wichtige ist, zwischen diesen beiden Gruppen unterscheiden zu können und Maßnahmen zu ergreifen, die sicherstellen, dass man selbst zu den Gewinnern gehört, die von den neuen Möglichkeiten profitieren können.

Nun aber einige schlechte Neuigkeiten. Der Erfolg wird sich leider nicht ganz von allein einstellen, wenn man nur den richtigen Beruf und den richtigen Arbeitgeber auswählt. Der Erfolg in einer prozessorientierten Welt kommt nicht von außen, sondern von innen. Nicht Ihr Handeln bestimmt über Ihren Erfolg, sondern Ihr Sein. Der erste Schritt auf dem Weg zum Erfolg besteht darin festzustellen, ob Sie wirklich das Zeug zum Gewinner haben – und falls nicht, müssen Sie Ihre Persönlichkeit entsprechend ändern. Das ist die grundlegende Prämisse, die sich sowohl Studenten als auch sorgenvolle Arbeitsuchende mittleren Alters, die ehemals Manager auf den mittleren Führungsebenen waren, vor Augen halten müssen, wenn sie für sich einen Platz im prozesszentrierten Unternehmen finden wollen.

In meinem Buch *Die Reengineering-Revolution* zitierte ich den Chef eines kleinen Unternehmens, der sagte, dass sich durch das Business Reengineering seine Einstellungskriterien geändert hätten. Früher habe er Bewerber nach den Kriterien »Fertigkeiten und Finanzen« ausgewählt – also solche, die einerseits die für die zu besetzende Position erforderlichen Qualifikationen mitbrachten, andererseits aber die niedrigste Gehaltsvorstellung angaben. Heute lege er mehr Gewicht auf »Einstellungen und Eignung«: Er sucht nach Kandidaten, die sich die für die betreffende Stelle benötigten Fertigkeiten *aneignen* können und dann ihre Arbeit selbstständig und mit Elan und Begeisterung erledigen werden. Im gleichen Sinne würde ich zwei »Zutaten« für den beruflichen Erfolg im prozesszentrierten Umfeld für besonders wichtig erachten: Erkenntnis und Eigenschaften – die Fähigkeit zu denken und die richtige Geisteshaltung.

Ein Fabrikarbeiter in einem Pharmaunternehmen beschrieb unlängst, was die Verlagerung zur Prozesszentrierung für ihn bedeutet: »Ich muss mein Gehirn nicht mehr an der Pforte abgeben.« Mitdenken war in den meisten herkömmlichen Jobs nicht gefragt. Von Arbeitern wurde erwartet, dass sie Anweisungen befolgten, nicht, dass sie ihren Kopf gebrauchten. Sie mussten ganz eng definierte Aufgaben verrichten, die so »idiotensicher« wie nur möglich gestaltet wurden. Selbst Angestellten, die wohl mehr mit dem Kopf als mit den Händen arbeiteten, wurden im Denken enge Grenzen auferlegt. Ein Ingenieur sollte über die Konstruktion nachdenken, nicht etwa über Verkaufs- und Servicefragen. Ebenso sollten sich die Verkaufsvertreter und Kundendienstler nur innerhalb ihrer eigenen, eng definierten Funktionen bewegen. Mit Sicherheit sollte kein »Arbeiter« sich den Kopf über das Gesamtbild zerbrechen und sich fragen, in welcher Beziehung die eigene Arbeit zu der Tätigkeit der Kollegen stand oder wie sie zu zufriedenen Kunden und einer erfolgreichen Geschäftsentwicklung führte. Derlei Überlegungen galten als ausschließliches Vorrecht des »Managements«. Das hat sich geändert.

Früher folgte ein typischer Auftragssachbearbeiter bei der Zuweisung von Beständen und der Aufstellung von Lieferplänen einem vorprogrammierten Regelsatz. Die prozesszentrierten Auftragsbearbeiter von heute müssen die unterschiedlichen Wettbewerbspositionen verschiedener Kunden in Betracht ziehen: wahrscheinliche Lieferzeiten für Artikel, die beim Zulieferer nicht vorrätig sind, Verfügbarkeit von Lkws an den Verladerampen und unzählige andere Faktoren. Das Ergebnis: bessere Nutzung von Lagerbeständen, zufriedenere Kunden und niedrigere Versandkosten. Um diese Ergebnisse zu erzielen, muss der Auftragssachbearbeiter in der Lage sein, den Gesamtprozess zu verstehen und zu berücksichtigen – nicht nur die einzelnen Arbeitsschritte. Die Nachfrage nach dieser kognitiven Fähigkeit war in der Vergangenheit nicht gerade groß. Sie ist sogar für die meisten Hochschulabsolventen eine ebenso große Neuerung wie für Lehrlinge.

Im Wesentlichen geht es bei dieser neuen Denkweise um die Fähigkeit zu sehen, wie die Teile zusammenpassen, wie sich eine ganze Reihe einzelner Puzzlestücke zu einem Ganzen zusammenfügen und welche Wirkung dann das Gesamtbild ergibt. Die Betreffenden müssen sich ein komplexes System bildlich vorstellen und verstehen lernen. Sie müssen aber auch ein intuitives Gespür für ein System haben, sodass sie trotz Unklarheiten und unvollständiger Informationen Entscheidungen treffen können. Die Entscheidungen des Auftragssachbearbeiters können nicht über mathematische Analysen und formale Optimierungsmodelle getroffen werden; sie erfordern Fingerspitzengefühl für den Prozess und das Geschäft. Genau dadurch unterschied sich früher der Firmenchef vom Fußbodenkehrer. In prozesszentrierten Unternehmen müssen beide das Gesamtbild kennen – nur ist beim Unternehmensleiter die Leinwand größer.

Diese Denkweise ist ein absolutes Muss für alle Mitarbeiter in einer prozesszentrierten Organisation. Viele – wenn nicht sogar die meisten – Menschen haben damit jedoch keinerlei Erfahrung. Wir alle leben in unseren eigenen kleinen Welten. Wenn Unternehmen ihre Prozesse in den Mittelpunkt stellen, funktioniert dieses Schubladendenken nicht mehr. Wie können wir prozesszentriertes Denken lernen? »Learning by doing« ist auch hier – wie in allen anderen Fällen auch – die beste Devise. Durch entsprechende Lektüre kann man sich keine neue Denkweise aneignen. Ein kleines Unternehmen ist ein guter Nährboden für die Schärfung der Fähigkeit, in großen Zusammenhängen zu denken. Kleine Firmen können sich die Abgetrenntheit und Spezialisierung nicht leisten, die unsere ganzheitlichen Denkfähigkeiten beeinträchtigen. Wenn Sie nicht auf der Stelle zu einem kleinen Unternehmen wechseln können, versuchen Sie doch, diesen Ansatz bei Ihrem derzeitigen Arbeitgeber zu üben. Fragen Sie, wie Ihre Arbeit mit der anderer verbunden ist und welche Konsequenzen sie für Ihre Kollegen hat. Stellen Sie sich Fragen, die Sie eigentlich nicht stellen sollten (Sie müssen das ja nicht unbedingt laut tun). Wohin gehen die Informationen und die Materialien, die ich bearbeite? An wen werden die Ergebnisse meiner Arbeit ausgeliefert? Was würde passieren, wenn ich das ändern würde? Was müssten wir tun, damit diese Arbeit doppelt so schnell verrichtet werden kann? Was wäre, wenn wir plötzlich dreimal so viel in der gleichen Zeit erledigen müssten? Es macht nichts, wenn Sie auf diese Fragen nicht die »richtigen« Antworten finden. Sinn und Zweck dieser Übung ist es, Ihre geistigen »Muskeln« zu trainieren.

Es gibt eine weitere Möglichkeit, wie Sie die Fähigkeit zum Denken in großen Zügen entwickeln können, die manchen vielleicht weit hergeholt erscheinen mag: Sie können programmieren lernen. Computerprogrammierung ist nämlich im Grunde nichts anderes als Denken in Systemen. Jede Codezeile, die Sie schreiben, wirkt sich auf jede andere Zeile in Ihrem Softwareprogramm aus. Wenn Sie keinen Überblick besitzen, wird Ihr Programm nicht funktionieren. Das Wunderbare an einer geistigen Fähigkeit ist ihre Unabhängigkeit vom jeweiligen Fachgebiet – die Denkweise, die man zum Schreiben und Debugging von Computerprogrammen benötigt, ist die gleiche, die Voraussetzung für Problemlösungen in Unternehmensprozessen ist. Sobald die Synapsen einmal gebildet wurden, können sie für jeden beliebigen Zweck genutzt werden. Eines dürfen Sie dabei aber nicht vergessen: Die Grundzüge der Computerprogrammierung zu lernen ist nicht gleichzusetzen mit dem Umgang mit dem Computer als Anwender von PC-Programmen wie Tabellenkalkulationen, Textverarbeitung etc. Es bedeutet, dass Sie eine Programmiersprache wie C oder PASCAL oder BASIC lernen müssen.

Junge Menschen haben uns anderen gegenüber den Vorteil, dass sich ihr Denken noch nicht durch jahrelange schlechte Angewohnheiten in bestimmten Bahnen verfestigt hat. In letzter Konsequenz sollte Prozessdenken eigentlich zu einem Bestandteil der Lehrpläne der weiterbildenden Schulen und sogar der Grundschulen werden. Das würde nicht viel kosten und wäre auch ohne große Probleme möglich. Im Augenblick verfügen aber nur wenige Studienanfänger über diese Fähigkeiten. Aus diesem Grund möchte ich alle Hochschulabsolventen dazu auffordern, im Rahmen ihres Studiums doch auch einige technische Kurse zu belegen. In der Technik geht es um die Gestaltung und Konstruktion von Systemen – elektronischen, mechanischen, architektonischen, softwarebasierten etc. Das Wesentliche an einer technischen Ausbildung ist nicht, dass man Gleichungen lernt und anwendet, sondern dass man versteht, wie man aus kleinen Einzelteilen ein Gesamtsystem aufbauen kann. Ingenieure müssen sich mit Themen wie Kompromissbildung, Zuverlässigkeit, Leistungsanalyse, Komplexität und Problemlösung auseinandersetzen – exakt die Fähigkeiten, die im prozesszentrierten Arbeitsleben verlangt werden. Auch hier geht es mir nicht um den Inhalt einer bestimmten Fachrichtung, sondern um die Denkweise, die sie erfordert und hervorbringt. Mir gefällt die alte Definition des Begriffs »Bildung«: Das, was übrig bleibt, wenn wir vergessen, was man uns beigebracht hat.

Für ein prozesszentriertes Umfeld ist die Schulung im prozessorientierten Denken unerlässlich. Dennoch genügt sie allein nicht. Prozesszentrierte Mitarbeiter müssen auch zu kritischem Denken fähig sein. Sie müssen wissen, wie man nach dem »Warum« fragt. Außendienstmitarbeiter, Auftragssachbearbeiter, Produktentwickler und Mitglieder der Putzkolonne – also alle, die in einem prozesszentrierten Kontext arbeiten – müssen sich stets fragen: Warum mache ich das? Ist das die beste Vorgehensweise? Trage ich zur Wertschöpfung für den Kunden bei? Auch in diesem Zusammenhang bin ich der Ansicht, dass kritisches Denken fachübergreifend genutzt werden kann. Sobald man es für einen Bereich gelernt hat, kann man es praktisch auf jeden beliebigen anderen Bereich anwenden. Meines Erachtens gibt es keine bessere Vorbereitung für unser hochtechnologisches Zeitalter als eine klassische Bildung: Indem wir die Denkweise der größten Geister der Geschichte kennenlernen und verinnerlichen, lernen wir selbst, in den gleichen Bahnen zu denken.

Es mag manchem seltsam erscheinen, dass die Werke von Platon, Madison und Joyce uns auf das 21. Jahrhundert vorbereiten sollen. Sie sind jedoch Konstanten in einer von raschem Wandel geprägten Welt. Churchill empfahl uns, Thukydides zu lesen; seiner Meinung nach enthielt dessen *Peloponnesischer Krieg* alle Lektionen der Geschichte. Der Kampf mit den Fragen nach Gut und Böse, nach Demokratie und Gerechtigkeit, nach individueller und kollektiver Verantwortung ist ein Streben ohne Ende. Wenn man sich jedoch einmal auf diesen Kampf eingelassen hat, ist man besser für die banaleren, aber nichtsdestoweniger herausfordernden Probleme am Arbeitsplatz gerüstet.

Eine besondere Fähigkeit ist in einem prozesszentrierten Umfeld unerlässlich: Kommunikationsgeschick. Trotz des stetigen Vordringens der Technologie in unserer Welt sitzen doch nach wie vor menschliche Akteure an den Schalthebeln. Je mehr Routinearbeit uns die Maschinen abnehmen, desto mehr treten sogar unsere einzigartigen menschlichen Fähigkeiten in den Vordergrund. Prozesszentrierte Arbeit legt großes Gewicht auf den Umgang mit anderen Menschen. Wir führen nicht mehr Einzelaufgaben allein in völliger Isolation aus, sondern arbeiten in Teams und Prozessen. Ein Team kann nur dann Erfolg haben, wenn es auf einem stabilen Fundament gegenseitigen Verständnisses ruht. Dabei sind gute Fähigkeiten in der mündlichen und schriftlichen Kommunikation eine wesentliche Voraussetzung. Eine klassische Bildung fördert diese Fähigkeiten ebenfalls. Ich denke oft zurück an den Rat, den mir ein Spitzenmanager eines führenden pharmazeutischen Unternehmens gab – ein Engländer, der den Vorteil genoss, eine traditionelle britische Privatschule besucht zu haben. »Alles, was man lernen muss«, sagte er, »ist Latein und Programmieren – Latein für die Kommunikation und Programmieren für das Denken.« Damit hatte er gar nicht so unrecht.

Nachdem ich eingangs geschrieben habe, dass es keine »richtige« Ausbildung für die prozesszentrierte Welt gibt, könnten Sie nun auf den Gedanken kommen, dass ich mir mit dieser Empfehlung selbst widerspreche, indem ich mich für ein Doppelstudium in Informatik und klassischer Philologie ausspreche. Ich vertrete diese Meinung nicht, weil ich ein Anhänger der Binsenweisheit bin, dass Computer ein wesentlicher Bestandteil unserer heutigen Arbeitswelt sind. Das stimmt zwar, tut aber hier nichts zur Sache. Was man für seine Arbeit über Computer wissen muss, kann man direkt am Arbeitsplatz lernen. Bei meiner Empfehlung geht es mir aber um etwas anderes, nämlich um das Denken in

Systemen, das den Dreh- und Angelpunkt eines guten Informatiklehr-
plans bildet. Was man im Informatikstudium lernt, kann man in jedem
wirtschaftlichen Kontext gebrauchen.

Informatik allein genügt meiner Ansicht nach aber nicht. Sinn und
Zweck dieses Ausgleichs zwischen den »harten« und den »weichen« Wis-
senschaften ist die Entwicklung der Fähigkeit zum kritischen Denken
und des Kommunikationsgeschicks. Wenn Ihnen jedoch die Mischung
aus Computern und Klassik nicht behagt, kann ich Ihnen Alternativen
offerieren: Elektrotechnik und Philosophie, Maschinenbau und mittel-
alterliche Geschichte, Luft- und Raumfahrttechnnik und Theologie.
Jedes dieser Paare wird den Geist der Studenten auf die prozesszentrierte Ära vorbereiten.

Wenn Sie eine Karriere in der Wirtschaft anstreben, wird Ihnen ein
Grundstudium in Betriebswirtschaft überhaupt nichts bringen. Sie lernen dort unter Umständen einige oberflächlich nützliche Fähigkeiten,
aber keine, die Ihnen auf lange Sicht etwas bringen. In der heutigen Gesellschaft geht die größte Gefahr für die Bildung von einer verfrühten
Spezialisierung aus. Wenn man sich in jungen Jahren auf einen Ausschnitt der Wirklichkeit in Form bestimmter Fakten und Theorien festlegt – mit dem Ziel, seine Kenntnisse in einem eng definierten Fachgebiet zu perfektionieren –, hat dies verheerende Auswirkungen. Später
hat man genügend Zeit, sich das Fachwissen in der Arbeit oder in einer
speziellen Berufsakademie anzueignen. Wir alle kennen Manager auf
den mittleren und oberen Führungsebenen, die in einem sich wandelnden Umfeld nicht überleben konnten, da sie versäumten, ihren Intellekt
auf eine breitere Basis zu stellen. Wir alle kennen Ingenieure, deren
Fachwissen mit dem Ende des Kalten Krieges plötzlich nicht mehr
gefragt war, und wir alle kennen Verkaufsvertreter, deren Einkommen
im gleichen Tempo schrumpfte wie der einzige Markt, den sie kannten.
Wenn Sie aber denken lernen, können Sie immer überleben.

Das soll nun nicht bedeuten, dass prozesszentrierte Firmen Ignoran-
ten mit guter Schulbildung benötigen. Selbstverständlich müssen Han-
delsvertreter oder Kundendiensttechniker wissen, wie man verkauft
bzw. Geräte repariert. Berufliche Fertigkeiten sind wichtig und werden
es auch immer bleiben. Im Grunde sind sie aber der leichtere Teil. Neu
am prozesszentrierten Umfeld sind die neuen kognitiven Fähigkeiten,
die verlangt werden.

Wenn ich empfehle, einem Betriebswirtschaftsstudium aus dem Weg zu gehen, meine ich damit nicht, dass man sich wirtschaftlichem Wissen verschließen sollte. Ganz im Gegenteil. Die Kenntnis der Grundprinzipien der Wirtschaft – auf makroökonomischer Ebene und auch im eigenen Unternehmen – ist eine unabdingbare Notwendigkeit. Kognitive Fähigkeiten können sich nicht im luftleeren Raum entfalten. Verständnis für die Grundlagen der Wirtschaft – Strategietheorien, Kostenstrukturen, Marktökonomie, Kapitalflüsse und Kapitaleinsatz – muss Teil des geistigen Kapitals eines jeden von uns sein. Darüber hinaus müssen Sie auch die Besonderheiten Ihres eigenen Unternehmens kennen: seine ökonomisch relevanten Fakten, seine Kostenstruktur, seine Stärken und Schwächen, seine Position und Marschrichtung am Markt, seine Produkte, Kunden und Wettbewerber. Um diese Kenntnisse zu erwerben, müssen Sie so tun, als seien Sie der Eigentümer des Unternehmens, für das Sie arbeiten. Lesen Sie Fachzeitschriften, verfolgen Sie die Wirtschaftsnachrichten, handeln Sie so, als wären Sie der zentrale Entscheidungsträger. Denn in gewisser Hinsicht sind Sie das auch. Jeder sollte die Sichtweise eines Firmenchefs anstreben – nicht nur auf der Ebene des Unternehmens, sondern auch hinsichtlich seines Platzes in der Branche und in der Gesamtwirtschaft. Je mehr »Managementaufgaben« und Entscheidungsbefugnisse im gesamten Unternehmen verteilt werden, desto besser müssen die Beschäftigten die Rahmenbedingungen kennen, unter denen sie arbeiten, um ihre neue Verantwortung auch adäquat erfüllen zu können.

Das Denken spielt sich in der linken Gehirnhälfte ab. Die rechte Gehirnhälfte, in der unsere Meinungen und Gefühle angesiedelt sind, muss ebenfalls den Anforderungen des prozessorientierten Umfelds gerecht werden. So wichtig es sein mag, seine Arbeit zu tun, so wichtig ist es auch, sie richtig zu machen. Das geht über Fertigkeiten und Wissen hinaus: Es ist eine Frage des Charakters und der grundlegenden Einstellung.

Drei Grundprinzipien müssen den Charakter effektiver Prozessbeteiligter formen. Erstens sind Sie auf sich selbst gestellt. Im prozesszentrierten Unternehmen wartet keine Vaterfigur darauf, Sie an der Hand zu nehmen. Das feudalistische Unternehmen – Manager und Arbeitnehmer in einer Lehnsherr-Vasallen-Beziehung – gehört endgültig der Vergangenheit an. Für eine prozesszentrierte Organisation zählt letzten Endes nur der Kunde. Das Unternehmen gibt Ihnen eine Chance, und alles andere liegt dann bei Ihnen. Zweitens sollten Sie nichts für selbstverständlich erachten. In einer Welt, die sich pausenlos verändert, sind die Gewissheiten von heute die Absurditäten von morgen. Die Tatsache, dass eine Geschäftsstrategie, eine Marke, ein Beruf oder eine Stilrichtung gestern der neueste Schrei war, bedeutet heute überhaupt nichts mehr. Drittens schuldet Ihnen niemand etwas. Niemand ist verpflichtet, Ihnen einen Lebensunterhalt, einen Arbeitsplatz oder irgendeine andere Garantie zu geben. Die Ära, in der Unternehmen Sicherheit, Lebensstellungen sowie regelmäßige Beförderungen und Gehaltserhöhungen boten, ist vorbei. Der Aufstieg des Kunden geht auf Kosten der Arbeitnehmer. Heute bekommen Sie nur das, was Sie verdienen, und Sie verdienen Ihr Brot nur über den Wert, den Sie erzeugen.

Der Charakter wurde auch definiert als das, was man tut, wenn niemand hinsieht. Man könnte auch sagen, dass er sich darin zeigt, wie Sie Ihre eigene Geschichte erzählen. Wenn Sie eine der nachstehenden Fragen mit ja beantworten würden, sind Sie mit Sicherheit noch nicht bereit für die prozesszentrierte Welt.

- Geben Sie anderen die Schuld an Ihrem Unglück?
- Verwenden Sie häufig den Satz: »Das ist nicht fair«?
- Warten Sie darauf, dass Ihnen jemand sagt, was Sie zu tun haben?
- Mogeln Sie sich nach wie vor mit dem durch, was Sie in der Schule gelernt haben?
- Sind Sie der Meinung, dass man besondere Rücksicht auf Sie nehmen sollte, weil Sie letztes Jahr etwas Bestimmtes getan haben?
- Haben Sie das Gefühl, dass Sie hart gearbeitet haben und es jetzt verdienen, eine ruhige Kugel zu schieben?
- Glauben Sie, dass Ihr Talent nicht geschätzt und Ihr Beitrag nicht anerkannt wird?
- Glauben Sie, dass Sie all Ihre Leistungen allein aus eigener Kraft vollbracht haben?
- Ärgern Sie sich, wenn Ihre Routine durchbrochen wird?
- Haben Sie das Gefühl, dass Sie sich eine gute Position verschafft und nun alle möglichen Freibriefe haben?
- Sprechen Sie voll Zynismus von Ihrem Unternehmen und von dem, was es für seine Kunden tut?

- Gehen Sie ungern in die Arbeit?
- Können Sie es kaum abwarten, bis es fünf Uhr nachmittags ist?

Der Erfolg in einem prozesszentrierten Unternehmen verlangt Hartnäckigkeit, Selbständigkeit und Widerstandsfähigkeit bei Veränderungen. Für notorische Jammerer und Heulsusen ist da kein Platz – ebenso wenig wie für die Verknöcherten, die nicht mit der Zeit gehen können, und für diejenigen, die stets von anderen abhängig sind. Sie müssen willens sein, Ihr Leben und Ihre Karriere selbst in die Hand zu nehmen. Wenn sich Technologien und Märkte ändern und Ihr Fachwissen auf einmal obsolet ist, müssen Sie erkennen, das dies nicht die Schuld Ihres Arbeitgebers ist. Wenn überhaupt jemand daran Schuld hat, dann Sie selbst, weil Sie nicht mit den neuesten Entwicklungen Schritt gehalten und sich nicht für neue Herausforderungen gerüstet haben. Sie müssen zu der Überzeugung gelangen, dass der gestrige Erfolg Ihnen lediglich die Chance gibt, noch einmal Ihr Glück zu versuchen. Sie müssen sich pausenlosem Lernen verschreiben und sich Ihre Sporen immer wieder neu verdienen. Sie müssen sich den Bibelspruch zu Herzen nehmen, der besagt, dass wir unser Brot im Schweiße unseres Angesichts verdienen müssen.

Diese Einstellung muss sich auch in Ihrem Verhalten niederschlagen. Wer erkennt, dass der Erfolg von heute kein Garant für den Erfolg von morgen ist, wird Sorge tragen, dass er nicht über seine Verhältnisse lebt, sondern eher noch etwas auf die hohe Kante legt. Er wird erkennen, dass es Zeiten geben wird, in denen sein Einkommen nicht gesichert ist. Das Unternehmen kann mit einer plötzlichen Flaute konfrontiert sein, die eigenen Fähigkeiten sind möglicherweise auf einmal nicht mehr gefragt, oder Sie wollen vielleicht sogar einen völligen anderen Beruf ausprobieren. Für diese Zeiten benötigen Sie ein entsprechendes Polster. Denken Sie daran, dass auf die sieben fetten Jahre die sieben mageren folgten; sparen Sie genug, solange Sie die Gelegenheit dazu haben. Sie müssen auch in Ihr eigenes Humankapital investieren. Sie können nicht mehr damit rechnen, dass Sie von dem Kapital leben können, das Sie in jungen Jahren angesammelt haben (von Ihren Fertigkeiten, Ihrer Ausbildung, Ihrem Talent) – es wird nicht auf ewig Zinsen abwerfen. Sie sind dafür verantwortlich, Ihr persönliches Kapital zu erhalten und zu mehren.

In einer prozesszentrierten Welt werden reife, verantwortungsbewusste Erwachsene gebraucht. Sie müssen erkennen, dass es kein magisches Erfolgsrezept gibt, dass es ein Traum und keine Strategie ist, wenn man im Lotto gewinnen möchte, dass das Leben nicht immer so verläuft, wie wir es gerne hätten, und nur selten gerecht ist und dass wir letzten Endes immer der Kapitän unseres eigenen Schiffs sind. Das hört sich vielleicht nicht besonders vergnüglich an – aber so ist das nun mal: Es hat zwar viele Vorzüge, erwachsen zu sein, aber Spaß macht es nicht immer.

Vielen, die unter den alten Rahmenbedingungen heranwuchsen, mag es schwer fallen, sich mit dem neuen Paradigma zu arrangieren. Wir alle kennen Menschen, die in der Arbeit pausenlos auf die Uhr sehen und glauben, dass sie schon ein Anrecht auf einen Arbeitsplatz haben, wenn sie bloß anwesend sind und keine Schwerverbrechen begehen. Wir kennen politische Taktierer, die erfolgreich sein wollen, indem sie sich bei jedermann einschmeicheln, Imperien aufbauen oder anderen Dolchstöße versetzen. Wir kennen Karriereplaner, die sich auf einer Rolltreppe zur Spitze sehen und Ihnen auf den Tag genau sagen können, wann ihre nächste Beförderung ansteht. Wir kennen auch selbstgefällige Gockel, die glauben, ihre Beziehungen und ihr familiärer Hintergrund verliehen ihnen besondere Vorrechte. Diese Menschen werden in prozesszentrierten Unternehmen keinen Erfolg haben oder auch nur überleben, wenn sie ihre Haltung nicht gründlich überdenken.

Die Arbeit am eigenen Charakter ist sogar noch schwieriger als die Entwicklung der intellektuellen Fähigkeiten. Wenn wir das Erwachsenenalter erreichen (zumindest nach Jahren gerechnet), sind unsere Überzeugungen weitgehend festgelegt. In der Regel bedarf es eines traumatischen Ereignisses – etwas, um das die meisten von uns lieber herumkommen würden –, um unseren Charakter zu ändern. Ich kannte einmal einen höchst arroganten und provozierenden jungen Mann, dessen Weisheit und Wahrnehmungsvermögen sich erst entwickelten, als er nach einem schrecklichen Unfall querschnittsgelähmt war. Manche von uns müssen ihren Arbeitsplatz verlieren, um der Wahrheit endlich ins Gesicht sehen zu können. Andere erlangen ihre Reife durch schiere Willenskraft, indem sie an sich unangenehme Einstellungen und Reaktionen beobachten und daran arbeiten, diese zu ändern. Das ist nur unwesentlich schwieriger als eine Abmagerungskur. Für die meisten

Menschen wird es ein schmerzhafter Übergang sein. Wenn sie anfangen, in einem prozesszentrierten Umfeld zu arbeiten, werden sie durch ihre neue Erfahrung lernen, dass ihre alten Einstellungen und Lebensweisen nichts bringen. Die meisten werden sie daraufhin über Bord werfen. Einige werden jedoch lieber in Selbstmitleid und Ressentiments versinken. Diese Menschen haben keine Zukunft.

Lassen Sie uns zum Schluss noch einmal auf Charles Dickens zurückkommen. In *Grosse Erwartungen* erläutert Mr. Wemmick, ein Rechtsanwaltsgehilfe, der mit Schmuck ein kleines Vermögen aufgehäuft hat, seine Lebensphilosophie: »Mein Leitstern ist immer: Nimm alles an dich, was nicht niet- und nagelfest ist.« In der prozesszentrierten Weltwirtschaft, in der Arbeitsplatzsicherheit zu einem Widerspruch in sich geworden ist, sind wir alle nicht niet- und nagelfest. Der sicherste Weg zum Erfolg besteht darin, unser Denken, unsere Weiterbildung, unsere Fertigkeiten, unsere Leidenschaften und unsere Menschlichkeit selbst in die zu Hand nehmen und zu Erwachsenen zu werden, denen überall in der Welt der Weg zum Erfolg offen steht.

# Kapitel 15

# Wer sind die Gewinner von morgen?

Irgendwann in unserem Leben erreichen wir alle einen Punkt, an dem wir eine kleine Wertpapieranalyse durchführen müssen, um uns ein Bild von einem Unternehmen zu machen. Vielleicht wollen wir sein Produkt kaufen – entweder für uns selbst oder für unsere Firma. Niemand will sich den Computer eines Herstellers zulegen, der für die spätere Wartung und ein Upgrading nicht mehr zur Verfügung stehen kann. Oder wir wollen in ein Unternehmen investieren – und für alle außer den Spekulanten, die ihre Positionen am gleichen Tag öffnen und liquidieren, sind Investitionen immer Wetten auf das Durchhaltevermögen und die Wachstumsaussichten eines Unternehmens. Oder aber – und das ist am wichtigsten – wir sehen das Unternehmen als potentiellen Arbeitgeber. Wer möchte sich schon von einem sinkenden Schiff anheuern lassen?

Sorgen wie diese fallen in den Bereich der Wertpapieranalysten. Der große Pionier auf diesem Gebiet war Benjamin Graham (1894–1976). Graham war ein Investor, Professor an der Columbia Business School und Autor des 1949 veröffentlichten Buches *The Intelligent Investor*, das fast ein halbes Jahrhundert später immer noch Abnehmer findet. 1934 brachte Graham zusammen mit Professor David Dodd, der ebenfalls an der Columbia Business School lehrte, das Buch *Security Analysis* heraus, in dem ein System zur Analyse eines Unternehmens und zur Prognose seiner langfristigen Aussichten beschrieben wird. (Eine Erstausgabe dieses Buches wechselte 1994 für 7500 Dollar den Besitzer. Und einer von Grahams Schützlingen, der bei ihm an der Columbia studierte und für ihn an der Wall Street arbeitete, konnte später selbst einige Anlageerfolge für sich verbuchen: Warren Buffett.)

Ein grundlegender Lehrsatz Grahams lautete, dass die Geschichte eines Unternehmens Aufschluss über seine Zukunft gibt. Ein langjähriger Aufwärtstrend beim Umsatz, beim Gewinn und bei den Dividenden deutet darauf hin, dass das Unternehmen auch in Zukunft erfolgreich sein wird. Diese Theorie stützt sich auf die Annahme, dass konsequente finanzielle Leistungen nachhaltige operative Stärken widerspiegeln und finanzielle Ergebnisse nicht wie von selbst entstehen, sondern als Nebenprodukt betrieblicher Spitzenleistungen. Graham suchte nach Firmen, die über vielfältige Aktivposten verfügten und sich durch ihre Finanzstärke auszeichneten (was sich zum Beispiel an einem über dem Aktienkurs liegenden Buchwert ablesen ließ). Er argumentierte, dass diese Unternehmen dank ihrer Fähigkeiten und Ressourcen auch in Zukunft erfolgreich sein könnten.

Heute ist eine von Grahams Annahmen nicht mehr zeitgemäß. Der operative Bereich stellt zwar nach wie vor das Kernstück eines Unternehmens dar, und die Finanzkennzahlen sind nach wie vor Gradmesser für den Unternehmenserfolg – doch die Vergangenheit gibt nicht mehr Aufschluss über die Zukunft. Die Geschäftsmethoden, die früher zu finanziellem Erfolg führten, werden in Zukunft nicht notwendigerweise zum gleichen Ergebnis führen. In einer von raschen, von unablässigen Veränderungen geprägten Welt können sogar die Erfolgsfaktoren von gestern gerade der *Auslöser* für zukünftige Misserfolge sein.

Die Firma Wang verpasste den Übergang zum PC, weil ihr Außendienst es im Verkauf von Textautomaten zur Meisterschaft gebracht hatte und daher den Gedanken nicht ertrug, sich von diesem bislang so erfolgreichen Markt abzuwenden. IBM zögerte, die Verlagerung auf den Endanwender nachzuvollziehen, weil es beim Absatz von Mainframe-Computern und Peripheriegeräten an Rechenzentren in Unternehmen so hohe Gewinne erwirtschaftet hatte. Die Markennamen, in die Konsumgüterhersteller so viel investieren, entpuppen sich häufig als Albatrosse, wenn die Verbraucher mehr Gewicht auf das Preis-Leistungs-Verhältnis legen. Sachanlagen, die über Nacht veralten können, sind nur dem Namen nach Aktivposten für das Unternehmen.

Was früher funktionierte, wird in der Zukunft nur dann weiterhin zum Erfolg führen, wenn die weitere Entwicklung der Vergangenheit ähnelt. Das wird aber nicht der Fall sein. Wir leben in einer Zeit flüchtiger Produktlebenszyklen, radikaler technologischer Veränderungen und unvorhersehbarer Verlagerungen im Geschmack der Verbraucher.

Eine gut geölte, auf die Werte von gestern eingestellte Maschine ist alles andere als ein Garant für zukünftiges Wohlergehen.

Ein Unternehmen ist nicht einfach eine statische Ansammlung von Vermögenswerten, sondern ein System zur Erwirtschaftung von Umsätzen und Gewinnen. Früher waren die Sach- und Finanzanlagen möglicherweise der wichtigste Teil dieses Systems – heute ist dem aber nicht mehr so. Sachanlagen können nicht nur Grundlage, sondern auch Hindernis für die Verwirklichung zukünftiger Potentiale sein, und angesichts der zunehmenden Globalisierung sind finanzielle Ressourcen weder so knapp noch so wertvoll, wie dies einst der Fall war. Wir stehen zwar immer noch vor dem Problem, Unternehmen beurteilen zu müssen, doch wird die Wertpapieranalyse klassischen Zuschnitts dieser Aufgabe nicht mehr gerecht.

Seit den 60er Jahren war es eine beliebte Alternative zu Grahams Ansatz, sich wachstumsstarke Firmen herauszupicken. Die »Lieblinge« der heutigen Börsianer sind junge Unternehmen, die sich einen dominanten Marktanteil erobert haben und über patentierte Technologien verfügen. Daher hat beispielsweise Microsoft eine höhere Börsenkapitalisierung als der 25-mal größere Automobilgigant General Motors. Netscape, eine auf Internet-Programme spezialisierte Softwareschmiede, geht mit einem Emissionskurs von 30 Dollar je Aktie an die Börse und erlebt innerhalb weniger Wochen einen Kursanstieg auf über 100 Dollar. Diese Firmen stecken entweder in den Kinderschuhen oder haben gerade das Teenageralter erreicht – sie sind also mit Sicherheit keine kampfgestählten Wettbewerber, die auf eine lange Geschichte zurückblicken können. Aber die Anleger sind bereit, für ihre Aktien hohe Kurse zu zahlen, da sie glauben, dass die derzeitigen Stärken dieser Unternehmen in aufstrebenden oder gerade erst entstehenden Märkten ihnen auch bei einem weiteren Marktwachstum gute Dienste leisten werden. Mit anderen Worten: Die Beliebtheit dieser Titel beruht auf der stillschweigenden Annahme, dass die Zukunft, wenn schon keine Hochrechnung der Vergangenheit, so doch eine Fortschreibung der Gegenwart sein wird. Diese Prämisse ist jedoch genauso zweifelhaft wie die von Graham.

Die Theorie der Wachstumsunternehmen geht davon aus, dass die Tatsache, dass Microsoft heute die beliebteste PC-Software anbietet, ihm auch in Zukunft die Vorherrschaft am Markt sichern wird. Tatsache aber ist, dass selbst das stärkste heute verfügbare Produkt sich auf

Dauer nicht halten wird. So wird beispielsweise just zu dem Zeitpunkt, zu dem ich dies schreibe, immer häufiger darüber diskutiert, ob der Personalcomputer sich möglicherweise auf dem absteigenden Ast befindet. Manche glauben, er könnte von sogenannten »Netzwerkcomputern« ersetzt werden. Ein solches Gerät würde kaum Rechnerleistung bieten, sondern hauptsächlich als Zugriffsstation für das Internet und andere Softwaresysteme und -datenbanken auf Netzwerkbasis dienen. Es wäre außerdem sehr preisgünstig. Die Benutzer eines solchen Geräts würden keine Softwareprogramme per Post oder im Handel kaufen, sondern stattdessen im Netzwerk verfügbare Programme verwenden. In einem solchen Szenario ist es alles andere als sicher, ob Microsoft seine heutige Vormachtstellung am Markt behaupten kann. Die Tatsache, dass es heute die Vertriebskanäle beherrscht, würde keine Rolle mehr spielen, und viele seiner Programme, die für leistungsstarke PCs konzipiert würden, fänden keinen Absatz mehr.

Das soll aber nicht heißen, dass Microsoft zum Scheitern verurteilt ist. Wichtig ist, dass diese Gefahr des Untergangs nicht völlig von der Hand gewiesen werden kann. Wer heute eine dominante Stellung am Markt einnimmt, beweist damit lediglich, dass er in der Vergangenheit einige kluge Schachzüge unternommen hat. Was zur heutigen Stärke eines Unternehmen geführt hat, ist also ebenfalls keine Gewähr für zukünftigen Erfolg.

Wenn wir finanzielle Ergebnisse oder Marktbeherrschung nicht mehr zur Bewertung eines Unternehmens heranziehen können, welche Kriterien bleiben uns dann? Unsere erste Antwort – wen wundert's – lautet natürlich: die Prozessleistung. Die Qualität der Prozesse eines Unternehmens bestimmt, wie gut der Kunde bedient wird und wie kostengünstig das Unternehmen arbeitet – und genau diese Phänomene werden sich letztlich im Marktanteil und in der Entwicklung der Gewinne niederschlagen. Wertpapieranalysten von heute sollten also zuallererst die Prozessmessgrößen einer Firma unter die Lupe nehmen: Wie schnell, präzise und billig gelingt es dem Unternehmen, Produkte zu entwickeln, Aufträge zu erfüllen oder Dienstleistungen zu erbringen? Wir alle müssen bei der Bewertung der Prozesse und Prozessleistungen eines Unternehmens zu Amateurqualitätsprüfern à la Baldrige Award und ISO 9000 werden. Wir müssen uns zudem vergewissern, ob ein Unternehmen ein Prozessmanagementsystem eingeführt hat, das die Erhaltung der Prozesse zum Gegenstand hat und somit auch in der Zukunft weitere Spitzenleistungen gewährleistet. Das ist der beste Weg, wie man einschätzen kann, ob die heutige Situation eines Unternehmens sich auch in den Ergebnissen von morgen niederschlagen wird.

Dieser Ansatz hat aber auch seine Nachteile. Wenn mein Unternehmen bessere Prozesse vorweisen kann als das Ihre, werde ich Sie am Markt schlagen, und wenn ich auch in Zukunft meine Prozesse pflege, kann ich damit rechnen, dass ich auch weiterhin bessere Leistungen erbringe als Sie. Dies gilt jedoch nur solange, wie sich der Markt nicht drastisch verändert. Wenn sich jedoch bei Kunden, Technologien oder Branchengrundlagen eine radikale Verschiebung einstellt, werden meine hochgelobten Prozesse plötzlich größtenteils bedeutungslos. Leider können wir im heutigen Umfeld keinerlei Hochrechnungen mehr für die Zukunft anstellen – weder in Bezug auf die finanzielle Leistung noch hinsichtlich der Vormachtstellung am Markt, ja nicht einmal in Bezug auf die Prozessführerschaft. In einem Zeitalter blitzartiger Veränderungen können selbst die besten Prozesse sich plötzlich von einem Aktiv- in einen Passivposten verkehren und Unternehmen zwingen, praktisch noch mal ganz von vorne anzufangen. Wie können wir denn dann vorgehen, wenn wir weder die Vergangenheit noch die Gegenwart als zuverlässige Wegweiser für die Zukunft heranziehen können?

Ein Modell zur Bewertung von Unternehmen ohne Zuhilfenahme der früheren oder heutigen Leistung wird von Risikokapitalgebern eingesetzt. Sie finanzieren neu gegründete Unternehmen, die außer Talenten, Konzepten und Hoffnungen wenig in die Waagschale werfen können. Nahezu alle Risikokapitalgeber folgen den Leitlinien, die vom Gründervater der amerikanischen Venture-Capital-Branche, General Georges Doriot, postuliert wurden.

Doriot war General im Zweiten Weltkrieg und lehrte in der Nachkriegszeit an der Harvard Business School. Er leitete eines der ersten amerikanischen Venture-Capital-Unternehmen, American Research and Development. Seine vielleicht ruhmreichste Anlage sind die 70 000 Dollar, die er 1957 dem jungen Ingenieur Kenneth Olsen zur Verfügung stellte. Dafür erhielt sein Fonds eine Beteiligung an dem Unternehmen, das später zur Digital Equipment Corporation heranwachsen sollte. Die Beteiligung wurde letztlich für mehr als 400 Millionen Dollar verkauft.

General Doriot ist in der Welt des Wagniskapitals eine Legende. Sein berühmtester Ausspruch ist zur Parole der gesamten Branche geworden: »Ich habe niemals in Produkte und Technologien investiert, sondern immer nur in Menschen.« Auf den ersten Blick erscheint dieser Satz wie ein banales Klischee. Auf den zweiten Blick ist er höchst verwunderlich. Nicht in Technologien oder Produkte investieren? Ist denn das nicht genau das, was Risikokapitalgeber tun? Basieren denn neu gegründete Unternehmen nicht auf technologischen Innovationen, bahnbrechenden neuen Produkten, radikal neuartigen Konzepten? Ist das Paradebeispiel eines Risikokapitalgebers denn nicht der weitblickende Investor, der das Potential des xerographischen Kopierers, des Personalcomputers und des Discounthandels erkennt? Die Antwort auf all diese Fragen lautet nein. Es ist nahezu unmöglich für uns – Risikokapitalgeber eingeschlossen –, im Voraus zu erkennen, welche neuen Produkte und Technologien die Gewinner von morgen sein werden. Selbst der Personalcomputer, der rückblickend betrachtet einfach einschlagen *musste* wie eine Bombe, war zum Zeitpunkt seiner Entwicklung keineswegs ein sicherer Erfolg. Viele Menschen, darunter auch ich, dachten, er sei einfach nur eine Modeerscheinung, ja sogar eine Art Spielzeug. Wir fragten uns, welchen Zwecken er denn überhaupt dienen könne.

So geht es immer. Die Nachfrage nach neuen Produkten und Dienstleistungen geht kaum jemals ihrer Erfindung voraus. Da unserer Phantasie von der bestehenden Technologie Fesseln angelegt werden, können, wenn überhaupt, nur wenige von uns das wahre Potential einer neuen Erfindung erkennen. Benjamin Franklin wird zugeschrieben, auf die Frage nach dem Nutzen wissenschaftlicher Entdeckungen geantwortet zu haben: »Welchen Nutzen hat ein neugeborenes Baby?« Diese Frage könnte man generell stellen. Selbst wenn eine Technologie funktioniert und wirklich nützlich ist, liegen zwischen ihrer Erfindung und ihrem erfolgreichen Einsatz Millionen Unwägbarkeiten. Außerdem sind viele der Konzepte und Technologien, die Risikokapitalgebern vorgestellt werden, schlicht und einfach zu komplex, als dass sie ihr wahres Potential beurteilen könnten.

Vor diesem Hintergrund tritt die wahre Bedeutung der Aussage von General Doriot zutage. Er gab zu, dass weder er noch seine Kollegen klug genug waren, um den Erfolg dieser Technologie oder jenes Produkts vorhersehen zu können. Er konnte aber sehr wohl beurteilen, ob die dahinter stehenden Menschen begabt, mutig und ehrgeizig waren. Wenn diese Menschen die Eigenschaften eines Gewinners mitbrachten, bestand eine relativ große Chance, dass sich auch ihre Produkte zu Erfolgen mausern würden. Und wenn einem bestimmten Produkt kein Erfolg beschieden war, so konnte er sicher sein, dass diese Menschen so lange weitermachen würden, bis sie mit einem Renner aufwarten konnten. Wenn jedoch andererseits die Menschen hinter einem neuen Produkt oder einer neuen Technologie nicht genügend Antrieb und Talent mitbrachten, würden sie mit Sicherheit einen Weg finden, wie sie ihr Schiff auf Grund setzen konnten – mochte ihr Produkt auch noch so gut sein. Es würde an der Umsetzung hapern; sie würden den falschen Markt ins Visier nehmen oder sich von der Konkurrenz unterbuttern lassen. Nach Ansicht von Doriot ist es letzten Endes eher der Charakter als das Konzept oder die Technologie, der über das Schicksal eines Newcomers entscheidet.

Dieses Prinzip, dass der Charakter Vorrang vor dem Konzept hat, lässt sich auch auf etablierte Unternehmen anwenden. Im Grunde genommen geht diese Sichtweise davon aus, dass die Substanz eines Unternehmens nicht in den Produkten, die es verkauft, oder in seinen Abläufen liegt, sondern vielmehr in dem, was es ist – in seinem Charakter, seiner Kultur und seiner Persönlichkeit. Die meisten Menschen würden zweifellos sagen, dass manche Firmen gewinnen, weil sie überlegene Produkte entwickeln, ihre Fertigung perfektioniert haben und ihre Kunden zufrieden stellen. Damit hätten sie unrecht. Eine Reihe von Firmen machen die hier aufgezählten Dinge genau deswegen, weil sie von vornherein schon zu den Gewinner gehören. Handlungen werden vom Charakter geprägt. Der Charakter eines Unternehmens bestimmt seine zukünftigen Erfolgsaussichten mehr als alles andere. Wenn die Mitarbeiter eines Unternehmens sich mit ganzer Kraft für den Erfolg einsetzen, wenn sie sich in widrigen Umständen und bei Rückschlägen behaupten können, wenn sie klug genug sind, um zu erkennen, wenn ein bestimmter Weg in eine Sackgasse führt und wann es an der Zeit ist, die Marschrichtung zu ändern – dann wird ihr Unternehmen immer triumphieren – ganz so wie bei den Neugründungen, auf die General Doriot setzte.

Einfach nur das Richtige ohne die richtige Einstellung zu tun bringt nicht viel. Das mussten viele zweitklassige Firmen zu ihrem Leidwesen erfahren. Schließlich kennen nicht nur die Spitzenreiter die Voraussetzungen für den Erfolg, sondern auch jene, die unter »ferner liefen« rangieren. Sie wissen, dass man gute Produkte, einen entgegenkommenden Service und ein niedriges Kostenniveau braucht. Sie sehen, wie ihre erfolgreicheren Konkurrenten diese Ziele erreichen. Sie versuchen, es den Gewinnern gleichzutun, aber es gelingt ihnen nicht. Der Grund für ihr Scheitern ist darin zu suchen, dass sie nicht den für den Erfolg erforderlichen Charakter mitbringen. Irgendwann wird ihr eigener Charakter durchschlagen, und dann sind sie zwangsläufig zum Scheitern verurteilt. Vielleicht misslingen ihre Pläne, oder sie erreichen das Niveau des Branchenpioniers erst, nachdem sich dieser bereits wieder neuen Ufern zugewandt hat.

Es ist auffällig, wie die gleiche Gruppe von Unternehmen immer wieder den Sieg davonträgt, ganz gleich, wie oft oder wie schnell sich die Spielregeln ändern. Unternehmen wie General Electric, 3M, Wal-Mart, Hewlett-Packard und Motorola haben wahres Standvermögen bewiesen – und nicht etwa deswegen, weil sie das Glück haben, besonders langlebige Produkte herzustellen oder perfekte Prozesse für sich entdeckt zu haben. Wir haben gesehen, wie leicht diese Produkte und Prozesse ihren Wert verlieren können. Ebenso wenig ist ihr Erfolg das Ergebnis einer lange bewährten Vorgehensweise. Vielmehr ist es die »Seele« dieser Unternehmen, die sich letztlich durchsetzt. Und diese Seele kann sich behaupten, auch wenn sich die Regeln noch so häufig und rasch wandeln.

Im Sport verhält es sich genauso. Eine Mannschaft kann sich nicht lange auf ihre Stars verlassen; Sportlerkarrieren sind notorisch kurz. Kluge Spielstrategien funktionieren nur so lange, wie man den Gegner damit überrumpeln kann. Im Sport führt der Teamgeist der Mannschaft zum Erfolg; er inspiriert nicht nur einzelne Spieler zu überlegenen Leistungen, sondern bewirkt auch, dass das Team die besten Spieler anzieht und rekrutiert, sich die besten Strategien überlegt, niemals aufgibt und immer einen Weg zum Sieg findet.

Ein erfolgreiches Unternehmen erkennt man also, indem man zwischen wahrer Überlegenheit und bloßem Glück unterscheidet. Eine Glückssträhne kann jedes Unternehmen haben, wenn es exakt zum richtigen Zeitpunkt über ein Produkt stolpert, das dann eine Saison lang alle Verkaufsrekorde bricht. Schließlich haben ja auch die schlechtesten Pokerspieler irgendwann man unschlagbare Karten. Das ist jedoch etwas ganz anderes, als trotz sich wandelnder Marktbedingungen und Technologien jahrein, jahraus phantastische Produkte auf den Markt zu bringen. Dafür benötigt ein Unternehmen mehr als Glück. Es muss über großartige Prozesse verfügen und einen Charakter mitbringen, der ihm erlaubt, nach gänzlich neuen Prozessen zu suchen, wenn die alten nicht mehr genügen. Zwar spielen auch die finanzielle Entwicklung, die operativen Stärken und Schwächen, die Kundenzufriedenheit und die Produktqualität durchaus gewichtige Rollen und müssen ebenfalls in die Beurteilung einfließen, doch ist der Charakter des Unternehmens letztlich der beste Indikator für seine langfristige Leistung: Er ist die einzige Konstante in einem Meer von Veränderungen. Mit anderen Worten: Der Schlüssel zur Beurteilung der langfristigen Stärke eines Unternehmens ist die Analyse der in Kapitel 13 erörterten Fähigkeiten des Tiefensystems, mit besonderem Schwerpunkt auf den Wertvorstellungen und Überzeugungen, die den dauerhaften Kern seines Charakters darstellen.

Wie können wir nun diesen Charakter eines Unternehmens beurteilen? Wir benötigen Messgrößen für das Herz und die Seele des Unternehmens, müssen Mittel und Wege finden, mit denen wir feststellen können, ob das Unternehmen das Zeug zur Selbsterneuerung hat. Dazu schlage ich im Wesentlichen fünf Ansatzpunkte vor.

1. *Ehrlichkeit.* Sagt dieses Unternehmen die Wahrheit? Kann es unangenehme Neuigkeiten akzeptieren und traditionelle Überzeugungen zurückweisen? Wird Problemen unnachgiebig auf den Grund gegangen, ganz gleich, wessen heilige Kühe dabei geschlachtet werden, oder enden solche Versuche eher in politischem Taktieren? Nur Unternehmen, die der Realität ins Auge sehen und zugeben können, dass ein altes Modell ausgedient hat, können ein neues aufbauen. In allzu vielen Unternehmen haben die Beschäftigten Angst davor, die Wahrheit zu sagen. Wenn Überbringer von schlechten Nachrichten erschossen werden, lernen die Mitarbeiter bald, ihren Mund zu halten – und das führt dann in die Katastrophe. GE-Chef Jack Welch trifft den Nagel auf den Kopf, wenn er sagt: »Wir müssen mit der Realität leben, die existiert, und nicht mit einer Variante davon, die unserem Wunschdenken entspringt.«

Inwieweit sich ein Unternehmen der Wahrheit verschrieben hat, zeigt der Ton, den es in seinen Veröffentlichungen anschlägt. Ist zum Beispiel sein Geschäftsbericht nichts als eine einzige Aneinanderreihung von Klischees und Plattitüden? Umschreibt es seine Probleme mit Phrasen wie »Unsicherheiten am Markt« und »unerwartete Entwicklungen«? Oder sagt es deutlich, was Sache ist, gibt es seine Fehler zu und stellt sich den Konsequenzen?

2. *Betriebsklima.* Glauben die Mitarbeiter an das Unternehmen, oder sprechen sie von ihm nur voller Zynismus? Finanzielle Anreize sind niemals der einzige Motivationsfaktor für die individuelle Leistungsbereitschaft. Ein stolzes Gefühl der Zugehörigkeit und Verbundenheit veranlasst uns Menschen, mehr aus uns herauszuholen und persönliche Spitzenleistungen zu erbringen. Wenn Mitarbeitern ihr Unternehmen und ihre Kollegen etwas bedeuten, werden sie auch bereit sein, sich unangenehmen Problemen zu stellen und manchmal auch schmerzliche Schritte zu unternehmen, um Hindernisse aus dem Weg zu räumen.

Zynismus ist zwar nur schwer quantifizierbar, aber leicht zu erkennen. Respektieren die Beschäftigten die Führungsspitze, oder bringen sie dem Topmanagement nur Verachtung entgegen? Werden die Mitteilungen der Unternehmenszentrale als leeres Geschwätz abgetan oder ernst genommen? Bedeutet die Ziel-, Visions- oder Wertedeklaration etwas, oder ist sie nur heiße Luft? Besuchen ehemalige Mitarbeiter das Unternehmen? Gibt es eine Vereinigung ehemaliger Betriebsangehöriger? Das alles sind Anzeichen für ein gutes Betriebsklima. All das ist in Unternehmen zu finden, in denen zwischen den Beschäftigten ein guter Zusammenhalt besteht.

3. *Bescheidenheit.* Ist das Unternehmen arrogant? Halten die Mitarbeiter ihren Erfolg für selbstverständlich? Verhalten sie sich, als seien die Triumphe der Vergangenheit ein Garant für den zukünftigen Erfolg? Falls ja, dann wird das Unternehmen auf Dauer gewiss nicht überleben können. Es wird sich dem Wandel so lange widersetzen, bis es zu spät ist – in der Überzeugung, dass es den richtigen Weg eingeschlagen hat. Ein Unternehmen, das sich an Veränderungen in den Rahmenbedingungen anpasst, wird niemals der Selbstzufriedenheit zum Opfer fallen.

Michael Porter von der Harvard Business School bringt es auf den Punkt: »Die besten Unternehmen machen sich immer Sorgen.«

Wenn ich ein Unternehmen besuche, in dem sich die Mitarbeiter zwar früherer Glanzleistungen bewusst sind, sich aber nicht auf ihren einstigen Lorbeeren ausruhen, weil sie wissen, dass ihre heutigen Stärken lediglich die Grundlage für den zukünftigen Wettbewerb bilden, weiß ich, dass ich ein Unternehmen gefunden habe, von dem wir aller Wahrscheinlichkeit nach noch viel hören werden.

4. *Lernen.* Sind Lernprozesse und Experimente organisierte Disziplinen des Unternehmens, oder wird so etwas eher dem Zufall überlassen? »Das lernende Unternehmen« ist zu einem der am meisten strapazierten Schlagworte der 90er Jahre geworden (es wird fast so häufig in den Mund genommen und falsch gebraucht wie »Business Reengineering«). Slogans und schöne Reden machen noch keine lernende Organisation. Voraussetzung hierfür sind explizite Vorgehensweisen und Prozesse, institutionalisierte Lern- und Experimentierziele, die auch nachgeprüft werden. Hat das Unternehmen solche Ziele? Wird die Leistung seiner Manager an diesen Zielen gemessen? Werden Mittel bereitgestellt für Experimente, die langfristig einen außergewöhnlichen Nutzen bringen können, oder stehen ausschließlich die kurzfristigen finanziellen Ergebnisse im Vordergrund? Wird es toleriert, wenn jemand Risiken eingeht? Wird Risikofreudigkeit gar belohnt? Wird ein gut gesteuerter Misserfolg als wichtige Lernerfahrung oder als Schande betrachtet? Gelten die Topmanager als Menschen, die ihre heutige Position erreicht haben, indem sie das Boot nicht ins Wanken brachten, oder sagt man von ihnen, sie hätten das Unternehmen aufgerüttelt? Werden Fehler bestraft oder analysiert, um daraus neue Lektionen zu lernen? Waren frühere Veränderungsinitiativen in der Organisation erfolgreich? Wie passen solche Bemühungen zum Selbstbild des Unternehmens? Die Legenden eines Unternehmens geben ebenso viel Aufschluss über seine Kultur wie Märchen über die Kultur eines Volkes. Wird eine Innovation, die vor fünf Jahren scheiterte, heute als Desaster oder als interessantes Experiment beschrieben?

5. *Durchhaltevermögen.* Selbst wenn ein Unternehmen bei allen vorangegangenen Fragen hohe Wertungen erzielt – wenn es Ehrlichkeit und

offene Anfragen schätzt, sich durch ein gutes Betriebsklima auszeichnet und auf loyale Mitarbeiter bauen kann, wenn es keine Spuren der Arroganz in sich trägt und Lernen und Experimentierfreudigkeit groß schreibt –, muss noch ein weiterer Aspekt untersucht werden. Sind diese Tugenden die Schöpfung eines einzelnen Menschen oder ein integraler Bestandteil der Organisation? Kann das Unternehmen sie auf Dauer aufrechterhalten, oder werden sie verblassen?

Im 19. Jahrhundert gewann die Theorie an Popularität, dass die Geschichte von »großen Menschen« geschrieben wird, deren Handlungen die Welt prägen. Thomas Carlyle definierte Geschichte als die »Biographie großer Männer«. Diese Meinung findet in der modernen Wirtschaft viele Anhänger. Sie sehen Unternehmen als Erweiterung der Persönlichkeit und des Weitblicks des Firmenchefs. Ein Unternehmen, das von der Größe seines CEO oder Vorstandsvorsitzenden abhängt, wird jedoch dessen Rückzug aus dem Geschäftsleben nicht überleben. Langfristig wird es wenig fruchten, wenn es dem Firmenchef heute gelingt, allein durch die Kraft seiner Persönlichkeit dem Unternehmen die richtige Firmenkultur einzurichten. Wahre Führungsstärke beweist man nicht, indem man auf sein persönliches Charisma baut. Vielmehr zeigt sie sich im Aufbau eines auf Dauer haltbaren betrieblichen Umfelds. Wenn sich ein Unternehmen auf die Heldentaten eines einzigen Menschen verlässt, wird es in Schwierigkeiten geraten. Wenn jedoch der Unternehmensführer der Organisation einen Charakter verleiht, der langfristig erhalten werden kann und zum grundlegenden Bestandteil des Unternehmensgefüges wird, wird sich das Unternehmen auch auf Dauer behaupten können.

Die Beurteilung dieser Aspekte fällt nicht leicht. So sagt beispielsweise eine Bilanzanalyse oder eine Kundenumfrage nichts über die Bescheidenheit eines Unternehmens aus. Die Einschätzung des Charakters eines Unternehmens erfordert eine genauere Überprüfung: Gespräche mit Führungskräften, lange Unterhaltungen mit Mitarbeitern und Kunden, Durchsicht aller verfügbaren Materialien. Das ist nicht einfach. Aber die Mühe lohnt sich: Oberflächliche Analysen führen auch zu einem oberflächlichen Verständnis. Für harte Arbeit gibt es keinen Ersatz.

Am besten werden Sie fahren, wenn Sie ein Unternehmen auf die gleiche Art und Weise beurteilen, wie Sie andere Menschen einschätzen: an dem, was in ihnen steckt, und nicht nach ihrem Äußeren. Kleider machen keine Leute – ebenso wenig wie andere Besitztümer. Selbst Begabungen und Bildung, so wichtig sie auch sein mögen, garantieren nicht, dass der oder die Betreffende sie auch vorteilhaft einsetzt. Wir alle kennen Schüler mit glänzenden Noten, die im späteren Leben niemals die in sie gesetzten Erwartungen erfüllen. Die langfristigen Erfolgsaussichten eines Menschen bestimmt sein Charakter: Arbeitsgewohnheiten, Widerstandsfähigkeit, Hartnäckigkeit, Ehrgeiz und Lernwille. Da ein Unternehmen im Grunde eine Gruppe von Menschen darstellt, sollten wir versuchen, es im Lichte der kollektiven Eigenschaften dieser Menschen zu sehen.

Auch Staaten sind Gruppen von Menschen. Daher kann uns der gleiche Ansatz Aufschluss darüber geben, welche Länder in diesem neuen Wirtschaftsumfeld höchstwahrscheinlich blühen und gedeihen werden. Eine vollständige Erörterung dieser Frage würde den Rahmen dieses Buches sprengen, doch können wir kurz die wichtigsten Aspekte herausgreifen.

Generationen von Soziologen waren fasziniert von der Frage, warum manche Gesellschaften von anderen verdrängt werden. In unserer Zeit sind Denker wie Mancur Olson, Paul Kennedy und Michael Porter dieser Frage aus verschiedenen Blickwinkeln nachgegangen und zu unterschiedlichen Schlussfolgerungen gelangt. Bei einigen Antworten stand die Gesellschaftsstruktur im Vordergrund; es wurde beurteilt, wie gut es einer Nation gelang, ihre widersprüchlichen Elemente miteinander in Einklang zu bringen. Andere beleuchteten die ökonomischen Aspekte, um zu prüfen, ob die Wirtschaftsstruktur eines Landes zu Synergieeffekten und Vorteilen im globalen Kontext führt. Die vielleicht populärste zeitgenössische Ansicht legt das Hauptaugenmerk auf das Humankapital eines Landes: Eine gut ausgebildete und arbeitswillige Bevölkerung wird als Schlüssel zum wirtschaftlichen Erfolg gesehen.

Diese Erkenntnis ist zwar richtig, doch geht sie nicht weit genug. Wir müssen der Sache noch weiter auf den Grund gehen: *Warum* ist die erwerbstätige Bevölkerung eines Landes der eines anderen überlegen? Der beliebtesten Antwort auf diese Frage würden viele Soziologen heute zustimmen. Ein Land hat bessere Arbeitskräfte, wenn es in die Infrastruktur zur Entwicklung seines Humankapitals investiert, vom

Bildungssystem bis hin zu Wohlfahrtsprogrammen. Folgt man dieser Meinung, so sollte eine Gesellschaft, die erfolgreich sein möchte, mehr Schulen bauen, mehr Lehrer ausbilden und ihren Pädagogen höhere Gehälter zahlen. Aber das ist immer noch nicht genug. Die Infrastruktur allein sichert noch nicht die Entwicklung des Humankapitals. Viele Länder geben Unsummen für ihre Infrastruktur aus, ohne dass sie daraus einen großen Nutzen ziehen könnten.

Die wahre Stärke einer Nation liegt in ihren Wertesystemen, in den Eigenschaften ihrer Kultur, die zu Verhaltensweisen anspornt, in denen der wirtschaftliche Erfolg wurzelt. So ist beispielsweise Singapurs außergewöhnliche Prosperität das Ergebnis einer Kultur, in der Bildung, Autonomie, persönliche Verantwortung und der Verzicht auf die sofortige Befriedigung von Wünschen eine hohen Stellenwert genießen. Andererseits wird es einer Gesellschaft, die für radikalen Egalitarismus und extremen Individualismus eintritt, schwer fallen, Kooperation am Arbeitsplatz zu fördern. Ebenso wenig wird eine hedonistische Kultur die Bevölkerung zu der harten Arbeit anspornen können, die in prozesszentrierten Unternehmen verlangt wird. In Gesellschaften, die Umbrüche fürchten und Stabilität über alles schätzen, werden langfristig vorteilhafte Innovationen, bei denen auf kurze Sicht unweigerlich einige Menschen auf der Strecke bleiben werden, unmöglich sein. Eine Kultur, in der jeder nur die Nummer eins sein möchte, kann nicht den Grundstein für die Teamarbeit legen, die im prozesszentrierten Umfeld erforderlich ist. Aus dieser Warte müssen die Fähigkeiten einer Gesellschaft beurteilt werden – nicht anhand ihrer Infrastruktur, sondern auf der Grundlage ihrer Einstellungen und Werte.

Legt man diese Maßstäbe zugrunde, so weisen alle führenden Nationen der Welt sowohl Stärken als auch Schwächen auf. In der amerikanischen Kultur gelten Innovation und Unternehmergeist seit jeher viel. Unsere traditionellen Vorbilder sind der Erfinder von der Ostküste, der Unternehmer im Silicon Valley, der Cowboy, der Astronaut und der Nordpolforscher. Dies gibt uns einen wichtigen Vorteil. In letzter Zeit hat dieses Bild jedoch an Schärfe verloren. Unsere neuen Helden sind Spitzensportler, Entertainer, Aktienhändler und Popstars – Symbole einer Ideologie, die weniger auf Wertschöpfung als vielmehr auf raschen Reichtum abzielt. Außerdem zerbricht unser sozialer und politischer Zusammenhalt. Er war nie besonders stark, doch inzwischen zeigt er deutliche Anzeichen der Auflösung. Uns hält immer weniger zusammen; wir sehen immer weniger Gründe, weshalb uns das Gemeinwohl am Herzen liegen sollte und wir dafür arbeiten sollten. Ein derart fragmentiertes Umfeld ist nicht förderlich für prozesszentrierte Arbeit.

Im Vergleich zu den Vereinigten Staaten hat Europa eine feudalistische Managementkultur und ein wenig ausgeprägtes Gespür für Unternehmertum. In den meisten europäischen Ländern haben sowohl Führungskräfte als auch Mitarbeiter an der Basis Probleme mit Konzepten wie »Empowerment« und eigenverantwortlichem Arbeiten. Rigide, veränderungsfeindliche Sozial- und Arbeitsgesetze sind Merkmale von Kulturen, die sich nach Stabilität sehnen und bereit sind, diese mit dem Verzicht auf Innovationen zu erkaufen.

Japans wirtschaftliche Stärken sind legendär, aber seine kulturellen Schwächen treten nunmehr ebenfalls zutage: dem Konsens wird der Vorzug gegenüber der Kreativität gegeben, allmähliche Veränderungen werden eher akzeptiert als radikale. Wenn in den Vereinigten Staaten der Individualismus zu weit gegangen ist, dann ist das Pendel in Japan und einigen anderen asiatischen Kulturen zu weit in die entgegengesetzte Richtung ausgeschlagen. Die Mitarbeiter ostasiatischer Firmen mögen zwar Hervorragendes in puncto Kooperation und Teamarbeit leisten, doch verurteilen die kulturellen Normen häufig die offene Kritik, die freimütigen Fragen und die konstruktiven Konflikte, die zu mehr Energie und Innovationen führen würden. Wenn Konfrontationen und Gesichtsverlust tabu sind, werden veraltete Methoden nicht in Frage gestellt.

Gegen alle führenden Wirtschaftsmächte der Welt – die USA, Westeuropa und Japan – spricht ein wichtiger Faktor: eine Geschichte des Erfolgs. Den größten Vorteil könnten in den nächsten Jahren durchaus die jungen Industrienationen für sich verbuchen. Diese Länder und ihre Unternehmen schleppen weniger Altlasten mit sich herum. Einige von ihnen könnten in der Welt der prozesszentrierten Unternehmen sogar mit einem Schlag die heute führenden Volkswirtschaften überrunden. Ob dies nun Mexiko, Korea, Venezuela, Brasilien oder Malaysia sein werden – Überraschungen sucht man, wie immer, am besten genau dort, wo man sie am wenigsten vermutet.

Alle Börsenprospekte für Neuemissionen oder neu aufgelegte Aktienfonds enthalten einen bekannten Zusatz: Frühere Ergebnisse sind keine Garantie für zukünftige Wertsteigerungen. Mit dem Eintritt in das prozesszentrierte Zeitalter sollte dieser Vorbehalt in Großbuchstaben gedruckt werden – für Individuen, für Unternehmen und für Länder. Er sollte den Schreibtisch eines jeden Führers, Mitarbeiters und Bürgers schmücken und im Herzen aller Menschen eingeschrieben sein.

# Kapitel 16

# Utopia oder Apokalypse?

Das Unternehmen des 21. Jahrhunderts beginnt allmählich Gestalt anzunehmen. Es wird nicht mehr funktional, sondern auf der Grundlage von Prozessen organisiert sein. Führungskräfte werden die Aufgaben des Coach und Prozessverantwortlichen übernehmen, anstatt Überwachungs- und Kontrollfunktionen zu erfüllen. Mitarbeiter werden von Handlangern zu Prozessprofis, und sie werden einen umfassenden Überblick über die Geschäftstätigkeit ihrer Firma haben. Das Unternehmen selbst wird eine dynamische, flexible Organisation voller unternehmerischer Begeisterung sein, die klar auf die Kundenanforderungen fokussiert ist – eine Organisation, in der jeder Mitarbeiter zählt. Menschen werden dort wie Aktivposten, nicht wie Aufwendungen behandelt; Veränderungen werden mit offenen Armen begrüßt und nicht gefürchtet. Nur ein solches Unternehmen kann den herausragenden Service, die Innovationen und die niedrigen Kosten erreichen, die essentielle Erfolgsfaktoren in der neuen Weltwirtschaft sind. Unternehmen, die an herkömmlichen hierarchischen Strukturen und bürokratischen Systemen festhalten, werden gegen ihre prozesszentrierten Konkurrenten nicht bestehen können.

Die Zukunft gehört der prozesszentrierten Organisation. Eine Frage bleibt jedoch unbeantwortet: Ist das etwas Gutes oder etwas Schlechtes? Die Wirtschaft, die den Wohlstand einer Nation hervorbringt, prägt die Gesellschaft und ihre Werte. Welche Auswirkungen wird die prozesszentrierte Organisation auf die Gesellschaft im Allgemeinen haben? Wird diese Revolution die Situation der Menschheit verbessern oder nicht? Allzu häufig werden auf Fragen wie diese simplizistische oder ideologische Antworten gegeben. Übermäßig optimistische Schönredner versichern uns, dass alle Veränderungen zu unserem Besten sind, während moderne Maschinenstürmer davon überzeugt sind, dass jeglicher industrielle Fortschritt den menschlichen Geist zerstört. Komplexe Fragen können nicht mit reflexartigen Reaktionen beantwortet werden. In Wahrheit besteht die prozesszentrierte Welt sowohl aus guten als auch aus schlechten Elementen. Die zutreffendste Beschreibung lautet wohl, dass sie einfach ganz anders aussehen wird als die Welt, an die wir gewöhnt sind.

Betrachten wir beispielsweise das Kernstück der prozesszentrierten Organisation: die Arbeitsweise der Menschen. Wie wir mehrfach in diesem Buch gesehen haben, sind Prozessbeteiligte keine Automaten, die man streng überwachen muss. Sie sind eigenverantwortlich handelnde Profis, die sich auf die Wertschöpfung für den Kunden konzentrieren. Ihre Arbeit ist nicht die stumpfsinnige Plackerei des Industriezeitalters, sondern eine befriedigende Tätigkeit, für die sie zufällig auch eine finanzielle Vergütung erhalten.

Es ist aufregend, Teil einer Revolution zu sein, die sinnlose Arbeiten, kleinliche Bürokratien und berufliche Sackgassen beiseite fegt und durch ein Arbeitsumfeld ersetzt, in das die Beschäftigten gerne in dem Wissen kommen, dass sie herausgefordert und geschätzt werden. Dieses optimistische Bild hat jedoch auch seine Schattenseiten. Prozesszentrierte Stellen sind sowohl inhaltlich als auch vom Umfang her anspruchsvoller. Sie verlangen von den Beteiligten, dass sie mitdenken und selbstständige Entscheidungen fällen. Für diese umfassenderen Stellen brauchen die Unternehmen Menschen, die großen Aufgaben gewachsen sind. Was aber geschieht mit den »kleinen Leuten«, die nicht in dieses Umfeld hineinwachsen können, da sie nicht über genügend Bildung, geistige Fähigkeiten oder den Charakter verfügen, der dafür erforderlich wäre?

Was wird aus den Menschen, die nur in ihre Arbeit traben, dort ihr Gehirn ausschalten und bis zum Feierabend einfach das tun wollen, was man ihnen befiehlt? Oder aus jenen, denen der Antrieb, der Ehrgeiz und der Ernst fehlen, die Voraussetzung für eine Konzentration auf Prozesse und Kunden sind? Was wird aus Menschen, die übergeordnete Zusammenhänge nicht begreifen können? Was wird aus jenen, die nicht mit kontinuierlichen Veränderungen leben können, sondern ein stabiles, vorhersehbares Umfeld brauchen? Werden sie alle als Waisen des neuen Zeitalters auf der Strecke bleiben?

Die Forderung, dass der Staat oder die Fast-Food-Ketten die Rolle der letzten Zufluchtsstätte für diese Menschen übernehmen sollten, ist nicht mehr realistisch. Die Schnellrestaurants, Discount-Ketten, Dienstleistungsunternehmen und sogar die staatlichen Behörden, die bislang immer als Auffangbecken für die »kleinen Geister« galten, entdecken inzwischen auch die Prozesszentrierung für sich und stellen höhere Anforderungen an ihre Beschäftigten. Sie können sich den alten Ansatz ebenfalls nicht mehr leisten. Routineaufgaben werden automatisiert, und was für die Menschen dann übrig bleibt, sind anspruchsvolle, erfolgsrelevante Tätigkeiten. Faktisch steht uns die Option, »Minderbemittelten« einfachere Arbeiten zuzuweisen, nicht mehr offen. Binnen kurzem wird auch die Reinigung eines Fußbodens eine anspruchsvolle Tätigkeit sein, die Entscheidungsprozesse, das Abwägen von Alternativen und ein persönliches Gefühl der Verantwortung umfasst.

Es wäre schön, wenn wir glauben könnten, dass schulische und berufliche Bildung alle auf das Niveau bringen können, das in prozesszentrierten Stellen verlangt wird. Vielleicht wäre das möglich, aber der Erfolg derart weitreichender Verbesserungen in den Bildungssystemen vieler Länder ist sehr zweifelhaft und würde im günstigsten Fall viele Jahre dauern. Das Problem, wie wir mit den »kleinen Leuten« umgehen sollen, wird in absehbarer Zukunft nicht gelöst werden können.

Die Aussicht auf eine Wirtschaft, die nur anspruchsvolle Stellen anbietet, hat einen weiteren Haken. Früher gelang vielen Einwanderern und benachteiligten Minderheiten über einfachere Arbeiten der Einstieg in die Wirtschaft. Ungelernte Stellen in der Fertigung und in Routinebürojobs boten Menschen mit geringer formaler Bildung berufliche Chancen. Auf diese Weise konnten sie einen regelmäßigen Lohn verdienen, hatten die Chance, Kapital anzusparen, und konnten ihren Kindern eine bessere Zukunft aufbauen. Das wird aber bald nicht mehr möglich sein. Möglicherweise sind wir Zeugen der Geburt einer Wirtschaft, bei der die unteren Sprossen der Leiter zum Erfolg fehlen.

Befinden wir uns auf dem Weg in eine Welt, in der Menschen in die Kategorien »für Prozessarbeit geeignet« und »für Prozessarbeit ungeeignet« unterteilt werden – diejenigen, auf die aufregende, erfüllende Karrieren zukommen, und andere, die arbeitslos bleiben werden? Diese beängstigende Frage wird noch verschärft durch die Folgen der enormen Produktivitätssteigerungen, die in prozesszentrierten Unternehmen verwirklicht werden.

Die wichtigste Messgröße für die Produktivität eines Unternehmens ist der Pro-Kopf-Umsatz. Firmen wie Progressive Insurance und Texas Instruments, die sich der prozesszentrierten Philosophie verschrieben haben, vermelden, dass sich diese Zahl bei ihnen in nur vier oder fünf Jahren *verdreifacht* hat. Man kann sich durchaus eine Zukunft vorstellen, in der nur eine geringe Anzahl von Menschen für die Produktion aller Güter und die Erbringung aller Dienstleistungen in einer Gesellschaft benötigt wird. Wie werden wir anderen in dieser Welt überleben? Drastische Produktivitätszuwächse sind nicht von Haus aus etwas Negatives. Ganz im Gegenteil. Sie sind der einzige wahre Motor für die Steigerung des Lebensstandards. Die Geschichte lehrt uns, dass die menschliche Nachfrage nahezu unbegrenzt ist. Jeder bahnbrechende Fortschritt in der Produktivität, der dazu führt, dass die von einer Wirtschaft konsumierten Güter und Dienstleistungen von weniger Menschen hervorgebracht werden können, führte im Endergebnis nicht zu Massenarbeitslosigkeit, sondern zu einer Blütezeit für neue Güter und Dienstleistungen, die zuvor unerfüllte oder gar unerkannte Bedürfnisse befriedigten. Die Frage nach der zeitlichen Dimension dieser Veränderungen ist damit aber noch nicht beantwortet. Es dauert geraume Zeit, bis die neuen Produkte und Dienstleistungen identifiziert werden und ihre Anbieter sich organisieren können. Kann diese Entwicklung schnell genug erfolgen, um den unzähligen (bereits arbeitenden oder neu auf den Arbeitsmarkt tretenden) Erwerbspersonen, die in den heutigen Unternehmen nicht mehr benötigt werden, Beschäftigungsmöglichkeiten zu bieten?

Manche schlagen vor, wir sollten die Arbeitsbedingungen ändern und Produktivitätssteigerungen in der Vergütung honorieren. Eine Verkürzung der Wochenarbeitszeit und längerer Urlaub würden es mehr Menschen ermöglichen, eine Arbeit zu finden, ein Gehalt zu beziehen und sich daher auch als Konsumenten zu betätigen.

Dieses übermäßig vereinfachende Argument hat leider zwei grundlegende Schwächen. Eine Verkürzung der Wochenarbeitszeit treibt die Kosten eines Unternehmens in die Höhe, da es mehr Mitarbeiter bezahlen muss, als für die Erledigung seiner Arbeit erforderlich wären. Solange alle Unternehmen dies tun, wird keinem daraus im Wettbewerb ein Nachteil erwachsen. Wenn sich aber einige Firmen diesem Weg verschließen, werden die übrigen eine höhere Kostenlast zu tragen haben und somit nicht überleben können. Die Arbeitsgesetzgebung und die Regelungen zur Umsetzung einer solchen Politik gelten nur innerhalb des Landes, das sie verabschiedet. In einer freien Weltwirtschaft wird es immer irgendwo Menschen geben, die bereit sind, härter und länger für weniger Geld zu arbeiten, sodass ihre Arbeitgeber gleichwertige Produkte und Dienstleistungen kostengünstiger anbieten können. Langfristig werden die Kunden nicht bereit sein, zwei Menschen für eine Arbeit zu bezahlen, die ein einziger erledigen könnte.

Die zweite Schwäche dieses Arguments hat weniger mit der Ökonomie und mehr mit der Psychologie zu tun. Wenn Menschen nur 20 oder 25 Stunden pro Woche arbeiten, was fangen sie dann mit ihrer restlichen Zeit an? Die Amerikaner zumindest haben sich bei ihren Freizeitbeschäftigungen als nicht sonderlich einfallsreich erwiesen. Der Gedanke, dass Prozesszentrierung dazu führen könnte, dass die Menschen noch mehr Stunden vor dem Fernseher verbringen (selbst wenn es sich um ein interaktives Gerät handelt) und geistlosen Unsinn aufsaugen, ist alles andere als erhebend. Außerdem ist das Bedürfnis zu arbeiten – nach etwas zu streben, etwas zu erreichen, gute Leistungen zu bringen – in der menschlichen Psyche tief verwurzelt. Eine Einschränkung der Leistungsmöglichkeiten der Menschen ist eine äußerst fragwürdige Strategie.

Die Prozesszentrierung könnte auch weniger offensichtliche Auswirkungen auf die makroökonomische Struktur haben. Einer der Vorteile der Prozesszentrierung besteht darin, dass sie große Unternehmen beweglich und flexibel macht. Sie sind keine schwerfälligen, in der Vergangenheit verhafteten Kolosse mehr, sondern können sich rasch auf neue Marktbedingungen und Kundenanforderungen einstellen und diese sogar initiieren. Wenn aber die Elefanten zu tanzen beginnen, was wird dann aus den Mäusen?

In der Vergangenheit waren aggressive Newcomer eine der Hauptquellen für Innovationen und schufen die meisten neuen Arbeitsplätze. Kühne Neuankömmlinge, die Chancen ergreifen, bevor ihre größeren Konkurrenten sie überhaupt wahrnehmen, sind ein wesentlicher Bestandteil der Wirtschaftsgeschichte. Ein scharfer Blick und ein hohes Maß an Energie sind unter Umständen der einzige Wettbewerbsvorteil dieser Unternehmen. Alle rationalen Überlegungen sprachen dagegen, dass es Wal-Mart jemals gelingen konnte, Sears zu überholen. Das ältere Einzelhandelsunternehmen hatte alle Trümpfe in der Hand, die man sich vorstellen kann – einen allseits bekannten Markennamen, Läden im ganzen Land, eine Beziehung zu den meisten amerikanischen Haushalten und viel Finanzstärke. Dennoch bremste seine inflexible Bürokratie es so sehr, dass Wal-Mart an ihm vorbeizog. Wäre Sears voller Elan und prozesszentriert gewesen, hätte es das niemals zugelassen. Werden Sears nach seiner Wiedergeburt und Wal-Mart mit seiner unermüdlichen Innovationsfähigkeit andere daran hindern, neue Chancen auszuschöpfen? Gibt es Hoffnung für die Wal-Marts der Zukunft, oder verdammen wir unsere Wirtschaft zur Vorherrschaft der etablierten Giganten?

Wichtig in diesem Zusammenhang ist die Tatsache, dass die Prozesszentrierung ein Nebenprodukt eines freien Welthandels ist. Ein globaler Markt mit heftigem Wettbewerb und großer Kundenmacht verlangt von den Unternehmen, dass sie ihre Prozesse so effizient und reaktionsfähig wie nur möglich gestalten. Wie bereits gesagt, hat diese neue Ordnung aber auch ihre Nachteile: Das Leben mancher Menschen wird aus dem Gleichgewicht geraten, allerlei angestammte Besitzstände werden ins Wanken geraten, eine neue Intensität und Dynamik werden die alte Selbstgefälligkeit und Kontinuität ohne viel Federlesens verdrängen. Diese Konsequenzen können zu einer Gegenreaktion auf Business Reengineering, Prozessorientierung und Internationalisierung führen, die diese Entwicklung hervorgebracht haben. Die ersten Anzeichen dafür waren der Widerstand gegen NAFTA und das GATT-Abkommen in den Vereinigten Staaten. In jüngerer Zeit haben wir miterlebt, wie Unternehmensführer verteufelt wurden, wie eine Flut von Zeitungsartikeln über die tragischen Folgen des Downsizing über uns hereinbrach und wie dunkel davon gemurmelt wurde, dass Unternehmen, die ihren Mitarbeitern keine sichere Zukunft garantieren, bestraft werden sollten. Wenn diese Entwicklung anhält, könnten wir einen Wiederanstieg der Zölle und einen neu erstarkten Protektionismus oder eine neue Welle isolationistischer Gesetze erleben, die als arbeitnehmerfreundliche Politik oder Beschränkung der Kapitalströme und des Technologietransfers getarnt werden. Ökonomen jeder Couleur sind sich darin einig, dass freie Märkte für jedermann von Vorteil sind und Beschränkungen des Welthandels unerwünscht, auf Dauer nicht haltbar und praktisch nicht durchzusetzen sind. Aber nur weil eine Idee schlecht ist, heißt das noch lange nicht, dass sie sich keiner großen Beliebtheit erfreuen wird. Die Prozesszentrierung könnte die Verwirklichung einer wahrhaft globalen Wirtschaft vorantreiben oder aber den Zusammenbruch des freien Welthandels herbeiführen.

Die Prozesszentrierung wird auch unsere gesellschaftlichen Wertvorstellungen verändern – ob zum Besseren oder zum Schlechteren, ist heute noch nicht abzusehen. Eine der Stärken der prozesszentrierten Arbeit ist die Tatsache, dass sie niemandem einen Status verleiht, der ihm nicht zusteht. Wichtig sind ausschließlich die Leistung und die Ergebnisse, die wir erreichen. Beziehungen, Herkunft, ethnische Abstammung, Hautfarbe, Religion und Geschlecht zählen nicht mehr. Die prozesszentrierte Organisation ist eine wahre Meritokratie, das ursprüngliche amerikanische Ideal und die Realisierung von Dr. Martin Luther Kings Traum, dass Männer und Frauen allein nach ihrem Charakter beurteilt werden.

Andererseits könnte sich ein prozesszentriertes Unternehmen auch in einen Alptraum verwandeln. Es könnte einer grausamen Form des Sozialdarwinismus und einem krankhaften modernen Kalvinismus Vorschub leisten. Wenn wir unseren Blick so fest auf die geschäftliche Leistung richten, kann diese zum einzigen Blickwinkel werden, aus dem andere uns – und wir uns selbst – betrachten. Dann könnte es passieren, dass wir nur Menschen, die Erfolg haben, Achtung entgegenbringen. (Das gilt übrigens auch in der Beziehung zu uns selbst.) Die Erfolgreichen unter uns könnten so sehr von sich eingenommen sein, dass es geradezu abstoßend wirkt, während die anderen vor Scham am liebsten in den Boden versinken würden, wenn sie sich im Spiegel ansehen müssen.

Die Arbeit in einem prozesszentrierten Umfeld könnte auch verwirrend und chaotisch werden. Wie wir gesehen haben, verschreibt sich ein prozesszentriertes Unternehmen folgendem Diktum: »Je mehr sich verändert, desto weniger bleiben die Dinge beim Alten.« Es ist bereit, fähig, ja sogar begierig darauf, die Erfolge der Vergangenheit hinter sich zu lassen, um sich neuen Herausforderungen und neuen Märkten zuzuwenden.

Ein solches Engagement für die Zukunft ist zwar lobenswert und aus wirtschaftlicher Sicht vernünftig, doch kann es auch zu einem Verlust von Traditionen und einer Entwurzelung der Mitarbeiter und Unternehmen führen. Die Zukunft ist der Ort, an dem wir leben müssen, aber nur die Vergangenheit macht sie für uns lebenswert. Schließlich sind es doch gerade die Traditionen, die uns das Gefühl der Gemeinschaft und Kontinuität geben.

Ohne eine Verbindung zur Vergangenheit könnten wir zu heimatlosen, rücksichtslosen und entfremdeten Geschöpfen werden. Wird der Hunger nach dem Wandel zu einem permanenten Zukunftsschock führen? Werden wir trotz unseres materiellen Überflusses geistig verarmen? Werden die unaufhörlichen organisatorischen Verbesserungen unweigerlich zu einer von Spannungen und Stress geprägten Kultur führen? Werden wir all das zerstören, was uns überhaupt zu Menschen macht? Wird die intensive Konzentration auf die Kundenanforderungen mit einer Vernachlässigung der Familie und des Gemeinwesens einhergehen? Werden wir zu einer Gesellschaft extrem effizienter Arbeiter, die sich niemals die Zeit nehmen, den Duft einer Rose in sich aufzunehmen, und denen Schönheit, Kunst und Religion nichts bedeuten? Ist der Text für die Reengineering-Revolution Aldous Huxleys *Schöne neue Welt*, jene beängstigende Vision einer völlig »rationalen« Gesellschaft, oder *Der verlorene Horizont*, James Hiltons wehmütiger Blick auf Shangri-la, die vollkommene menschliche Gesellschaft?

Lassen Sie uns an dieser Stelle eines klarstellen. Ganz gleich, ob die prozesszentrierte Welt nun ein Segen oder ein Fluch ist, wir befinden uns direkt an ihrer Schwelle. Sie ist das unvermeidliche Ergebnis technologischer Fortschritte und globaler Marktveränderungen. Die Frage, der wir uns stellen müssen, lautet nicht, ob wir diese Welt akzeptieren können oder nicht, sondern was wir daraus machen.

Ich weiß auf diese Fragen keine einfachen Antworten und kann Ihnen keine simplen Lösungen anbieten. Ein einzelner Mensch kann diese Probleme gewiss nicht im Alleingang in Angriff nehmen. Dafür sind aktives Engagement und Beiträge aller Mitglieder unserer Gesellschaft erforderlich. Die vorrangigste Pflicht derjenigen unter uns, die den Boden für dieses neue Zeitalter bereiten, besteht darin, andere für die sich vollziehende Entwicklung zu rüsten und dabei weder ihr Potential noch ihre Mängel zu verschweigen. Wir müssen uns Gehör bei Meinungsführern und Politikern, in den Medien und bei unseren Mitbürgern verschaffen. Das ist keine leichte Aufgabe. Obwohl wir die wichtigste wirtschaftliche Transformation seit der Industriellen Revolution durchlaufen, wird den in diesem Kapitel angesprochenen Fragen außerhalb der Wirtschaftswelt kaum Beachtung geschenkt. Unsere ganze Gesellschaft scheint stattdessen von kurzlebigen oder gar trivialen politischen und kulturellen Fragen besessen zu sein.

Eines können wir jedoch tun, um den Übergang zur prozesszentrierten Welt zu erleichtern. Wir können unsere Erwartungen entsprechend anpassen. Wie alles im Leben hat auch die Prozesszentrierung ihre guten und ihre schlechten Seiten. Ob die positiven oder die negativen Aspekte mehr in den Vordergrund rücken, hängt vom Standpunkt des Betrachters ab. Unsere neue Welt wird sich grundlegend von der unterscheiden, mit der wir vertraut sind. Niemand gibt gerne Dinge auf, die ihm ans Herz gewachsen sind. Nur allzu leicht werden wir die Inflexibilität der funktionsorientierten Organisation, die Erniedrigung des Kommando- und Kontroll-Managements und die Defizite der Bürokratie vergessen – insbesondere, wenn wir uns mit den Komplexitäten und Unannehmlichkeiten des Übergangs herumschlagen müssen. Es gibt keinen stärkeren Beweis für die Neigung der Menschen zur Verklärung der Vergangenheit als das Wiedererstarken der Kommunistischen Partei in Russland und in Osteuropa. Wir alle müssen akzeptieren, dass die Vergangenheit nicht mehr zurückgeholt werden kann, dass die von der alten Ordnung gebotene Sicherheit und Kontinuität mit einem sehr hohen Preis erkauft wurden und in vielerlei Hinsicht sowieso von vornherein Illusionen waren. Wenn wir erkennen, dass die prozesszentrierte Zukunft unvermeidlich ist, und uns ihr mutig stellen, werden wir daraus auch das Bestmögliche machen können.

Allerdings möchte ich behaupten, dass prozesszentrierte Unternehmen einen uneingeschränkten Vorteil bieten – nicht für ihre Kunden oder Investoren, sondern für ihre Mitarbeiter. Sie verleihen unserer Arbeit einen neuen Sinn – einen neuen Grund, uns anzustrengen, der auch gleichzeitig der älteste Grund von allen ist.

Der Lohn für diese Arbeit kann in vielen unterschiedlichen Währungen bezahlt werden. Die grundlegendste davon ist natürlich die finanzielle Vergütung. Wir arbeiten, um den Lebensunterhalt für uns und unsere Familien zu verdienen. Wenn wir Glück haben, verschafft uns unsere Arbeit auch ein Gefühl der Befriedigung, und wir können voller Stolz auf unsere Leistungen blicken. Einige von uns dürfen sogar die

Anregung und Spannung erleben, die eine interessante, herausfordernde Tätigkeit mit sich bringt. Es gibt jedoch noch einen anderen Lohn, der uns heute nur allzu selten zuteil wird. Wir möchten, dass unsere Arbeit eine transzendente Bedeutung hat, doch ist das leider nur selten der Fall.

Wir alle stellen uns gelegentlich spätnachts die Frage: »Welchen Sinn hat das alles?« Die Arbeit nimmt einen Großteil unseres Tages in Anspruch. Ist sie nicht mehr als ein Weg, um Geld zu verdienen und gelegentlich einmal ein Adrenalinhoch zu erleben? Geht es bei der Arbeit nur darum, Besitztümer anzuhäufen? Hat unser Leben sonst keinen Sinn? Reichtum wird eitel und nichtig und die Spannung verblasst, wenn wir nicht davon überzeugt sind, dass hinter unserer Arbeit ein tieferer Sinn und Wert steckt – etwas, was uns über die Enge unseres Daseins hinaushebt. Lassen Sie mich hierzu Hillel, einen Talmud-Gelehrten aus dem ersten Jahrhundert, zitieren: »Wenn ich nicht für mich selbst bin, wer wird dann für mich sein? Aber wenn ich nur für mich selbst bin, was bin ich dann?«

Vor Anbruch der Moderne litten unsere Vorfahren nicht unter diesem Dilemma. Ihre materielle Existenz war zwar um vieles ärmer als die unsere, doch ihr geistiges Leben war ungleich reicher. Sie glaubten, dass hinter ihren Mühen ein unvergänglicher Sinn stand: der Dienst an der Ewigkeit. Die Religion war ein allgegenwärtiger Bestandteil im Leben dieser Menschen. In religiösen Gemeinschaften galt die Arbeit nicht nur als wirtschaftliche Tätigkeit oder Ausdruck der eigenen Persönlichkeit. Sie war vielmehr eine Form der Andacht. In den Klöstern vieler Orden und Glaubensrichtungen verrichteten Mönche und Nonnen Arbeiten nicht für finanziellen, sondern für geistigen Lohn. Im klassischen Hebräisch beschreibt das gleiche Wort sowohl die religiöse Andacht als auch alltägliche Arbeit.

Die Arbeit sollte unserem Leben Substanz, Sinn und Wert verleihen. Sie sollte uns das Gefühl geben, dass wir unser Scherflein zum Gemeinwohl beitragen, dass wir die Welt zu einem besseren Ort machen, dass wir in irgendeiner Form ein Vermächtnis hinterlassen. Die Arbeit sollte uns helfen, uns nicht auf uns selbst, sondern auf die anderen, die von unserer Arbeit profitieren, zu konzentrieren und uns auf diese Weise aus dem Teufelskreis der Sorge um das eigene Ich zu befreien, die letzten Endes einen schalen Geschmack hinterlassen würde.

Die Arbeit im Industriezeitalter befriedigte diese immateriellen Bedürfnisse nur selten, da wir während dieser Ära gezwungen waren, einen faustischen Handel abzuschließen. Als Gegenleistung für höhere Löhne und einen besseren Lebensstandard gaben wir die geistigen Vorteile des präindustriellen Zeitalters auf. Wie hätte es anders sein können? Durch Konzentration auf isolierte, atomistische Aufgaben, durch die Lösung der Verbindung zwischen den Menschen und den Endprodukten und Kunden ihrer Arbeit verdrängte die moderne Arbeitswelt alle transzendenten Werte aus dem Leben der Menschen. Die Suche nach geistiger Nahrung fällt schwer, wenn man tagein, tagaus ein Stück Papier nach dem anderen bearbeitet oder immer wieder die gleichen Schrauben festdreht. Wenn man keine Ahnung davon hat, für wen ein Produkt bestimmt ist oder warum man es überhaupt herstellt, kann man nur schwerlich einen Sinn in seiner eigenen Arbeit sehen. Sie wird zu einem leeren, mechanischen Ritual, das aus Gründen verrichtet wird, die nur flüchtige Gültigkeit besitzen werden.

Durch die Prozesszentrierung ändert sich das alles. Der Schwerpunkt Ihrer Arbeit liegt zwar unter Umständen immer noch auf dem Anziehen von Schrauben und der Bearbeitung von Formblättern, aber Sie können Ihre Tätigkeit nun selbst steuern und beeinflussen. Sie sind am Arbeitsplatz zu einem eigenverantwortlichen Akteur geworden; Sie treffen Entscheidungen und leisten einen wertvollen Beitrag zur Wertschöpfung. Sie sind kein blinder Roboter mehr, sondern ein Prozessprofi. Das Wort Beruf ist etymologisch verwandt mit der Berufung, und dahinter steht so etwas wie Sendungsbewusstsein – das gleiche Sendungsbewusstsein, das die Mönche und Nonnen im Mittelalter verspürt haben mögen, als sie ihre Ordensgelübde ablegten. Die modernen Berufsprofis haben eine Gemeinsamkeit mit den mittelalterlichen Ordensleuten: das Gefühl, dass ihre Arbeit eine Bedeutung hat, die über die rein wirtschaftliche Dimension hinausgeht.

Die neueste Welle der Bücher und Seminare über »geistige Erfüllung am Arbeitsplatz« zeugt trotz ihres oftmals oberflächlichen und bisweilen sogar geradezu lächerlichen Inhalts von einer Sehnsucht nach einem Lebenssinn, der über die materielle Ebene hinausreicht. In unserem weltlichen Zeitalter sehen wir unsere Arbeit nicht mehr als Dienst an einer göttlichen Macht, aber wir können sie durchaus als Dienst an der Menschheit betrachten. Das meint John Martin, der CEO von Taco

Bell, wenn er seinen Mitarbeitern erklärt, dass der Dienst am Kunden für sie »etwas Vornehmes ist«. Service für den Kunden ist kein mechanischer Akt, sondern eine Chance zur Erfüllung und Beantwortung der Sinnfrage.

Selbst die trivialste Arbeit kann für die Menschen, die sie verrichten, Sinn und Wert erhalten, wenn sie nur verstehen, wem ihre Tätigkeit auf irgendeine Weise nützt – auch wenn diese noch so banal erscheinen mag. Prozesszentrierte Arbeit kann uns helfen, unseren Hunger nach einer Verbindung zu etwas, das über uns selbst und unsere eigenen Bedürfnisse hinausgeht, zu stillen. Sie erweitert unseren Horizont und schlägt eine Brücke zwischen uns und anderen Menschen – unseren Teamkollegen, unserem Arbeitgeber, unseren Kunden. In der prozesszentrierten Welt erhält die Arbeit ihre Würde zurück – die Würde, die Arbeitnehmern versagt blieb, die nur repetitive Aufgaben ausführen durften.

Papst Johannes Paul II. hat in einer päpstlichen Enzyklika einmal geschrieben, dass wir durch Arbeit unsere Erfüllung als Menschen fänden. »Durch seine Arbeit hat der Mensch am Wirken des Schöpfers teil.« Diese prophetischen Worte beschreiben treffend, worum es bei der prozesszentrierten Arbeit eigentlich geht. Indem sie diese Gedanken in die Tat umsetzen, stellen sich die Unternehmen des 21. Jahrhunderts wahrhaftig auf die Seite der Engel.

# Register

*James P. Womack,*
*Daniel T. Jones*

# Auf dem Weg
# zum perfekten Unternehmen
(Lean Thinking)

1997. Ca. 360 Seiten, gebunden
ISBN 3-593-35674-0

»Lean Production« – dieses Zauberwort beherrscht seit dem Erscheinen von *Die zweite Revolution in der Autoindustrie* die Wirtschaftsdiskussion. In den fünf Jahren, die seither vergangen sind, wurde dieses Buch in elf Sprachen über vierhunderttausendmal verkauft. Das neue Buch aus der Feder des Bestsellerteams Womack/Jones soll diese »Revolution« nun auch in andere Industrien tragen und allerorts den Weg zum perfekten Unternehmen weisen.

In einer vierjährigen Untersuchung von fünfzig Unternehmen verschiedenster Industriezweige haben die Autoren Antworten auf grundsätzliche Fragen zur »Lean Production« gefunden: Warum ist ein solches Konzept sinnvoll? Welches sind die Grundprinzipien, die auf jegliche Art von Industrie angewandt werden können? Welche konkreten Schritte sind nötig, und welche Konsequenzen ziehen sie nach sich?

Der Weg zum perfekten Unternehmen ist zugleich theoretische Begründung des innovativen Konzepts und praktische Handlungsanleitung, wie es auf verschiedene Sparten der Unternehmensführung anzuwenden ist. Das Buch avanciert so zu einem umfassenden Standardwerk darüber, wie ein Unternehmen verschlankt werden kann, wie es Kosten sparen und gleichzeitig eine höhere Wertschöpfung erzielen kann. An dem Leser liegt es demnach lediglich, dem Rat der Autoren zu folgen und deren Erkenntnisse in die Tat umzusetzen: »Just do it!«

Campus Verlag · Frankfurt / New York